Peter Faust

RUND UM DEN PAZIFIK

Eine Reise in 732 Tagen

Peter Faust

Für meine Eltern

Herstellung: Books on Demand GmbH, Norderstedt
ISBN 3-8311-2930-4

Danksagung

Mein Dank gilt den Bekannten und Freunden in meiner Heimatstadt Idstein, die mir in der Ferne nah waren.

Besonders danken möchte ich Lars Lampe, der mir in jeder Hinsicht den Rücken frei hielt, und Stefan Gärth, der zuverlässig meine Bilder verwaltete.

Die Skizzen von Arno Sauerbier helfen, das Reisegeschehen zu verdeutlichen. Die Ausstattung des Buches hat sehr gewonnen durch die Unterstützung von Klaus Grandpierre und seiner Tochter Vivienne.

Peter Faust
Herbst 2001

Inhaltsverzeichnis

Vorgeschichte

Meine Mutter starb 1986 an Krebs, mein Vater schlief 1989 in Wiesbaden in einem Krankenhaus für immer ein, dieweil ich in Mainz, auf der anderen Seite des Rheins, den letzten Teil meiner kombinierten Krebsbehandlung, Bestrahlung und Chemotherapie, über mich ergehen ließ. Im Krankenhaus hatte ich genug Zeit, mein Leben neu zu bestimmen.

Der Entschluss: Mein Beruf als freier Musikerzieher, der mich zufrieden stellte, sollte nicht alles gewesen sein.

Mit Geld aus einem schon laufenden Sparvertrag, der eigentlich für die zusätzliche Altersversorgung gedacht war, sollte eine Weltreise in Angriff genommen werden; bis zur Fälligkeit des Vertrags im Jahr 1996 konnte ich reichlich die Planung vorantreiben.

Planungen

Der Bildhauer beseitigt nach und nach alles, was nicht zu seiner Skulptur gehört und gewinnt dadurch immer klarere Formen.

Genauso gehe ich vor: Ich mache mir eine gedankliche Liste all dessen, was ich nicht auf meiner Reise machen möchte und bin mir danach über Art und Weise meiner Reise im klaren.

Reisebeginn ist Sommer 1996, dann werde ich das Geld haben. Die Reise durch die Welt soll langsam vonstatten gehen, das heißt, möglichst an der Oberfläche. Flüge also nur dann, wenn es sich nicht vermeiden lässt. Um Leute kennenzulernen, sollten möglichst keine teuren Transporte gemacht werden, z. B. Zugfahrten 1. Klasse. Auch soll die Reise nicht in ein Abhaken von Sehenswürdigkeiten ausarten.

Es soll vorwiegend ohne Reisebüros gearbeitet werden, und es soll soviel wie möglich an der Unterkunft gespart werden, ohne dass ein Mindestmaß an Hygiene unterschritten wird. Damit bin ich ein Individualreisender, der unabhängig mit Minimalkosten vorwärts kommen will. Also das, was international budget traveler heißt.

Meine Hotels sind im „lonely planet", meinem gängigen Reiseführer immer bottom end (unteres Ende), und die Zimmer naturgemäß very basic (sehr einfach). Durch die Oberflächenoption schält sich langsam folgende Route heraus: Afrika: nein! Es konnte wegen politischer Unsicherheit und gesundheitlicher Bedenken kein Rundkurs gefunden werden. Die Reise wird bis zum Pazifik durch Russland führen. Japan ist zu teuer, China wird auf dem Rückweg bestrichen, also vom äußersten russischen Osten nach Nordamerika; Nordamerika soll mit eigenem Auto (wegen der Schlafmöglichkeit) bereist werden, hauptsächlich an der Küste gegen den Uhrzeigersinn.

Um zu vermeiden, dass ich im Winter in Nationalparks eintreffe, die noch geschlossen sind, wird die U. S. A. -Tour auf das Frühjahr 1997 gelegt. Die Lücke Herbst ′96-Winter ′96/′97 wird durch den Besuch Mexikos und des Mayalandes geschlossen, gleichzeitig bereite ich durch einen Spanischkurs in Mexiko-City meinen Südamerikaaufenthalt vor.

Im Herbst ′97 werde ich einen Freund in der Karibik treffen, mit ihm zusammen segeln und dann, an Weihnachten, in Südamerika weiterreisen. In Südamerika beginnt schon der Rückweg: Ich bin so weit auf der Oberfläche nach Osten und Süden gereist, wie es möglich war und jetzt heißt es, nach Westen sich begeben.

Als feste Marke für den Rückweg steht die Osterinsel, danach will ich nach Australien. Damit, so wird mir klar, kreuze ich nie den Atlantik, meine Weltreise ist nichts anderes als eine gründliche Pazifikumrundung.

Von Australien soll es nach Indonesien weitergehen, ein Muss: Bali mit seinen Kunsthandwerkern, seiner Gamelanmusik, seinen Tänzen und seinen Landschaften, wahren Meisterwerken menschlichen Mühens. Von Bali aus soll mit Bussen, Booten und der Bahn nach China gelangt werden, über Java, Sumatra, Singapur, Malaysia, Thailand, Laos und Vietnam.

In China will ich Hongkong besichtigen und die lieblichen Berge der Landschaft am Li-Fluss südlich von Guilin. Dann Yangtse, Peking, die Mauer, die Terrakotta-Armee nahe der Stadt Xian dem Beginn der Seidenstraße, von dort aus nach Lhasa in Tibet und anschließend mit dem Bus nach Kathmandu.

Von Nepal aus soll es durch das Gangestal bis Neu-Delhi gehen, dann über den Norden Westpakistans, den Iran und die Türkei allmählich nach Hause.

Im Heimatort kümmert sich ein Freund um Finanzen, Kommunikation und mein Haus, ein anderer Freund um die Bildauswertung. Es muss an die Impfungen[1]* gedacht werden, an die Ausrüstung[2], an eine Versicherung für das in den U.S.A. zu kaufende Auto, aber auch an eine Auslandsreiseversicherung für mich.

Außer den verschiedenen Reiseführern, die naturgemäß wechseln, werde ich keine Bücher mitnehmen, denn sie sind bald ausgelesen und dann Ballast. Deshalb kommt mir die Idee, eine Gitarre mitzunehmen. Diese soll an die Seite des Rucksacks passen, also wird nach einem Entwurf von Freund Karl-Herrmann und mir eine kleine Reisegitarre mit verstärktem Schallboden gebaut. Dieser ist so für Schnitzwerk präpariert, das in jedem Kontinent angefertigt werden soll. Ein pensionierter Schuster fertigt die Hülle aus einem US-Postsack an.

So fügt sich eins zum anderen; bald stellt sich heraus, dass das Schwerste nicht das Reisen sein wird, sondern der Aufbruch aus dem Vertrauten in das Neue, Fremde.

Jetzt also sitze ich im Zug und habe mit Rührung zu kämpfen, wie das so schön heißt.

Einige Freunde hatten sich frühmorgens am Bahnhof meiner Heimatstadt versammelt, um mir dort Lebewohl zu sagen. Rolf hatte nicht nur seine Drehorgel aufgebaut, sondern auch zwei neue Liederwalzen erstanden: Muss i' denn... und Nehmt Abschied, Brüder, ungewiss...

Die hochgestellte Ziffer verweist auf die Endnoten im Anhang des Buches.

Aus dem Taunus, dem sicheren Hort mit Freunden und Arbeit, hinaus in die Welt für zwei Jahre und soviel Ungewisses vor mir! Dass das Ungewisse auch das Neue und Schöne sein wird, dafür kann ich sorgen, weg also mit trüben Gedanken und Herzklopfen! Im Seesack ist der Rucksack, ich möchte durch einen Rucksack mit seinen freiliegenden Reißverschlüssen keine Begehrlichkeiten wecken. Dazu die Gitarre, die so dimensioniert ist, dass sie an der Seite des Rucksacks angebracht werden kann. Das Gepäck wird abgerundet durch einen kleinen Rucksack, ein sogenanntes day pack. Das sind stramme 25 Kilogramm, noch zuviel, aber ich möchte ja noch etwas verschenken.

Nach Monaten wird sich das Gewicht auf 15 Kilogramm eingepegelt haben, nie aber wird sich das Gefühl einstellen, der Rucksack sei leicht. In Berlin noch ein kurzer Halt bei einer Freundin, die mich dann, mittlerweile ist auch sie aufgeregt, an den Bahnhof fährt. Die Fahrkarte nach Moskau konnte man ohne Probleme bei mir zu Hause in der Provinz kaufen.

Erstes Anzeichen für einen Aufbruch in eine ungewohnte Welt ist das Umsetzen der Waggons auf die breitere russische Spur in Brest. Nach 33 Stunden und angeregten Gesprächen mit den Weggefährten im Dreibettabteil komme ich im Moskauer Weißrussischen Bahnhof an. Hier war ich schon einmal vor einem Jahr Probereisen, um ein Gespür für ein Land zu bekommen, in dem Sprache und Schrift anders sind.

Mittlerweile kann ich kyrillisch lesen, schreiben und ansatzweise russisch sprechen. Diesmal wird es noch besser als im Vorjahr ablaufen, soll ich doch in Moskau von einem Freund aus Uglitsch, der Partnergemeinde meiner Heimatstadt, ca. 300 km nördlich von Moskau gelegen, abgeholt werden.

Pazifischer Ozean

Dawson
Petropawlowsk
Edmonton
Seattle
Quebec
San Francisco
Chicago
New York
Los Angeles
Trinidad
Mexiko-Stadt
Caracas
Lima
Manaus
Iguaçu
Rio de Janeiro
Tahiti
Osterinsel
Santiago
de Chile
Buenos Aires
Auckland
Feuerland

Um den Pazifik 7/96 – 7/98

- - - - - **Bahn, Bus, Boot**
———— **Flug**

RUSSLAND

Tatsächlich sehe ich auf dem Bahnsteig des Weißrussischen Bahnhofs in Moskau ein Schild mit der Aufschrift Peter Faust; der Freund ist pünktlich und vorzüglich Deutsch sprechend zur Stelle. Wir steigen um in die eléktritschka (ich habe Probleme gehabt, die russischen Worte richtig zu betonen und habe mir deshalb hier erlaubt, Akzentzeichen zu setzen), den Vorortzug, der uns nach Norden bringen soll.

Allmählich stellt sich heraus, dass der Freund, der dafür sorgen soll, dass mir nichts geschieht, unter Schock steht. Er ist in der Nacht, die er irgendwo in Moskau verbracht hatte, ausgeraubt worden. Er kennt aber seinen Wilhelm Busch, bei dem es heißt: „Ein guter Brauch von alters her, wer Sorgen hat, hat auch Likör." Der russische Likör heißt hier Wodka. Dieses Wässerchen als Reiseproviant sorgt dafür, dass dem Zuwachs an Reisestrecke ein Mehr an Promille entspricht.

In Sabiélow schläft mein Freund und ist auch durch Ohrfeigen nicht zu wecken (wir sollten eigentlich umsteigen!). Das Abteil wird von anderen Reisenden, die mit diesem Zug nach Moskau zurück wollen, wieder verlassen, da diese glauben, einer Auseinandersetzung der Mafia beizuwohnen. Ich entschließe mich, Sergej im Waggon zu lassen. Er wird sich schon zurechtfinden.

Ich steige aus, ohne einen Rubel, ich hatte mich ja auf meinen Beschützer verlassen. Ich befinde mich auf einem Bahnhof ohne Ortsschild (das dies Sabiélow ist, habe ich später rekonstruiert) und ohne Fahrkarte, die Aufregung löscht das letzte Russisch. Eine erste kleine Aufgabe entsteht für mich.

Ich stehe und betrachte die Leute. Es gibt sie reichlich - ungefähr Tausend bevölkern den kleinen Bahnhof - und es beginnt das Wochenende und im Juli ist Saison für Beerensammler.

Ich muss aufgefallen sein, die anonyme Menge verblasst. Ein junger Mann steht vor mir, nach kurzer Zeit, in einer Mischung aus

Nichtrussisch und Nichtenglisch, ist mein Problem beschrieben. Der neue Helfer deutet mir nur an: 'Bleib' hier stehen und geh' auf keinen Fall weg!' und kommt bald darauf mit einer Fahrkarte nach Uglitsch zurück, die er mir schenkt. Mit Mühe kann ich ihm einen Eindollarschein zur Erinnerung schenken.

Am Spätnachmittag stehe ich am Uglitscher Bahnhof. Mit Gewissensbissen wegen Sergej bringe ich mein Gepäck zur Aufbewahrung. Eigenlob: Eine Meisterleistung von mir, denn erstmals hilft nur mein Sparrussisch, ergänzt durch Gebärdensprache! Zu Fuß mache ich mich auf zum Haus der Uglitscher Künstlerkolonie[1], das ich vom Vorjahresbesuch her noch kenne. Dort wird mir rasch geholfen; eine Einladung zum Mittagessen bringt mich wieder ins Lot. Am Abend habe ich mich schon in Sergejs Wohnung eingerichtet, seine Frau Wera hat mich schon erwartet und weiß auch schon vom Missgeschick ihres Mannes. Am nächsten Tag sind wir alle zusammen.

Ausflüge zu Fuß im Stadtgebiet von Uglitsch lassen die Tage in der Partnerstadt von Idstein schnell verstreichen.

Im Altertumsmuseum hat es mir eine zur Schau gestellte Glocke angetan: Sie verkündete den Tod eines Zarensohns und wurde dafür ausgepeitscht, ihres Klöppels beraubt und verbannt. Nach Jahren kam sie zurück und ist nun Schmuckstück des Altertumsmuseums. Mir gefällt die Art, Unbelebtes mit menschlichen Eigenschaften zu versehen und dementsprechend zu behandeln. Wem das zu exotisch vorkommt, der denke nur an Tennisspieler bei uns, die nach einem Ausball vorwurfsvoll ihren Schläger anschauen!

Vor der Anlegestelle der Ausflugsschiffe sitzen die Blumenfrauen am Weg, um ihre Finanzen etwas aufzubessern. Einen kleinen Betrag gebe ich einer bábutschka, die nichts anbieten kann, weil sie wohl schon zu schwach zum Blumenpflücken ist. Sie dankt mir mit einem Gebet.

Eine längere Wanderung bringt mich zu einer Gedenkstätte, die ich im Vorjahr zusammen mit einer russisch-deutschen Jugendgruppe einrichten half. Es ist ein Friedhof, auf dem im II. Weltkrieg wegen Seuchengefahr deutsche Kriegsgefangene eilig begraben wurden und die nun würdiger ihre letzte Ruhe haben. Diese Deutschen halfen beim Bau der Wolgaschleuse mit, Teil eines Kanalsystems, das das Schwarze Meer mit der Ostsee verbindet. Unterdessen hatten mir Sascha und ein weiterer Freund von der Uglitscher Künstlerkolonie die Fahrkarte besorgt.

Die knapp 5200 km lange Fahrt mit dem Transsibirischen Express bis Irkutsk kostet genauso viel wie die Bahnfahrt aus dem Taunus nach Berlin, knappe DM 200,-! Beim Abschied lerne ich erstmals eine schöne russische Sitte kennen: Man setzt sich noch einmal kurz, bevor man das gastliche Haus verlässt. Still verharrt man miteinander. Dies soll gewährleisten, dass man wiederkommt. Ich habe das erste von vielen Malen das starke Gefühl, Abschiednehmen nicht zu mögen.

In Jaroslawl werde ich in den Zug steigen, der mich bis in die Nähe des Baikalsees bringen wird. Nach kurzer Busreise von Uglitsch habe ich noch ein bisschen Zeit, ausreichend, um einen rätselhaften Vorfall zu erleben.

Ein Uniformierter hält mich auf dem Bahnhofsgelände an und will meine Fahrkarte und das Portemonnaie sehen. Die geschieht kurz vor Abfahrt des Zuges. Mit Mühe gelingt es mir, meine Fahrkarte zurückzuerhalten, das (wenige) Geld und die Marke für die Gepäckaufbewahrung bleibt in der Hand des vermeintlichen Offiziellen zurück. Ich bin mir bis heute nicht im klaren darüber, ob das ein Kontrolleur war, ein Soldat, der besonders raffiniert vorging, oder ein uniformierter Dieb und/oder ein Betrunkener (Wodkatrinker haben keinen Mundgeruch!), oder eine Mischung aus allem.

Im Baikal Express! Ein erhebendes Gefühl, auch wenn es nicht der Transsibirien-Express ist, der bis Wladiwostok durchfährt. Die Trasse ist die gleiche und hier habe ich des Volkes Nähe, denn die meisten westlichen Touristen nehmen den Renommierzug, den Rossija.

In mein sauberes Vierbettabteil, das mit Bettzeug für die Nacht hergerichtet werden kann, steigen drei junge Leute zu, Mischa, Wolodja und Schenja. Sie frühstücken erst (nachts um 02.00 Uhr) und gehen dann zu einer geistreicheren Tätigkeit über. Im Tagebuch lese ich nach: 17 Stunden gesoffen, acht Stunden geschlafen, den Rest ihrer Reise haben sie sich geschämt. Trotzdem liebenswerte Jungs, wir unterhalten uns gut, eine abenteuerliche Mischung aus Sprachfetzen, englisch, russisch, etwas deutsch, Wörterbuchbenutzen und Zeichnen. Ich komme nicht dazu, meine Vorräte zu essen, da ich der überwältigenden Gastfreundschaft nicht ausweichen kann.

Die 88 (!) Reisestunden vergehen schnell, der Samowar, ein holzbeheizter Boiler, der in jedem Waggon Warmwasser zur Verfügung stellt, wird häufiger Anlaufpunkt, um sich Tee oder Fertigsuppen herzurichten.

Die sauberen Toiletten warten mit einem Problemchen auf, das aber im Vorfeld gelöst wurde. Alle (na ja, fast alle) russischen Waschbecken, das weiß ich jetzt, haben keinen Abflussstöpsel. Ich besitze einen Squashball aus Gummi, so groß wie ein Tischtennisball, der mir als Verschluss dient. Meine Manie, alle Teile der Ausrüstung auf Vollständigkeit zu kontrollieren, legt sich und reduziert sich auf ein vernünftiges Maß, als mir aufgeht, dass hier im Zug genauso viel oder genauso wenig Diebe herumlaufen wie in Deutschland auch.

In Jekaterinburg steigt ein junges Ehepaar aus, mit dem ich mich die ganze Nacht durch unterhalten habe. Ich bin jetzt in Asien, offiziell dauert es aber noch läppische 240 km, bis ich auch in Sibirien sein werde.

Die Querung des Urals, des Trenngebirges von Europa und Asien, geschah nachts. In Krasnojarsk endet die Sibirische Steppe, man fährt in den größten Wald der Welt, die Taiga. Während der kurzen Bahnhofsaufenthalte sind die Städte nicht zu erkunden, daher stammen diese und andere Infos von dem Reiseführer. Vorsicht ist dann geboten, denn die Züge fahren sämtlich pünktlich, und es gibt keinen Abfahrtspfiff; lediglich eine kurze Durchsage von der Art, die mir schon in Deutschland nicht verständlich ist. Das Problem der sich ständig ändernden Ortszeit (man durchfährt auf dem Weg nach Osten reichlich Zeitzonen) wird im Zug dadurch umgangen, dass hier Moskauer Zeit gilt; so sind auch die Fahrpläne gehalten.

Den Speisewagen benutze ich nicht, da ich nicht herausfinden wollte, in welcher Zeitzone sich das Bedienungspersonal und Köche gerade befindet. Es ist auch nicht notwendig, da ich auch nach dem Ausstieg der Jungs würdige gastfreundliche Nachfolger ins Abteil bekomme. Es ist mir nicht möglich, meine Lebensmittel zu verzehren, geschweige denn an andere loszuwerden! Noch einmal flackert bei mir kurz die Angst (vor wem oder was eigentlich?) auf, als sich mir mit wuchtigen Schritten ein russischer Schwarzenegger auf dem Gang nähert und mich offensichtlich aufs Korn genommen hat: Seine Pranken umschließen meine rechte Hand, oh Wunder: sanft! und er sagt, er habe ganz vorn im Zug vom nemetz, dem Deutschen gehört, der da allein reise, und wünscht mir „Du gutt fahre!". Erstaunt und erfreut danke ich und kann noch erfahren, dass er als Soldat zwei Jahre in Magdeburg war.

Bis ich Irkutsk erreiche, habe ich die Bekanntschaft einer Russin gemacht, die in dieser Stadt Englisch studiert hat. Sie ermöglicht mir privat unterzukommen, so dass ich die Liste meiner Hotels nicht abzuarbeiten brauche. Ich wohne in Zentrumsnähe, in der ulitza Karla Marksa.

Lustig, da ulitza, die Straße, weiblich ist, muss Karl Marx auch weiblich werden!

Die Stadt Irkutsk hat 680 000 Einwohner und liegt an der Angara, dem einzigen Abfluss des Baikalsees. Jetzt brummt die Stadt mit der Intensität, die auch in Deutschland vorherrschte, als das politische und wirtschaftliche System zusammengebrochen war. Die Märkte sind eine Mischung aus Verbrauchermarkt, Jahrmarkt und Flohmarkt, jeder versucht, alles Mögliche und Unmögliche an jeden zu verkaufen.

Die alte Kosakengarnison, errichtet, um die hier lebenden Bur-

21

jaten in Schach zu halten, gibt mit ihren 200 Jahre alten Holzhäusern, die nach einem Großbrand errichtet wurden, einen Begriff davon, wie es im Paris des Ostens aussah. In diesen von der UNES-

CO unter Schutz gestellten Häusern lebten aristokratische Exiläre, Goldsucher, andere Verbannte und polnische Rebellen. Oft reisten den Verbannten freiwillig die Familienmitglieder nach. Diese Volksmischung sorgte auch dafür, dass die Künste nicht zu kurz kamen.

Wie so oft auf Reisen sind es nicht die Dinge aus den Reiseführern, die stark hängenbleiben, sondern die kleinen Begebenheiten des Alltags. So etwa die selbst ernannten Kondukteure, die Fahrkarten verkaufen - und respektiert werden, obwohl sie keinerlei Auftrag haben und auch kaum auf einen nennenswerten Lohn vom Fahrer hoffen können. Weiter ungewohnt ist, dass auch größere Geldscheine durch 15 bis 20 Hände im Straßenbahnwaggon zum Fahrer nach vorn wandern und ein Fahrschein mit exaktem Wechselgeld wieder zurückkommt!

Im Völkerkundemuseum mit gut dargebotenen Ausstellungsstücken gibt es im I. Stock eine Ausstellung über den Großen Vaterländischen Krieg gegen Hitler. Auf einem Plakat sieht man Deutschland in Personengestalt mit einem Schal um den Hals. Deutschland wird mit dem Schal erdrosselt. Damit dies den Alliierten Russland, Großbritannien und den U.S.A. gelingen kann, muss der Schal drei Enden haben, eine Erfindung, die so wohl nur in Russland möglich gewesen ist! Ich wandere staunend umher, rundherum zufrieden und völlig entspannt. Lieder aus der Grundschulzeit fallen mir ein, auf meiner Reisegitarre spiele ich Stücke auswendig, die ich zwar geübt, aber noch nie auswendig spielen konnte, ein toller Nebeneffekt meiner noch jungen Reise!

Swjeta, meine Gastgeberin, organisiert meine Weiterreise: Ich melde mich in Séwerobaikalsk an, knappe 700 km nördlich von Irkutsk, das bedeutet eine zehnstündige Reise auf dem Baikal mit der meteora, einem Tragflächenboot. Außer meinem Visum für Russland besitze ich noch ein Schreiben des Russischen Verkehrsministeriums, das ich durch Nachbarschaftshilfe bekam. In diesem Schreiben wird jeder entlang meiner Reiseroute angewiesen, mir Unterstützung, auch bei der Beschaffung von Unterkunft, zu gewähren, eine phantastische Hilfe!

Für den Norden des Baikalsees greift nun ein anderer Reiseführer, von einem Australier geschrieben, in Europa noch nicht erhältlich. Ich erfahre von der Existenz des Führers aus dem Internet, schicke eine Email[2] in die Vereinigten Staaten. Ein Freund bestellt und kauft das Buch und schickt es mir per Normalpost nach Deutschland; ein gutes Zusammenwirken aller elektronischen Neuerungen. Informiert durch dieses neue Buch bestelle ich also bei meinem Ansprechpartner im Norden eine noble Bleibe: Ein Häuschen mit Blick auf den Baikalsee, sonst nur Eisenbahnfunktionären vorbehalten.

Der Abschied von meiner Gastgeberin Swjeta geschieht schnell am Passagiersteg des Zubringerbootes. Wir verbergen nicht sehr geschickt unsere Rührung. Wir versprechen uns, Kontakt über Briefe und Karten zu halten.

Oscar Wilde schrieb einmal: Hat man eine Kirche gesehen, hat man alle gesehen. Dieses starke, einprägsame Sätzchen findet meine Zustimmung nicht, aber abgewandelt könnte es brauchbar werden: Hat man eine Stunde die Taiga gesehen, muss man sie nicht mehr die restlichen dreieinhalb Tage ansehen.

Doch die Taiga war ja schon durch die schöne Stadt Irkutsk abgelöst worden. Nun also ein zweites Highlight auf meiner Bewegung von West nach Ost.

Der Baikal (baj-kul ist das burjatische Wort für „reicher See") besitzt das größte Trinkwasservorkommen der Welt und ist bis zu 1624 m tief. Bei einer Breite zwischen 20 und 80 km erstreckt sich das älteste Gewässer der Welt von Süden nach Norden über ca. 640 Kilometer, von denen ich jeden bei strahlendem Sonnenschein genieße.

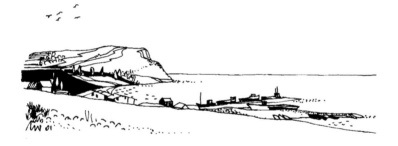

Am Westufer des Sees drängelt sich mal die Steilküste vor, um dann sanften Wiesenmatten zu weichen, auf denen Fischerhütten mit ihren Rauchfahnen grüßen; im Hintergrund die Berge mit fernen Wasserfällen. Dort ist schon das Quellgebiet der Lena, die aber nichts vom Baikal wissen will. Vielleicht denkt sie sich schnippisch: Was braucht mich der Baikal, der hat ja schon über 300 Zuflüsse! Die Lena ist also eigen, genau wie die Angara, nach der Sage die einzige Tochter des Baikal. Der Vater Baikal wachte immer über seine Tochter, bis diese davonlief, um in Krasnojarsk den Jenissei zu heiraten. Tja, so geht's!

Séwerobaikalsk ist eine Stadt, die wie viele andere, ihre Existenz dem Bau der BAM[3] verdankt. Die BAM ist hierzulande relativ wenig bekannt, da der Bau lange nicht so recht vorwärts gehen wollte und auch geheim gehalten wurde.

In Séwerobaikalsk (russ.: sewero = Nord) empfängt mich Herr Umirenkow mit seinem leidlich englisch sprechenden Sohn. Der Senior ist Leitender Ingenieur über 1500 BAM-Kilometer. Die junge Stadt hat ein kleines Museum und eine neue (!) Kirche, nicht viel zum Herzeigen, sieht man von dem Kuriosum ab, dass hier Häuser stehen, die für Zentralasien gedacht waren, für heißes, trockenes Klima also. Diese Häuser sind aber nicht erdbebensicher, hierzulande eine Notwendigkeit, da es viel seismische Aktivität gibt.

Meine Reisegitarre wird am Schallboden, der extra dicker angefertigt wurde, mit dem ersten Schnitzwerk versehen. Dem jungen Schreiner und Holzschnitzer Jurij („Isch Soldatt, Leibzisch!") steht ein Viertel der Gesamtfläche zur Verfügung. Er schnitzt ein buddhistisches Schicksalsrad mit burjatischen Knotenmotiven. Burjatisch, weil wir uns in der Burjatischen Republik befinden, buddhistisch, weil seit 1991 wieder verstärkt (und offener) die religiösen Traditionen gepflegt werden können.

Tagesausflüge nach Baikalskoje, einem alten Fischerdorf, und nach Nishneangarsk erweitern mein Bild vom russischen Alltag. Die Ausflüge sind schwer zu verwirklichen, Busse fahren nur einmal am Tag, das heißt, fährt man morgens zu einem Ort, weiß man, dass man abends nicht auf ein öffentliches Transportmittel rechnen kann! Grund soll Benzinmangel sein.

Eine fünfstündige Wanderung in das Akikantal[4] führt mich zu einem Konzentrationslager, das nach Stalins Tod aufgelöst wurde. Mit einem Vorortzug gelange ich in die Nähe. Ich muss dem Lokführer beschreiben, wo er mich herauslassen soll und es muss vereinbart werden, dass er mich zu der und der Zeit wieder aufnimmt.

Das Problem bei diesem Ausflug besteht nicht im Wandern, sondern, dass es dort Braunbären geben kann. Dies sind offiziell Pflanzenfresser, was mich nicht beruhigt. Denn: wenn die Bären Pflanzenfresser sind, warum gibt es dann so viele Verhaltensregeln für den Fall des Aufeinandertreffens? Das Weglaufen und das Hochklettern auf Bäume sei sinnlos, denn Bären sind schneller. Man sollte dem Bär in die Augen schauen, ihm nicht den Rücken zuwenden u.s.w...

Ich halte mich an eine andere Theorie und glaube auch fest daran: Wer Lärm verursacht, schafft sich eine akustische Schneise, die der Bär meidet, weil er schlicht und einfach seine Ruhe haben will. Ich nehme also eine Spezialtrillerpfeife in den Mund und bleibe unbehelligt.

Der GULAG [5] lässt noch Reste von Blockhütten erkennen, ein paar Schachtöffnungen, die ich meide, sowie Reste eines Transportkorbes einer Materialseilbahn. Als Reiseerinnerung nehme ich Proben eines biegsamen Materials mit, das ich weder unter Stein, noch unter Pflanze, noch unter Kunststoff einordnen kann. Später bringe ich heraus, dass es Glimmer ist (englisch: mica) und zur Herstellung von Kondensatoren in der Radiotechnik verwendet wurde.

Student Denis, der Sohn des Eisenbahnchefs, führt mich durch sein Städtchen. Ich lerne den Chef der örtlichen Musik kennen, so erklärt es mir Denis in pa angliski, seinem Englisch. Ich erwarte einen bärtigen Herrn, der ein Balalaikaensemble leitet und begegne einem jungen Mittzwanziger, der über die modernsten westlichen elektronischen Instrumente gebietet. Da Denis die Fachausdrücke fehlen und Andrej, der Musiker und Komponist, nicht englisch sprechen kann, verständigen wir uns, indem wir einen Blues zusammen improvisieren, er an den Keyboards, ich auf der Elektrischen Gitarre. Andrej braucht für seine Popmusik einen ausländischen, englischen Touch. Er nimmt englische Worte, deren Aussprache er imitiert, deren Bedeutung er aber nicht kennt, und reiht diese aneinander, bis die Silbenzahl seiner Verse erreicht ist. Diese

Tradition der Reihung von Worten ohne Sinn ist alt und erstreckt sich vom Dadaismus bis hin zu den Politikern, von diesen allerdings durch den wohltätigen Mantel der Grammatik verhüllt.

Mir gelingt es, von meinem Ferienhaus aus ein Ortsgespräch auf russisch zu führen. Mein Gesprächspartner schaltet schnell auf Englisch um, und wir führen das Gespräch zu Ende, nicht ohne uns zu verabreden.

Rashit Yahin ist der Mitautor des BAM-Reisebuches und besitzt ein frisch gegründetes Reisebüro, das aber im argen liegt, da Rashit vor kurzem erst einen Schlaganfall erlitten hat. Er lässt es sich nicht nehmen, mich durch einen seiner Söhne zu mir fahren zu lassen; mühsam steigt er aus, in Zeitlupe führe ich ihn zu einer Bank am Steilufer des Sees. Ich erzähle ihm, wie ich zu seinem Buch gekommen bin und wie mir sein schriftstellerischer Freund aus Australien über das Internet geholfen hat, an Material über den Amurfluss zu kommen. Er erzählt etwas aus seinem Leben; einen Teil habe ich aus dem Führer schon erfahren können. Die direkte authentische Zugabe lässt mich ungläubig zuhören:

Rashit ist Sohn eines verbannten kasachischen Priesters und wurde in einem Gefangenenlager geboren. Er wurde diskriminiert und als Feind der Arbeiterklasse verurteilt, bekam aber dann doch Gelegenheit, als Ingenieur in Moskau an der Planung für die BAM mitzuarbeiten. 1974 kam er mit den ersten Arbeitern in dem jetzigen Séwerobaikalsk an, bis er entlassen wurde. Hatte er doch einen Brief an das Russische Eisenbahnministerium geschrieben, in dem er sich über die Arbeitsbedingungen beschwerte. Später wurde er als einfacher Arbeiter wieder eingestellt. Er ist nationaler russischer Meister im Schach. Als ich das höre, erzähle ich ihm, dass ich auch Schach spiele. Er ist nicht zu bremsen und schickt seinen Sohn mit dem Auto durch die ganze Stadt, um ein Schachbrett zu holen. Meine Einwände fruchten nicht: Erst als er mich dreimal gnadenlos vom Brett gefegt hat, glaubt er mir, dass ich nicht gut spiele.

Ich nehme Rashits Einladung an und mache einen Gegenbesuch

in seinem gemütlichen Haus. Ich habe die Adresse und sogar einen Stadtplan, werde von drei freundlichen Fußgängern (nacheinander) immer näher an das Haus gelotst, verzage fast, bis ich an einen Motorradfahrer gerate, der sich auskennt. Er erkennt auch, dass russische Erklärungen bei mir sinnlos sind und hebt mich in den Seitenwagen seines Motorrades, das sicherlich in der Saurierabteilung eines westlichen technischen Museums einen Ehrenplatz gefunden hätte.

Wir sind da: Vor lauter funktionellem Grün ist die Behausung fast nicht zu erkennen. Das funktionelle an den Vorgartenpflanzen ist, dass sie alle essbar sind. Das einstöckige Holzhaus selbst war als zeitweilige Unterkunft bis zum Bau der Hochhäuser gedacht worden. Die Schlauen haben aber nie ihr Provisorium aufgegeben.

Mein neuer Freund entlässt mich nicht, ohne mir ein Verzeichnis von nützlichen Adressen mit Wegeskizzen für Tynda, Komsomólsk, Nikolájewsk und Chabárowsk mitzugeben!

Im Dienstwagen mit Chauffeur werde ich an den Bahnhof mit dem geschwungenen Dach[6] gefahren. Vater und Sohn Umirenkow sind erleichtert: Der Vater wusste nie so recht, wie er sich gegenüber dem Fremden mit dem Empfehlungsschreiben seiner obersten Herren verhalten sollte, der Sohn atmet auf, hatte ihn doch der deutsche Tourist ganz gut in Atem gehalten. Immerhin ist Denis eine Meisterleistung gelungen; er hatte mir nicht nur einen tragbaren Computer besorgt, sondern auch eine Telefonleitung, die geeignet war, eine elektronische Nachricht zu senden. Dass die Übermittlung meines Zeitungsartikels nur mit kleiner Bestechung vonstatten gehen konnte, und geheim im Hinterzimmer der einzigen Bank von Séwerobaikalsk über die Bühne ging, machte die Sache sehr reizvoll. Genauso reizvoll wie die Arbeit an einem PC mit kyrillischer Tastatur.

1300 Kilometer weiter, in Tynda, werde ich, durch Herrn Umirenkow senior schon angemeldet, von einem Damentrio empfangen: Die Chefin nebst Assistentin der örtlichen Firma BAMtour geben sich die Ehre. Zusammen mit einer Dolmetscherin, wieder eine Swjeta, holt man mich aus dem Abteil. Das Hotel, in das man mich führt, ist mir schon aus meinem Reisebuch bekannt. Es hat seinen Ruf dadurch erlangt, dass es für westliche Touristen fünffach überhöhte Preise verlangt. Das will ich nicht mitmachen und habe in dem Foyer des Hotels Junost einen Auftritt, den die Dolmetscherin genüsslich übersetzt.

Das zeigt Wirkung, denn man verspricht mir, den Preis zu mindern (ich verlasse Tynda nach drei Tagen, ohne dass die Rechnung überhaupt erwähnt wird!).

Swjeta, die ein Jahr als Austauschschülerin in den USA war, führt mich durch die kleine Stadt, Treffpunkt von vier Bahnlinien: Östliche BAM (nach Komsomólsk am Amur: 40 Reisestunden), Westliche BAM (nach Séwerobaikalsk: 29 Stunden), nach Norden die AYAM, die in die Jakutische Republik führt, und die Kleine BAM, die im Süden die Verbindung zur Transsib herstellt. Ich suche nach einem Video, das über den Bau der BAM berichten soll. Aber die Adresse aus meinem Führer ist nicht mehr aktuell. Nach viel Mühe gelingt es Swjeta, die Firma ausfindig zu machen, ein mürrischer Mann lässt uns warten. Er kommt wieder, wortlos drückt er meiner Dolmetscherin etwas in die Hand. Es stellt sich heraus, dass es zwei nagelneue profihaft gemachte Videofilme in westlichem Abspielformat sind. Swjeta, genauso überrascht wie ich, erzählt mir, der Mann habe nur kurz gebrummelt: Geschenk für den Deutschen!

Schnell vergehen die drei Tage, ein Picknick mit Chauffeur und der Besuch einer Pelztierfarm runden den Besuch ab. Swjeta II. gibt mir die kleinste der berühmten russischen Puppen als Glücksbringer mit.

Im Zug kann einem Mangel (mir fehlte die deutsche Sprache) abgeholfen werden, denn die Schaffnerin raunt mir zu: Weiter hinten sind noch zwei Deutsche! Diese, Professoren aus Wien und Siegen, beheben meine Entzugserscheinungen, wir tauschen Musiker - gegen Mathematikeranekdoten.

Beide waren nicht nur schon oft am Baikalsee gewesen, sie waren sogar schon in meiner Heimatstadt auf dem Jazzfestival, zwei Wochen ist das her! So sind wir jetzt in der langsamen BAM (ca. 35 km/h) und gehören zu den knapp 40 Europäern, die diese Bahn jährlich befahren.

Der unzweifelhafte Höhepunkt durch diese abwechslungsreiche Landschaft nahe am Dauerfrostgebiet fand aber nicht draußen statt, sondern im Zug. Vladimir, ein Major der russischen Armee, lädt uns zu sich und seiner Frau in sein Abteil ein. „Ich Kasak (Kosak)!" Seine Handkanten fahren wie Säbel durch die Luft, durch Zischen untermalt. Das Gespräch kommt auf Politik: Lebed? Seine Handkante geht nach vorn, wie ein Stich. Jelzin? Die Hände machen Schlangenlinien. Schirinowski? Die Handinnenflächen werden gegeneinander mehrmals wie ein Schnabel geklappt. Alkoholisches wird besorgt. Ich zeige eine Narbe an der Stirn und behaupte, ich sei gerade operiert worden (die Narbe ist von 1948) und muss nicht mittrinken. Die Professoren haben keine Narben. Nach 600 km, in Komsomólsk am Amur, trennen wir uns; die Naturwissenschaftler fahren weiter bis Chabárowsk und dann nach Wladiwostok.

Die Kurzaufenthalte in Komsomólsk na-Amurje (am Amur) und Nikolájewsk na-Amurje werden mit Museumsbesuchen verbracht.

Komsomólsk wurde 1932 gegründet. Mitglieder der Jugendgruppierungen der KPD (Komsomólzen) kamen aus ganz Russland hierher, um diese Geheimstadt zu gründen. Seit 1936 wurden hier Flugzeuge produziert. Iljuschin, Mikojan (MIG-Jäger) und Suchowo waren die bekanntesten hier arbeitenden Konstrukteure. Jetzt ist der Stolz der Stadt reduziert auf ein Entwicklungsprojekt, ein Mehrzweckflugzeug für 30 bis 40 Passagiere, das sich allerdings nur im Planungsstadium befindet. Die riesige Masse der Arbeitslosen hat nichts davon.

Am 2. Tag in Komsomólsk stößt zu meiner Englischprofessorin Natalja - von Tynda aus bestellt - Marina Kuzmina, die Chefin eines Reisebüros, dazu. Sie ist Expertin für Gräber und KZs von japanischen Kriegsgefangenen in dieser Gegend und hat mehrere Bücher darüber verfasst. Es herrscht ein reger Tourismus vom nahen Japan. Die Japaner kommen hierher, um ihre Ahnen in fremder Erde zu ehren. Ich erzähle ihr, dass Adenauer noch 1955 mit Chruschtschow pokerte, um die Freilassung noch in Russland lebender deutscher Kriegsgefangener zu bewirken. Sie glaubt es nicht.

Am frühen Morgen fahre ich nach Nikolájewsk. Auf der zwölfstündigen Fahrt regnet es zehn Stunden. Wegen Alkoholgenusses werden drei junge Leute des Schiffes verwiesen. Das ist sehr hart, außer der Anlegestelle gibt es hier anscheinend nichts, kein Mensch, kein Haus, schon gar nicht ein Hotel, und das nächste Tragflächenboot kommt erst in 24 Stunden!

In Nikolájewsk werde ich von der 19jährigen Elja empfangen, ein Fax von Komsomólsk hatte ihre Mutter erreicht, die im Museum arbeitet. Elja hat jahrelang völlig isoliert mit einer alten Dame Englisch gelernt und hat jetzt das erste Mal Gelegenheit, ihr Wissen anzuwenden. Als ich sie verstehe, glaubt sie an Zauberei, glücklich und ungläubig spricht sie weiter! Sie hat einen Zettel vorbereitet und wichtig liest sie mir vor, dass ihre Mutter mir ein Privatquartier anbiete. Hotels seien hier zu teuer. Gern nehme ich das Angebot an.

Im Hochhaus treffe ich die ganze Familie: Vater, Mutter, Sohn und den 25 cm hohen Wachhund Tschip. Man ist zusammengerückt, sodass ich ein Zimmer allein für mich habe.

Das Museum ist das Glanzstück der Region, die - nun ohne Militär - ziemlich abgehängt ist.

Es zeigt nicht nur eine gute ethnographische Sammlung mit einer Kopfskulptur, die noch kein Professor zuordnen konnte, sondern auch eine Ausstellung über die stalinistischen Konzentrationslager. Ich erhalte eine Fotografiererlaubnis für das Museum und trage mich in das Gästebuch ein.

Schade, dass hier, nahe der Amurmündung, kaum Touristen hinkommen, aber es geht wirklich nicht weiter: kein weiterführender Schiffsverkehr, keine Bahn, außerhalb der Stadt kaum Straßen, schon gar nicht amuraufwärts nach Komsomólsk. Sieben Monate

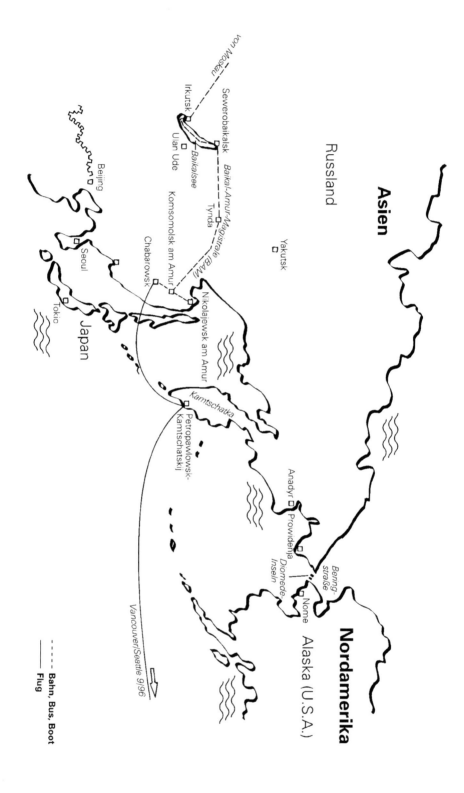

Asien

Russland

von Moskau

Irkutsk
Sewerobaikalsk
Ulan Ude
Baikalsee
Baikal-Amur-Magistrale (BAM)
Tynda
Yakutsk
Komsomolsk am Amur
Chabarowsk
Nikolajewsk am Amur

Beijing
Seoul
Tokio
Japan

Kamtschatka
Petropawlowsk-Kamtschatskij

Anadyr
Prowidenja
Diomede-Inseln
Nome
Bering-straße

Nordamerika

Alaska (U.S.A.)

Vancouver/Seattle 9/96

- - - - - Bahn, Bus, Boot
———— Flug

herrscht hier der Winter, wochenlang zeigt das Thermometer -
30°C, eine Versorgung mit Lebensmitteln ist nur aus der Luft möglich, sodass die Stadt hier höhere Lebenshaltungskosten als Moskau hat! Der Sommer findet im Juli statt, ich habe Glück.
Ein Ausflug auf das seinerzeit strategisch wichtige Kap Schnyr-
rach belohnt mich mit einem Weitblick auf den Norden der Insel
Sachalin.

Meine Rückfahrt beginnt damit, dass ich das frühe Tragflächenboot versäume. Das nächste hält abends an, da nur nach Sicht gefahren wird. Wir müssen alle aussteigen und in einem verkomme-
nen Verschlag, einem Hotel auf einem alten Ponton, zwangsüber-
nachten. Ich werfe einen Blick in den Schlafsaal, nehme mein
leichtes Gepäck (ein Teil blieb im Hotel von Komsomólsk) und
schlafe auf einer Bank im Vorraum.

Ein Samstagabend. Meine Gedanken sind nicht sehr touristisch:
Was könntest du jetzt so schön zuhause in deinem Fernsehsessel
eingeschlafen sein! Kopfschmerzen von den Auspuffgasen des
Schiffes kommen dazu; ein freundlicher Russe, hochintelligent,
denn er versteht mein Russisch, besorgt mir auf meine Bitte hin
acetylsalizyl kislota, nichts anderes als die chemische Formel für
Aspirin auf Russisch. Der Samstagabend ist gerettet, ich schlafe
gut. Der Schlafsaal bleibt weitgehend leer, da viele russische Männer gut mit Wässerchen versorgt, den Aufstieg über die steile Treppe nicht schaffen und sich sardinenmäßig im unteren Vorraum treffen. Wer an Wochenendunterhaltung interessiert ist: das Dörfchen
heißt Sofiskoje.

Ich schlafe noch einmal in dem Hotel in Komsomólsk, in dem
die Registrierung von Fremden mehr kostet als die Übernachtung,
und werde dann von Marina an die Anlegestelle, zur raketa nach
Chabárowsk, gebracht. Das Tragflächenboot hat sechs Stunden
Verspätung, solange harrt Marina an meiner Seite aus!

In Chabárowsk sehe ich ein Schild hochgehalten, mit Peter Faust
beschriftet. Ich spreche die Dame, die es hochhält, auf Englisch an
und - erhalte Antwort auf Deutsch!

Anscheinend konnte Marina keine Dolmetscherin für Englisch besorgen und hat gut geschaltet. Die Dame ist Professorin und Chefin für Deutsch in der Abteilung für Fremdsprachen an der Pädagogischen Hochschule von Chabárowsk. Jelena hat neben sich eine Bekannte, die mir bei dem Gepäck helfen will. Diese ist Sekretärin der Chabárowsker Union für ausländisch-russische Gesellschaften. Wir kommen zum Haus der Union, ich lerne Herrn Tschernow kennen, allgemein Slawa genannt. Er ist Manager der Union, ein Tausendsassa, wie ich bald bemerken werde. Nach einem kleinen Gitarreliedchen bringt man mich in ein Hotel am Lenindenkmal. Ich bin zu müde, um Preisbetrachtungen anzustellen; ohnehin hat mir die Union Geld vorgestreckt, da ich erst Morgen von meiner VISA-Card wieder Gebrauch machen kann. Ich wache auf bei Sonnenschein. Gut erholt bin ich, lediglich ein leichtes Taubheitsgefühl in der rechten Hand zeigt mir, dass ich mir wahrscheinlich durch das asymmetrische Tragen meines Seesacks einen Lendenwirbel verschoben habe.

Ich werde zunächst in einem Hotel in der Nähe des Lenindenkmals untergebracht. Es ist natürlich sehr teuer (für meine Begriffe), aber die freundlichen Damen der Union (sie haben sich nicht abhalten lassen, mir etwas beim Gepäck zu helfen) denken, dass ein Tourist, der so weit gereist ist, auch sehr viel Geld hat. Ich ziehe nach dieser Übernachtung in das Studentenheim der Universität Chabárowsk um; die Besatzung ist international, auch die der Kerbtiere. Ich wollte es nicht anders, da muss man durch: Nahrungsmittel hermetisch verschließen, das Bett von der Wand abrücken und in den Tiefschlaf absacken.

Am zweiten Tag meines Aufenthaltes wird das Hotel von der Fremdenpolizei, der OVIR, kontrolliert. Die Beamten stellen fest, dass mein Visum nicht für Chabárowsk gültig ist; sie entdecken noch weitere Ungereimtheiten.

Es ist, denke ich, nun an der Zeit, hier die Geschichte der Visa in Russland im Allgemeinen und den Werdegang meines Visums im Besonderen zu erzählen:

Ein russisches Visum erhält der Reisende, der eine Einladung eines russischen Gastgebers vorzuweisen hat. Der Tourist, der sich einer Reisegruppe anschließt, hat damit keinerlei Probleme, da das Reisebüro dies alles für ihn erledigt.

Ich besorge mir eine Einladung vom Bürgermeisteramt Uglitsch, der russischen Partnerstadt von Idstein. Eine Bekannte formuliert und schreibt meine Bitte auf einer Schreibmaschine mit kyrillischen Typen, die Stadtverwaltung hilft mir beim Versenden des Faxes; nach einigen Tagen erhalte ich die offizielle Einladung aus Russland mit einer kleinen Beschreibung dessen, was ich vorhabe. Diese Einladung wird zusammen mit einigen DIN A4-Blättern nach Bonn geschickt; es wird ein Touristenvisum beantragt. Im Antrag stehen sämtliche Orte, die ich in Russland besuchen möchte. Laut der mir vorliegenden Informationen braucht man das alles nicht, da der Besitzer eines gültigen Visums seit 1993 in Russland Freizügigkeit genießt, so ein Dekret von Jelzin. Ich gebe dennoch die zu besuchenden Orte an, da zu vermuten ist, dass dieses Dekret außer von Jelzin nur von dessen Bürokräften gelesen wurde.

Post von der Russischen Botschaft aus Bonn: Statt des beantragten Touristenvisums erhalte ich ein Visum für Geschäftsreisen - auf dem Papier noch besser - da dies im Generellen mehr entgegenkommende Behandlung bedeutet. Stutzig macht mich nur, dass statt der von mir angegebenen Orte (bis hin zur äußerst fernen Halbinsel Kamtschatka) als Reiseziele nur aufgezählt sind: Bonn (!), Moskau und Uglitsch. In Deutschland und bei Autos heißt solch eine Leistung Montagsproduktion. Ich belasse es dabei und denke mir: Die da in Bonn wissen schon, was sie tun.

Parallel dazu ersuche ich beim russischen Verkehrsministerium um eine Genehmigung, die von Westeuropäern selten befahrene BAM benutzen zu dürfen.

Das geschieht so: Ich formuliere meine Bitte mit genauer Spezifizierung meiner Reiseroute und des projektierten Aufenthalts in den von mir gewählten Orten. Mein Russischlehrer übersetzt mir das ins Russische, ich besorge mir russische Schriftzeichen aus dem Internet (ich möchte nicht alles der Bekannten überlassen, die mir schon die Uglitsch-Korrespondenz besorgt hat) uns schreibe den Brief auf kyrillisch. Der korrigierte Brief wird als Fax vom Apparat des Nachbarn abgeschickt. Die Faxadresse hatte mir der hilfreiche Nachbar ebenfalls verschafft. Ich erhalte keine Antwort aus Russland, auch nach einigen Tagen des zusätzlichen Wartens. (Auslandszuschlag für noch mehr aufgeblähte Bürokratie als bei uns.) Auf einmal meldet sich der Nachbar: Er habe von dem Büro der Deutschen Bahn in Moskau von einer Anfrage des Russischen Verkehrsministeriums erfahren, betreffend den Missbrauch eines Faxgeräts der Deutschen Bahn AG durch fremde Hand. Mein Nachbar (der mir sein Dienst-Fax zur Verfügung gestellt hatte) hat dann gegenüber den Kollegen der DB in Moskau alles aufgeklärt, doch damit nicht genug. Dadurch hat er auch erfahren, was ich vorhabe und bietet mir an, meine Reisepläne bezüglich der BAM sowie Sibirien und Fernost via Büro der DB in Moskau mit dem Russischen Transportministerium abzustimmen. Das ist eine tolle Hilfe, die ich sehr gern annehme. Ein Faxgerät wird eigens angeschafft, nach zahlreichem Hin und Her gelingt es Herrn Härtel (von hier aus noch einmal einen Herzlichen Dank!), mir ein zustimmendes Schreiben des Ministeriums mit allen Details zu faxen. Ein Satz ist besonders wichtig:.. „ist Herrn Faust alle Hilfe angedeihen zu lassen."

Zurück zum Visum: Man muss sich binnen dreier Tage am jeweiligen Aufenthaltsort bei der OVIR gemeldet haben. Dies habe ich nie gemacht, da ich ja fast immer (Ausnahme: Irkutsk) vorher abgereist bin. Was ich überall gemacht habe, ist, dass ich meinen Zauberschrieb des Russischen Verkehrsministeriums gezeigt habe. Dies ließ alle ehrfürchtig werden und Fragen nach dem regulären Visum in Vergessenheit geraten.

Die Chabárowsker haben das großzügig auch anerkannt, aber ich bin nicht mehr Reisender der BAM, sondern in einer Stadt, die weder im Visum noch im Empfehlungsschreiben genannt wird. Dem Zauberer Slawa Tschernow vom Büro der Union gelingt an einem

Tag, die Dinge mit den Behörden ins Lot zu bringen! Ohne ihn wäre meine Reise hier beendet gewesen, denn eine Flugkarte zur Halbinsel Kamtschatka, vor ein paar Jahren Sperrgebiet noch selbst für gebürtige Sowjetrussen, erlange ich nur mit Einladung von dort! Also: Telefonat (Slawa) nach Petropáwlowsk-Kamtschatskij, der größten Stadt. Ich spreche das erste Mal mit meinem zukünftigen Gastgeber, Wladimir Bobyrew (ich habe ihn bei meinen Internetrecherchen kennengelernt) und bitte ihn, mir eine Einladung ins Büro der Union zu faxen. Das geschieht. Das OVIR-Büro gibt mir daraufhin eine befristete Aufenthaltserlaubnis für Kamtschatka, die Aeroflot verkauft mir daraufhin ein Ticket zur Insel aus Feuer und Eis.

Da Deutsche in Chabárowsk selten auftauchen, werde ich bei der Erkundung dieser gepflegten, grünen und schönen Stadt bestens betreut: Beim ersten Rundgang führen mich Swjeta und Swjeta (!), zwei Deutschstudentinnen im 2. Semester, durch ihre Stadt und liefern mich bei ihrer Dozentin ab, die mich schon im Regionalmuseum erwartet. Dort gibt sie mir in hervorragendem Deutsch einen begeisternden Überblick über Flora und Fauna des Verwaltungsgebietes Chabárowsk (Chabarowskij kraij). Am Ende der Führung darf ich einem mächtigen Amurtiger (es gibt sie noch!) die (ausgestopfte) Pfote streicheln.

Der zweite Ausflug lässt mich Inna und Ira kennen lernen, Dolmetscherinnen, die mir weitere Sehenswürdigkeiten zeigen. Beeindruckend das Mosaik in der Lobby des Kongresshauses. Fünf Jahre lang hatte ein Künstler Steine dafür gesammelt, von der Tundra im hohen Norden bis zum Monsungebiet im Süden von Fernost. Die Einwohner dieser Gegend legen Wert darauf, nicht Sibirier genannt zu werden.

Inna weiß von einem Walfischskelett, das unbeachtet in einem Schuppen hinter dem Regionalmuseum schlummert. Durch Dreck und Dickicht gelangen wir zu dem 15 m langen Ungetüm. Die altertümliche Beschriftung der Knochen lässt erkennen, dass es sich um ein vorkommunistisches Säugetier handelt. Weiter noch im Gestrüpp, noch mehr versteckt, eine Kanone mit der Aufschrift Friedrich Krupp, 1881. Ich revanchiere mich und zeige den Damen am Haus des ehemaligen Generalgouverneurs von Fernost, Muraview-Amurskij, einen eisernen Rollladen mit der Aufschrift Remscheid.

Chabárowsk ist 1860, zwei Jahre nach Nikolájewsk gegründet worden und hat viele Händler und Militärs angezogen, da der Amur ja bestens geeignet ist, vom Pazifik her den Fernen Osten zu erschließen. Daher auch noch eine deutsche Spur im Café Butterbrod mit wunderschönen bleiverglasten Fenstern aus der Jahrhundertwende. Ein deutsches Handelshaus hatte in diesem Gebäude Kontor und Lager.

Für soviel Gastfreundschaft gebe ich im Saal der Union ein kleines Konzert auf meiner Reisegitarre. Jeder, der deutsch spricht und nicht in Ferien ist, ist hier. Nach dem Konzert muss ich viele Fragen beantworten. Ich erkläre, warum ich keine deutschen Volkslieder singe, kann leidlich bei Literaturfragen mithalten und muss mich sehr zusammennehmen, dass ich nicht in den heimatlichen Dialekt abgleite. Es gelingt mir - allerdings ernte ich Unglauben - , als ich darstelle, dass Gerhard Hauptmann schlesisch und Karl Zuckmayer rheinhessisch gesprochen haben.

Ungern verlasse ich die Stadt auf den drei Höhenzügen, die mich sehr an eine Kurstadt erinnert.

Bei der Verabschiedung erhalte ich von den Bürodamen und Dozenten noch ein Püpplein (matrijóschka) und Slawa fährt mich zum Flughafen.

Ende August fliege ich über die Südspitze der Halbinsel ein. Wenn Goethe berichtet, Palermo habe die schönste Lage und das schönste Vorgebirge der Welt, so hat er recht. Ich füge hinzu: Er hat Kamtschatka und die Stadt Petropáwlowsk mit ihrer natürlichen Bucht nicht gesehen. Wladimir hält am Flughafen von Petropáwlowsk-Kamtschatskij ein Schild hoch.

Wie gehabt: Nach herzlicher Begrüßung (wir kannten uns ja schon etwas durch die elektronische Post) fahren wir mit dem Bus zu seiner Familie. Etwas unwirklich, die zwei Hausvulkane (Awatscha, 2700 m, und Korjak, 3456 m) im Hintergrund, einer ständig und leicht aktiv, der andere nach einem Grummeln mit leichtem Lavafluß im Jahre 1994 wieder entschlummert.

Die Bobyrews (mit Sohn Antoschka und Frau Ira, Musiklehrerin) wohnen direkt an der Awatschinskaja-Bucht, die Vitus Behring anno 1740 im Auftrag des Zaren entdeckt hat. An verschiedenen Anlegeplätzen dümpelt die einst hochgeheime Pazifikflotte der Sowjetunion vor sich hin, keiner schert sich um mein Fotografieren.

In den nächsten zwei Wochen erkunde ich hauptsächlich die Stadt, die bis 1991 für Fremde völlig gesperrt war (selbst Sowjetbürger benötigten ein Visum!). Straßen außerhalb gibt es nicht viele, die Verbindung im Sommer kann nur über Hubschrauber gehalten werden, im Winter selbstverständlich mit Schlitten. Die Insel hat's in sich: Vulkane, etwa 25 aktiv, Fumarolen (Dampfquellen), Geysire und warme Quellen gibt es überall, und wer nicht acht gibt, kann an manchen Stellen in die dünne Erdkruste einbrechen, darunter kann schwefelsäurehaltiges Wasser warten!

Drei Wochen schönsten Hochsommers gehen schnell herum, obwohl es mir nicht gelingt, mit einem Hubschrauber in das berühmte Tal der Geysire zu gelangen.

Eine Unternehmung auf dieser Halbinsel aus Feuer und Eis verdient es, nach meinem Tagebuch geschildert zu werden:

„Freitag, 16.9. 16.30 Uhr: Abfahrt mit einem Unimog-ähnlichen Gefährt, 20 Leute. Es geht zum Vulkan Awatscha. Wir sind um 19.00 Uhr auf 900 m Höhe im Basislager angekommen. Die Hütten sind aus Stahl, 9 x 3 x 3 m³, innen mit Holz ausgekleidet, kein Licht, keine Heizung, kein Wasser. Lagerfeuer, eine Stunde russische Songs, dann beginnt Ben zu singen, von mir begleitet. Der Amerikaner ist auf Urlaub von der Insel Sachalin hier.

Samstag, 17.9.: Lagerhöhe 890 m, Vulkanhöhe 2741 m = 1851 m Höhenunterschied für einen Weg! Wenn ich dies schaffe, bedeutet das für mich neuen, persönlichen Rekord. Es gelingt mir, eine

Urkunde beweist es. Beweisfotos nein. Meine Ersatzkamera ist auf dem Gipfel eingefroren (die gute, schöne, neue Kamera mit Garantiekarte (10 000 km weit weg) war ja schon in Chabárowsk ausgefallen!) Abstieg nach Schlaf auf noch warmer Lava an einem 800 m langen Stahlseil in Falllinie. Gefahr durch Steinschlag ausgelöst, durch die Gruppenmitglieder weiter oben. Ich habe doppelte Handschuhe an wegen der Reibung am Seil. Erschöpft nach 23.00 Uhr wieder im Lager." Das Bargeld wird knapp, das letzte Mal hatte ich in Irkutsk Gelegenheit, nachzutanken. Also probiere ich meine VISA-Card aus. Leider, so stellt sich heraus, ist der Bargeldservice bei der einzigen Bank auf Kamtschatka am Tag meiner Ankunft eingestellt worden, vermutlich, weil keiner hier eine solche Kreditkarte hat. Also: Geld überweisen lassen (meine Travellerschecks waren auch schon verbraucht); Vladimir erkundet den Fall. Tatsächlich gibt es eine Bank, die Geldgeschäfte mit dem Ausland tätigen darf. Sie hört auf den wohlklingenden Namen Kamchatcomagroprombank. Eine Bankangestellte erklärt mir in bestem Englisch am Telefon die Prozedur, die eine Woche dauert: Volksbank, Citybank New York, dann Kamtschatka. Zur Sicherheit gehe ich noch einmal zur Bank, lasse mir das noch einmal erklären, denn ich möchte ja nichts falsch machen. Nach einer Woche ist das Geld da. Jetzt bin ich in der Lage, mit einer kleinen Gesellschaft ins Tal der Geysire zu fliegen. Allerdings muss man warten, bis sich genügend Interessierte finden, denn sonst ist dieser Ausflug unerschwinglich, kostet eine Hubschrauberstunde doch ca. US$ 500.-! Das hat man europäischen Jägern (Braunbären) und nordamerikanischen Anglern zu verdanken, denen nichts zu teuer ist.

Die Wartezeit wird überbrückt mit einem Ausflug nach Paratunka, berühmt für seine warmen Quellen. Wir sind allein in den drei unterschiedlich warmen Außenbecken, allein auch deshalb, weil die Eintrittspreise für das Gros der Bevölkerung nicht mehr erschwinglich sind. Zeit bleibt nun auch, der russischen Kaufhäuser zu gedenken, hier zwei Anmerkungen:

a) Es gibt in den von mir besuchten Städten Sibiriens, Fernosts und Kamtschatkas keine Schuhbürsten. Dafür gibt es normale braune und schwarze Schuhkreme in Dosen ausreichend. Die braune gibt es in Irkutsk, die schwarze in Tynda, über 2000 km entfernt, sonst nirgendwo.

b) Wer ordnet an, wie die Waren angeordnet werden? Ich rede nicht von den Märkten unter freiem Himmel, ich rede vom Kaufhaus, dem „magasin". Surrealistische Klobürsten neben Kinderschnullern, M16-Schrauben (nur diese) neben Musikkassetten, Herrenhemden, halb in die fliegende Apotheke hineinragend, so werden die verblüfften Augen beschäftigt. Einen Tag später, im selben Kaufhaus: der Uhrenreparierer in seiner Kabine ist vom Videoverleih abgelöst worden, die Tapeten sind nicht mehr beim Buchweizen, sondern bei den Game-Boys in der Nähe neuer Fensterrahmen. Ortsansässige laufen immer alle Etagen ab, weil ein Gegenstand überall sein kann.

c) Die Frage, ob es in Russland einmal Abflussstöpsel gab, ist noch nicht geklärt worden. Fest steht, dass es keine (mehr) gibt und dass keine angeboten werden. In meinem Hotelzimmer in Chabárowsk bleiben meine zwei Kameras liegen; mein letzter Squashball, als Stöpselersatz erkannt, verschwand.

Der Vater einer Freundin von Ira arbeitet auf dem Flugplatz, der Ausgangspunkt für die Flüge ins Geysirtal ist. Ich erfahre, dass bisher keine Gesellschaft zusammengekommen ist.

Ich kümmere mich um den Rückflug, gehe zum Schalter der Alaska Airlines und will dort ein Ticket kaufen. Den Plan, von Petropáwlowsk aus nach Magadan, dann nach Anadyr und Providenija, möglichst nahe an die Beringstraße zu kommen und dann den Kontinent zu wechseln, habe ich wegen horrender Flugpreise aufgegeben. So will ich direkt mit Alaska Airlines von Petropáwlowsk aus über Vancouver nach Seattle fliegen.

Das geht nicht, belehrt man mich. Da nur einmal die Woche nach

Nordamerika geflogen wird, muss man vorher buchen. Für mich bleibt nur die Möglichkeit, eine Woche später als geplant zu fliegen, ein preislich dreifach überhöhtes Ticket zu kaufen lehne ich ab. Meine Gastgeber nehmen die Tatsache gefasst auf.

Jetzt aber, durch die Änderung der Umstände meines Aufenthaltes, muss ich mein Visum verlängern lassen. Ich frage mich zur OVIR, der Fremdenpolizei, durch. Das erste Haus ist nicht das richtige, dafür lerne ich ein schönes, deutsch-russisches Wort kennen: markscheiderskaja. Die Markscheider waren Vermesser, ich bin also im Katasteramt gelandet. Ein Taxifahrer bekommt mit, als ich in einem (zweiten) falschen Hochhaus nach der Passstelle frage und winkt mich zu seinem Auto. Als ich ablehne und auf meine Füße deute, macht er das Geldzeichen (Daumen gegen Zeigefinger), schüttelt den Kopf und sagt: Njet! Ich steige ein, er liefert mich präzise vor dem Gebäude ab.

So: Mein Visum verlängern! In Deutschland war es ja schon falsch ausgefüllt worden, benutzt hatte ich es nie, das erste mal erst in Chabárowsk vorgezeigt, dort auch die ersten Hinweise auf faule Stellen erhalten. Ich lege das Visum vor: Große Aufregung - eine englischsprechende Bedienstete wird geholt; sie fragt mich, wie ich denn nach Kamtschatka gekommen sei. Eine Verlängerung sei nicht möglich, da seien Fragen zu klären, ich möge warten, bis nachmittags die Amtsleiterin erscheine. Ich bin anfangs noch sehr sicher, fast frech, bis mir einfällt, dass ich hier Gast bin und die Fremdenpolizei bis 1991 hier, auch für Russen, die am meisten gefürchtete Behörde gewesen war.

Nachmittag zwar, aber ich habe jetzt schon die High Noon-Stimmung. Als erstes wird mir von der Amtsleiterin, einer sehr strengen Person erklärt, dass ich mich innerhalb von drei Tagen hätte melden müssen, dies stehe in drei Sprachen auf dem Visum. Die Dolmetscherin übersetzt dies, eine Protokollführerin schreibt gesenkten Kopfes mit. Wo ich denn untergekommen sei? Ich antworte, dass ich bei Bobyrews wohne und gebe die Telefonnummer an. Vladimir wird angerufen, er ist zuhause, er hat Urlaub und muss auch hier erscheinen. Er kommt nach einer halben Stunde, sichtlich geknickt, da er ja auch dafür verantwortlich gemacht wird, dass ich mich nicht gemeldet habe. Nebenbei lässt sich die Chefin noch seinen Ausweis zeigen und kanzelt ihn ab, dass er sich nach seinem letzten Umzug nicht umgemeldet habe. Die Stimmung wird schlechter und schlechter. Nach zweieinhalb Stunden ist alles klar: Ich werde zu einer Geldstrafe verdonnert, Vladimir desgleichen (11, 30 DM je Kopf), darüber hinaus muss ich die Halbinsel innerhalb von drei Tagen verlassen. Diese Frist wird allerdings erst festgesetzt, nachdem ich der Chefin erzählt habe, was ich auf Kamtschatka noch vorhabe. Sie hat dann meine Vorhaben um einen Tag verlängert und ist so zu meinem Ausweisungstermin gekommen.

Ich bitte die Gestrenge noch, den Termin um einen Tag zu verlängern, denn es gibt kein Schiff, keine Bahn und keine Straße nach Seattle, und ich habe ja nur ein Flugticket für den und den Tag. Nach kurzer, ernster Beratung und einem ersten Lächeln (!) wird meiner Bitte entsprochen.

Vladimir und ich, wir müssen jetzt erst zur Post, um auf das Konto der OVIR unsere Strafe einzuzahlen. Die Einzahlung gelingt meinem Freund schon nach einer Stunde Studiums der dort ausliegenden Vordrucke, die Hinweise geben, wie eine postalische Überweisung stattzufinden habe. Was hätte ich dort allein gemacht oder ein Bäuerchen aus dem Umland?

Endlich ist es geschafft. Wir zeigen unsere Quittungen bei der nun schon vertrauten Behörde vor, ich bekomme meine Visumsverlängerung.

Vier Leute waren knappe drei Stunden beschäftigt, um mich abzuhandeln. Ich habe dies nicht als bürokratisch empfunden, die Leute waren höflich und korrekt, haben lediglich einen Fehler von mir (und meinem Gastgeber) entsprechend ihren Vorschriften behandelt. Dass es bei uns anders zugeht, tut nichts zur Sache. Man sollte sich der Landessitte anpassen, ist die von mir gezogene Lehre.

Übrigens haben die OVIR-Leute auch gemerkt, dass mein Visum völlig falsch ausgefüllt worden war, haben aber (vermutlich, um sich noch mehr Arbeit zu sparen) keinen Laut gegeben!

Zwei Tage noch sitze ich direkt auf dem Flugplatz und hoffe, dass es doch noch gelingt, das Tal der Geysire zu erreichen. Es hat nicht sollen sein: Die erste Woche auf Kamtschatka hatte ich kein Geld, die zweite Woche kam keine Reisegruppe zusammen und die letzte Woche, die ungewollte, warte ich darauf, dass sich die Wolkendecke hebt. Nein, soviel Glück habe ich nicht.

Der Eindrücke waren auch so schon genügend: Ob es das allabendliche Gespräch mit Ira und Vladimir war, das Spielen mit dem kleinen Antoschka, die Ausflüge, allein oder gemeinsam, das alles scheint mir fast schon zuviel gewesen zu sein.

Ich entdecke in einem der Kaufhäuser eine Flasche Wein: Niersteiner Gutes Domtal, und erzähle den Bobyrews, dass dieser Wein aus meiner Gegend stammt.. Ehrfurchtsvoll wird ein Gläschen genommen. Das letzte Mittagessen, schweigend verbracht; selbst der kleine Antosch bekommt mit, dass da etwas nicht stimmt. Die ganze Familie bringt mich zum Flugplatz, sie schauen mir nach, bis ich um eine Ecke im Abfertigungsgebäude verschwunden bin. Aus den Augen, aber noch lange nicht aus dem Sinn.

Ein letztes Staunen bei den Zollbeamten über die Eintragungen in meinem Visum, sie behalten es (ich habe eine Fotokopie dieses unglaublichen Dokuments). Zwei Stunden verbliebenen Tageslichts lassen mich noch einmal die grandiose weglose Vulkanlandschaft erblicken, zur Abrundung gibt es in der Nacht noch das Polarlicht zu sehen.

Acht Wochen Russland, das bedeutete acht Wochen Hochsommer, ein Glücksfall für mich, denn dies ist nicht jedes Jahr so. Neue Eindrücke, neue Ansichten und Einsichten sind gewonnen worden, vor allem aber: Neue Freundschaften.

Es sind aber auch acht Wochen mit fast keinem Deutsch, keinen Zeitungen, keinem Fernsehen, keinen Nachrichten und – keinem Heimweh!

Am Freitag, dem 20. September 1996, komme ich in Seattle, U. S. A., an.

U. S. A. - MAYALAND

Nach acht Wochen Rußland, in denen ich nur Positives erlebt hatte und vom Wetter sehr begünstigt worden war (ein sibirischer Sommer, wie selten!), betrete ich nun amerikanischen Boden.

Tatsächlich will ich ganz Nordamerika erkunden: Zuerst von Seattle aus nach Süden reisen, die kalifornische Küste entlang, dann in Mexiko überwintern, Spanisch lernen, das Mayaland erforschen, im Frühjahr 1997 zurückkehren und mit eigenem Auto Nordamerika gründlich er„fahren".

Nachmittags bin ich in Petropáwlowsk abgeflogen – einen letzten verwunderten Blick hatten die Flughafenbeamten auf mein Visum zu werfen – und, da ich die Datumsgrenze überflogen hatte, am frühen Morgen des gleichen Tages in Vancouver angekommen.

Rußland hatte meine Optik etwas „verbogen": Im Empfangsgebäude sehe ich eine spiegelnde Fläche auf dem Fußboden und denke „na, da sollte man doch aufwischen!", bis mir aufgeht, dass dies ein normales sauberes Parkett ist. In dem von mir besuchten Ruß-

Verlauf
1. Westküste, Mexiko, Halbinsel Yukatan, zurück in die U.S.A.

land war eine reflektierende Fläche nur als Wasserfläche denkbar. Da ich ursprünglich vorhatte, die U.S.A. über Alaska (die Behringstraße) auf dem Wasserwege von Rußland aus zu erreichen, hatte ich mir in Deutschland schon ein Visum besorgt. Naiv dachte ich, es sei dadurch einfacher, in das „Land der..." (Sie wissen schon) einzureisen; tatsächlich gibt es genauso viel Formulare auszufüllen wie bei den anderen Reisenden, wobei ich mich durch Falschausfüllen hervortue. Freundlich hilft mir die Beamtin, eine schöne Erfahrung nach den Begegnungen mit der russischen Bürokratie. Nach diesem Intermezzo, das nur dazu diente, uns auf dem nordamerikanischen Kontinent anzumelden, fliegen wir nach Seattle weiter.

Seattle, am Puget Sound gelegen, veranlasste Mark Twain zu dem Bonmot: „Ich habe den schönsten Winter meines Lebens in Seattle erlebt – im Sommer."

Keine Rede davon, der Spötter hat wieder einmal übertrieben, denn ich habe zehn Tage lang bis auf etwas Nebel das schönste Touristenwetter gehabt. Europäische Touristen gibt es hier kaum, obwohl die Stadt mit dem besten Trinkwasser der U.S.A. und einem Durchschnittslebensalter von 33 Jahren einiges zu bieten hat.

Das „alte" Zentrum rings um den Pioneer Square, das, erst 30 Jahre alt, 1889 nach einem Brand neu aufgebaut werden musste, lockt nun mit allerlei Kneipen und gehobenen Restaurants, Andenkenläden und Trödelläden. Die Mischung aus Wolkenkratzern, „downtown", dem Stadtzentrum, und den Wohnhäusern in den Vorstädten („neighbourhoods"), die an Hänge und auf Hügel gebaut wurden, fast alle mit Blick aufs Wasser, die fußgängerfreundliche Nähe von vielen Attraktionen, der kostenlose Busservice in der Stadtmitte, das alles erhöht die Attraktivität dieser Stadt für mich. Nichts wusste ich über sie, aber nun sind wir ja in einem Lande, in dem „time" nicht nur „money" ist, sondern in dem auch das Informationszeitalter zuerst Einzug gehalten hat. Ich nehme vorerst mit einer „altertümlichen" gedruckten Broschüre vorlieb (immerhin, die gibt es noch) und erfahre, dass ein erneuter wirtschaftlicher

Schub dadurch gegeben wurde, dass Seattle sich während des Yukon - Goldrausches 1898 zum Haupthafen mauserte und nun für
Wasser und Luft zum Wegekreuz für den nördlichen Pazifikraum
geworden ist. Größter Arbeitgeber ist der Flugzeugbauer Boeing,
bekanntester Arbeitgeber die Firma Microsoft, die Anwendungs-
programme für Privatcomputer entwickelt und verkauft.

Durch die spezielle Steuergesetzgebung ist es möglich, mit Spon-
sorengeldern ein Musiktheater, ein Sprechtheater, ein Sinfonieorche-
ster und ein Ballett privat zu finanzieren, von Profiteams in Baseball
und Football ganz zu schweigen. Solche amerikanischen Verhältnisse hätten deutsche Kulturschaffende auch ganz gerne!

Solchermaßen informiert, besuche ich nun die Kneipe „Speakeasy", ein „Cybercafé", womit man Geschichte und Fortschritt
miteinander verknüpft hat:

„Speakeasy" war die Bezeichnung der illegalen Kneipen
während des Alkoholverbots in den 20er Jahren. Cybercafé ist ein
Café, das Zugang zum Cyberspace ermöglicht. Der Cyberspace ist
der Raum, in dem man sich befindet, wenn man die Welt der durch
Telefonleitungen weltweit vernetzten PCs betritt und dann elektronische Post verschickt. Eine tolle Sache, wenn man erst einmal seine Berührungsangst abgelegt hat und sich selbst von den Vorteilen
dieser ultraschnellen Kommunikationsmöglichkeit überzeugen
konnte.

Ich erhalte so Zugang zur Heimat (alles klar, der verlässliche und
unentbehrliche Freund Lars hat alles im Griff) und zum neuen
Freund Kyle, der südlich von San Francisco, in Palo Alto, an der
Stanford University arbeitet. Kyle Wohlmut, dessen Vorfahren aus
Deutschland einwanderten, ist mir im letzten Jahr anlässlich der
Musikmesse in Frankfurt vorgestellt worden; er wird mich für einige Zeit aufnehmen. Kuno, ein Freund und Kollege aus Deutschland, faxt mir in die Jugendherberge, dass er ebenfalls zu Kyle
kommen wird, sodass mir ein erfreuliches Wiedersehen bevorsteht.
Elektronische Post (E–mails), Fax, normale Post (Schneckenpost =
snail mail) und Telefon, alles wird von mir benutzt. Wenn man

nicht allzu dumm ist, kann man mit einer Telefonkarte mit der ganzen Welt telefonieren. Mir gelingt dies schon nach drei Tagen.

Die Jugendherberge heißt natürlich nicht so, sondern weltweit werden diese hotelähnlichen, aber preiswerten Stätten der Unterkunft und Begegnung „Hostelling International" genannt. Nach einer Übernachtung im teuren Hotel des YMCA, der amerikanischen Spielart des „Christlichen Vereins Junger Männer" (CVJM), verbessere ich mich finanziell, indem ich in ein leicht heruntergekommenes Hotel ziehe, bis meine Buchung in der zentrumsnahen Jugendherberge gültig wird, selbstverständlich mit Blick auf das Wasser des Puget Sounds. Der Blick nach Westen bei Sonnenuntergang bringt selbst hartgesottene Fernreisende (ich bin nicht der einzige) zu träumerischen Blicken!

Im Aufenthaltsraum des Jugendhotels werden schnell Kontakte geknüpft und Informationen ausgetauscht. Mit Owen, einem Australier, und dessen Bekannter unternehme ich einen Busausflug nach Renton südlich von Seattle. Wir möchten das Grab von Jimi Hendrix besuchen, eines Gitarristen, den wir sehr verehren. Nach einer Stunde sind wir vor Ort, mit etwas Fragerei und einem dreiviertelstündigen Fußmarsch haben wir den Friedhof erreicht: Großflächiger Rasen, flach in den Boden eingelassene Gedenkplatten, Blumenschmuck. Nachdenklich stehen wir vor dem einfachen Grab des Musikers, der mit 30 Jahren starb, dessen innovative Spielkunst ihn aber unsterblich gemacht hat. Sehr mutig hatte er der amerikanischen Nation einen akustischen Spiegel vorgehalten, als er während des Höhepunktes des Vietnamkrieges die Nationalhymne so spielte, wie sie seiner Meinung nach gespielt werden musste, nämlich verzerrt, falsch und hässlich; das Pfeifen niederfallender Bomben imitierend.

Die Suche nach einem billigen Transport bis San Francisco macht mir drei Dinge klar: Die glorreichen Zeiten der nordamerikanischen Eisenbahnen sind vorbei (es gibt nur noch die AMTRAK), die berühmten Greyhoundbusse sind sehr teuer und Inlandflüge sind billiger als Bus oder Zug!

Doch bevor es mich weiterzieht, heißt es, sich noch einmal die Stadt zu erobern. Ich leihe mir ein Fahrrad und fahre weit nach Norden, links von mir die Wasserstraße, auf den Fähren entweder den gegenüberliegenden Olympic Nationalpark ansteuern oder aber das etwas fernere Vancouver Island, ebenfalls ein Örtlein, an dem man gut und gerne einige schöne Wochen seines Lebens verbringen könnte.

Tags darauf noch ein ausgedehnter Spaziergang zum Vorort Queen Anne. Von hier aus hat man das Ganze im Blick: Skyline, die Hügel mit den Vorstädten, links die „Monorail", eine Einschienenhochbahn (sie startet in einem wunderschönen Park), das alles überragt vom Aussichtsturm „Space Needle", der den Blick in die Ferne lenkt zum Hausberg Mount Rainier, 4400 m hoch. In seiner Nachbarschaft der St. Helens, der sich vor ein paar Jahren wieder seiner vulkanischen Pflichten erinnert hat.

Der Abschied von Seattle fällt relativ leicht durch die Tatsache, dass man ja eine vermutlich noch schönere Stadt ansteuert. Owen nimmt mit mir ein Taxi zum SEATAC–Flughafen, dann trennen sich unsere Wege, er möchte nach Los Angeles und dann nach San Diego.

San Francisco ist schon immer ein Traumziel für mich gewesen, das mich auch im Realen nicht ernüchtert. Von meinem Stützpunkt aus, wieder eine „Jugendherberge" in Nähe der pulsierenden Hauptverkehrsader „Market Street", entdecke ich die Stadt, von der ich soviel gelesen und, im Film, gesehen habe. Das geschieht durchweg zu Fuß, so überschaubar ist die Stadt. Zur „Golden Gate Bridge" allerdings fahre ich mit dem Bus, das ist mir zu weit.

Doch zuerst gilt es, sich einen Überblick zu verschaffen. Zu diesem Zweck ersteige ich den Coit Tower, relativ zentral gelegen. Dieser, von der reichen Witwe Coit erbaut und den Feuerwehrleuten der Westküstenmetropole gewidmet, überragt downtown und lässt mich die Halbinsel zwischen Pazifik und der Bucht von San Francisco gut überblicken: Im Norden das Goldene Tor (Golden Gate) mit weithin bekannter Brücke, weiter rechts in der Ferne die

Oakland Brücke, dann, im Vordergrund, Alcatraz, Insel mit Gefängnis außer Dienst, anschließend die Bay Bridge. Das Schachbrettmuster der Stadt wurde ohne Rücksicht auf Steigungen, Berge oder sonstige Widrigkeiten durchgehalten, sodass sich dem Fußgänger oder dem Benutzer der „Cable Cars" (drahtseilgezogene Straßenbahnen) atemberaubende Blicke auf die City eröffnen.

Jeden Tag lerne ich die Stadt mehr kennen: Metropolitan Museum, Fishermen's Wharf (Alte Piers, jetzt Touristen„fallen"), Chinatown, Little Italy (direkt daneben) und Nob Hill, den Hügel der Vornehmen, Nobilitäten. Ich lerne, SOMA, den Bezirk South Of MAr-

ket (Street) zu meiden (Dubiose Gestalten! sagt man mir an der Rezeption meines Hotels). Ich besuche natürlich die Kinos, bewundere die Straßenmusikanten und spiele Schach direkt an der Market Street in der Nähe der Talstation der Cable Cars.

Viele Anlaufpunkte für Fußgänger sind von der deutschen Eva Liebermann geschaffen worden. Die Diplomlandschaftsarchitektin vermenschlichte die Innenstadt dadurch, dass sie zuerst das Verhalten der Büromenschen in den Pausen studierte, dann überprüfte sie den Bestand an Freiräumen für Fußgänger, daraufhin erstellte sie eine Liste für Grundbesitzer, die unter mehreren Möglichkeiten wählen konnten, Einrichtungen für die schwächsten Verkehrsteilnehmer zu schaffen, etwa Passagen, Plazas, Dachgärten, Miniparks. Dazu mussten die Besitzer sich zur ständigen Pflege verpflichten.

Nach dem Erdbeben von 1989 wurde Liebermann die Gestaltung des Geländes der Stadtautobahn (diese war schwer beschädigt worden) entlang des Fährhafens übertragen. Eines der besten Gelände an der Bucht war frei geworden zur Verschönerung. Es ist nun Erholungsgebiet des angrenzenden Finanzviertels. Auch die Begrenzung der Bauhöhe auf „nur" 70 Stockwerke geht auf die Architektin zurück.

Eine Ausstellung im „Golden Gate Park" über die 50er Jahre in den U.S.A., über die Kommunistenhetze des Senators McCarthy und die „Beat Generation"[1] im liberalen San Francisco verpasse ich, weil ich mich zu sehr durch die Schönheiten des Parks ablenken lasse. Ein späterer Versuch gelingt.

Auf dem Rückweg von der Ausstellung laufe ich durch das Viertel, das durch seine Musikerszene in den 60ern von sich reden machte: Es ist der Bezirk um die Straßenecke „Height" und „Ashbury". Hier hatten Popgrößen wie Janis Joplin oder die „Mothers of Invention" gelebt, gesungen und all das gemacht, was das Bürgertum äußerst misstrauisch betrachtete. Dass viele dieser Künstler vorzeitig starben, hat die Aura der Unsterblichkeit eher noch erhöht. Aber ach! Nichts mehr ist von den Hippies und „Flower Power" geblieben, lediglich ein paar verwahrloste Lebenskünstler belästigen Passanten; das, was ansehnlich ist, ist geglättete Oberfläche, Kommerz.

Das Wetter lässt mich auch hier nicht im Stich, obwohl manchmal Nebel die Oberhand gewinnt.

Von San Francisco aus fährt der „Caltrain" entlang der Halbinsel nach Süden. Er folgt dabei dem alten „Königsweg" der spanischen Eroberer, dem „Camino Reale". Am Schalter möchte ich eine Fahrkarte nach Palo Alto erstehen, denn ich will ja zu Kyle, meinem Gastgeber. Also sage ich „Palo Alto", die „A"s amerikanisch ausgesprochen. Jetzt gibt es einen Moment, da hätte ich gern eine Videokamera auf mein Gesicht gerichtet gehabt, denn der Schalterbeamte antwortet auf hessisch: „Du bist abber nid von hier!" Der humorvolle und lustige Mann ist vor 30 Jahren aus dem Ruhrgebiet eingewandert. Die Schlange hinter mir verhindert ein längeres Gespräch; freundliche Verabschiedung. Es ist mir heute noch ein Rätsel, wie man von zwei gesprochenen Worten genau auf eine deutsche Region schließen kann.

Kyle nimmt mich ohne weiteres auf; er wohnt mit drei Freunden in einem Haus in der üblichen Flachbauweise zusammen. Durch den Ausbau der nicht genutzten Garage (die Autos stehen vor der Tür) hat jeder der Vier ein eigenes Zimmer, die Miete wird dadurch erschwinglicher.

Die Stanford University (der Eisenbahnmillionär Stanford war der Stifter und Gründer dieser weltweit bekannten Bildungseinrichtung, eine der „Fabriken" für Nobelpreisträger) ist leicht mit einem kostenlosen Zubringerbus (shuttle) zu erreichen. In Flachbauweise in spanischem Stil erbaut, mit vorgebauten Kreuzgängen gut gewappnet gegen den anscheinend immerwährenden kalifornischen Sonnenschein, macht diese „Uni" zu besuchen soviel Spaß, dass ich geradezu noch einmal studieren möchte. Großzügige Parks (herausragend der angegliederte „Rodin Sculpture Garden" mit Plastiken des Bildhauers Rodin), eine riesige, aber nette Mensa, ein eigenes Krankenhaus, eine Kirche und eine sehr große Buchhandlung machen die Hochschule zur Stadt in der Stadt.

In der Bücherei mache ich zwei Entdeckungen: Es gibt T–shirts mit dem Logo der Uni, dem Schattenriss eines Baumes. Rätselhaft ist, dass darunter das Motto der Schule „Der Wind der Freiheit weht" auf deutsch erscheint. Keiner, den ich ansprach, hat mir das erklären können.

Die zweite Entdeckung ist, dass in der Musikabteilung des Buchgeschäfts die Harmonielehre des verstorbenen deutschen Komponisten Paul Hindemith auf Englisch vorliegt. Mehrfachexemplare belegen, dass dies offenbar ein Standardwerk zum Gebrauch neben den Vorlesungen ist. Schade, dass dieses gute Buch in Deutschland kaum benutzt wird!

Jetzt, in der 11. Reisewoche, hat mich die Hitze immer noch nicht verlassen: In Rußland hatte ich eine Stunde Nieselregen, in San Francisco erreichten mich ein paar Tropfen aus dem Nebel der Bucht, sonst nichts. Die Temperaturen sind über 100, Fahrenheit versteht sich. Erstaunlich, dass sich die rationalen Amerikaner auf solch eine Temperaturskala eingelassen haben: Der Forscher Fahrenheit setzte seine Körpertemperatur gleich $100°$ und zum Nullpunkt bestimmte er irgendein Eisgemisch. Auch die anderen Maßeinheiten sind gewöhnungsbedürftig: mile, inch, gallon etc., alles gut englisch. Mich stört es nicht, wichtig ist nur bei der Maßeinheit Dollar den Überblick zu behalten (Meine Vermutung, dass ich in den nordamerikanischen Städten zuviel ausgebe, bewahrheitet sich später, als mir Lars eine Zwischenbilanz nach Mexico-City durchgibt!).

Ich genieße den selbst für kalifornische Verhältnisse außergewöhnlichen Sommer, genieße ihn vor allem in Räumlichkeiten mit „air condition", dem also, was bei uns falsch „Klimaanlage" heißt. Selbst der technologiebesessene Nordamerikaner ist nicht so vermessen, anzunehmen, er könne eine Anlage bauen, die „Klima" produziert!

Am liebsten ist mir eine kühle großzügige Buchhandlung im Zentrum Palo Altos. Hier wird zwar auch im Hintergrund Musik gespielt (man kann ihr nicht entrinnen), aber es ist nicht das, was man in den U.S.A. „muzak" nennt (eine unerträgliche akustische Zumutung), sondern das, was man in Europa E (= ernste) - Musik nennen würde. Dies wird konsequent, d. h., ohne Rücksicht auf Hörgewohnheiten, durchgeführt. So konnte zu meinem Erstaunen eines Nachmittags ohne Reklamationen das Gesamtwerk Anton Weberns gespielt werden! Das sind zwar nur ca. 70 Minuten, aber doch sehr anstrengende.

Aber wir sind ja im „Lande der unbegrenzten Möglichkeiten", Vorurteile fallen (Sind die „Amis" wirklich oberflächlich?), das Wissen erweitert sich (In Deutschland gibt es kaum freundliches Verkaufspersonal), der eigene Standpunkt relativiert sich (Wo ist eigentlich der deutsche Nationalstolz?) aber: Der Platz jeder alten beantworteten Frage wird von mehreren neuen Rätseln beansprucht, z. B.: Warum legt man zum Beispiel einen solchen Wert auf die sogenannte „political correctness"[2]?

Doch solche „inneren" Anmerkungen werden erst einmal nur festgehalten, die Hitze ist einfach zu groß. Dann kommt Kuno aus Deutschland. Er bringt mir noch etwas Infomaterial über meine Heimatstadt Idstein mit, damit ich etwas zum Verschenken habe.

Selbstverständlich fahren wir noch zweimal nach San Francisco; mittlerweile kann ich den Fremdenführer für meinen Freund spielen. Und noch ein drittes Mal, diesmal mit Kyle, geht es in diese zauberhafte Stadt. Wir besuchen ein Jazzkonzert in einem Restaurant/ Nachtklub in Little Italy. Dort spielt der sehr erfindungsreiche und (selten!) zugleich humorvolle Gitarrist Bill Frisell mit seinem Ensemble. Beschwingt geht es nach Palo Alto zurück.

Dann heißt es Abschied von dem „Stützpunkt" in der Universitätsstadt zu nehmen. Kuno hat uns einen Leihwagen, einen Toyota, besorgt, mit dem wir die Küste entlang nach Süden, Richtung Los Angeles, fahren wollen.

Auf dem Weg zur Küste halten wir bei einem kleinen Park, der direkt auf dem San Andreas Graben angelegt ist. Dieser Graben, wohl nur aus der Luft zu erkennen, ist die Linie des Aufeinandertreffens zweier Erdplatten, die gegeneinander reiben. Die dabei aufgebaute Spannung entlädt sich von Zeit zu Zeit in einem Erdbeben, leider nicht vorhersagbar, sonst hätte sich Caruso sicher im Jahr 1906 etwas mehr angezogen, als er beim „Großen Beben" ins Freie flüchtete. Weiter. Ein Schild „1000–Dollar Strafe für Abfallbeseitigung" (!). Die ersten Redwoods tauchen auf, als wir den Weg zur Küste nehmen. Diese riesigen Nadelbäume (sequoia gigantea), deren Rinde sehr schwer entflammbar ist, werden sehr hoch und sehr alt und sind sehr begehrt. Viele Bäume sind nach harten Kämpfen durch die Einrichtung von Nationalparks geschützt, aber es gibt noch eine kommerzielle Nutzung, die im Jahre 1999, die Studentin Julia Hill veranlasst hat, sich in 40 m Höhe in einem Redwood des Headwater Forest häuslich niederzulassen, mit großer Unterstützung. Sie will solange ausharren, bis die Kahlschläger aufhören.

Die Küste ab Monterrey ist „John–Steinbeck–Land". „Die Straße der Ölsardinen" (cannery row) ist nun Touristenattraktion. Carmel: Strand, Kiefern, putzige Häuschen, Künstlerkolonie, alles sehr sauber. Die Einwohner legen Wert darauf, als „Nonkonformisten" bezeichnet zu werden, sie haben keine Hausnummern und keine Briefkästen, na ja. Auch hier die unsäglichen Andenkenläden, die es natürlich auch in Europa gibt, hier kommt noch das Angebot an Duftölen dazu und diese betont lustigen vorgefertigten

Glückwunschkarten. Trotz eifrigen Suchens ist es mir nicht gelungen, einen Laden zu finden, der Trauerkarten verkauft; Alter und Tod finden in diesem Land, in dem das Jugendliche überbetont wird, offenbar nicht statt.

Aber man muss ja nicht das gestylte Schöne aufnehmen, ist doch draußen vor der Tür, weiter nach Süden die Küstenstraße, die durch das Gebiet „Big Sur" geht. Dieser Abschnitt der kalifornischen Küste ist durch den Schriftsteller Henry Miller weltweit bekannt geworden. Leider bleibt uns diese klassische Landschaft durch einen Flächenbrand verwehrt. Wir nehmen einen Umweg und kommen so, fast schon wieder an der Küste, zum 16-Seelen-Dorf „Harmony". Wir nutzen die Gelegenheit und halten einen freundlichen „Ami" an, der zwei Musiker vor dem Ortsschild für die Nachwelt festhält.

Umfährt der Tourist großräumig Los Angeles, so nimmt weder der Tourist noch die Stadt Schaden. Wir lassen es uns aber nicht nehmen und genießen für fünf Minuten von Beverly Hills aus die Aussicht auf den Smog und bemerken beiläufig, dass auch in diesem Nobelviertel Geld keinen Schutz vor schlechtem Geschmack bietet.

Bei dem Instrumentenbauer Mark Warr (er war wie Kyle 1995 in Deutschland auf der Musikmesse) in Long Beach südlich L. A. verabschiede ich mich und nehme den „Greyhound" nach San Diego.

Die Grenzstadt zu Mexico hat für den Reisenden allerhand zu bieten. „Old Town", ein Freilichtmuseum und der nahegelegene „Heritage Park" mit viktorianischen Häusern, sind Verbeugungen vor der spanischen Vergangenheit (bis 1849) und der frühen nordamerikanischen Zeit. Der Balboa Park, anlässlich einer Ausstellung 1915 eröffnet, glänzt mit Kirche, Museum, Skulpturengarten, nahegelegenem Zoo und der „Größten Orgel der Welt" (Der Gebrauch des Superlativs in den U.S.A. wäre ein eigenes Kapitel wert), einer Orgel im Freien. Tatsächlich vermögen die größten Orgelpfeifen in nächster Nähe zur Landung niedergehende Flugzeuge zu übertönen. Die Söhne von Adolph Spreckle hatten dieses Ungetüm gestiftet, zum Andenken an den Vater, der Hannover in Deutschland verarmt verließ und als (na, als was? richtig!) Millionär starb.

Gegenüber vom Hafen San Diegos liegt die Insel Coronado mit Militärbasis, Nobelvillen und viel schönem, kaum benutztem Strand. Die Zufahrt zur Insel geschieht über eine prächtige, ca. 3 km lange, kühn sich hochschwingende Stahlbetonbrücke (damit Kriegsschiffe passieren können), die dann sanft in einem Bogen zur Insel abfällt.

Das Prunkstück aber ist das „Hotel del Coronado", liebevoll „Del" genannt. In diesem Nobelhotel von 1888 hatte sich Prinz Edward VIII. in die dort lebende, geschiedene Frau Simpson verliebt und dadurch die Thronfolge von Großbritannien geändert. Der Holzbau, dessen Stromversorgung Edison persönlich installierte, war und ist ein Treff von US–Präsidenten, Stars und Sternchen und ist als Drehort für Filme und TV–Serien immer noch gesucht. „Manche mögen's heiß" mit Marylin Monroe wurde hier ebenso gedreht wie Teile von „Baywatch". Ich nutze den Strand und dusche hinterher am Swimming Pool des Hotels, keiner hat etwas dagegen.

Trotz dieser gern genossenen Ablenkungen läuft die Planung für Mexiko. Ende Oktober nehme ich den Bus zur Grenze, wieder den Kopf voller Schauergeschichten und der Angst, ohne Spanischkenntnisse „unterzugehen".

Tijuana ist Grenzstadt und „Stadt der Sünden" für viele „Norteamericanos", oft auch abschätzig „gringos" genannt. Ich habe kein Verlangen, geneppt zu werden und bleibe auf der bewachten, sauberen Busstation außerhalb der Stadt. Mit Gesten und einer abenteuerlichen Mischung aus italienischen und lateinischen Sprachbrocken habe ich mir eine Fahrkarte gekauft. Viel kann ich nicht falsch machen, denn alle Busse fahren auf „Baja California", dieser längsten Halbinsel der Welt, nach Süden. Die Fahrtroute ist die Verlängerung des „Camino Real" der Spanier, aber natürlich schon viel früher als Trasse vorhanden und von den Ureinwohnern, den „indigenos" („indios" gilt als abwertend) benutzt worden.

Ich übernachte an zwei Orten, an denen der Name das Schönste ist: Guerrero Negro (der schwarze Krieger) und El Rosario (der Rosenkranz). Guerrero Negro ist beliebt als Beobachtungsort für Grauwale, die von der Behringstraße 8000 km nach Süden hierher kommen, um hier ihr Kinderzimmer einzurichten. Da dies am Jahresanfang geschieht, für mich also zu spät, bleibt mir nur, zu beobachten, wie hier der Müll flächendeckend entsorgt wird, durch den ...Wind!

Erster Lichtblick ist das idyllisch in einer Schlucht gelegene Santa Rosalia, ein Bergbaustädtchen mit Hafen und Fährbetrieb zum mexikanischen Festland. Eine französische Bergbaugesellschaft hat bis 1953 hier Kupfer abgebaut und für ein kurioses Andenken gesorgt, die Eiffelkirche. Diese war 1889 zur Weltausstellung neben dem Eiffelturm aufgebaut worden, dann wieder in ihre vorgefertigten Eisenelemente zerlegt und in Belgien zwischengelagert worden. Nach einem Ausflug über Kap Horn landete sie hier und dient nun sakralen Zwecken.

Auf dem Festland, in Los Mochis, kann ich es kaum erwarten, in den „El Pacifico" zu steigen. Dieser Zug führt auf teilweise spektakulärer Trasse ins Inland, nach Chihuahua. Dabei muss die Eisenbahn von Meereshöhe auf 2400 m gebracht werden und die „Barranca del Cobre", die Kupferschlucht, überwinden. Dieses Sy-

stem von Schluchten, teilweise tiefer als das des Grand Canyon der U.S.A., galt lange im Abschnitt der Tarahumara Range als unüberwindbar, bis schließlich 1958 Ingenieurskunst die Natur bezwang.

Ich habe einen guten Platz im vollklimatisierten Abteil, ziehe es aber vor, auf der Lokomotive, mit einem Rucksackriemen gesichert, zu verbringen (die düster aussehenden, bewaffneten Sicherheitsleute, die dies verhindern sollten, sind längst „abgetaucht"). Andere Touristen, der Zug ist voll davon, sind noch weiter, bis zum Lokführerstand, vorgedrungen, ein paar Zigaretten haben das geregelt. Im Dörfchen Creel am Rande des Schluchtensystems mache ich ein paar Tage Halt. Mit drei deutschen Girls und Joe und Martin, zwei Kanadiern unternehmen wir Ausflüge in die Schlucht und ins Umland. Ein Reitausflug ins „Tal der Mönche", eine Felsformation, bringt meinem Gesäß ungewohnte Erfahrung!

Die Bewohner der Schluchten, die Tarahumaras, haben ein Hobby, das Laufen. Selbstverständlich joggen sie nicht, sie beeilen sich auch nicht, nein, sie laufen einfach von Zeit zu Zeit an einem Stück bis zu 350 km, bei Tag und bei Nacht, ohne Rast. Damit dies nicht zu einfach ist, läuft man barfuss und treibt einen kleinen Holzball vor sich her, dies alles auf wegloser Strecke! Es leuchtet sofort ein, wie hier das Wild beschafft wird: Der Jäger treibt das Tier solange vor sich her, bis es vor Erschöpfung umfällt. Hier wird der Ursprung des Wortes Jagd noch deutlich: „Jagd" ist Jagen im Sinne von Vorantreiben.

Auf dem Weg nach Mexico–Stadt verweile ich noch in zwei alten Bergbaustädten der Spanier, in Zacatecas und in Guanajuato, beide Stadtzentren von der UNESCO zum „Weltkulturerbe der Menschheit" erklärt.

Unterwegs im Bus habe ich Gelegenheit, die Busfahrer zu studieren. Sie sind ja in ländlichen Gegenden ohne Konkurrenz auf der Straße und führen sich wie Fürsten auf.

In gefährlichen Kurven (das sind die, in denen man Gedenksteine bereits verstorbener Fahrer sieht) bekreuzigen sie sich. Gegen die Ausübung des Glaubens ist nichts einzuwenden, ich glaube aber, mit zwei Händen am Steuer kann man besser eine Kurve durchfahren. Die Gestik zweier sich begegnender Busfahrer ist ebenso rätsel- wie operettenhaft und danach Gegenstand lebhafter Diskussion zwischen Fahrer und 2. Fahrer. Die Palette der Bewegungen reicht von angedeutetem coolem Gruß bis hin zum pantomimischen Lassowerfen. Zwischen diesen Extremen liegen Gesten des späten Furtwängler genauso wie die des jungen Bernstein.

Zacatecas, in rauher Hanglage 2300 m hoch gelegen, ist dem spanischen Schriftsteller Villaseñor zufolge eine der Hochburgen des „machismo". Dieser höchste Ausdruck männlichen Selbstwertgefühls soll noch um die Jahrhundertwende zu Schießereien geführt haben, nur weil ein „macho" (Mann) in den Schatten eines anderen getreten war!

Guanajuato ist lieblicher und liegt geschützt in einem Hochtal. Diese Stadt ist von der Bushaltestelle aus nicht zu sehen, auch habe ich nicht mitbekommen, dass ich schon am Ziel bin und fahre weiter. Als mir mein Missgeschick dämmert, erkläre ich dies dem Busfahrer, der mir etwas sagt, aber weiterfährt. Ich schäume leicht (warum spreche ich nicht ausreichend Spanisch?), kann aber nichts machen und füge mich meinem Schicksal, von düsteren Ahnungen über den weiteren Tagesablauf geplagt. Da! Plötzlich hält der Fahrer auf offener Strecke, auf gleicher Höhe hält ein Gegenbus, wohl durch ein Zeichen „meines" Fahrers dazu veranlasst. Bevor ich den Sachverhalt begriffen habe, nickt mir der ganze Bus zu und ruft „dejar", was ich damals nicht verstehe (es heißt „aussteigen"). Der neue Bus nimmt mich ohne Kosten auf und fährt mich bis in Ortsmitte! Tja, positives Denken wäre angebracht gewesen, aber ich habe wieder einmal nur das Schlechteste angenommen.

In Guanajuato erklang zuerst der „grito", der Schrei nach Freiheit, nach Unabhängigkeit von den Spaniern. Prilipo, der Lokalheld, sorgte für den ersten Sieg über die Europäer und grüßt nun steinern hoch über der Stadt. Die Häuser dieser Gold– und Silberstadt (alte Stollen und Regenabflusssysteme sind nun Autotunnels) sind eng beieinander, kleine Gässlein (calleones) laden zum Verlaufen ein, aber immer wieder findet man zu kleinen lauschigen Plätzen in der Stadt. Ich verweile am liebsten im zentralen „Jardin de Union" mit Hotels, Cafés, dem Theater „Benito Juarez", dem Musikpavillon und den umherziehenden Musikern, den „mariachis". Wer noch nicht wusste, was Müßiggang bedeutet, kann es hier lernen.

An der Musikhochschule besuche ich noch einen Kollegen, einen Lehrer für Flamenco–Gitarre, bevor ich nach Mexiko-City weiterziehe.

Sagenhaft muss Cortez' Kundschaftern der Anblick von Tenochtitlan, heute Mexiko–City genannt, vorgekommen sein: Auf Pfählen erbaut, in einer Salzwasserlagune gelegen, von einer farbigen Doppelpyramide gekrönt und wie ein Juwel von Bergen eingefaßt. Die Gründung dieser Aztekenstadt wird in der Sage so dargestellt:

Die Mutter sollte getötet werden, das Maß sei voll, so meinten die 400 Söhne und die Tochter, hatte die Mutter doch gesagt, sie sei von einem Federbällchen schwanger geworden, das vom Himmel gefallen sei! Als aber die Mutter wegen ihres unmoralischen Lebenswandels ermordet werden sollte, setzte die Geburt ein, das Baby enthauptete seine Halbbrüder, überdies wurde die Tochter, die Anführerin, geviertelt.

Das Neugeborene, es hieß „Huitzilopochtli", befahl als Kriegsgott den umherziehenden Azteken, sich fortan „Mexica" zu nennen und erst dann eine Stadt zu gründen, wenn man einen Adler sehe, der, mit einer Schlange in den Fängen, auf einem Kaktus lande. So geschah es. Adler mit Zubehör sind auf der Nationalflagge zu sehen, die mich bei meiner Ankunft auf dem Busbahnhof Nord der Landeshauptstadt grüßt.

Klaus, ein Alt-Idsteiner in Diensten eines Chemiekonzerns, besorgt mir noch am gleichen Abend eine Privatwohnung und hat auch schon Unterlagen für meinen Spanischkurs vorbereitet.

Am nächsten Tag verhalte ich mich dumm und werde in der U-Bahn geschickt bestohlen. Die gut ausgebildeten Diebe (ein „Rempler" und ein „Zieher", wie bei Heinz Rühmann im Film „Die Taschendiebe") hatten das Dreifache eines mexikanischen Durchschnittstagelohns erbeutet, ca. DM 14,- Dieses Erlebnis sollte das letzte unangenehme der gesamten Reise bleiben!

Ich lerne nun den Koloss von Stadt kennen, zu Fuß, später dann, wieder zutraulich (und vorsichtig) geworden, per U–Bahn und Bus. Ich bin gern bereit, meinem Reiseführer zu glauben:

Vier Millionen Autos, 10 000 Fabriken und Heizanlagen sorgen für täglich 11 000 Tonnen Abgase, zusätzlicher Lärm kommt von den 22 Millionen Einwohnern, die an manchen Plätzen für eine gewisse Enge sorgen. Der Talkessel auf 2300 m Höhe lässt keinen Luftaustausch zu, der Baugrund ist unsicher (die Lagune ist fast ganz verschwunden, der Grundwasserspiegel senkt sich unregelmäßig ab), die älteren Gebäude sind schon sichtbar eingesackt. Das Trinkwasser muss herein, - das Abwasser aus dem Tal herausgepumpt werden.

Zu alledem kommt noch hinzu, dass die Stadt von Erdbeben heimgesucht wird. Diese Häufung von Problemen führte einmal zur Frage an den Bürgermeister: "Wie kann ein solches Gemeinwesen regiert werden?" Der antwortete: „Leicht! So leicht, wie etwa ein Flugzeug in der Luft repariert werden kann!"

Es liegt auf der Hand, dass der Tourist hier „kleine Fluchten"
benötigt. Außerhalb der Stadt bieten sich zum Beispiel die Ausgrabungsstätten von Teotihuacan und Tula an, die von den Bauleistun-
gen der voraztekischen Völker zeugen.

Die Sonnenpyramide von Teotihuacan ist eine der massereich-
sten Pyramiden der Welt und könnte noch mächtiger sein, hätte
man nicht bei den Vorbereitungen zu den Feierlichkeiten zum 100.
Jahrestag der Staatsgründung, 1910, eine sieben Meter dicke Putz-
schicht abgeklopft! Die Mayapyramiden sind übrigens keine Grab-
pyramiden wie bei den Ägyptern, sondern Unterbauten für Tempel
(auch hier gibt es zwei Ausnahmen, nämlich in Tikal und Palenque).

Ein zweiter Tagesausflug bringt mich nach Tula im Norden der
Hauptstadt. Uschi, Klaus´ Frau, erweist sich als Kennerin der ge-
schichtlichen Materie und erklärt mir, dass Tula bis zu seiner Zer-
störung im 12. Jahrhundert die Hauptstadt der Tolteken war. Es ist
die halb im mystischen Dunkel liegende Hauptstadt, die in den Az-
tekenschriften des 16. Jahrhunderts auftaucht [3].

In der Stadt sorgen Museen und Parks für Erholung. Ich treffe
„alte Bekannte" wieder: Die sagenhafte Mutter ist als Kolossalsta-

63

tue im „Museo Antropologico" zu bewundern. Dieses Museum für Völkerkunde ist ein absolutes „Muss" für jeden Besucher. Die Gegenstände sind entweder Originale oder Repliken im Maßstab 1:1 und zeigen pädagogisch meisterhaft, ohne trocken zu wirken, wie das Volk von Mexiko entstand.

Die zerstückelte Tochter (aus der Sage) finde ich doppelt mühlsteingroß in grausiger Nähe zur Wirklichkeit wieder, im Museum des „Templo Mayor", des großen Tempels von Tenochtitlan. Dieser Doppeltempel war nie gesucht worden, da man annahm, er sei von den Spaniern durch die Kathedrale überbaut worden (Cortez fand beim Bau der Kathedrale 38000 Schädel von Aztekenopfern!). Ungerührt schlossen deshalb Kanalarbeiter 1920 wieder den Boden, obwohl sie Teile einer Pyramide gesehen haben mussten. Einem Erdarbeiter einer Telefongesellschaft blieb es vorbehalten, die Ausgrabungen in Gang zu setzen, sodass nun dem Staunenden ein Freilichtmuseum mit angegliedertem Neubau zur Verfügung steht.

Neben diesen hervorragenden Bildungsstätten kann man die bekanntesten Maler des modernen Mexiko studieren: Frieda Kahlo im Museum für Moderne Kunst, Diego Rivera zum Beispiel an den Wänden des Nationalpalastes. Rivera, ein überzeugter Sozialist, ist durch seine großflächigen Wandfresken, die „murales", bekanntgeworden. Mir gefällt, dass er die spanischen Eroberer und Besatzer mit Schweinsgesichtern darstellt. Am Besten trifft der Maler Vincente Rojo meinen Geschmack. Allein für den Besuch dieser oben geschilderten Plätze bräuchte man ein Paar Extrabeine!

Ruhe findet man im kleinen Alameda Park neben dem „Palacio dellas Bellas Artes". Im Palast der „Schönen Künste" ist das „Balletto Folklorico" zuhaus', das mit tänzerischen und musikalischen Mitteln zeigt, dass Nationalgeschichte und Humor sich durchaus vertragen. Der größte Park heißt „Chapultepec", das „Tal der Heuschrecken". Dieser traditionelle Familientreff lässt keine Möglichkeit an Vergnügungen und Naturgenuss aus.

Reich an Standbildern, hat die Stadt kein Cortez–Denkmal. Dieser war als wiedergekehrter Gott „Quetzalcoatl" empfangen worden und hatte sich wie ein schändlicher Mensch verhalten, seine Gastgeber ermordet, das alte Tenochtitlan geschleift und das neue Mexico auf den Trümmern errichtet. Präsident Lopez Mateo sagte dazu 1964: „Es war weder Triumph noch Niederlage, wohl aber die schmerzliche Geburt des Mestizenvolkes, das das heutige Mexico verkörpert".

Mit Klaus und dessen Familie wird mittlerweile meine Reise über die Halbinsel Yukatan ausgearbeitet. Anfangs habe ich Bedenken, nach Guatemala zu reisen, da dort der Bürgerkrieg gerade erst überwunden ist. Klaus kann aber meine Zweifel entkräften.

Weitere Ausflüge in die nähere Umgebung schließen sich an. Vorbei am „Rauchenden Berg", das ist die Übersetzung von Popocatepetl, gelangen wir nach Cholula. Hier können wir die wohl massereichste Pyramide der Welt an der Basis queren. Erdreich und Bewuchs haben die Riesenpyramide schon frühzeitig „unsichtbar" gemacht, sodass die Spanier auf den schönen „Hügel" eine kleine Kapelle gesetzt haben.

In der Nähe von Cholula besuche ich mit Klaus zwei Kirchen, die im „poblano–Stil", im Indianer–Barock, erbaut wurden. Auf dem Rückweg sind wir im archäologischen Park von Cacaxtla gewesen, Ruinen unter einer riesigen überdachten Fläche; besonders eindrucksvoll die Wandgemälde mit der blutigen Schilderung einer Schlacht. Eine Schilderung der Geschichte Mexikos von Vor- bis Neuzeit ohne besonders viel Blut scheint nicht möglich zu sein!

Meine Spanischkenntnisse gedeihen. Meine Lehrerin gibt mir an fünf Tagen die Woche jeweils vier Stunden Einzelunterricht, es wird dabei nur Spanisch gesprochen. Am letzten Tag der vierwöchigen Studien, kurz vor Weihnachten, erzählt sie mir unter schelmischen Lachen, dass sie Englisch spreche!!

Die Schule ist im Diplomatenviertel der Hauptstadt und in der Nähe des Anthropologischen Museums. Vor dem Museum gibt es eine besondere Attraktion zu bewundern, die „Voladores".

Diese Flugmenschen pflegen einen Brauch, dessen Herkunft im Dunkeln liegt, der nichtsdestoweniger so eindrucksvoll und schön bewahrt und weitergegeben wurde, dass er hier geschildert wird: Vermutlich als Fruchtbarkeitsritus entstanden, nimmt die Vorführung auf einem 20 m hohen Mast oben ihren Lauf. Ein Trommler und Pfeifer sitzt auf der Spitze des Mastes. Er begleitet die Vorbereitungen, während derer vier andere Männer jeweils ein Seil spiralig um den Mast wickeln. Sie selbst sitzen auf Trapezen und schlingen sich dann das freie Ende ihres Seils um einen Fuß. Das Pfeifen und Trommeln hört auf. Ein letztes Mal kommt von der Pfeife ein Signal. Auf dieses Kommando hin stürzen sich die Männer gleichzeitig von ihren Sitzstangen in vier Himmelsrichtungen nach hinten, vom Seil gehalten. Der Seilzug durch das Körpergewicht bringt nun langsam die drehbar gelagerte Spitze mit Sitzplatz des Musikers und den vier Trapezen in Drehung. Immer weiter verlängern sich die Halteseile, in völliger Stille, kopfunter und mit vor der Brust verschränkten Armen, kommen die Männer in die Nähe des Bodens. Die immer größer werdende Kreisbewegung wird durch ein gleichzeitiges Aufrichten und Kontaktaufnahme zum Boden gestoppt. Die Voladores, Totonac-Indianer, nehmen einen bescheidenen Lohn entgegen.

Mein mitunter südländisch anmutendes Temperament bekommt noch einmal anlässlich eines Besuchs der Amerikanischen Botschaft in Mexico-City Gelegenheit, sich zu entfalten: Ich musste dorthin, um mir bescheinigen zu lassen, dass ich dann und dann aus den U.S.A. ausgereist war, um bei der erneuten Einreise wieder volle sechs Monate Aufenthaltsgenehmigung zu bekommen. So weit, so klar. An der schwer gesicherten Pforte muss ich anhand des Reisepasses meine Personalien angeben. Danach sollte der Reisepass beim Pförtner bleiben. Zuerst zaghaft, dann fest, dann eindringlich, dann lauter bringe ich den Einwand vor, Zweck meines Besuches in der Botschaft sei, eine Veränderung im Reisepass vornehmen zu lassen. Dies aber könne nicht geschehen, wenn eben dieser Reisepass am Eingang verbliebe. Als mir dann die Pförtnersfrau, die nicht zu erkennen gibt, ob sie Spanisch oder Englisch schlecht spricht, bedeutet, dass die Sachlage ganz einfach sei, ich müsse nur einen zweiten Reisepass haben, um diesen bei ihr zu lassen, werde ich laut (ich weiß: ich soll nicht laut werden!). Der herbeieilende Wachchef klärt die Sache mit einem Telefonat, das zehn Sekunden dauert. Soviel zu Regeln, Bürokratie und Menschenverstand.

Ich hatte mir ein Paket mit Dingen für Yukatan aus Palo Alto postlagernd zur Hauptpost nach Mexico–City geschickt; ich frage alle drei Tage nach, es ist nie angekommen.

Weihnachten wird bei meinen deutschen Freunden gefeiert, mit Singen, Vorlesen und kleinen Geschenken und Geschichtenerzählen, Heimatgeschichten. Draußen zwitschern bei 27° Celsius die Kolibris.

Im Nationalkonservatorium versuche ich jemanden zu finden, der mir bei der Suche nach einem Amerikaner hilfreich zur Seite stehen kann. Ich versuche, den Aufenthaltsort von Conlon Nancarrow herauszubekommen. Dieser ist ein amerikanischer Komponist, der vor der Kommunistenjagd des Senators McCarthy in den 50ern nach Mexiko geflohen ist. Er ist erst in hohem Alter durch Zufall bekannt geworden. Er hatte über 30 Jahre lang, ohne sich um Publicity zu kümmern, für Pianolas komponiert. Die Pianola, ein lochkartengesteuertes Klavier, war zu diesem Zeitpunkt schon nicht mehr im Gebrauch. Trotzdem hat Conlon durch sein Werk neue Akzente in der Musik der Gegenwart gesetzt. Ich finde Mr. Nancarrow nie, aber allein die Tatsache, so viele hilfsbereite Musiker getroffen und gesprochen zu haben, war die Mühe schon wert!

Am 27.Dezember verlasse ich die größte Stadt der Welt. Bei Klaus und Uschi habe ich ein kleines Depot von Ausrüstungsgegenständen gelassen, ich werde nach meiner Rundreise durch das Mayaland hierher zurückkommen. Und wieder bin ich aufgeregt, diesmal aber ist die Mischung richtig: Etwas Vorsicht, die nie nachlässt, gepaart mit dem Glauben an das Gute in allen Menschen.

Das Hotelzimmer in Villahermosa, der „schönen Stadt", ist , na ja, es hat ein sauberes Bett und man kann die Toilette benutzen. Hier zwinge ich mich bei nicht zumutbarer Hitze in den „La Venta Park", eine gelungene Mischung aus Vergnügungs-und Erholungsstätte, Archäologischem Museum und Zoo, dazu noch an der wunderschönen „Laguna de los Illusiones" gelegen.

Mir hat es der Museumspark angetan, in dem man entlang eines idyllischen Weges die Olmekenköpfe studieren kann. Die Zeugnisse der Olmekenkultur drohten am Originalfundort, ca. 130 km im Westen, aufgrund von Erdölfunden im wahrsten Sinn des Wortes wieder „verschüttet" zu gehen. Dem nachhaltigen Drängen und Dringen einer Privatperson, Carlos Pellicer, ist es zu verdanken, dass die Schätze nun hier bewahrt werden können, da die Originalausgrabungsstätte nun kommerziell genutzt wird.

So steht man denn vor diesen Basaltköpfen mit eindeutigen Negerlippen, ungefähr 2 m hoch und 24 Tonnen schwer. Diese Köpfe und andere Skulpturen, die wohl des Jaguarkults wegen geschaffen worden waren, gaben und geben den Archäologen viele Rätsel auf. Der Name „Olmeken" wurde diesen erst später gegeben, man weiß nicht, wie sie sich selbst nannten. So bleibt nur zu sagen, dass dieses geheimnisvolle Volk, dessen Spuren von 1500 v. Chr. bis 200 n. Chr. gesichert wurden, einen künstlerischen Einfluss auf ganz Mittelamerika genommen hat.

Ich bleibe stundenlang auf diesem Zauberpfad durch den angelegten „Urwald", habe dann noch Gelegenheit, das „schlimmste Raubtier" zu sehen, im... Spiegel (!), und besichtige dann noch unter Aufbieten letzter Kraft den Zoo mit Gürteltieren, Krokodilen, Affen, Rotwild und natürlich Jaguaren.

Abends im Hotel verbessere ich mein Spanisch durch Zeitungs-
lektüre. Ein Artikel fesselt besonders meine Aufmerksamkeit, wird
hier doch klar, dass auch im aktuellen Mexiko Zeichen von Blut
und Gewalt zu erkennen sind:

Ich bin, so muss es gewesen sein, bei der Einfahrt in die Stadt an
zwei städtischen Arbeitern vorbeigefahren, die sich wegen der Ent-
lassung von 40 Kollegen im Hungerstreik befanden. Da sie ärztli-
che Hilfe verweigern, werden sie wohl langsam sterben. Diese
Nachricht ist nicht die einzige dieser Art, die ich in letzter Zeit erfahren habe. In Mexiko-City hat sich wegen Korruption seiner Kollegen ein Polizist selbst gekreuzigt, in derselben Stadt haben wegen
der Zustände in ihrem Krankenhaus Krankenschwestern ihr eigenes Blut an die Wände gespritzt! In der Stadt Durango haben sich
wegen einer Zinserhöhung von 100 % Bauern für vier Tage die Augen zugenäht![4]

Bevor ich das mexikanische Bundesland Tabasco (das Gewürz-
mittel „Tabasco" wird in Louisiana, U.S.A., hergestellt) verlasse,
reise ich von Villahermosa aus nach Palenque. Diese allererste
Maya-Ausgrabungsstätte liegt im Dschungel des tropischen Tief-
lands und ist hervorragend für die vielen Besucher hergerichtet.
Fast schlafwandlerisch bewege ich mich durch das weitläufige
Areal.

Wieder einmal bin ich an einem Ort, den ich scheinbar schon
kenne, was ja auch stimmt, denn ich habe sehr viel darüber gelesen.
Jetzt, da ich wirklich da bin, kann ich dies nicht glauben; ich habe
ein „déjà vu"- Gefühl, das mich traumverloren, fast schwebend,
treppauf und treppab gehen lässt (drei Tage später habe ich noch
Muskelkater).

Der Körper meldet sich mit Grippe (= Erschöpfung + Hitze +
nicht regelbare „air condition"), ich schlafe den Schlaf des recht-
schaffenen Touristen und werde Punkt 06.00 Uhr, am 31. Dezember 1996, durch ein ca. zehn Sekunden währendes Schaukeln geweckt und gewiegt, ein Erdbeben mit einer geschätzten Stärke von
4 auf der Richterskala (solche Erdbeben, zwar nicht so lange, habe

69

ich schon zweimal bewusst in meiner Heimatstadt erlebt; unsere seismische Zone heißt „Oberrheingraben"). In San Francisco heißt die Empfehlung, sich unter einen Tisch zu setzen und die Tischbeine festhalten oder aber, sich unter einen Türsturz zu stellen. Ich bleibe im Bett und es ging auch.

Sylvester 1996 sehe ich das erste Mal den Golf von Mexiko, die Karibik, um 18.00 Uhr beziehe ich Quartier in einer vormaligen Nobelvilla in der Ortsmitte von Campeche, im Hotel „Colonial".

Nachdem ich einen wirklich mörderisch aussehenden Käfer in meinem Zimmer zu seinen Vätern geschickt habe, bin ich bestens vorbereitet für den ersten Stadtgang: Geduscht, gesalbt (Sonnenschutz, Insektenschutz, Lippenschutz) und hungrig. Wie immer, wenn ich mein Hotelzimmer verlasse, sind die Wertsachen und notwendigen Papiere wasserdicht am Körper.

Im Park spreche ich zwei deutsche Girls an (im Lauf der Zeit bekommt man einen Nationalitäten–Blick), wir trennen uns, begegnen uns wieder - das Zentrum der Stadt ist klein - und essen schließlich zusammen, reden so viel, dass uns der Ober hinaus komplimentieren muss. Es ist schon so spät, dass wir im Stadtpark den Beginn des Sylvestergottesdienstes durch die offenen Türen der Hauptkirche verfolgen können. Die Temperatur um 23.00 Uhr ist für Europäer gerade richtig, wir bleiben auf einer Bank sitzen, hören und schweigen. Kurz vor Mitternacht werden unsere Feierlichkeiten vorbereitet: Wir öffnen jeder eine Cola und prosten uns zu; ich darf drei Wunderkerzen anstecken. Nach Austausch von Neujahrsglückwünschen gehen wir auseinander. Bei dieser eher spartanischen Sylvesterfeier hat alles gestimmt.

Im Städtchen möchte ich meine Aufenthaltsgenehmigung für Mexiko verlängern. Im Prinzip bekommt jeder Reisende 180 Tage, aber nie auf einmal. In Villahermosa ist es mir nicht gelungen, die dafür zuständige Behörde zu finden; ein halber Tag war auch zu knapp bemessen für eine Kleinstadt: schon bei der dritten falschen Behörde gebe ich auf, da mein Bus fährt.

Jetzt wird es knapp, denn mein Termin ist schon verstrichen! Im

Tagebuch stellt sich das so dar:

„2.1. Verlängerung der Aufenthaltsgenehmigung in Campeche: Sie war bis 29.12. gültig, also überzogen. 264 Pesos (ca. US $ 50, -!) Strafe, nichts zu machen. Es wurde in A ein Brief aufgesetzt, mit dem ich nach B lief (vorher musste ich noch in A herumlaufen, Kopien machen, obwohl im Raum des Briefschreibers ein Kopierer stand!). In B musste ich herumirren, weil die Hälfte der Leute nicht lesen konnte, die andere Hälfte nicht Bescheid wusste. Dann war es soweit: In B bekam ich ein Überweisungsformular, computergeschrieben, mit dem ich nach C lief (Bank). Von dort aus wieder nach A, wo ich dann meine Verlängerung bis 27.1. bekam."

Der Vollständigkeit halber sei gleich hier angemerkt, dass die Gültigkeit meines Aufenthalts nirgendwo mehr geprüft wurde, auch nicht bei der Ausreise aus Mexiko!

Um 14.00 Uhr fahre ich nach Merida weiter. In der Nähe des Busterminals finde ich das Hotel „Casa Becil", etwas laut, aber sauber und gut.

Meridas Bandbreite reicht vom Mittelalter (Markt) bis in die „High Tech"–Neuzeit (prachtvolle Straße „Paseo de Montejo"); mehr allerdings interessieren mich die Ruinen von Uxmal und die verstreuter liegenden Mayarelikte der „Puuc–Route", dies alles südlich der Stadt. Da beide Stätten günstig mit einem Busunternehmen während eines Tages besucht werden können, nehme ich dieses Angebot wahr. Normalerweise sollte man für diese Stätten ein Minimum von zwei Tagen einrechnen, da ich aber mit öffentlichen Verkehrsmitteln dorthin gelangen will und mir die Hitze durchaus einen Teil meiner Energie raubt, entschließe ich mich zu diesem Ausflug, zumal ja noch weitere Mayaorte zu besuchen sind.

Als der Bus endlich (nach schon drei besuchten Ausgrabungsorten der Puuc–Route, Kabah, Xlapac und Labna) in Uxmal ankommt, reicht es mir eigentlich schon. Doch nachdem ich einen ganzen Liter Mineralwasser „gebunkert" habe, erwachen die Lebensgeister schon wieder. Hier schützen kaum noch Bäume den Touristen, die Hügel von Puuc deckt nur noch niedriges Gebüsch, denn im jetzt beginnenden nördlichen Teil Yukatans[5] versickert das Oberflächenwasser, das Nahrung für Bäume böte, im Kalkstein.

So klettere ich die „Pyramide des Zauberers" hoch und schaue genüsslich den Familienvätern zu, die die Treppe des Tempelbaus mit ovalem Grundriss stolz und prahlerisch auf der einen Seite hochsteigen, um dann, als sie der Steilheit und Höhe des Baus ansichtig werden, still, bescheiden und ängstlich auf dem Hosenboden auf der anderen Seite, an eine Kette gefasst sich die Treppe herunter bemühen.

Abends, die Tageskraft war eigentlich schon im Minus, treffe ich noch zwei Amerikaner (hier: US–Amis), die mich überreden, in eine Art Kabarett zu gehen.

Alden und Stan verstehen wie ich kein Wort, obwohl sicherlich Spanisch gesprochen wurde. Das Orchester im Graben, haarscharf daneben spielend, die Tanzgirls und der Matador (ohne Stier) sorgten bei allen für Kurzweil und ausgelassenes Vergnügen. Ich bin mir aber nicht im klaren darüber: War es eine Parodie auf das nordamerikanische Entertainment, oder war es original Spanisch, aber etwas mißlungen? Egal, toll war's. Ich bin wegen überhandnehmender Müdigkeit aber schon in der Halbzeit gegangen.

Das Hotel in Valladolid, Ausgangspunkt für eine Besichtigung von Chichen Itza, ist ausnahmsweise einmal nicht das billigste im Orte, dennoch erschwinglich und: Es tut mir wirklich gut, einmal ein ruhiges Hotel mit schattigem Zimmer und einem Pool zu haben. Im Nachbarzimmer sind... die Sylvestergirls, die Deutschen Connie und Steffie. Wir verabreden einen gemeinsamen Ausflug zur Nordküste, zum „Rio Lagatos", um in einem Naturschutzgebiet Pelikane und Reiher, vor allem aber rosa Flamingos zu beäugen.

Das gemietete Boot wird von uns bei Annäherung an die Vogelkolonien geschoben. Später erfahren wir, dass die Zeiten der „lagatos", der Alligatoren, doch noch nicht ganz vorbei sind! Vielleicht gibt es dort aber nur satte Exemplare.

Auf dem Rückweg nach Valladolid müssen wir in einem kleinen Dorf zwei Stunden auf den Anschlußbus warten. Wir sitzen anfangs in einem kleinen Café, bis mich Gitarrenmusik aus meiner Siesta reißt. Die Gitarre hat eine verstimmte Saite. Ich gehe dem Mißklang nach und erblicke dann einen Jungen, der sich bemüht „We are the Champions" der Band „Queen" zu spielen. Ich stimme erst die Saite, dann helfe ich dem jungen Kollegen. Wir haben tatsächlich eine Reihe gemeinsamer Lieder gefunden.

Der zweite Zwangsaufenthalt, ein paar km weiter, lässt uns erst auch müde warten, bis mich wieder Musik „um die Ecke" bringt. Was in diesem kleinen Dorf auf die Beine gestellt wurde (ich selbst habe nur Teile der Aktivitäten erlaufen können), ist erstaunlich, zumal sich dies in der Wochenmitte abspielte: Zuerst einmal erblicke ich ein „Stadion", zweistöckig, aus dünnen Stämmen und Reisig erbaut; beherzt erklimme ich die phantastische Konstruktion von außen, kämpfe mich durch Beine hindurch (der II. Stock) und sehe dann eine ländliche „corrida", einen Stierkampf, im kleinen Rund! Der Kampf, kaum zu Ende, wird nahtlos abgelöst von einem Rodeo!

Weitergehend erblicke ich noch einen Verbrauchermarkt, einen Viehmarkt, einen Festgottesdienst, eine gerade sich formierende Prozession und was weiss ich noch alles! Selbstverständlich sind die normalen Geschäfte geöffnet, nur dort, wo wir auf den Bus gewartet haben, war anscheinend das Auge des Tornados!

Der Stadtpark von Valladolid, einst blühende Hauptstadt des „henequen", Ausgangsmaterial für Schiffstaue (ähnlich wie der Hanf der Sisalpflanze) ist nun Zentrum gemächlichen Lebens geworden. Drumherum der Hauptplatz oder „Zocalo", dasselbe Muster wie in allen von Spaniern gegründeten Siedlungen: Quadratisch, praktisch, gut. Zwei Schilder im Park aber dürften in Mexiko, wenn nicht in ganz Mittel–oder Südamerika, einzigartig sein. In drei Sprachen steht geschrieben „Geben Sie einem bettelnden Kind nichts. Weisen Sie es auf die Vorteile einer Schulbildung hin" (!).

Ab zur Ruine Chichén Itzá. Ich bin am frühen Morgen da; mittags kommen die 60 bis 70jährigen in großer Hitze in ihren eisigen Bussen an, um dann, wenn die Sonne am höchsten steht, die Stufen des „Castillo", der Pyramide, hochzuklettern. Jeder, wie er will.

Ich habe Gelegenheit, die Japaner zu bewundern. Diese lassen es sich nicht nehmen, gruppenweise in das Innere des „Castillo" zu klettern. Dort kann man auf den Stufen der inneren Pyramide bis fast nach ganz oben klettern. In einem kleinen Verschlag sind zwei Skulpturen zu besichtigen. Die Luftfeuchtigkeit und Enge sind dort sehr schlimm. Dazu kommt, dass keiner der Wächter am Eingang zur inneren Pyramide zählt, wieviel Leute sich gerade im Innern befinden. Dies führt dazu, dass der, der es wagt hineinzugehen, sich bald in einem Tollhaus befindet.

Die Japaner tun sich darin hervor, ungeachtet anderer eventuell Interessierter ihre Gruppenfotos vor der Skulptur zu machen. Die Plattform davor ist ungefähr 4m² groß, die Gruppen umfassen zwischen zehn und zwölf Kinder Nippons. Alle Hochachtung! Während meines vergeblichen Versuchs, im Innern die Gestalt des Regengottes „chac mol" zu besichtigen, machen drei Fotografen den „Abschlag" nach hinten, die steile Treppe herunter. Keinem passiert etwas, weil sie auf nachrückende Besucher stürzen.

Eine Gruppe US–Amerikaner, wohl etwas besonderes, da mit einer salbungsvoll sprechenden nordamerikanischen Führerin (die einem einheimischen Führer die Arbeit wegnimmt) versehen, stehen so, dass ich ein Relief nicht sehen kann. Ich möchte nicht stören und warte im Halbschatten, lässig an eine garantiert relieffreie Mauer gelehnt. Dies veranlasst ein Gruppenmitglied, mich zu fragen, ob ich denn überhaupt keine Ehrfurcht habe? Ich antworte, ich hätte durchaus Ehrfurcht, vor allem aber vor Höflichkeit und sozialem Verhalten, welches auch anderen zahlenden Besuchern ermögliche, die Kulturgüter der Mayas zu besichtigen. Meine Wortwahl wird mit Unruhe aufgenommen, man schiebt sich mit einem „Cool down, man!" (Beruhige dich!) an mir vorbei.

Sowohl Palenque und Uxmal als auch Chichen Itza sind so gut wieder hergerichtet, dass ich von Kodak–Plätzen spreche, Plätzen also, die anscheinend nur für fotografierwütige Touristen geschaffen wurden.

Coba hebt sich wohltuend davon ab: Weniger bekannt, obwohl auch leicht vom synthetischen Touristenort Cancun zu erreichen, erschließt sich diese Stätte nur dem Wanderwilligen. Die wohl größte Mayastätte erstreckt sich auf einem Gebiet von 50 km², vieles ist noch nicht ausgegraben, das, was erschlossen wurde (ca. 5 %), wurde weitgehend „natur"belassen, das heißt, das Mauerwerk wurde nicht erneuert. Dann das, was man neudeutsch das „Setting" nennt: Hier ist wieder Urwald, obwohl man gepflegte Wege zur Verfügung hat. Hier kann man sich in aller Ruhe den Pflanzen und Tieren widmen, die hier heimisch sind.

Vom wilden Coba zum romantischen Tulum, das wohl nicht so sehr von den großen Baukünsten der Maya zeugt, wohl aber die schönste Lage aller Mayaorte hat, nämlich direkt an der Karibischen See.

Ich setze mich bald wieder ab und fahre zur Südgrenze Mexikos auf Yukatan, nach „Chetumal". Ein Zimmer mit Neuheiten: Es liegt im ersten Stock wie eine Insel, das heißt, man kann von allen Seiten um die vier Wände herumgehen. Damit es interessanter wird, hat man zwei Seiten der Kabine mit Blendläden versehen, durch deren schrägen Schlitze man alles an Geruch und Akustik mitbekommt. Ein Warnschild auf der Toilette „Wasche dir deine Hände nach dem Gang, denke an die Cholera!" erhöht das Vertrauen in die Geschäftsführung, die sich ansonsten untadelig verhält: Als ich ein zweites kleines Handtuch dazu haben möchte, sagt man mir freundlich, ein zweites Handtuch gäbe es erst, wenn ich den Preis für ein Doppelzimmer bezahlte! Zu müde, um zu reagieren.

Morgens früh weiter. Am Busbahnhof erstehe ich eine Karte von Belize, um zu planen. Meine Planungsunterlagen sind in dem mexikanischen Paket, das irgendwo, vielleicht in einer besseren Welt, gestrandet ist.

Schon im Bus, auf dem Weg nach Belize City, erfahre ich, dass die Küstenstadt „nicht gut" ist. Das Haupttreiben der Touristen spielt sich entweder auf den vorgelagerten Inseln ab, den Cayes (Anziehungspunkt für Taucher und Stechmücken aus aller Welt) oder aber in San Ignacio, an der Grenze zu Guatemala im Osten. Leicht verwirrt vom quirligen Tempo der Busbediensteten, die es anscheinend in Belize City alle auf mich abgesehen haben, entkomme ich dennoch, gut versorgt; alles halb so schlimm, obwohl ich vor diesem und jenem gewarnt wurde. Aber wie so oft lässt sich alles mit normaler Wachsamkeit überstehen.

In Belmopan, der Hauptstadt von Belize (dem ehemaligen Britisch–Honduras), hält der Bus an; drei Betonbauten, etwas höher, drei niedrige Flachbauten neueren Zuschnitts, dann Bruchbuden, eine große Busgarage, das ist alles. Ich frage, ob hier Busse weiter ins Zentrum führen. Die Antwort: „This is the centre".

San Ignacio ist die positive Überraschung. Freundlich werde ich von einem jungen Mann erwartet, der sich um meine Belange kümmert. Er weist mich gleich darauf hin, dass er zu der Vereinigung der und der Führer gehöre und hilft mir bei der Hotelsuche. Er kann es mir zeigen, es ist in Rufweite, und er nimmt für seine Beratung kein Geld, verweist aber auf eine Hütte an dem Busparkplatz, in dem er oder einer seiner Kollegen sich immer aufhalte, um behilflich zu sein.

Eine Wohltat, wieder einmal länger Englisch zu sprechen. Eine Wohltat, wieder einmal Deutsch zu sprechen. Es ist schon sehr touristisch hier, aber es gibt hier viel zu erleben, und außerdem: Die lockere Art der Einheimischen („laid back", zurückgelehnt, sagt man), die nicht gekünstelte Freundlichkeit sind wohltuend.

Der erste Kanuausflug meines Lebens führt mich 1 ½ Stunden flussaufwärts. Da ich partout meinen Führer Greg entlasten will, rudere ich nicht nur mit, sondern helfe auch die ersten vier Stromschnellen im Boot mit. Dann kann ich nicht mehr. Die Farm „Ix Chel" soll besichtigt werden; hier, am Macalfluß, hat die Ärztin Rosita Arvigo eine Farm mit Waldlehrpfad aufgebaut. Dieses Anwesen ist dem Andenken von Don Elijo Panti gewidmet, dem letzten Mayaschamanen von Belize. Die Ärztin hatte Gelegenheit, noch zu Lebzeiten des Heilers sein Wissen zu erlernen und nutzt nun das Wissen um die Heilkräfte der Natur, um hier auf dem Feld und im Wald Wirkstoffe zu gewinnen. Mit einer Broschüre in der Hand mache ich mich auf den Urwaldrundkurs, dieweil Greg schon die Hängematte gefunden hat.

Hier ein Auszug aus den Berichten über 35 ausgewählte Bäume des „medicin trail":

1) Cohune Palme: diente zur Herstellung von Kohlefiltern für Gasmasken im I. Weltkrieg.

2) Bullet Tree: zweithärtestes Holz der Welt (nach dem Greenheart Südamerikas). In Tikal fand man über 1000 Jahre altes Holz mit noch unversehrten Schnitzereien.

3) Bay Cedar: war keine Zeder; der Möbelhersteller Chippendale gab ihr diesen Namen.

4) Mahoganny (Mahagoni): Nationalbaum von Belize. (Es heißt süffisant weiter) „Wurde 300 Jahre zum Wohle Großbritanniens abgebaut".

5) Chicoloro: Strychninbaum

6) Cockspur: ein Dornenstich hat böse Auswirkungen; das Mark aber ist zur Behandlung von Schlangenbissen geeignet.

7) Rubber Tree: dieser Baum lieferte das erste Naturgummi, wurde später durch das Herea aus Ceylon abgelöst.

8) Negrito: wurde als Ausgangsstoff für viele Heilmittel 200 Jahre lang mit seinem Gewicht in Gold aufgewogen, rettete vielen Europäern das Leben.

9) Der „Give & Take"- Baum gibt böse Blutungen und nimmt den Schmerz, je nachdem, was man vom Baum auswertet.

Zum Schluss noch meinen Liebling:

10) Der „Red Gumbolino", in Mexiko „Touristenbaum" genannt. Seine Rinde ist rot und schält sich.

Weiter und weiter gehe ich. Wenn der Lehrpfad nicht als Rundkurs angelegt worden wäre, ich glaube, ich wäre lange nicht zurückgekommen. Ich beeile mich also, streife noch schnell den Baum, aus dem Kaugummisaft gewonnen wird, einen anderen, ohne den die Anti–Baby–Pille nicht denkbar wäre und rudere, - nun geht es leichter, mit Greg nach Hause.

Ein Tagesausflug nach Tikal, einer weiteren Mayastätte, wird vom Führerkollektiv in der Baracke mustergültig vorbereitet. Frühmorgens geht es zur Grenze nach Guatemala, man kennt sich, wir werden weiter gereicht an einen anderen Taxifahrer jenseits der Grenze, die Rückfahrtszeit am Abend wird abgesprochen. Los geht es, das heißt, der Fahrer bemüht sich, seinen Kurs auf dem geschotterten Weg so zu legen, dass die Steinspitzen nicht sofort die Reifen zerreißen. Hier, so sieht und erlebt man, waren nie englische Straßenbauer am Werk.

Um 9.30 Uhr sind wir, ein litauisches Einwandererpaar aus Chicago und ich, in Tikal. Die Währung heißt hier Quetzal, nach dem farbenfrohen Vogel, der leider sehr selten geworden ist. Großer Parkplatz, kaum belegt, da noch sehr früh. Andere Touristen schlafen noch in ihren Nobelbetten der nahegelegenen Luxushotels. 20 Minuten Anmarsch, dann:

Wie ein riesiger grauer surrealistischer Darmstädter Hochzeitsturm ragt vor uns der Templo II auf, keine Pyramide, eher ein Turm, der sich nach oben verjüngt. Eine ganz andere Atmosphäre, hier ist wieder Urwald, tropischer Regenwald. Mir fehlen auch heute noch die Worte, diese Eindrücke bei diesem Besuch zu schildern. Soviel nur zur Magie (oder zum Magnetismus) des Ortes: Nach einem ausgedehnten Frühstück auf Templo V (den keiner wegen des Sprühregens besteigt, da die Holztreppen glitschig sind und man zum Schluss über eine Eisenleiter hoch muss) laufen wir fast ohne Pause 4 ½ Stunden umher.

Auf dem Rückweg schweigen wir, nicht nur aus Müdigkeit. Wir essen unterwegs noch etwas, erfahren etwas über das Dachdecken mit Palmwedeln (bei Vollmond geschnittene halten zwei Jahre länger) und über das Reifenwechseln: Auf 200 Metern müssen wir dreimal einen neuen Reifen aufziehen, den dritten Ersatzreifen müssen wir uns ausleihen.

Ein weiterer Ausflug führt mich zwei Tage später in den Mountain Pine Ridge Park. Ich sehe den zweitgrößten Wasserfall der Welt (330 Meter Fallhöhe), eine vorzeitliche Höhle am Rio Frio und die Pools des Rio On. Wie kleine Kinder laufen wir auf den schlüpfrigen Felsen durch den Fluss. Ein Deutscher erzählt mir ungefragt, welche Mittel er gegen die allgegenwärtigen Insekten habe. Er ist am ganzen sichtbaren Oberkörper zerstochen, trägt aber noch nicht einmal ein langärmeliges Hemd. So kann man auch zum Sachverständigen werden!

Unser stolzer junger Führer erzählt ein bisschen über die Landesgeschichte:

Die Spanier waren zu dumm, durch die Korallenriffe der Cayes zu segeln. Erst die Engländer haben dies vermocht. Vom Gebiet des heutigen Guatemala aus habe es nie einen Vorstoß der Spanier gegeben, dennoch habe bis vor kurzem noch Guatemala Ansprüche auf Belize angemeldet.

Er hat eine bilderreiche Sprache, der junge Mann: Die Zeit der europäischen Übersee-Eroberungen von Spanien, Großbritannien und Frankreich ist „die Zeit, in der Diebe Diebe bestahlen", die Gebietsansprüche Guatemalas an Belize vergleicht er mit einem Vater, der ein Kind beansprucht, das er nie gesehen hat, von einer Frau geboren, die der Mann nie besessen hat.

Ich schalte nach diesen lehrreichen und schönen Tagen wieder den „Beschleuniger" ein: Zurück nach Belize City; ich beziehe ein sicheres, dennoch ghettonahes Hotel (gegenüber ist eine Disco, die ständige Polizeikontrollen nötig zu haben scheint). Ein Flugzeug bringt mich nach Süden, nach Punta Gordas. Der Großvater des Hoteliers, Mr. Schmidt, war ein Einwanderer aus Hamburg. Der alte Schmidt blieb hier „hängen". Das verstehe ich.

Gegenüber in der Kirche ist, so scheint es, ein Popkonzert. Karibische Musik, die sich jeglicher Stilisierung entzieht, dennoch ob ihres schwingenden Rhythmus' ungemein mitreißend ist, erfüllt das Gelände um die Kirche. Gesang, Gitarre und Trommel, mehr sehe ich nicht. Und: Es war eine Beerdigung! Eine andere Auffassung vom Tod: Man freut sich, dass die Verstorbenen in eine bessere Welt eingehen, man trauert nicht darüber (jedenfalls nicht öffentlich), dass diese nicht mehr unter den Lebenden sind.

An dem darauffolgenden Ruhetag bringt mich ein junger Mann mit seinem Auto nach Lubantuun; ein fast letztes Mal besichtige ich einen Mayaort, diesmal ist es eine Pyramide, die man anscheinend aus etwas zu großen Legosteinen zusammengesetzt hat.

Nach zwei Tagen nehme ich ein kleines Boot, das mich über die Bucht von Amatique, einem Teil des Golfes von Honduras, nach Punta Gorda in Guatemala bringt.

Weiter in Richtung Guatemala City, an einer Weggabelung steige ich aus; an einem Kiosk frage ich eine Frau, ob ich meinen Rucksack bei ihr lassen dürfe, sie nickt und zeigt mir einen Platz im düsteren Teil des großen Hauses. Vertrauen muss man haben! Und vorwärts per Anhalter durch die Bananenplantagen, die früher im Besitz der nordamerikanischen United Fruit Company waren. Durch diese Handelsgesellschaft ist in Honduras der Begriff „Bananenrepublik" geprägt worden, ein Synonym für einen Staat, der finanzielle Interessen über das Volkswohl stellt.

Doch diese Gedanken sind wie weggeblasen, als ich vom Lastwagen steige: Hier ist Quirigua mit seinen Stelen, die genau datiert werden konnten, da der Mayakalender entziffert wurde.

Monströse altarähnliche Gebilde sind überdacht. Etwas hilflos werden diese „zoomorph" (tierähnlich) genannt, na ja.

Ich frühstücke, bin noch ganz allein; ein Gespräch mit einem Aufseher schließt sich an, nichts besonderes, dann beobachte ich „Emmi", eine Blattschneiderameise, die würdevoll, ohne einen Fehltritt, ihr Tagwerk etwas abseits eines Plattenweges verrichtet.

Zurück, am immer noch badenden Papagei des Parkwächters vorbei. Wieder ein freundlicher Chauffeur, neugierige Plantagenfrauen auf der Ladefläche. Mein Rucksack ist noch da. Danke schön!

In Chiquimula übernachte ich. Abends gehe ich ins Kino. Es wird ein Film mit Madonna gezeigt, in dem sie sogar nackt zu sehen sein soll! 60 Pfennige Eintritt kostet es. Der Film war so alt, dass man nur Streifen auf der Leinwand sah; zum Ausgleich war die Lautsprecheranlage defekt. Ich bin nur geblieben, weil die spanischen Untertitel technisch perfekt und wie neu waren. Sonst gibt es hier nichts zu sehen, aber von hier aus kann man gut nach Copan in Honduras weiterfahren. Dieser Tagesausflug macht mich ein bisschen ärgerlich, nimmt man doch von Ausländern umgerechnet 1 US$, 15,- etwas unverschämt. Hätte ich nicht eine dreistündige wildromantische Anreise gehabt, ich wäre stracks umgekehrt, ohne diese, nun aber wirklich letzte berühmte Mayastätte besichtigt zu haben!

Copan ist vor allem durch überlieferte Kalenderkonferenzen bekannt geworden. Hier hatten die Wissenschaftler der Mayas ihre Beobachtungen abgeglichen, auf dass der Mayakalender noch genauer werde.

Auf dem Rückweg treffe ich an der Grenze Christian, einen Architekten aus Österreich. Selbstverständlich reden wir erst einmal eine Stunde Englisch miteinander, bevor wir uns gegenseitig fragen, wo wir herkommen. So geht das übrigens oft.

In meinem Tagebuch ist der Passagierrekord in einem Sammeltaxi (von der honduranischen Grenze) vermerkt: Es ist ein VW-Bus, normalerweise vier Sitzreihen=zwölf Personen. Eine Behelfssitzreihe ist mit dem Rücken zur Fahrtrichtung aufgebaut worden (zusätzliche drei Plätze). Wir belegen die letzten freien „legalen" Plätze (Nr. 11 und 12). Nach fünf weiteren Stops (bei jedem sagte Christian: "Jetzt ist aber wirklich Schluss!") ist die Passagierzahl auf 22 (!) gestiegen; da ich wusste, dass ich dies später selbst nicht mehr glauben würde, hier die Aufstellung: vorne 4, Zusatzreihe (mit dem Rücken zum Fahrer) 4, 2. Reihe 4, 3. Reihe 4, 4. Reihe 4, zusammen 20, dazu zwei Babies (22), zwei Personen stehen gekrümmt zwischen den Sitzenden, Summe 24 (mit Babies). Dabei haben wir noch Glück gehabt, es ist Abend, die mitfahrenden Bauersfrauen haben ihre Ware verkauft, Körbe und Taschen sind leer. Zum Schluss werden noch vier dicke Säcke mit mir nicht bekannten Früchten auf das Dach geladen. Die Säcke sind so schwer, dass sie jeweils von zwei Männern hochgewuchtet werden müssen!

In der Hauptstadt Guatemala City halten wir nur kurz. Sie wird übereinstimmend in vielen Führern als gefährlich und dreckig be-

81

schrieben. Ich spreche von Einzelreisenden mit knappem Geldbeutel, die in der Zona 1 zu übernachten gedenken..

Wir müssen aussteigen, da der Bus hier endet. Ich bin der letzte, der aussteigt. Kaum habe ich den Bus verlassen, als dieser mit unseren zwei Rucksäcken wegfährt! Ich laufe hinterher und schlage gegen die Seitenwand des Busses, keine Reaktion. Ich hänge mich dann mit einem Ellenbogen in das geöffnete Beifahrerfenster. Man tut so, als habe man mich jetzt erst bemerkt und hält an. Selbstverständlich, so erklärt uns pfiffig der Busfahrer, sei das ein Missverständnis gewesen!

Christian will noch in der Hauptstadt bleiben, ich möchte weiter, also kurzer Abschied. Ich kann meinen Rucksack nirgends unterbringen. Selbst im Büro der Busgesellschaft, die ich gerade als Kunde genutzt habe, sagt man mir mit einer fadenscheinigen Begründung ab. Dies ist die einzige Gelegenheit in Südamerika, bei der ich keine Hilfe erfuhr.

Ich weiß noch nicht, wann und wo mein Bus nach Antigua fährt und habe keine Lust, all dies bei mittlerweile sintflutartigem Regen auszukundschaften. Not macht erfinderisch: In einem großen Torbogen ist eine Verkaufstheke quergestellt. Ich frage den Verkäufer, ob ich meinen Rucksack bei ihm lassen könne. Er fragt: „Vertraust du mir?" Ich antworte: „Schau' mir in die Augen!" Er schaut mir in die Augen und lacht dann. Alles klar!

Nach meiner kurzen Erkundung kehre ich zu ihm zurück. Selbstverständlich ist der Rucksack noch da; wir kommen ins Gespräch. Er ist tief gläubig, keine Seltenheit, aber er hat sich von seinen sicherlich nicht hohen Ersparnissen ein elektronisches Taschenbuch gekauft, in dem in einem kleinen Fenster die Bibel zu lesen ist, allerdings nur auf Englisch. So übersetzt er in seiner freien Zeit die Bibel ins Spanische. Ich helfe ihm ein bisschen und lerne so (das erste Mal seit Konfirmandenzeiten) wieder das Buch Matthäus im Neuen Testament kennen.

Der Bus nach Antigua fährt irgendwann von da ab, wo man mir es sagte. Man muss sich nur von der Vorstellung lösen, er führe zu einer irgendwo auf einem Fahrplan festgehaltenen Zeit ab. Die Busse fahren, wenn sie voll sind. Da sie aber immer voll werden, sind die Wartezeiten gering. Die eng hintereinander gestellten Bänke sind zur Mitte hin verlängert worden, sodass man nur im Seitschritt zu den hinteren Bänken gelangen kann. Wir werden auf der kurzen Fahrt bis zur alten Hauptstadt Guatemalas, Antigua Guatemala, zweimal von der Polizei angehalten und zweimal muss der Busfahrer eine Strafe bezahlen. Später, als ich noch einmal einen Tagesausflug zur City mache, klärt sich dies: Es dürfen keine stehenden Passagiere befördert werden! Normalerweise umgeht der Fahrer die Strafe dadurch, dass er ein scharf geschrienes Kommando an die Stehenden gibt, die sich daraufhin ducken, bis man an der Polizeikontrolle vorbei ist. Hier allerdings standen die Reisenden so dicht, dass sie sich nicht bücken oder ducken konnten!

Antigua war 230 Jahre lang, bis 1773, die Hauptstadt Guatemalas, bis seine Karriere durch zwei Erdbeben beendet wurde. Noch heute sind eindrucksvolle Ruinen im Städtchen zu sehen, seit dem Unglück kaum verändert. Dennoch wurde viel getan, um das Stadtbild aufzuwerten, hat man doch durchgesetzt, dass das Kopfsteinpflaster erhalten bleibt, es keine in das Straßenbild ragende Reklametafeln gibt und dass im Zentrum nicht mehr als ein Obergeschoss gebaut wird.

Dies macht die Stadt anziehend für westliche Touristen, Sprachschüler, pensionierte Nordamerikaner und wohlhabende Guatemalteken. Die Eingeborenen machen hier ihre guten Geschäfte ebenso wie die „sesshaften" Städter, die manches Mal die Busladungen voller „gringos" kaum abfertigen können, beginnt doch hier der „gringo shopping trail", der hauptsächlich Indianermärkte in ausgewählt schönen Orten Guatemalas berührt. Die Hotels sind sauber, es ist sogar Toilettenpapier in den Toiletten. Man muss sich etwas umstellen, da man oft in vielen Sprachen die Bitte liest, das Papier nicht in die Schüssel zu werfen, sondern in einen Eimer daneben, Grund: Der Querschnitt des Abwasserrohres ist zu klein, oft gibt es deshalb Verstopfungen.

Ich probiere eine Maßnahme aus, etwas Reisegeld zu sparen: Ich nehme ein ganz billiges Zimmer, dieses mal auf dem Dach mit unverbaubarer Aussicht auf zwei Vulkane, darunter der Hausvulkan „Agua", und mache mit dem Hotelbesitzer aus, ein Bad eines teureren Zimmers dann zu benutzen, wenn morgens die vorherigen Gäste ausgezogen sind. Da dies von mir mit einem Trinkgeld versüßt wird, von dem die Ehefrau nichts weiß, habe ich stets am Morgen ein frisch gereinigtes Bad zur Verfügung.

Das (wieder einmal) sehr elementare Zimmer auf dem Flachdach hat lange keinen Gast mehr gesehen, was sich dadurch bemerkbar macht, das sich hier ansässige Flöhe verzweifelt gegen mich zur Wehr setzen. Mannhaft reibe ich mich mit einer Salbe ein, die den Juckreiz mildert, lasse am nächsten Tag frische Wäsche aufziehen und damit hat sich's! Zur Sicherheit lasse ich abends eine Spirale eines Insektizides glimmen, die weitere Peiniger fernhält.

So lässt es sich leben: Gutes Essen, Flanieren im – wie immer – rechtwinkligen Straßennetz, Errichten von Kommunikation: Internet, Fax, Telefon und Post, Auswerten von Fotos, etwas Lesen und früh ins Bett. Körper und Geist benötigen solche Erholungsphasen.

Es gibt einiges zu sehen, immer wieder verwirrendes Markttreiben, hinter dem Markt, auch reizvoll anzusehen, gekonntes Fußballspiel. Kirchen erspare ich mir, desgleichen Museen. Eine Wanderung zum nahegelegenen „Cerro de la Cruz", einem Aussichtspunkt mit herrlichem Blick auf die „sehr edle und sehr loyale Stadt" wird unterlassen, nachdem ich erfahren habe, dass ein Polizist, zum Schutz der Wanderer abgestellt, dort vor kurzem erst von Räubern erschossen wurde.

Zwei Ausflüge unterbrechen das sich bald einstellende Gleichmaß des Tagesablaufs: Zum einen will ich noch einmal zurück in die Hauptstadt, zum anderen möchte ich auf dem Land einen komischen Heiligen besuchen.

Guatemala-City war mir auf den ersten Blick nicht sympathisch; ich werde auch nicht viel unternehmen, um dieses Bild zu korrigieren, möchte vor allem das Nationalmuseum für Archäologie und

Ethnologie besuchen, um mein Besuch von Tikal mit Hintergrund-
wissen anzureichern. Das Museum gibt es, es sollte offen haben,
hat aber nicht. Kein Schild, kein Hinweis, kein Mensch zu sehen.
Ich laufe zu Fuß durch die Stadt. Der Stadtplan zeigt mir, dass es
Straßen gibt, die ost-westlich ausgerichtet sind, die calles; die von
Norden nach Süden verlaufenden heißen avenidas. Die wenigsten
Straßen haben Eigennamen. So weit, so gut. Um das ganze für den
Auswärtigen interessanter zu gestalten, hat man dafür gesorgt, dass
es mehrere Straßen gibt, die z. B. „10 Calle" heißen, an verschiedenen Orten der Stadt! Um genau anzukommen, muss man zusätzlich angeben (bei Anfragen oder dem Taxifahrer), in welcher „Zona" sich die Straße befindet. Da viele Straßen sehr lang sind, sollte
man auch einen Kreuzungspunkt mit einer anderen Straße angeben.

85

Sehr interessant, aber nicht mein Forschungsbereich.

Ich beschränke mich nur darauf, von der Touristeninfo, die mir freundlich zeigte, wo das geschlossene Museum ist, zum Relief zu laufen. Dieses ist ein schönes Stück Wegs entfernt, in der Nähe des Basketballstadions. Ich komme an, langsam, aber stetig; gehe durch die Zona 1 im Zentrum, hier sind viele billige Hotels und tote Ratten, gehe an einem Café vorbei, von dem ich weiß, dass sich hier die Kolonie der deutschen Ortsansässigen trifft, verwaist, bestaune die Mischung der Indianerwelt und der modernen Welt und kann nun, am Ziel, Guatemala von einem Aussichtsturm aus 8 m Höhe betrachten. Man hat das ganze Land durch ein Hochrelief auf ca. 30 mal 30 m Fläche dargestellt. Ich kann meine weitere Reise gut planen, erleichtern mir doch Namensschilder die Arbeit. Eine tolle Sache, gut gelungen die Nachbildung der unglaublichen Vulkankette im Westen, am Pazifik.

Ein Palaver mit einer T-Shirtverkäuferin führt zum Besitz eines Stücks mit handgearbeiteten Stickereien indianischer Motive. Müde fahre ich zurück und erfahre endlich, warum damals der Busfahrer die Strafe zahlen musste; diesmal ducken wir uns auf Zuruf!

Auf nach San Andreas Itzapa! Der Tagesausflug führt um zwei Vulkane herum, einmal muss man im Marktflecken Chimaltenango umsteigen. Es ist Montag mittag als ich ankomme. Ein größeres Kirchenfest hatte anscheinend am Wochenende stattgefunden, im Kirchenschiff wird gerade das monströse Tragegestell eines Heiligen verstaut bis zum nächsten Jahr. Auf den steinernen Kirchenbänken vor der Kirche rekeln sich schläfrig die Musiker, denen wohl ein Teil ihres Lohns in Flüssigkeit ausgezahlt wurde. Einer rappelt sich hoch, die Flöte an den Mund, eine indianische Melodie erklingt und weckt einen Trompeter auf der Nachbarbank auf; dieser „steigt" mit einer völlig anderen Melodie ein, ein überraschendes Gemisch, das langsam hinter mir leiser wird. Der nordamerikanische Komponist John Cage hätte seine Freude an dieser Collage gehabt!

San Simon, der Heilige, hat selbstverständlich nichts mit der Katholischen Kirche zu tun, er „wohnt" auch nicht in einer Kirche, eher in einem umfunktionierten Saalbau. Im Vorhof werden über einem Feuer (angereichert mit dem ortsüblichen Weihrauch, Kopal) T-shirts geschwenkt, das heißt, gesegnet. Zögernd trete ich näher.

Hier sind keine Touristen, hier ist es angebracht, weitere Schritte mit irgendeiner Respektsperson abzustimmen, die sich mir auch sogleich nähert. Ich schildere dem „Küster" mein Woher und Wohin und dass ich ein Buch schreiben werde über die freundlichen Leute dieser Gegend (!), er versteht und erlaubt mir, zu fotografieren, auch in der Kirche, die ich nun mit anderen Besuchern über eine Freitreppe betrete. Glasfenster, düster, Kopalgeruch, Plaketten an der Wand, Kerzen. Allmählich blicke ich durch den Nebel: Hinten in einem Glaskasten sitzt erhöht, wiederum über ein Treppenpodest erreichbar, der lokale Heilige, auch Maximon genannt. Er sorgt für alle: Die, die da unfruchtbar sind, die, die keine Kinder haben wollen, die, die Gesundheit erlangen wollen und die, die gesund bleiben möchten. Er macht es durch Spenden möglich, die in Form von Schnaps, Zigarren und schon angezündeten Zigaretten dargeboten werden, wobei Geld oder Eier durchaus auch angenommen werden. Dass der Heilige Simon Erfolg hat, beweisen die an der Wand angebrachten Tafeln: „Er hat dies..., er hat das... gemacht, dies und das verhindert, diesem oder jener geholfen", ein Universalheiliger, ein praktischer dazu, voll zu den Genüssen der Welt stehend. Die Kerzen sind auch voller Praxisnähe, hat man ihnen doch einen Farbcode zugeordnet: Rot für erhoffte Liebesgunst, Blau für baldige Heirat, Gelb für u.s.w...

Simon oder Maximon hat noch Filialen in anderen Orten, mitunter wird er, immer als lebensgroße Puppe mit Hut aufgebaut, versteckt. Die Katholische Kirche, die nie ganz das „Heidentum" (aus ihrer Sicht) beseitigen konnte, ist mitunter streng, obwohl ein Nebeneinander oft zu beobachten ist.

Zurück zum Bus. Es versteht sich von selbst für die Bittsteller oder auch Pilger, dass man sich die Gelegenheit nicht entgehen lässt, auch den neueren Heiligen, denen der Katholischen Kirche im anderen „Haus", seine Aufwartung macht, denn schaden kann dies ja nicht (wenn man von der Bitte um Kinderlosigkeit absieht).

In Antigua bereite ich meinen Abschied vor. Weiter geht es zum Atitlan-See, allmählich schon Mexiko als Fernziel im Blick habend. Das übliche Gewühl auf dem Busbahnhof (der nichts anderes als eine Massierung von Bussen auf einer normalen Straße ist); Folklore kommt nicht nur durch die Farbenpracht der indigenas auf, auch die ständigen Rufe der „Aufreißer", der Beifahrer, die ihr Fahrziel Hunderte von Malen in die Luft schreien, trägt dazu bei. Ich habe lange gebraucht, um herauszufinden, warum so oft das Fahrtziel gebrüllt wird: Die Hauptmasse der Kundschaft kann nicht lesen!

Mein Rucksack ist gut gepackt, Wichtiges ist am Körper, Wechselwäsche und Nahrung sowie Lesestoff bleiben im kleinen Rucksack bei mir. Dem Beifahrer sage ich mein Endziel, wohl wissend, dass ich zweimal umzusteigen habe. Er nimmt meinen Rucksack aufs Dach, ich werfe einen Rucksackriemen mit Schnellverschluss hinterher, er nickt und hebt den Daumen, grinst, bald geht es los.

Was ist schon geschrieben worden über verschwundene Rucksäcke, nur weil man sie aus den Augen ließ! Ich sehe den meinen stundenlang nicht, kann es mir aber nicht verkneifen, im Durcheinander diverser Halte zu schauen, ob nicht mein gutes Stück einen anderen als den gewünschten Weg geht. Gleichzeitig mache ich mir immer klar, wo ich mich befinde, denn das, was der Bursche brüllt, hat mit menschlicher Sprache nichts zu tun, und, sollte es das doch haben, nichts mit Spanisch! Wie auch immer, ich merke, bald muss ich raus.

Da! Ein Rumpeln auf dem Dach, ein zweimaliges Klopfen auf das Blech, ein lautes „Aleman!" und schon wackelt mein Rucksack am Fenster an mir vorbei, ich habe Mühe, über Hühner und deren Besitzerinnen zu steigen und dann das Tempo des Beifahrers mitzugehen, schwupp, schon wirft er dem nächsten Kollegen meinen

Rucksack zu, auf die Schulter damit, im Eilschritt das Leiterchen hinten am Bus hoch, ich bekomme meinen Rucksackriemen in die Hand gedrückt, weg ist Adlatus Nummer 1, kaum dass ich Zeit habe, ihm ein „Muchas Gracias" hinterher zurufen. Alles o.k., ich steige ein, meine Fahrkarte ist weiter gültig, sogar einen Sitzplatz gibt es. So geschieht das noch einmal, keine Verluste an Ausrüstung, sehr effizient, keinerlei Mühe für mich, da die Burschen immer vom Vorgänger informiert wurden, wie es mit mir weitergeht. Auch hier noch einmal ein Danke!

Langsam schraubt sich der Bus nach Panajachel herunter. Das Städtchen liegt am Atitlansee, hat sich sehr touristisch herausgeputzt. Mein „Berkeley"-Führer schreibt über es: „Panajachel hatte in den 60ern und 70ern regen Zuspruch der weltweiten Hippiegemeinde, vergleichbar mit Katmandu in Nepal und Goa in Indien". In den tumultösen 80ern des guatemaltekischen Bürgerkriegs verließen viele Touristen, darunter nicht wenige Rauschgiftkonsumenten, das Gebiet. Geblieben ist das, was neudeutsch „Ambiente" heißt: Das glasklare Wasser des Sees, umrahmt von den drei Vulkanen Atitlan, Toliman und San Pedro. Natürlich gibt jetzt wieder viele Touristen, sodass der Name „Gringotenango" (in Anlehnung an viele Orte, die auf „-tenango" enden) wieder aktuell ist. Mich stört das nicht, die gute Luft des Westlichen Hochlandes ist für alle ausreichend. Sogar während der Regenzeit ist es hier noch freundlich warm.

Ich ziehe es vor, mich abzusetzen und nehme ein Boot, das mich zwei Dörfer am Seeufer weiterbringt; hier führt keine Straße hin, sodass Ruhe gewährleistet ist.

In Santa Cruz la Laguna bleibe ich zwei Tage. Am Ufer ist ein kleines neues Hotel, die „Posada Abaj", von einer Frau geführt, die lange in Bremen gelebt hat. Ihr Mann ist ein Einheimischer, leider aber beruflich unterwegs, denn er ist Gitarrist. Seine Konzertgitarre ist aber im Haus geblieben, sodass ich sie benutzen darf (meine „Kleine" ist während des Yukatantrips in Mexico-City bei Klaus geblieben).

Ein stilvolles Abendessen im Gemeinschaftsraum zu ebener Erde mit Ausblick auf den Garten, mit See und Vulkanen im Westen, so kann man leben! Das Essen, später bei Kerzenschein fortgeführt (das Hotel hat keine Stromversorgung), ist gut, die Unterhaltung mit den noch anwesenden zwei Pärchen wird auf Englisch und Französisch geführt, mit der Bedienung spricht man Spanisch und mit der Hotelbesitzerin Deutsch, sodass also Magen, Gehirn und Mund gleichermaßen beansprucht werden.

Ich besuche den kleinen Ort am Steilhang oberhalb des Hotels. Dort wasche ich meine Wäsche inmitten der Eingeborenenfrauen am Marktplatz und lasse sie gleich zum Trocknen da. Staunen und scheue Blicke, aber ein freundliches ola (hallo!) führt zu Gelächter und auch die Kleinen kommen näher und schauen mich neugierig an. Während die Wäsche trocknet, unternehme ich noch einen Ausflug, noch höher und noch höher. Mangels Kartenmaterial versuche ich, mir auf Sicht einen Weg aufwärts zu bahnen, das gibt zerrissene Hosen, wird aber durch einen noch prachtvolleren Blick auf den See belohnt.

Abschied vom Traumhotel. Der Bus quält sich wieder hoch. Ich möchte nach Chichicastenango, ins Bergland von Guatemala, inmitten des westlichen Hochlandes.

Donnerstag und Sonntag sind hier die „Hauptkampftage", denn die Touristen, von vielen Bussen herangekarrt, geben dann auf dem malerischen Markt vor der Kirche „Santo Tomas" ihren Kaufgelüsten nach. Und da ist neben Gebrauchsgegenständen wirklich vieles zu erstehen, das handwerklich gut gearbeitet ist und darüber hinaus noch schön wirkt: Kunstvoll gefärbte Leinenkleidung, Holzmasken, Wolldecken, Taschen, Körbe, Mahlsteine (metates), Jadeschmuck und Töpferware. Gut, denke ich wieder einmal, dass ich nur einen Rucksack habe! Dennoch handele ich mit einem jungen Mann. Er verkauft mir zwei Paar selbstgestrickte dicke Socken. Dies geschieht aber erst am letzten Tag meines Aufenthaltes, am Donnerstag. Ich bin aber schon montags angekommen, um dem ganz großen Trubel zu entgehen...

Am ersten Abend setze ich mich vor dem Rathaus am Marktplatz (und Kirchenvorplatz) auf eine Bank. Gedankenverloren (und: müde, entspannt, glücklich etc.) blicke ich auf und sehe, dass links und rechts von mir die ca. sechs Meter lange Bank von „Alten" besetzt ist, ganz wie bei „Asterix" die Veteranen, die die Schlacht bei Gergovia mitgemacht haben: Gegerbte Gesichter, zerfurcht von einem arbeitsreichen und mühsamen Leben, gebeugte Gestalten, die sich hier in ruhigem Gespräch die Zeit vertreiben. Ich werde von meinem rechten Nachbarn angesprochen: Wo ich denn herkäme? Alemania. Alemania? So, so. Ja, das sei in Europa (E-u-ropa). Ah! Europa! Europa: Ist das weit? Ja, man muss über den Ozean fliegen, um dorthin zu gelangen. Ah ja. Europa: Ist das groß? Ich sage, so groß wie das California der Norteamericanos. Ah! Und zum Schluss die Frage: Habt Ihr auch noch Krieg in Alemania? Ich sage nein, aber bei uns hätte es auch eine Grenze mitten durch Alemania gegeben, an der Deutsche auf Deutsche geschossen hätten. Das versteht er, haben doch er und seine Landsleute lang unter dem Bürgerkrieg gelitten. Dass dieser in Guatemala beendet wurde, weiß mein Gesprächspartner entweder nicht, oder aber, er empfindet es nicht so.

Vor der Kirche „San Tomas" spricht mich eine Frau an; sie möchte mich durch ihren Ort führen. Ich willige ein. Corona ist 50 Jahre alt und hat, wie sie erzählt, zehn Kinder großgezogen. „Und alle haben überlebt!" fügt sie stolz hinzu.

Die katholische Kirche ist, wie so oft im Land, auf den Resten eines Maya-Altars erbaut worden. Die katholischen Heiligen werden im Innern verehrt, auf den Stufen davor huldigt man aber den „heidnischen" uralten Gebräuchen. Für die Bevölkerung stellt das kein Problem dar. Ich muss Corona bremsen, mir all die Namen der katholischen Heiligen zu nennen. Ich bitte sie, mir stattdessen etwas in ihrem Dialekt vorzusprechen. Ob es der Quiche-Dialekt war oder ob von ihr Xaxichel gesprochen wurde, weiß ich nicht mehr, ein phonetisches Erlebnis war es allemal!

Auf der Treppe vor der Kirche brennt ein ewiges Feuer, vor dem gekniet und gebetet wird. Danach sprüht man Alkohol über die Stufen, auf dass die Wünsche und Gebete auch in Erfüllung gehen. All dies im durchdringenden Weihrauchgeruch. Danach werden die katholischen Hauptgottheiten in der Kirche verehrt. Das Kreuz der Mayas ist als Symbol mit dem Kruzifix der Christen verschmolzen. Wir verlassen die Kirche, die von Christbaumschmuck bis hin zu Lampions und Heiligengemälden so ziemlich allen „Schmuck" vorzuweisen hat (Fotografieren verboten!) und gehen zu einem Hügel außerhalb des Ortskerns. Hier, so erfahre ich von Corona, hört allerdings die Toleranz der Christen auf, denn oft ist der Altar des „Pascual Abaj" schon zerstört worden, ebenso oft hat man ihn aber wieder errichtet.

Nach dieser lehrreichen Führung gebe ich der zehnfachen Mutter einen angemessenen Obolus (kein Feilschen, sie überlässt es mir, den Betrag festzusetzen) und packe meine Sachen.

Am Abend vor meiner Abreise schaue ich noch den Markthändlern zu, wie diese ihre oft vier Meter hohen Stände aufbauen. Genial: Im Boden sind Vertiefungen, die senkrechte Stangen aufnehmen. Man hält nun die Verbindungsstange zwischen zwei senkrechten Stangen in der gewünschten Höhe fest. Die andere Hand hält einen Stock, der oben gegabelt ist. In der Gabel ist ein Stück Schnur mit einer vorgefertigten Schlaufe, die über die senkrechten Stangen geschoben wird. Durch geschicktes Ziehen wird die Querverbindung eingefädelt und die Verbindung fixiert. Dasselbe geschieht nun noch auf der anderen Seite, fertig ist die Rückwand für die Auslage!

Am Tag drauf fahren wir durch terassierte Felder mit Getreide, Kaffee, Zuckerrohr und Gemüse.

Quetzaltenango, die zweitgrößte Stadt Guatemalas, liegt im merklich kühleren Hochland. Am Ortseingang steht das Denkmal zu Ehren eines Musikinstruments, der Marimba; diesem Schlaginstrument, xylophonähnlich, kommt in der guatemaltekischen volkstümlichen Musik eine besondere Bedeutung zu.

Das äußerst schlichte Hotel „Casa Suiza", das bessere Tage gesehen hat, nimmt mich auf. Innenhof und heruntergekommener umrahmender „Kreuzgang" aus Glas lassen einstigen Luxus noch ahnen. Die sanitären Anlagen können in Notfällen benutzt werden.

Mein Zimmer ist ein Würfel, vier Meter hoch, ein anscheinend selbstgebautes Bett veranlasst mich zur Taktik, solange in der Stadt herumzulaufen, bis ich dann so müde bin, dass ich mir keine Gedanken mehr über hygienische Verhältnisse beim „Absacken" machen muss. Das gelingt fast, aber nur fast, da sich herausstellt, dass eine Trennwand anscheinend aus etwas dickerem Packpapier gebaut worden ist; an Schlaf wg. nachbarlicher Aktivitäten ist nicht zu denken.

Ein Lichtblick am Park „Benito Juarez" ist das Café „Berna". Im Erdgeschoss befindet sich eine europäische Konditorei, im I. Stock ein Café, das für mich Apfelstrudel mit Sahne bereithält.

Warum hier in dieser Stadt Schweizer Spuren („Suiza" = Schweizerisch, „Berna" = Bern) zu finden sind, habe ich nicht herausgefunden.

Ein Besuch des Höhendorfes San Francisco El Alto nahe Quetzaltenango führt mir noch einmal die unglaubliche Vulkanszenerie vor Augen. Leider gelingt es mir – auch mit Bestechung - nicht, aufs Kirchendach zu steigen, da dort gerade Handwerker ihrer Tätigkeit nachgehen.

Auf der Fahrt nach Huehuetenango berühre ich südlich das sogenannte Ixil-Dreieck[6]. Huehuetenango liegt am Hang oberhalb eines riesigen Tales. Ich gönne mir das teuerste Hotel und erhalte ein wirklich sauberes vornehmes Zimmer (für DM 19, 50), eine wirkliche Wohltat. Abends möchte ich ins Kino, der Portier sagt mir freundlich, er schließe das Hotel heute früher ab, da er müde sei. Einen Schlüssel für die Außentür des Hotels gäbe es nicht, ich möge doch früher aus dem Film gehen. Einer solch freundlich (und selbstverständlich) vorgetragenen Bitte verschließe ich mich nicht.

Das Zimmermädchen hatte mir gesagt, der Bus zur Grenze nach La Mesilla sei ein „Pullmann", also etwas komfortables. Diese Schelmin! Wieder qualvolle Enge, laut und dreckig ist es, allein die Landschaft in Richtung mexikanische Grenze lenkt ab: Das Tal wird immer enger, links verschwinden die Vulkankegel, bis wir so tief im Einschnitt fahren, dass wir nur noch die Flanken der westlichen Gebirgskette sehen. Erdrutsche werden geschickt umfahren, man sollte dabei aber nicht so genau auf die Straße schauen. An der Grenze Geldumtausch, ich hatte vorher schon einen Kurs ausgerechnet, sodass nicht viel gehandelt werden muss. Ein Taxi bringt mich zur mexikanischen Grenze, ich erhalte ein Visum, allerdings nur für 15 Tage, obwohl 30 üblich sind. Warum, bekomme ich geduldig zweimal erklärt, ich verstehe es nicht.

Ich erwische ohne großes Warten den Bus nach Tuxtla Gutierrez. Auf der Fahrt nach Tehuantepec, ungefähr am Isthmus, der engsten Stelle von Mexiko, müssen wir ohne ersichtlichen Grund halten. Nach einer Stunde klärt sich die Situation: Es herrscht ein so starker Wind, dass der Verkehr für vier Stunden gestoppt wird. Zwei Touristen aus Nordamerika, jungen Leuten, dauert dies zu lange: Sie lassen sich ihr Gepäck geben, holen sich ihre Fahrräder vom Dach und legen los. Es ist eine Freude, ihnen im Schatten zuzusehen, fahren sie doch auf ebener Strecke mit hochrotem Kopf wie Radler, die einen Alpenpass bezwingen wollen! Ab und zu werden sie umgeweht, zum Schluss steigen sie ab, kommen aber nicht zu uns zurück, Dickköpfe!

Oaxaca mit seiner wunderschönen Innenstadt, vor allem der großen Plaza, hat mich gleich begeistert. Im historischen Zentrum komme ich in der „Posada Margarita" unter. Die Speisekarte führt auch „chapulines" auf, gesottene Grashüpfer, eine Spezialität der Region. Ich verzichte. Während des Essens (eine wundervolle „zopa poblana", eine Suppe) am „zocalo", dem Hauptplatz der Stadt, spielt eine Band mexikanische Popmusik. Die Band packt ein, der Bassist greift zur Elektrogitarre und spielt solo nordamerikanischen Jazz, nicht schlecht. Ein Verdauungsspaziergang führt mich auf die Gegenseite des Platzes. Dort spielt man in traditioneller Besetzung. Die Musiker bedienen zwei riesige Marimbas, dazu kommt ein Elektrobassist, ein Schlagzeuger und ein Spezialist für Rasseln und andere Rhythmusinstrumente, die ich noch nie gesehen, geschwei-

94

ge denn gehört habe. Insgesamt sind - so zähle ich, waren von fünf Musikern, alle aus einer Familie, - 14 Schlägel in Betrieb genommen worden!

Auf dem kurzen Rückweg zum Hotel musste ich noch einmal anhalten, denn aus einem Café kamen Jazzklänge. Es wird sehr spät.

Am nächsten Tag besuche ich im Vorort El Tule das Naturdenkmal der Region, einen riesigen Zypressenbaum (ahuehuete). Vor einer Kirche macht er ein prächtiges Bild; der Baum wird auf 2000 Jahre geschätzt, kann aber auch 3000 Jahre alt sein. Sein Umfang beträgt 42 Meter, die Wurzeln sind teilweise über dem Boden. Ich umrunde den Baum und halte mich etwas abseits einer offenkundig französischen Reisegruppe. Plötzlich mehrfach schallendes Gelächter von dort. Ich werde neugierig und nähere mich den Leuten. Des Rätsels Lösung: Ein ca. zehn Jahre altes Schulmädchen zeigt mit einem das Sonnenlicht reflektierenden Spiegel auf Wurzeln oder Äste des Baumes und erzählt, welche Form das jeweilige Gebilde hat.....auf Französisch! Nachdem die Reisegruppe gegangen ist, frage ich das Mädchen und ihre Freundinnen, ob sie mir das auch auf Deutsch vorführen könnten. Ein anderes Girl wird geholt. Tatsächlich erhalte ich einen Vortrag in phonetisch bestem Deutsch. Deutsche Fragen kann meine junge Führerin aber nicht beantworten. Irgendein geschäftstüchtiges Wesen hat ihr den Text vorgefertigt, sehr gut übersetzt und ihn ihr solange vorgetragen, bis er auswendig beherrscht wurde. Eine tolle Leistung, ein großer Spaß mit der Schlusspointe: „Und das ist der Popo von Marlene Dietrich!"

Hier in Oaxaca will ich auch meine 3. Choleraimpfung erhalten. Ich platze in die Sprechstunde des ersten Doktors. Die Sprechstundenhilfe weist mir freundlich (und außer der Reihe!) den Weg zu einem Kollegen, der sich aber auch als nicht zuständig erweist. Er führt aber in meinem Beisein mehrere ausführliche Telefongespräche (!) und erklärt mir dann den Weg zum Gesundheitszentrum. Das scheint schier zu bersten wegen der vielen Menschen auf dem Flur.

Eine Ärztin nimmt sich trotz dieses permanenten Ausnahmezustandes der Überfülle meines Problems an. Auf Spanisch werden Unstimmigkeiten ausgeräumt: Das deutsche Mittel gibt es hier nicht, Vergleichstabellen werden zu Rate gezogen, endlich erhalte ich meine Impfung mit einem extra wegen mir herbeigeschafften Präparat. Die Ärztin erklärt mir, vorsorgliche Impfungen würden in Mexiko nicht vorgenommen, man impfe erst bei Seuchengefahr. Nachher frage ich, was ich zu bezahlen hätte. Die Antwort: „Nada, nichts!" Vor Überraschung vergesse ich fast zu danken!

Das von der Medizinerin vorhergesagte leichte Fieber als Folge der Impfung verhindert, dass ich die Ausgrabungsstätten der Monte–Alban–Kultur besichtige. Immerhin kann ich im Regionalmuseum einiges davon sehen. Außerdem kann ich zusehen, wie bei Renovierungsarbeiten Blattgold aufgelegt wird, auch ein eher seltenes Erlebnis.

Vor meiner Abfahrt werde ich noch Zeuge einer Demonstration auf dem Zocalo. Es geht um einen kritischen Journalisten, der verschwunden ist, in Haft gehalten wird ohne Haftbefehl. Es steht immer noch nicht zum Besten hier im Staat Oaxaca, vor allem aber auch im angrenzenden Chiapas.

Zurück nach Mexiko-Stadt; ich bleibe noch fünf Tage bei Klaus´ Familie, dann heißt es Abschied nehmen. Der gelingt, in leicht melancholischer Stimmung.

Ich komme in Monterrey mit einer Halsentzündung an. Die mexikanischen Busfahrer sind so stolz auf ihre air-condition, dass sie diese auch nachts und im Gebirge bei Minusgraden laufen lassen.

An der mexikanischen Grenze fragt natürlich keiner nach meinem mühsam verlängerten Touristenvisum, es gibt keinerlei Kontrolle.

In Laredo, Texas, erhalte ich prompt eine Einreisegenehmigung für sechs Monate; dafür werden mir die Landjäger, die mir Uschi in einem Nobelgeschäft in Mexico-City gekauft hatte, abgenommen, da der Import von Lebensmitteln in die USA streng verboten ist.

Ich übernachte im schönen, aber auch schön heruntergekommenen

Jugendstilhotel „Hamilton". Keiner ist zu finden, der englisch spricht!

Mit dem Greyhound-Bus fahre ich am anderen Morgen weiter und treffe am 23. Februar 1997 in San Antonio, Texas, ein. Meine Tage als Rucksackreisender sind vorerst gezählt.

Nordamerika

Eismeer

Tuktoyuktuk
Dawson City
Inuvik
Whitehorse

Kanada

Watson Lake

Faust
von Kamtschatka 9/96
Edmonton
Vancouver
Calgary
Saskatoon
Seattle
Winnipeg
Quebec
Montreal
Ottawa
Halifax
St. John
Yellowstone Park
Jackson
U.S.A.
Salt Lake City
Chicago
San Francisco
New York
Grand Canyon
Flucht vor dem Winter 3/97
Washington D.C.
Knoxville
Los Angeles
Santa Fé
Albuquerque
San Diego
Memphis
Charleston
Chihuahua
San Antonio
Baja California
Guaymas
New Orleans
Flug nach Trinidad 10/97
Nuevo Laredo
Zacatecas
Mexiko
Merida
Mexiko-Stadt
Tikal
Oaxaca
Copan
Tuxtla Gutierrez
Guatemala-Stadt

Verlauf
1. Westküste, Mexiko, Halbinsel Yukatan, zurück in die U.S.A.
2. ab Fühjahr '97 mit eigenem Auto ab San Antonio, Texas; Abbruch
   wegen Wintereinbruchs im Zion National Park nahe dem Grand Canyon
3. „Neustart" ab New Orleans; Nordamerika gegen den Uhrzeigersinn

- - - - - **Bahn, Bus, Boot**
———— **Flug**

U. S. A.

San Antonio. Ein Taxifahrer fährt mich etwas außerhalb in ein Hotel, das 35 $ (US$) kostet, für nordamerikanische Verhältnisse sehr billig, für mich nach der Reise über Yukatan ein kleiner Schock.

Am nächsten Morgen warte ich vergebens auf den Driver, mit dem ich mich am Tag vorher noch verabredet hatte. Ein anderer kommt und wird von mir für den Autokauf engagiert. Nach einigen Stunden, in denen es munter regnet, die Sache und Suche auf diversen Freigeländen von Autohäusern also nicht gerade schöner macht, habe ich ein Auto. Es ist ein 16 Jahre alter Dodge Ram Van vom Erstbesitzer, hat nur wenige Meilen gelaufen, eine Automatikschaltung und eine air-condition. Einen Van muss man sich als einen übergroßen VW-Bus vorstellen.

Auf der Fahrt zum Motel platzt auch gleich ein Heizungsschlauch; ich bringe den Wagen zur Reparatur (ich kann ihn zur Tankstelle rollen lassen) und verlängere meinen Hotelaufenthalt um einen Tag. Die Nordamerika-Rundfahrt kann beginnen!

Bei strömendem Regen kuppelt sich der rechte Scheibenwischer ab. Nach 13 (dreizehn!) Meilen setzt der Motor aus, wieder kann ich den Wagen gerade noch vom Highway rollen lassen, eine Werkstatt ist nur fünf Fußminuten weg. Der Werkstattbesitzer weigert sich, zu mir ans Auto zu kommen. Er mache keine „street calls" (Pannenhilfe), er sei außerdem nicht versichert und sein Kollege sei ermordet worden, als er zu einem Reifenwechsel ausgerückt war!

In der nächsten Werkstatt lässt man mich gerade solange warten, bis eine Schraube festgezogen ist. Ein Neger (besser: ein „Afrikanischer Amerikaner") setzt sich in ein Auto, das nie aufgeräumt wurde, fegt für mich den Platz frei und ist happy, mir helfen zu können. In zehn Sekunden ist die Diagnose gestellt (Lichtmaschine tot), in weiteren fünf Minuten ist mein Auto aus eigener Kraft (Fremdstart) in die Werkstatt gefahren, nach fünf Minuten habe ich einen elektronisch gefertigten Kostenvoranschlag, nach einer halben Stunde sind die Ersatzteile (Lichtmaschine und Kunststoffteile für das Gestänge des Scheibenwischers) da. Die Reparatur kostet genauso viel wie die der Heizungsschläuche, ca. 70 $. Es sei noch erwähnt, dass der Negermechaniker Gitarrist ist und wollte, dass ich ihm ein paar „lessons" erteile.

Bei Regen, Sturm und in Dunkelheit bin ich nordwestwärts gefahren, über Uvalde, Del Rio nach Sanderson und habe dort bei einer Tankstelle das erste mal im Auto (es hat ein eingebautes Bett und Vorhänge) geschlafen.

Morgens sind die Scheiben gefroren, die Heizung geht bei warmem Motor nicht; ich hole mir zweimal Kaffe und warte auf einen Mechaniker, der mir vielleicht helfen kann (vielleicht gibt es hier ja noch Hebel, die ich nicht kenne?). Der Mechaniker kommt und...verhilft mir zu einem denkwürdigen Gespräch:

„Du brauchst einen Mechaniker?"

„Ja, die Heizung geht nicht, obwohl der Motor warm ist."

(Der Mechaniker klopft an eine Stelle unter der Motorhaube):

„Ja, hier gibt es oft Probleme."

„O.K! Mein Problem ist, dass ich gern eine Heizung hätte, die auch bei Kälte funktioniert."

(Mittlerweile ist die Sonne am Himmel, es ist warm und die Heizung geht ohne irgendein Zutun mit Ventilator wieder)

„Ja, da liegen Sie richtig! Wo wollen Sie denn hin?"

„Zum Big Bend Nationalpark".

„Da ist es sowieso warm! Bye-Bye, have a nice day!"

„Thank you very much!"

Jetzt bin ich im Nationalpark Big Bend. Rechts von mir (im Westen) die südlichsten Ausläufer der Rocky Mountains, im Süden, am Horizont, Nordmexiko. Die dortige Chihuahua-Wüste geht in den Big Bend hinein; gehalten habe ich wegen eines „historical markers"[1] , einem Schild, das Hinweise zur Geschichte oder Geographie gibt. Hier ist es ein Verweis darauf, dass 1859 Kamele probeweise zum Einsatz kamen.

Big Bend, das ist die „Große Kurve", die hier der Grenzfluss Rio Grande macht. In der Besucherzentrale suche ich mir einen Weg (trail) aus, der daraufhin für andere Wanderer gesperrt wird. Ich werde belehrt über das Vorkommen von Pumas (auch: Panther, Berglöwen oder Cougar genannt), Schwarzbären und Klapperschlangen und gehe, mit allem Notwendigen versehen. Nach dreieinhalb Stunden bin ich 600 m höher. Da ein Teil meines Weges wegen brütender Wanderfalken gesperrt ist, kehre ich um, um bei Helligkeit noch zu essen und mein Nachtlager im Freien aufzuschlagen. Nach dem Essen hänge ich meinen Rucksack an einen Baum, der zu einer Schlucht überhängt.

200 m davon entfernt baue ich mein Nachtlager auf. Auf meine Thermosmatte lege ich den Schlafsack, drumherum wird ein Notzelt aus Plastik gelegt, das eine zusätzliche Luftschicht bilden soll. Mit Thermounterwäsche steige ich ein, leicht verängstigt. Ich präge mir die Silhouette der Buschreihe ein, damit mir meine Fantasie später keinen Streich spielt und befehle mir dann, daran zu glauben, dass Schwarzbären, Schlangen und Berglöwen auch müde sind.

Über meinem „Satelliten-Zählen" schlafe ich ein. Außer einer Pinkelpause bei -17° Celsius geschieht nichts in dieser Nacht.

Am frühen Nachmittag des darauffolgenden Tages gehe ich langsam zurück und denke daran, dass dieser Weg wohl auch früher von den Komantschen[2] benutzt worden ist.

Im Big Basin, dem Großen Becken, dem zentralen Punkt des Parks, erwartet mich mein Auto, das sogleich Charakter beweist und trotz aller Mühen nicht anspringt.

Ein älterer Herr, der gerade einen Ausflüglerbus besteigen will, sieht das und repariert in feinstem weißem Hemd meinen Vergaser. Dass der Bus wg. „meines" Mannes warten muss, bekomme ich erst hinterher mit.

Mein Helfer erklärt mir:

1) er war zwei Jahre in Kaiserslautern bei der Army,

2) er habe dreißig Jahre lang Autos repariert,

3) mein Choke (Lüftungsklappe des Vergasers) sei hängen ge-

blieben, da lang nicht mehr benutzt. Durch die Höhendifferenz von San Antonio zum Big Bend habe sich dieser deshalb nicht an die dünnere Luft anpassen können.

Ich muss ein Schmiermittel im Shop kaufen (vor mir neun Rentner, die alle ein Eis mit Kreditkarte erstehen) und bald darauf läuft der Van wieder.

In Fort Stockton (früher: Comanche Springs) übernachte ich in einer Reihe von vielleicht 60 riesigen Trucks; die stolzen Herren dieser riesigen Lastwagen sitzen alle im Café-Restaurant und verpflegen sich. Das ist Texas! Tatsächlich sind alle Klischees hier vorhanden: Die freundliche Kellnerin, die alle kennt, für jeden ein freundliches Ohr hat, alles sauber hält, schnell ist und nichts vergisst. Die Gäste verhalten sich wie normale Texaner, das heißt, alles ist eine Nummer größer, vom Hut bis zu den Stiefeln. Ich gewöhne mich an die riesigen Portionen bald, lediglich Ketchup wird von mir nie benutzt. Der freie oder ermäßigte Kaffe ab der zweiten Tasse ist ebenfalls eine gute Einrichtung. Warum dieses Heißgetränk „Kaffee" heißt, bleibt allerdings ein Rätsel.

Nach gutem Schlaf starte ich mein Auto, das aber keinerlei Anstalten macht, anzuspringen. Aber es gibt hier ja reichlich Experten. Ich wage es, einen Hünen auf dem Weg zum Frühstück um Hilfe zu bitten. Er sagt „Start!", hört sich das Gejaule an und sagt „Flooded!" (abgesoffen), befiehlt weiter „Hold the gas pedal down!", nach ca. 30 Sekunden springt mein Weggefährte an.

Nach dem Besuch der riesigen Höhlen der Carlsbad Caverns [3] fahre ich westwärts nach Alamogordo. Belustigt nehme ich ein Schild zur Kenntnis: „Achtung, Schneepflug!" Ich schmunzele, es ist zwar Februar, aber hier scheint die Sonne und alles ist trocken. 30 km weiter, in den Bergen, stecke ich in einem wirklich wilden Schneesturm! Ich bin beunruhigt und frage in einem Supermarkt auf der Passhöhe einen zufällig anwesenden Sheriff. Der teilt mir mit, das hier sei normal, der Schnee ginge schnell wieder weg, es bestehe in Richtung Alamogordo keinerlei Schnee- und Rutschgefahr mehr.

Jetzt weiß ich, wie das Wort entstanden ist: „Ihm gefror das Lachen auf den Lippen!"

In Alamogordo war früher allerhand los. Die nahegelegenen
White Sands, jetzt teilweise zum NP erklärtes Gebiet mit reichlich
Sand, waren Schauplatz von Starts deutscher Beuteraketen. Diese,
vom Typ Vergeltungswaffen des Typs „V2", wurden in Peenemün-
de entwickelt, im Mittelwerk im Harz gebaut und von dort nach
Kriegsende hierher geschafft. Des weiteren fand hier der erste
Atombombenversuch statt, von hier aus wurde auch die „Enola
Gay" ausgerüstet, das Flugzeug, das seine Last („Little Boy") über
Hiroshima abwarf.

Am Parkeingang erwarten mich der gängige Standard für Parks
(eigentlich Naturreservate, eben Natural Preserves, NP), Parkplät-
ze, Empfangsgebäude mit Schautafeln, hilfsbereite Rangers, die
dem Besucher Tipps geben, und natürlich Souvenirs, oft mit Bezug
zum Park. Der Eintritt ist moderat, was mich aber nicht berührt,
hatte ich mir doch schon im Big Bend NP eine „Golden Eagle
Card" geholt, die zum Eintritt in alle NPs der USA berechtigt. Diese Karte sollte sich bezahlt machen. Einsam steht mein (mittlerweile) treues Auto auf der gleißenden Sandfläche, als ich es von einer Düne aus betrachte. Kaum fassbar, dass es hier Leben gibt!

Im Städtchen Alamogordo selbst, flächig, rechtwinklig, ohne er-
kennbares Zentrum, gibt es eine nagelneue Universität, wohl eine
Stiftung und die „Space Hall of Fame", ein Museum.

Im Erdgeschoss die Wände mit den Ehrentafeln von Wissenschaftlern[4], die sich um die Raumfahrt verdient gemacht haben; in
den Obergeschossen dann hauptsächlich Satelliten, darunter auch
ein echter Sputnik, natürlich nicht der, der damals den „Amis" den
Schock versetzt hatte, in der Weltraumtechnologie nur zweite Nation gewesen zu sein.

Weiter nach Westen. Ein Hinweisschild: Rosswell. Dort hatte
nicht nur der amerikanische Raketenforscher Hubbard seine Versuche gemacht, dort soll also nach der Meinung der UFO-Gläubigen
vom Militär allerhand vertuscht worden sein, was mit Außerirdi-

schen und deren Flugzeugen (UFO = Unidentified Flying Object = nicht identifiziertes fliegendes Objekt) zusammenhängt.

Stundenlang fahre ich nach Westen. Das vor mir am Horizont erkennbare Gebirge wird unendlich langsam immer größer, gerade so, als habe das Andy Warhol gefilmt.

Weiter, weiter, in Richtung Arizona. Der Querriegel des Gebirges gibt einen Anstieg preis, der es ermöglicht, sich nach Tucson weiter zu begeben.

Doch zuerst möchte ich einem meiner Lieblingsbücher Reverenz erweisen. Es heißt „Blue Highways", ist von dem Halbindianer (Half American Indian) William Least Heat Moon geschrieben worden und berichtet von einer Reise, die dieser mit einem umgebauten Auto auf den „blue", blau eingezeichneten Straßen, durch die USA unternommen hatte. Ein sehr reizvoller Bericht, sind doch diese blau eingezeichneten Highways nicht die Hauptadern der Fortbewegung, also langsamere, gewesen.

Mein Ziel ist Hachita, eine Ortschaft in Nähe der kontinentalen Wasserscheide. Hier möchte ich eine Kneipe „besichtigen", die im Buch so geschildert wird:

„Hier war ein richtiggehender urzeitlicher Western Saloon, ein Platz, an dem einst Cowboys Gegenstände geschäftlicher und privater Art erörterten. Der Forscher, der zuerst den ausgestorben gewähnten Flossenflügler noch schwimmend entdeckt hat, hätte keine größere Freude gehabt als ich, wie ich nun den Saloon mit seinen Lehmmauern betrat, den es so eigentlich schon längst nicht mehr geben dürfte.

Es war ein langer Raum mit einem Billardtisch, einem runden Tisch zum Pokern, und einer L-förmigen Theke mit neun Barhockern. Nutzlose Augenfänger hingen an der Ostwand, Geweihe und dümmliche Ölbilder an der westlichen, während Kalender, Brauereizeichen, eine alte Ausschanklizenz und Bündel von Papieren im Spiegelrahmen hinter der Bartheke staken. Die Theke hatte flache Einbuchtungen, in die früher Silberdollars gelegt wurden, tiefere Löcher nahmen einst Nuggets von Türkis auf. Jetzt waren da nur noch ein paar Pesos und ein paar Malachite zu sehen.

...Dollarscheine, klein gefaltet wie Briefmarken, hingen wie Spinnen an der Decke."

Tatsächlich gibt´s diese Kneipe noch, es scheint aber ein kleiner Modernisierungsversuch unternommen worden zu sein, die Dollarscheine an der Kunststoffdecke sind verschwunden (ein Reisender hatte gewettet, dass er einen Dollarschein so an die Decke werfen könne, dass dieser hängen bliebe – und gewonnen, da er den Schein um ein billiges Halbdollarstück gewickelt hatte und den Schein festtackerte, bevor er beides hochwarf). Die Lehmwände schienen geweißt worden zu sein und eine gewisse Stapel–und Haufenbildung unnützer Dinge in Ecken und auf schmuddeligen Ablagen wiesen darauf hin, dass hier zumindest temporär ein guter Wille zu herrschen schien.

Weiter nach Tucson. Hier verirre ich mich spät abends, ich will 'raus, finde aber den Weg nicht. Ich frage einen Einheimischen an einer Tankstelle. Dem scheint eine Erklärung zu kompliziert zu sein; er fragt mich nach der Himmelsrichtung, in die ich will (in Richtung Orgelpfeifenkaktus-Reservat), und sagt mir, ich solle hinter ihm herfahren. Nach 20 Minuten „klinkt" er sich aus. Danke schön!

Auf dem Weg nach Ajo sehe ich soviel Orgelpfeifenkakteen, dass ich auf einen Besuch im „Organ Pipe" NP verzichte. Es ist nicht anzunehmen, dass Kakteen im Park anders wachsen als außerhalb!

Dafür fahre ich wieder einmal nach Sicht: Oben auf dem Berge blinkt und gleißt etwas, auf der Karte steht „Kitt's Observatory". Hoch. Bei guter Fernsicht verbringe ich 3 ½ Stunden dort oben. Eine Studentin führt uns über's Gelände, sehr gut, sehr freundlich. Sie wird erst sauer, als ich sie auf einen offensichtlichen Fehler auf einer Zeittafel in der Vorhalle hinweise.

In Ajo sehe ich riesige Gruben und Abraumhalden am Wege, Anzeichen des Kupfertagebaus.

Bald bin ich schon in Kalifornien, mittags in San Diego, aus Autofahrersicht noch schöner als bei meinem ersten Besuch.

Im „Hostelling International" hatte ich übernachtet, bevor ich nach Mexiko weiterfuhr. In einem Schließfach hatte ich, durch ein Vorhängeschloss gesichert, einige Sachen zurückgelassen, weil sie zuviel Gewicht hatten und ich sie nicht benötigte. Die möchte ich abholen. Sie sind weg. Nicht schlimm, ersetzbar.

Ich schlafe gut, bis anscheinend ein Jumbo-Jet versucht, auf dem Dach meines Wagens zu landen. Es war aber nur eine Kehrmaschine der Städtischen Reinigung!

Nun beginnt die Suche nach Roger und Elaine. Roger, den Lehrer, hatte ich in der Jugendherberge (Hostelling International) in San Diego bei meinem Erstbesuch getroffen, als er seine Klasse mit „Globetrottern" wie mir zusammenbrachte. Ich hatte ihm bei dieser Gelegenheit meine Adresse gegeben. Über E-Mail hat er mir geschrieben, er selbst wolle mein Angebot, bei mir zu wohnen, annehmen und im Sommer mit seiner Frau Deutschland besuchen.

Natürlich könnte ich einfach Roger anrufen und ihn fragen, wie man zu seinem Haus kommt; ich möchte aber die postalische Adresse selbst erkunden. Das gelingt mir in Del Mar, einer überschaubaren Ortschaft, schon nach viereinhalb Stunden! Keiner kannte die Straße. Später stellt es sich heraus, dass dies eine Straße in einer privaten Wohnanlage ist. Und: Auf der Post zu fragen wäre zu einfach gewesen und ich hätte manch wunderbaren Ausblick von den Hügeln versäumt.

Jetzt habe ich ein eigenes Zimmer in einem wunderschönen Haus; vom Balkon aus sehe ich über ein Naturschutzgebiet den Pazifik. Die Wohnanlage hat zwei Pools und eine Sauna und ist „abgehängt" vom Durchgangsverkehr jeglicher Art.

Ein Abendessen bei Roger (er kocht selbst, immer und immer sehr gut! Elaine darf und will die Küche nicht zu Kochzwecken betreten) ist mir besonders in Erinnerung geblieben. Eine Geigerin war eingeladen, die 17 Jahre unterrichtet wurde und alles, aber auch alles spielen konnte, wie sich aus dem Gespräch ergab. Selbst die Sonaten für Violine und Gitarre von Paganini waren ihr keine

Unbekannten. Sie gab zu, bei einigen Passagen in den sechs Sonaten könne man durchaus ins Schwitzen kommen! Mein Auto verliert Öl. Roger macht einen Termin in seiner Werkstatt aus mit dem Ergebnis, dass zwei Dichtungen erneuert werden müssten, da zu alt und deshalb undicht. Eine lasse ich erneuern ($ 200), die andere, Materialwert $ 6, könnte für $ 600 eingebaut werden. Ich verzichte auf weitere kalifornische Dienstleistungen und beschließe, den Ölstand zu kontrollieren und bei Bedarf nachzufüllen, das ist billiger. Die Planungen für meine Nordamerika-Rundreise nehmen Formen an. Roger versorgt mich noch mit einigen Campingsachen und Karten der „Triple A" (= dreifaches A = AAA = American Automobil Association) und gibt mir die Adresse seines Bruders, der ein Ferienhaus auf Cape Cod hat.

Ein wesentlicher Bestandteil meiner Planungsunterlagen sind die Karten, die als Beilage der Zeitschrift „National Geographic" herausgegeben wurden. Hier sind nicht nur geographische Details enthalten, sondern sogar geschichtliche und weitere naturwissenschaftliche Angaben verzeichnet. Im weiteren Verlauf meiner Reise sammele ich diese Karten und plane damit sogar weltweit.

Ich fahre nach Norden, vermeide Los Angeles und bin bald in der Mojave-Wüste. Am Edwards-Fluggelände vorbei gelange ich in das europäisch anmutende Kern-Valley, eine Oase. Der Landvermesser Kern hatte das Tal 1846 entdeckt. Im Heimatmuseum führt mich ein Mann (drei Monate Kaiserslautern) herum. Ich erfahre, dass hier über 100 Wildwestfilme gedreht wurden (daher dieses Gefühl des Vertraut-Seins!), man habe sogar die Originalkutsche hier, mit der John Waynes „Stagecoach" gedreht wurde!

Die Filmstadt sei leider bei einem Dammbau verschwunden. Gegenstände aus Brauchtum und Viehzucht (Stacheldrahtsorten!) ergänzen die Ausstellung. Der Führer bedauert, dass sie nur 150 Jahre Geschichte hätten, wir dagegen „mehr". Ich verkneife mir eine Bemerkung. Immerhin wird in diesem Museum nicht geleugnet, dass es hier auch Indianer gab und gibt.

Die Stadt, selbst bemüht, wieder Filmkulisse zu werden, ist aber durch etwas anderes noch bemerkenswert:

Hier, in der SW-Ecke der Sierra Nevada, treffen fünf Bio-Regionen aufeinander, nämlich Great Basin, Mojave Desert, Coastal Chaparral, Sierran Forest und California Grassland. Ich bedanke mich bei meinem Führer und schenke ihm die Ansichtskarte eines Fachwerkhauses und verabschiede mich.

Ich quere die Sierra Nevada auf dem einzig offenen Pass (es ist ja erst Anfang März), sehe neben der Straße einen offenen Wasserkanal verlaufen und bin, dem Lauf des Wassers folgend, bald darauf im San Joaquin Valley.

Der „Verschneite Gebirgszug" (Sierra Nevada, sierra = Säge, gibt die Gestalt der Gebirgskette wieder) macht seinem Namen alle Ehre; ein kleines grünes Tal mit Findlingen wird erfreut durchfahren und wieder einmal stellt sich das Gefühl ein: Es stimmt einfach alles!

Der Geist ist frei, so frei, dass ich sogar herausfinde, dass mein Ziel, der Sequoia NP, eine Eigenschaft besitzt, die nichts mit der Natur zu tun hat: „Sequoia" ist das kürzeste englische Wort, in dem alle Vokale vorhanden sind. Und ich finde, in äußerst guter Laune, auch noch die deutsche Entsprechung: „Jalousie" (Sechs Monate später findet sich im Tagebuch die Ergänzung: „miaoued" = sie miaute).

Durch den Schnee stapfend, erfahre ich, dass Sequoia[5] und King´s Canyon administrativ zusammen gehören und dass es zwei Sorten von Sequoias gibt, die S. sempervirens (immerlebend) und die S. gigantea (Riesen-S.), die Redwoods, diese wachsen aber nur an der Küste.

Die Bäume machen angesichts ihrer Größe still, schlicht und ergreifend: still. Die anderen Touristen, es sind nicht viele, sprechen mit gedeckter Stimme, man kommt sich, nicht nur physisch, ziemlich klein vor.

Ich lerne, dass der Waldbrand für die Erhaltung der Art Voraussetzung ist! Die Sequoias brenne nicht oder nur sehr schwer; ein

Waldbrand macht also Platz für die Riesen, da ja alle anderen Hölzer in Mitleidenschaft gezogen werden. Ganz abgesehen davon ist ein Waldbrand ein gutes Mittel, um den Bewuchs wieder zu regenerieren. Oft beschränkt man sich deshalb darauf, nur die Auswirkungen der Feuer auf menschliche Siedlungen zu verhindern (fire management).

Die Westküste ruft. Ich frühstücke in einem Cafe bei Cholame, das am Weg lag, normal. Nicht normal ist, dass ich es zufällig aufsuche und...in einer „James-Dean-Gedächtnisstätte" bin! Hier in der Nähe war der junge Schauspieler, Idol der 50er Jahre nicht nur in den USA, in seinem Porsche tödlich verunglückt, an einen Baum geprallt, der schon lange vorher bei den Indianern, „Tree of Heaven" (Himmelsbaum) hieß.

109

Vor dem Cafe hat ein Japaner ein Denkmal errichtet. Für diesen war James Dean eine Verkörperung Amerikas, das er, der Spender, bewundert.

Wieder San Francisco. Ich übernachte in Sausalito, falle bei der Parkplatzsuche einer Polizeistreife auf, die mich freundlich zu einem sicheren Platz bringt, auf dem ich unbehelligt übernachten kann.

Früh auf, Überblick auf die gesamte Bay, die Sonne kämpft sich durch die Wolken und wirft nur Licht auf Alcatraz, die Gefängnisinsel. Ich mache die „Drei–Brücken-Tour": Von der „Golden Gate" fahre ich weiter nach Richmond; die San Rafael Bridge ist eine wunderschön geschwungene Konstruktion, dann, am Zuchthaus San Quentin vorbei, nach Oakland, um dort über die Bay Bridge wieder nach S. F. zurückzugelangen.

Bei Kyle löst sich das Rätsel des Pakets, das ich vergebens in Mexiko-Stadt erwartet hatte: Es war korrekt als „postlagernd" bezeichnet (auf spanisch), leider aber schien kein Mexikaner etwas mit dem Begriff „Mexico-City" anfangen zu können. Das Päckchen war schon an der Grenze zum Absender zurückgeschickt worden (die korrekte Bezeichnung für die Hauptstadt Mexikos ist: „Mexico, D. F.").

Es hält mich nicht mehr. Ich danke Kyle noch einmal für seine Gastfreundschaft (er hatte übrigens auch meine reparierte „Hauptkamera" aus Deutschland auf Lager!), und ab geht's, nach Norden.

In Calistoga gibt es einen versteinerten Wald (petrified forest), nicht den berühmten, aber versteinert ist versteinert! In der Nähe zeigt man auch einen Geysir, nicht den berühmten wie im Yellowstone Park, aber auch „faithful" = zuverlässig. Ich verzichte auf einen Besuch, der Geysir wird es auch ohne meinen Obolus schaffen.

Ich quere das Napa Tal (Napa Valley), ein Weinanbaugebiet, erst in Europa belächelt, heute respektiert. Meine durch die Heimat festgelegten Sicht-und Verhaltensweisen zeigen sich darin, dass ich die ganze Zeit nach Weinbergen suche, die es aber nicht gibt. Der Landstrich ist hier so gesegnet, dass man keine geneigten Schieferflächen des Taunus wie im Rheingau braucht, um Wein anzubauen. Wärme, Wasser, guter Boden, alles ist reichhaltig in der Ebene vorhanden.

Ich fahre jetzt auf dem Highway 49 nach Süden. „49" ist leicht zu merken, führt diese Straße doch durch das Gebiet des kalifornischen Goldrauschs von 1849.

Ich fahre durch Sutter Creek (Sutter, in Luis Trenkers' Buch „Der Kaiser von Kalifornien" verewigt, war der unglückselige Besitzer der Farm, auf der sein Vorarbeiter den ersten Goldfund machte) und parke in Jackson.

Beim Frühstück (wie immer Eier, manchmal Pfannkuchen, reichlich „Kaffee", Pommes, Schinken; was der Körper halt so braucht!) fragt mich die Bedienung (wie bekommt man heraus, dass ich Deutscher bin, wenn ich nur „Good Morning" sage?) „ Do you know Dr. Rainer Klimke?" Leicht überrascht antworte ich, dass er mir durch Sportübertragungen bekannt sei. Sie spricht weiter. "Er ist ein Gott!" Da sei auch noch ein anderer Dressurreiter, Schockemöhle, (der reite ein Polizeipferd) dessen Leistungen unglaublich seien!

Solchermaßen belehrt, verlasse ich gesättigt das Restaurant, mit einem freundlich lauten deutschen „Auf Wiederseh'n!" bedacht!

Yosemite! Das kann man nicht schildern. Tausendmal auf Bildern gezeigt, das Tal, der Wasserfall, die hoch aufragenden Felsen, durch kühne Freikletterer noch berühmter geworden, all dies ist ein bisschen zuviel. Ich setze mich erst einmal hin, an Beschaulichkeit ist allerdings hier nicht zu denken, da muss man weg von der Straße, auf einen der unzähligen Trails, nach denen mir aber nicht der Sinn steht.

Vielleicht im Herbst, ich werde ja noch einmal hierher zurückkommen. Bemerkenswert, wie sich die Parkverwaltung verhält: Yosemite ist jetzt die erste Woche nach einer schweren Überschwemmung geöffnet. Man nimmt dieses Naturereignis, das Straßen und andere Teile der Infrastruktur empfindlich schädigte, zum Anlass, an anderer Stelle neu zu bauen. Auch hier dieselbe Haltung wie im Sequoia NP: Man möge davon absehen, Brände zu melden, man habe sie im Griff („fire management"). Im Klartext heißt das, dass man Brände nicht löscht, man also der Natur freien Lauf lässt!

Ich möchte zum „Death Valley" und muss daher wieder nach Osten, was heißt, ich muss die Sierra Nevada wieder queren. Alle Pässe sind gesperrt, ich muss weit nach Norden ausweichen, rechts die wunderschöne Sierra vor Augen. Spät nachts fahre ich im Lawinengebiet durchs Gebirg´ und lande erschöpft in Carson City. Am Morgen nutze ich die Gelegenheit, um den Lake Tahoe zu besichtigen, der nicht auf meiner „Liste" war. Wunderschön, nach Ansicht mancher Einheimischer aber zu schön. Diesen ist der übermäßige Touristenfluss ein Dorn im Auge, wie manche Autoaufkleber zeigen. „No strangers in Lake Tahoe!"

Jetzt fahre ich die Ostflanke der Sierra Nevada entlang nach Süden, am salzigen Mono Lake mit seinen aus dem Wasser auftauchenden Stalagmiten vorbei. Putzige Vulkankrater in der Ferne.

Dann die Stadt Bishop, in einem riesigen Talkessel gelegen. Hier baue ich einen Ruhetag ein; erstmals seit Wochen trinke ich einen vernünftigen Kaffe im Café „Kava", geführt von einer Litauerin. Hier treffen sich viele Kletterer, die die nahen Felsgebilde nutzen.

Ich wache auf mit einer stattlichen Erkältung, die Stimme ist weg, ich habe Schluckbeschwerden, die Lymphknoten sind stark geschwollen. Es gibt keinen Arzt, nur ein Notfallkrankenhaus.

Dort werde ich ausführlich befragt und getestet, man findet heraus, dass ich eine Viruserkrankung habe, die von selbst weggeht. Man verabreicht mir lediglich ein schmerzlinderndes und fiebersenkendes Mittel. Ich soll in drei Tagen noch einmal vorsprechen.

Die Wartezeit bis zur erneuten Untersuchung wird verkürzt durch einen Kurzausflug zu „Devil's Postpile", eine Basaltformation, diese ist aber wegen des Schnees noch nicht erreichbar. In Bishop hat ein rühriger Sportausrüster die Filme des berühmten Banff-Bergfilmfestivals beigeschafft. Diese sehe ich mir in der Aula der High School an und treffe einen Bekannten aus dem Café, mit dem ich dort zusammen Schach gespielt habe. In der Pause kommt es zu einem Gespräch. Er ist Gewässerkundler (Limnologe) der Universität von Kalifornien und hat seine Doktorarbeit über den Mono Lake geschrieben. Er lädt mich zu sich nach Hause ein. Ich darf bis Ostern dort bleiben. Der Hund Woodie akzeptiert mich. Später kommt seine Frau Irene dazu, wir vertragen uns gut.

Bob Jellisons Bibliothek ist gut sortiert, beim Stöbern habe ich ein Buch gefunden, das mir hilft, ein Mosaik aus zeitlich verstreuten Eindrücken und Informationen zusammen zu setzen:

– auf dem Weg zum Kern Valley hatte ich neben der Straße einen offenen Wasserkanal gesehen

– auf dem Rückweg vom Sequoia NP war ich auf dem Weg zur Küste durch Täler gefahren, die vor üppig wachsendem Obst nur so strotzten.

– bei der „Nordumfahrung" der Sierra Nevada habe ich die Naturwunder am Mono Lake bewundert, Tuffsteingebilde, die aus der Wasseroberfläche herausragen.

Das Buch „Cadillac Desert" (etwa: Autowüste; Cadillac ist eine Automarke gehobener Klasse) von Marc Reisner klärt auf: Die Städte im Westen sind Wüstenstädte, Reisner nennt darunter auch Los Angeles (L. A.). Das Owens Valley, das Tal also, in dem auch Bishop liegt, ist sehr wasserreich, eine Ausnahme, da das Tal im Regenschatten zwischen Sierra und White Mountains ist.

L. A. hatte um die Jahrhundertwende 100 000 Einwohner und die eigenen Wasservorräte waren restlos ausgebeutet. Trotzdem gaukelte man Auswärtigen vor, dass hier das Paradies sei (und nicht etwa: Sand). Man beschloss, weiteres Nass durch eine Wasserleitung vom ca. 300 km entfernten Osthang der Sierra Nevada herbei zu schaffen. Hauptbefürworter waren L. A.'s Bürgermeister Eaton und der Chef der Wasserbehörde, William Mulholland. Vor dem Bau des Aquädukts kauften eingeweihte Geschäftsleute und Strohmänner riesige Ländereien (und damit die Wasserrechte) auf. Erst als der Verleger der „L. A. Times" auch genügend Grundstücke hatte, wurde ein Artikel veröffentlicht: „Unsere Stadt bekommt einen neuen Fluss!" 1913 wurde das fast 400 km lange Bauwerk fertiggestellt, es funktioniert mit natürlichem Gefälle. Die Täler nördlich Los Angeles („meine" Obsttäler!) verbrauchen 85% des Wassers aus dem Owens Valley, das damit völlig nach Westen entwässert wurde.

Es kam zum Krieg; zwischen 1924 und 1927 sprengten Bauern mehrfach Teile des Aquädukts in die Luft, formal im Recht aber blieb L. A. Das Owenstal verwandelte sich in eine Steppe, damit woanders eine Wüste bewässert werden konnte.

Nachdem der Owens Lake ausgetrocknet war, - die bankrotten Bauern waren längst weggezogen - streckte die Filmstadt ihre Fühler nach dem weiter nördlich gelegenen Mono Lake aus, von 1941 an wurde das gesamte Wasser in den Kanal geleitet.

Durch entscheidendes Sinken des Wasserspiegels kamen dann die Naturwunder zum Vorschein, besagte Stalagmiten, die nur unter Wasser durch eine chemische Reaktion hatten entstehen können. Tourismus regte sich.

Die Umweltschützer gewannen an Stärke, als klar war, dass bei weiterer Wasserentnahme der See sterben würde. Damit würden auch die Kleinstlebewesen verenden, die als Nahrung für Hunderttausende von Zugvögeln dienten.

Die ca. 200 000 Touristen im Jahr verbreiteten die schlechte Nachricht. 1989 wurde die Wasserentnahme durch Gerichtsbeschluss verboten, 1994 der Kompromiss: Die Entnahme muss so gedrosselt werden, dass der Mono Lake um ca. sechs Meter steigt. Es scheint ein Umdenken stattzufinden, nicht mehr die Eroberung, sondern der Schutz der Natur gewinnt Oberhand im Denken.

Das war mein „Mosaik", und der „Hammer": Ich hatte das alles schon vorher gewusst, war es doch Gegenstand von Polanskis Film „Chinatown" mit Jack Nicholson in der Hauptrolle!

Am Ostermontag verlasse ich das gastliche Haus und breche in Richtung Death Valley auf. Bob, mein Gastgeber, hat mir noch ein paar Tipps mit auf den Weg gegeben.

Meine Baumsammlung erweitert sich immer noch: Meine höchsten Bäume sind die Redwoods, die ich mit Kuno zusammen auf dem Weg von Palo Alto zur Küste gesehen habe. In Oaxaca, Mexiko, habe ich den Baum mit dem größten Stammumfang gesehen, den holzreichsten Baum fand ich, nach General Sherman benannt, im Sequoia NP. Nun werde ich die ältesten Bäume der Welt besuchen. Auf dem Weg zum Death Valley NP liegt der NP mit den „Bristlecone Pines", die über 4000 Jahre alt werden. Sie sind nicht besonders eindrucksvoll, aber sehr trickreich: Um Energie zu sparen, werfen sie nur alle zwei Jahre Samen ab; auch werden in wasserarmen Zeiten manche Äste „stillgelegt", d. h.: sie sterben ab. Dadurch braucht der Gesamtbaum weniger Wasser!

In einer kleinen Ortschaft besuche ich ein kostenloses Dampfbad, bevor die Eureka-Sanddüne zur Mittagspause lädt. Ziemlich saharisch! Auf dem Gebiet des Death Valley NPs gelange ich zuerst an den Ubehebe-Krater, der fast so interessant ist wie seine Aussprache: Jubehibi. Ob es eine offizielle phonetische Version gibt, weiß ich nicht. Der Krater ist nach einem Einwanderer benannt und die Kinder und Enkel anderer Einwanderer sprechen den Namen in der Sprache aus, die manche „Englisch" nennen.

Im „Tal des Todes" ist kaum einer gestorben, die Wasserstellen sind nicht weiter als paarundzwanzig km von einem beliebigen Punkt des Tales entfernt. Scottie´s Castle, ein fantasievoller Bau, bei dem „gut gemeint" über „gut aussehend" triumphiert, bietet natürlich Anlass, allerlei Histörchen von Scotty zu erzählen;

Scotty, mit der Geisteshaltung von Eichendorffs „Taugenichts" und dem Genie eines Hajek'schen „Schwejk" fand „seinen" Millionär, der Scotties Spiel mitspielte und ihn großzügig mit seinem Mäzenatentum beglückte. Ob Scotty jemals das Metall Gold gefunden hat, wird nicht mehr festzustellen sein, er bediente und bedient hierzulande aber eine Klientel mit Stories, die hierzulande zuhauf anzutreffen sind, Geschichten von persönlichem Erfolg, egal ob wahr oder unwahr.

Ich besuche vor allem den „Zabriskie Point", einen von vielen Aussichtspunkten, den ich aber schon seit früher Kindheit besuchen möchte. Ich hatte 'mal verbotenerweise einen Hollywoodfilm gesehen, der so hieß und auch hier teilweise spielte. Außerdem war ich damals in die Schauspielerin verliebt. Liebe. Damals.

Am tiefsten Punkt, dem Badwater, ca. 86 Meter unter dem Meeresspiegel, muss jeder vorbei, der von Nord nach Süd fährt. Ich übernachte im winddurchtosten Tal, habe am nächsten Morgen eine Stunde mit dem eingedrungenen Sand zu tun, verlasse den NP, um in der Nähe der Geisterstadt Oatman, schon in Nevada, zu übernachten.

Im schönsten Sandsturm hänge ich meine Gitarre um Mitternacht an das erste Hinweisschild mit der Aufschrift „Route 66", Symbol für den Aufbruch nach Westen (die Filme „Thelma und Louise", „Easy Rider", Jack Kerouacs Buch „On the Road", John Steinbecks „Früchte des Zorns" und der Rock & Roll Song, in dem die gereimten Ortsnamen dem Sänger zu „kicks" verhelfen.). Re-

gen begleitet mich nach Las Vegas hinein. Ich fahre durch, mache auf dem Sunset Boulevard pflichtschuldigst ein Foto meiner Landsleute Siegfried und Roy, die mich wolkenkratzerhoch grüßen und fahre weiter in eine Mall, in der ich meine Ausrüstung ergänzen will.

Diese Mall (Einkaufszentrum mit Galerien und Cafes und Kinos... und...und...) ist eine besondere: Hier sind nur „factory outlets" (wörtlich: Fabrikausgänge). Dieser Begriff bedeutet nichts anderes, als dass hier Zwischenhändler umgangen werden, die Ware also preisgünstiger wird. Mir haben es besonders die Schuhgeschäfte angetan, in denen man zwei Paar Schuhe zum Preis von einem kaufen kann. Es ist mir nicht gelungen, ein Paar zu kaufen!

Das Fernziel ist der Zion NP. Auf dem Weg dorthin, aus der wirklichen Wüste und der Steinwüste von Las Vegas hinaus nach St. Peter (!) lässt sich Petrus für Peter etwas besonderes einfallen: Ich fahre exakt nach Osten, im Rückspiegel die Sonne, die plötzlich die letzten 20 Minuten des Tages ausleuchtet. Diese Beleuchtung sorgt dafür, dass ich nun unter den tollsten Lichteffekten in eine Schlucht einfahre, die gerade so breit zu sein scheint, dass die Straße hineinpasst! Ich bin so überrascht durch dieses unverhoffte optische Geschenk, dass ich erst grinse, dann den Kopf schüttele und schließlich anfange, zu singen, so wohl ist mir!

Zion NP (von den durchreisenden Mormonen auf der Suche nach ihrer noch zu gründenden Stadt so benannt) ist unsichtbar. Der Regen hat das Land wieder erobert. Ich hole mir Infos und fahre nach St. Peter zurück. Am nächsten Tag ist die Sicht besser, der Regen hat nachgelassen. Ich unternehme eine schöne, leicht ausgesetzte Wanderung auf „Angel's Landing" (= Landeplatz des Engels, manchmal klappt's mit der Namensgebung), eine Bergspitze, ca. 450 m über dem Talgrund. Es ist ein 2 ½ stündiger Weg; am Anfang bin ich noch unsicher, dann aber gewinne ich Trittsicherheit und Schwindelfreiheit. Der Sandstein ist gut, aber durch den Regen angeschwemmte Sandkörner mahnen zur Vorsicht, zumal die Platten oft schräg liegen. An schwierigeren Stellen hat man zur Sicherung durch aufgehängte Ketten gegriffen. Auch hier ist es bei mir wie am ersten Tag in den Alpen: Anfangs wollte ich nicht hochsteigen, da mir das zu kriminell aussah. Jetzt feiere ich mich mit Cola, Crackers und Erdnüssen!

Es lockt nun die Nordseite (North Rim) des Grand Canyon!

Hinter Fredonia ein Schild: „North Rim Grand Canyon. Zufahrt gesperrt. Geöffnet erst ab 15. Mai."

Ich bin fünf Wochen zu früh! Warten will ich nicht, fahre also weiter zum Bryce Canyon NP. Den Besuch der Nordkante des Grand Canyon werde ich im Herbst nachholen.

Plötzlich einsetzender Regen versetzt meiner Stimmung einen weiteren Dämpfer. Der Regen wandelt sich um in einen Schneeregen, die Sonne verschwindet, es gibt ein Gewitter, nicht von schlechten Eltern, das aber dann durch einen ausgewachsenen Schneesturm überlagert wird. Normal müsste man in dieser menschenleeren Gegend halten und den Sturm abwarten. Ich möchte aber nicht von einem Schneepflug untergebuttert werden und fahre mühsam (gute Reifen, gutes Auto!) bei fast Nullsicht bis zur nächsten Ortschaft. Ich melde mich an einer Tankstelle mit 24–Stunden-Betrieb an und schlafe erschöpft ein. Mein Schweizer Messer hat als Beigabe ein Thermometer, das am nächsten Morgen (alles ist überirdisch ruhig) -24°C anzeigt. Guter Schlafsack! Allerdings musste ich innen an den Scheiben ca. eine Stunde lang Eis abkratzen, das durch kondensierte Atemluft entstanden war.

Ein Gespräch mit dem Tankwart zeigt mir, dass ich insgesamt einen Monat zu früh bin für meinen „Großen Kreis" um den Grand Canyon. Dieser Rundkurs deckt nahezu alle NPs mit den Naturwundern im Südwesten der U. S. A. ab. All dies wird auf den Spätsommer verschoben, nach meiner Rückkehr aus Kanada.

Nun aber heißt die Devise: Süden! Grobrichtung ist San Antonio (genau das!) und dann New Orleans.

Um 11.15 Uhr habe ich am Lake Powell den beginnenden Grand Canyon gequert. Trotz meiner „Flucht" in wärmere Gefilde bewundere ich das Gebilde von Menschenhand, den Glen Canyon Damm, 177 Meter tief. Seine Errichtung hatte erstmals in den U. S. A. zu einer ausführlichen und leidenschaftlich geführten Debatte über Natur- und Landschaftsschutz geführt.

Ich bin immer noch ein bisschen - na ja, vielleicht erschüttert, hatte ich doch am frühen Morgen nach meinem Wegfahren von der Tankstelle noch ein „schönes" Erlebnis gehabt:

Ich wollte noch einem Wegweiser folgend, abseits der Hauptstraße eine Geisterstadt besuchen. Diese hatte die Kulisse für viele Hollywood-Western gegeben.

Die Straße führte stetig wie eine Rampe nach unten und verlief in Richtung Osten. Mit zunehmender Sonnenhöhe (ich musste Schritt fahren) wurde dieser Lehmweg immer glitschiger, da der gefrorene Boden auftaute. Ich brach die Talfahrt ab, hatte aber keinen Platz zu wenden und musste mit meinem langen Ungetüm 1500 m rückwärts bergauf fahren. Die grandiose Aussicht über die Schlucht hinweg, den Blick auf die Tafelberge (mesas), den verfluchte ich jetzt. Die Rampe war nämlich in die Wand der Schlucht „eingearbeitet" worden. Ich habe dann auch nicht mehr in das Tal geblickt, nur noch nach hinten und zur Wand. Am frühen Morgen war ich total durchgeschwitzt. Endlich verbreitert sich der Weg, ich will gar nicht wissen, ob der Schlamm bis zu den Achsen reicht oder nicht, ich leite das Drehmanöver ein. Der Wagen ist schon halb gewendet, als er auf einmal noch zur Talseite hin rutscht. Ich fange ihn ab, hänge noch einmal fest, kann ihn aber durch Schaukeln mit Motorkraft frei bekommen und fahre dann äußerst zügig bergauf, vorwärts, nur weg!

Selbstverständlich wäre es einfacher gegangen: den Dodge stehen lassen, zum nächsten Abschleppdienst gehen und warten. Nur waren es bis zur Straße ungefähr fünf Meilen, es gibt keine Notrufsäulen und die nächste Stadt war noch mal 20 km weg.

Ich habe nie wieder in den USA das Bedürfnis gehabt, eine verlassene Stadt zu besuchen.

Ich versuche nördlich Flagstaff einen Holzschnitzer zu finden. Im Navajo-Reservat gibt man mir nach langem Reden eine Adresse, die für mich nutzlos ist. Wie soll ich als Durchreisender über Postfach mit einem Kunsthandwerker Termine abstimmen. In Flagstaff ist noch ein halber Meter Schnee vorhanden. Die Leute sehnen den Frühling herbei, genau wie ich. Die Devise heißt: Süden, Süden!

Auf der Autobahn setzt der Motor aus. Große Aufregung, Warnblinklicht gesetzt, vorsorglich Öl nachgefüllt, man weiß ja nie. Hilfe ist nur von einer Polizeistreife zu erwarten. Es wird vom „Triple A" dringend empfohlen, auf dem Highway weder Hilfe zu leisten noch Hilfe entgegen zu nehmen, es sei denn, von der Polizei. Zu viel ist schon (auf beiden Seiten) passiert! Sturm. Ich warte. Aus Langeweile starte ich noch einmal den

Wagen. Er springt an. Ich fahre wieder, aber die Sache ist mir nicht geheuer, zwei Abfahrten weiter übernachte ich an einer (noch) geschlossenen Tankstelle.

Morgens springt der Motor wieder an, hat aber noch Momente, in denen er stottert. Aufklärung: Im Benzin seien kleine Wassereinschlüsse, die manchmal gefroren den Vergaser blockierten. Ich gebe „Defroster" ins Benzin und damit hat sich's!

Süden, Süden, Süden! Endlich: 20° C PLUS!

Ozona ist die größte Kleinstadt der Welt. Auf diese Art hat man dem nordamerikanischen Hang zum Superlativ Genüge getan. Solchermassen auf einem riesigen Plakat belehrt, halte ich hier, um zu frühstücken. Ein Denkmal hält mich etwas auf. Es ist zu Ehren David Crocketts errichtet worden, einem der Helden von Alamo.

San Antonio hat diesmal sein strahlendstes Gewand angelegt, nicht so wie bei meinem Autokauf. Am Fluss, der mitten durch die Stadt läuft, sind Geschäftszeilen und Cafes gerade recht, um zu verweilen. Doch mich zieht es zum Alamo, dem geschichtsträchtigen Gebäude. Von einem Film her war mir in Erinnerung geblieben: John Wayne, böse Mexikaner, schlimmes Geballere, alle tot.

Ich erwarte Heldenverehrung und Gewaltverherrlichung und werde nicht nur darin enttäuscht, sondern gehe hinterher sehr nachdenklich aus diesem Museum[6].

New Orleans lockt! Doch was ist das? Ein Schild, das auf das Hotel „Faust" hinweist! Nichts wie hin! Hinein nach New Braunfels, es wird mir richtig heimelig zumute. Im Hotel ist man auf Neugierige eingestellt. Vervielfältigt und geheftet erhalte ich mit freundlichem Lächeln die Unterlagen.

Der Hotelbesitzer hieß Walter Faust, sein Opa, Martin Faust, kam 1851 nach Texas. Das steht aber schon nicht mehr in den Unterlagen des Hotels, das kann man im Stadtarchiv der 1845 vom Grafen zu Solms-Braunfels gegründeten Stadt erfahren.

Man ist sehr erfreut, dass hier ein echter Deutscher etwas in Erfahrung bringen möchte. Ein älterer Herr zeigt mir Mikrofilmausschnitte und kopiert sie für mich, dieweil ein Ehepaar, Jutta und Alwin, nach weiteren Zeitungsausschnitten für mich suchen. Die Wartezeit verkürze ich mit Übersetzungen alter deutscher Schriftstücke. Leider kann ich nicht in Erfahrung bringen, woher aus Deutschland Martin Faust gekommen ist. Die Auswanderungspapiere sind während des II. WK in Bremerhaven verbrannt, die Gegenstücke im Einwanderungshafen von Galvestone, Texas, sind zehnbändig erfasst, aber Martin Faust entgeht mir. Immerhin kann ich einiges vom Geist der Auswandererenkel und Urenkel mitbekommen, von der rührenden Anhänglichkeit an das „Alte" und die Heimat der Vorväter. Deutsche Spuren auch sonst noch in New Braunfels: ein Bierfest einmal im Jahr („Wurstfest") in einem extra für dieses Ereignis erbauten Gebäude und ein Park mit Wasservergnügungen, der ausnahmsweise nicht „aquapark" oder ähnlich heißt, sondern „Slidderbahn".

Ich tausche mit Alwin und Jutta Adressen aus; sie werden bestimmt einmal nach Braunfels, Germany, kommen!

In Columbus, auf der Weiterfahrt, zeigte der Tageszähler 149.2 an. Das passt! Die Nacht verbringe ich in Bay City auf einem riesigen Parkplatz, auf dem ich mir gegen Mitternacht sehr allein vorkomme. In der Ferne das erleuchtete Glashaus eines Parkwächters oder so ähnlich. In der Nacht legt ein Gewitter los, wie alles in Texas eine Nummer größer. Es scheint sich genau über mir festgesetzt zu haben. Ich schlafe unruhig weiter, im Hinterkopf rumoren aber all die Warnschilder herum, die ich tagsüber gelesen hatte, Schilder, die die Straßen als Fluchtrouten vor Hurrikans auswiesen.

Um 05.00 Uhr früh wache ich endgültig auf, weil es totenstill ist. Der Regen hat aufgehört, das Pförtnerhaus ist verlassen. Ich habe das beklommene Gefühl, der einzige Mensch auf der Welt zu sein, von Rettungsmannschaften vergessen.

Als dann schließlich unverdrossen eine Kehrmaschine um die Ecke biegt, bin ich erleichtert.

Die Schilder „Evacuation Route" mit dem Wirbelsturm-Symbol bleiben mir noch eine zeitlang erhalten, einige Straßen sind wegen schwerer Überschwemmungen gesperrt; ich muss meilenweit auf einem Damm fahren, links und rechts recht nahe dem Wasser, aber es ist schon das Wasser des Golfs von Mexiko, das sich mit dem Überschwemmungswasser mischt. Bald darauf bin ich im Staate Louisiana. Die Straßen werden freier, sodass man die Kadaver von überfahrenen Gürteltieren (armadillos) besser sehen kann.

Eine abwechslungsreiche Landschaft: Feriensiedlungen (es gibt hier im Süden, noch in Texas, zwei riesige Naturschutzgebiete), Öl-fördertürme, auch draußen im Golf (offshore), Viehweiden, Farm-häuser; ich sehe Fischer, Handwerker, Touristen und sogar zwei Wanderer in diesem riesigen Sumpfland (swamp). So werde ich auf das Mündungsdelta des mächtigen Mississippi eingestimmt.

In der Stadt Lafayette, der Name erinnert an die kurze französi-sche Herrschaft über Louisiana (vorher von Spanien erobert, nach-her kaufte die junge U. S. A. das Land von Napoleon), klärt man mich im Acadian Cultural Center über die Cajuns auf.

Die „Cajun People" sind die Nachfahren französischer Siedler, die aus dem (jetzt kanadischen) Nova Scotia vertrieben und zwangs-umgesiedelt wurden. Die Einwanderer nannten im heutigen Kanada ihr zu besiedelndes Land „Acadia", eine Art Utopia. Nach langer Irrfahrt - viele Staaten der noch jungen USA verweigerten die Auf-nahme der Flüchtlinge - fasste man hier im Großraum der Missis-sippi-Mündung, im Hinterland von New Orleans, Fuß. Aus „Acadi-an" wurde im Sprachgebrauch „Cadian", das schließlich zu „Cajun" abgeschliffen wurde. Ihre Bräuche bewahrend, wurden dennoch die Cajuns lange unterdrückt. Das hat sich geändert: Französisch darf wieder gesprochen werden, wird sogar öffentlich gelehrt, die Musik der „Cajun", folkloristisch beeinflusst, mit Geige und der Ziehhar-monika der deutschen Einwanderer und „Zydeco", die mehr jazzige Abart, werden in den ganzen USA gern gehört. Ebenso haben sich die Trendsetter der U. S. A.-Oberschicht der Louisianischen Küche bemächtigt und landesweit deren Vorzüge gepriesen.

Zu Louisiana gehören noch weitere Begriffe: Plantations sind die Pflanzungen (Baumwolle oder Zuckerrohr), denen der Reich-tum des Landes in der Anfangszeit zuzuschreiben ist; Plantation

Halls sind die prunkvollen Villen der Pflanzungsbesitzer, meist im „Antebellum style", dem klassizistischen Stil vor dem Krieg; mit Krieg ist immer der Bürgerkrieg gemeint (1861-1864); Bayou schließlich ist das Gewirr von Flüssen, Flüsschen, Kanälen und Inseln.

Bei Führungen durch die prunkvollen „Plantation Halls" wird man allerdings vergeblich auf Worte wie „negroe" (Neger) oder das politisch korrekte „African American" warten, schon gar nicht wird „slavery" (Sklaverei) in den Mund genommen. Ich habe eine Führung genossen, genossen so wie ein Kind ein Buch liest, das nicht lesen kann: Es war mir nicht möglich, diesen weichen Südstaatendialekt zu „greifen", zu verstehen. Ich wusste, die Dame spricht amerikanisch, verstand - oder glaubte zu verstehen - ein paar Worte, aber es dauerte zu lang', der Sinn erschloss sich mir nicht. Jedoch der „Ton" war universell nordamerikanisch: ‚Ja, wir haben dies und das erhalten, unser Kurator, der kennt sich in Geschichte aus, ja, das Kaffeeservice ist über 100 Jahre alt....und überhaupt ist bei uns wie im übrigen Land alles bestens...etc.´

Ob solcher Vollkommenheit wagt keiner die Frage zu stellen, wo denn die Negersklaven gewohnt hätten; man ist geneigt, den Reichtum, der überall überdeutlich sichtbar gemacht wird, als von Gott gegeben hinzunehmen.

Den kulturellen Höhepunkt dieser Besichtigung setzt aber ein Deutscher, der im besten Pseudoenglisch in das Gästebuch schreibt: "What for a wonderful house!" Dem ist nichts hinzuzufügen.

Endlich New Orleans! Ein erster Rundgang durch das French Quarter, das Geburtsviertel des Jazz. Jazz und Blues, aus der Begegnung der Melodik der afrikanischen Sklaven und der Musik der europäischen Einwanderer entstanden, ist hier natürlich überall zu hören. Auf den Straßen, in den Restaurants und in den Kneipen, mehr oder weniger gut, für meine Begriffe allzu glatt, kommerziell. Ein alter Schaufelraddampfer auf dem Mississippi erinnert an die Vergangenheit.

Ich setze mich bald ab vom Rummel, obwohl: in so einem Haus mit so einem wunderschönen schmiedeeisernen Balkon zu wohnen, wäre keine schlechte Sache, immer Kollegen in der Nähe?

Ich möchte das Geschäftsviertel, den „Business District", mit seiner Backsteinarchitektur besichtigen. Ein Haus erregt meine Aufmerksamkeit. Im Faltblatt steht: „Turner's House", 1848 von der „German Turngemeinde Society" gebaut. Sollte das etwa...? Der Leichtathlet und Turner wird in mir wach. Dem Informationsblättchen ist nur zu entlocken, dass es für Versammlungen und dann als Lagerhaus genutzt wurde. Nichts wie hin. Die Ausmaße einer Turnhalle hat das Gebäude. Auf der rückwärtigen Längsseite sind die alten Fenster aufgemalt. Von vorn ist alles „echt", das heißt die Fenster sind erhalten und die Proportionen sind mir merkwürdig vertraut. Ich gehe durch die Glastür, eingeätzt: „Turner's House", der Schreibweise nach also das Haus eines Herrn Turner. Der Vorraum ist niedrig, mit falschen dicken Säulen bestückt. Das war wohl nichts. Hinaus.

??? : Die Fassade symmetrisch, der Mittelgiebel wird von einem Sandsteinbogen eingefasst, auf dem eine Steinkugel sitzt. Wieder hinein! Ein Schild sagt mir, dass die Anmeldung im 3. Stock sei. In den Fahrstuhl, zum Empfang.

Gerade als ich am Tresen die Empfangsdame fragen will, ob sie mir Näheres über die Geschichte des Hauses mitteilen kann, blicke ich nach oben und... sehe den Dachstuhl aus schwerem Holz, darunter Zugstangen aus Eisen, die die Außenwände zusammenhalten, und in dem, was sich jetzt als Raum der guten alten Turnhallenart entpuppt, ein modernes Gebäude! Jetzt kann ich erklären! Die Sekretärin holt eine Fotokopie aus einer Architekturzeitschrift, aus der hervorgeht, dass der Architekt wohl wusste, dass dies ein historischer Bau war, aber nichts von der ursprünglichen Funktion kannte. Immerhin hatte er soviel Respekt gehabt, die innere Struktur des Gebäudes nicht zu verändern. So hat er einfach ein Haus ins Haus, auf den Boden der alten Turnhalle, gesetzt, indem nun drei oder vier Anwaltskanzleien untergebracht sind. Die Mitarbeiter kommen alle neugierig dazu, Kaffe wird gebracht. Ich stelle ein Wörterbuch Turnerdeutsch > Englisch zusammen und kläre über die Hintergründe der damals in Deutschland noch politisch geprägten

Turnerei auf. Alle sind stolz darauf, in solch einem Haus zu arbeiten! Eine Rechtsanwältin führt mich durch das Haus: Eine Ziegelkonstruktion mit Dachstuhl aus Holz, später sind horizontale Eisenstangen unter der Dachtraufe zur Druckentlastung der Außenmauern eingebaut worden. Das Treppenhaus von 1848 (eine andere Quelle nennt das Baujahr 1868) mit einer prächtigen Wendeltreppe ist ebenso erhalten, wie das Vorstandszimmer mit repräsentativem Kamin!

Damit kein Motorenhaus die Dachsilhouette stört, hat der Architekt für den Fahrstuhl einen hydraulischen Antrieb verwendet!

Soweit ich weiß, steht somit die älteste noch erhaltene deutsche Turnhalle in New Orleans! Ich runde den Besuch ab durch einen Fototermin vom Dach des gegenüberliegenden Gebäudes, alles eingefädelt von der freundlichen Empfangsdame. Ich schicke ihr dann auch ein paar Fotos zum Dank für ihre Mühen.

Als gründlicher Deutscher will ich im Bauamt von New Orleans noch einmal nachhaken, da geht aber alles drunter und drüber, da zur Zeit Gorbatschow auf Besuch weilt. Ist auch gut so, man soll ja nicht übertreiben.

Ruhephasen nach anstrengenden Spaziergängen werden mit Routine gefüllt: Fotos auswerten, nach dem Auto schauen (Wasser, Öl), Ansichtskarten und Briefe sowie E-Mails schreiben, Wäsche waschen, das Tagebuch führen und immer mal: Gitarre spielen, Liedbearbeitungen schreiben und komponieren.

Eines Mittags, ich stehe mit dem Wagen schattig in einem Vorort, traue ich meinen Ohren nicht. Ich vermeine Kenneth Spencer zu hören, der „Ol' Man River", das Lied über den Mississippi, singt. Nun ist der Sänger schon verstorben und die scheinbare Radiomusik kommt immer näher. Ich blicke auf und sehe einen schwarzen Postboten, der wunderschön seinen Bariton zur Geltung kommen lässt. Die Wirklichkeit als Klischee!

Wieder einmal habe ich in meiner „Stammkneipe"[7] (wenn ich länger an einem Ort bleibe, suche ich mir immer einen festen Ort aus) Blaubeerpfannkuchen gegessen und mache mich auf zum Baratraria Preserve. Ein Naturschutzgebiet südlich von New Orleans, schon im Delta des Mississippi, eine Mischung zwischen Wasser und Land. Ich bestaune die Bayous, untergehende Wälder, schwimmendes Land, Baumfrösche, Salamander und Schmetterlinge, bis ich müde bin. Auf einer Bank sitzend genieße ich den Anblick der Bäume, deren Kennzeichen das „irische Moos" ist. Es ist kein Moos, das ist auch egal. Interessant ist, dass wir es sicher alle schon einmal zu Hause bei den Großeltern gefühlt haben, war es doch bis zum Vordringen der Kunststoffe nach dem II. WK weltweit bevorzugte Füllmasse für Sitzgelegenheiten.

Eine weitere Tour erweitert meine Palette der „Plantation Houses". Schön sind sie alle, mit ihren Eichenalleen, die auf das säulenverzierte Haus zuführen. Allerdings ist der Blick durch die Alleen auf den Fluss durchweg durch Deiche versperrt, den sogenannten „levees".

Heute bleibe ich in der „Destrehan" Plantation, 1787 erbaut, und genieße ein Konzert unter den moosverzierten riesigen Bäumen.Es wird Musik geboten, die irgendwie mit der Oper zu tun hat. Auch ein Kriterium. Der junge Dirigent kündigt alsbald ein Lied an, dessen Verbindung zur Oper darin besteht, dass „keine Verbindung zur Oper vorhanden ist". Gelächter und Beifall. Das Lied heißt „Funiculi-Funicula"; in der Pause stelle ich mich ihm vor (ja, er hat auch deutsche Vorfahren) und sage, dass dieses Lied zur Einweihung der Seilbahn auf dem Vesuv erstmals gesungen wurde. Er freut sich, kann er doch seine verwegene Conférence noch schöner machen!

Einen Besuch mache ich noch in New Orleans: Es gibt ein „Deutsches Haus", leicht heruntergekommen, aber noch benutzt. Ich falle nicht weiter auf, wird doch gerade ein Kinderkonzert gegeben mit deutschen Volksliedern, gesungen von den Kindern und Enkeln ehemaliger Einwanderer. Erstaunlich, wie präzis gesungen wird und wie genau die Aussprache einstudiert wurde, denn sicherlich beherrschen die Jungen und Mädchen die deutsche Sprache nicht! Im Nachbarraum wird deutsch gelernt; eine Büchersammlung mit deutschsprachigen Büchern ist auch da.

Aufgeschnappt:

a) Ein Autoschild aus dem Bundesstaat Virginia: „VIRGINIA-RU-IMI", gesprochen: „Virginia - Are You - I am One" (= Jungfrau - Bist Du(?) - Ich bin Eine (!))

b) Amerikanischer Humor auf dem Postamt: Sonderbriefmarken zum Bürgerkrieg mit der Aufschrift: „Once divided, now perforated", „einst geteilt, nun perforiert" (!)

Es geht nun, nach zehn Tagen in und um New Orleans, dem Mississippi folgend, weiter nach Norden. In Natchez übernachte ich vor der Post. Ich versuche immer auf öffentlichen, gut ausgeleuchteten Plätzen zu übernachten und nach Möglichkeit die örtliche Polizei davon zu unterrichten, dabei diese zu bitten, die „night-shift" (Kollegen, die nachts Streife fahren) zu informieren.

Hier läuft es nicht so. Ich will gerade „absacken", als an meine Scheibe gepocht wird: Polizei. Mit langsamen Bewegungen, meine Hände gut sichtbar, kurbele ich die Scheibe herunter. „Was machen Sie hier?" „Ich möchte hier übernachten, wenn es erlaubt ist." „Es ist erlaubt, hier zu schlafen, nur hätten wir ganz gerne, dass Sie auch wieder aufwachen!" Er erklärt mir, dass die Gegend hier doch nicht so sicher sei, wie ich gedacht hätte, und fährt vor mir her, bis er mich, sicher auf Supermarktgelände, entlässt. Eine gelungene Mischung aus schwarzem Humor und Hilfsbereitschaft!

Mehr als 500 historische Gebäude sind in Natchez erhalten, die deshalb, weil das Städtchen am Mississippi während des Bürgerkriegs (1861-1865) keine strategische Bedeutung hatte. Eine Fotoausstellung informiert über das Leben auf dem Fluss, wunderschöne Fotos. Ich bin jetzt schon etwas schlauer (das hat lange gedauert!), fotografiere einige historische Fotos so, dass mein eigener Blitz nicht auf dem Bild zu sehen ist.

Der Natchez Trace Parkway folgt einer alten Handelsroute, ein alter Verbindungsweg der Natchez-Indianer und später Heimweg der Händler, die ihre Ware auf dem Mississippi begleiteten und dann so nach Hause gelangten. Eine besondere Art der Fortbewegung sei hier geschildert: Beim „Tie and walk" starteten zwei Leute, der eine auf einem Esel, der andere lief zu Fuß. Wenn die Mittagssonne am höchsten stand, band der erste Mann den Esel fest und lief zu Fuß weiter. Der Esel ruhte sich aus, bis der nachfolgende Mann ihn losband und weiterritt. Abends traf man sich.

„Parkways" sind eine typisch amerikanische Erfindung: Es sind Highways, die kaum Abfahrten haben, die nicht durch Städte führen und an denen auch keine Industrieansiedlungen und Werbeschilder erlaubt sind. Das erhöht, wie man so schön sagt, den Freizeitwert.

Ein Hinweis führt mich zu einer „mound"[8], einer Stumpfpyramide aus Erde, von den Natchez-Indianern gebaut.

Vicksburg ist eine „battlefield"- Stadt. Schlachtfelder interessieren mich heute nicht, dafür aber ein Institut, dessen Name ebenso lang wie schlecht auszusprechen ist (U. S. Army Corps of Engineers Waterways Experiment Station). Prompt verhaspele ich mich auch im Pförtnerhaus. Wie so oft, langt mein Gestottere schon. Der freundliche Schwarze sagt deutsch: „Alles klar!" (Kaiserslautern) und weist mich ein. Nachmittags dann die Besichtigung.

Es ist ein staatliches Institut, dass sich um alles kümmert, was mit Wasser zusammenhängt. Das Motto der Station lautet zweisprachig: „Essayons – Let Us Try" (= Lasst uns versuchen). In riesigen Hallen werden Gezeitenbewegungen simuliert, es gibt ein Modell der Niagarafälle, von niedlichen Pumpen zum Leben erweckt, es wird auch über Küstenbefestigungen informiert, auf dem Freigelände - es ist so riesig, dass wir sechs Leutchen im Van chauffiert werden - gibt es eine Ausstellung von Spezialfahrzeugen für Sümpfe und Schnee u.s.w...

Die Sensation hängt aber am Fahnenmast: Die Fahne der Südstaaten, deren Aushang sicherlich verboten ist!? Eine diesbezügliche Frage eines Mitbesuchers wird ausweichend und lächelnd (nicht) beantwortet.

Der nächste Halt ist in Meridian, eine Kleinstadt mit, wie so oft, ausgeblutetem Ortskern. Die erste Generation der Malls zerfällt, vor der Stadt entstehen neue, prachtvollere Einkaufszentren. Ich möchte hier ein „Museum für Elektronische Musik", so steht es im Autoatlas von Rand-McNally, besuchen.

Das entpuppt sich - nach viel Fragerei, viel freundlicher Hilfe und viel Suche (Ein Briefträger weiß nichts und hält einen Mann an, der sich auskennt und in fließendem Deutsch weiterhilft!) - als Firmenmuseum der Firma „Peavey", die anfangs Gitarrenverstärker baute, dann in der Versenkung verschwand, mittlerweile aber Kult ist. Die Geschichte der Firma ist die typisch amerikanische: Junge bastelt schon auf der High School, baut in der Garage seine ersten Geräte, vergrößert sich, entdeckt Marktlücken, wird durch keinerlei Bürokratie gebremst und.. und...und. Zum 25jährigen Firmenjubiläum sprach Expräsident Bush.

Müde gehe ich abends bei Selma, Alabama, zur Ruhe.

Auf der Suche nach einem Frühstücksrestaurant durch die „Altstadt" gegangen, an einer Brücke vorbei, weitergelaufen, gestoppt. Da war doch etwas?, zur Brücke (keine Schönheit) zurück. Irgendetwas regt sich im Gedächtnis: nichts. Ein Hinweisschild klärt das komische Gefühl: Die Bilder von dieser Brücke (Pettus Bridge) gingen um die ganze Welt. Hier wurde 1965 der von Dr. Martin Luther King initiierte Marsch („Voting Rights March") auf die Hauptstadt Birmingham durch die Nationalgarde gestoppt. Ziel des Marsches war lediglich, die schon 100 Jahre zuvor gefassten Grundrechte der schwarzen Bevölkerung auch in den ehemaligen Südstaaten durchzusetzen. Der Marsch wurde verhindert, drei Tage später aber gestattet. Dies war der Auftakt einer Reihe von Aktionen, mit denen die Neger auf ihre Unterdrückung aufmerksam machten.

Nachmittags, ich bin hängen geblieben, nehme ich als Zuschauer an einem „re-enactment" teil. Bei diesem Ereignis werden Szenen aus dem Bürgerkrieg nachgespielt. Warum, weiß ich nicht. Die nur aus Weißen bestehenden Zuschauer (angelockt durch: „Sie werden das raue Leben der Soldaten im Bürgerkrieg kennen lernen") beklatschen und bejubeln das Schauspiel, selbstverständlich mit viel Geballere bei der „Schlacht von Selma". Man stelle sich vor, dass bei uns Szenen vom Todesstreifen oder von der Mauer nachgespielt würden!

In Huntsville hat Wernher von Braun gearbeitet. Hier wurde der Begriff „Space Camp" geprägt. In diesem Camp wurden die Astronauten in riesigen Wassertanks, die Schwerelosigkeit vermitteln, auf ihre Aufgaben im Weltraum vorbereitet. Heute werden hier auf dem Militärgelände, das aber zu besichtigen ist, Teile der neuen Internationalen Raumstation (ISS = International Space Station) zusammengebaut. Nordamerikaner und Europäer einschließlich der Russen wollen in 37 Fahrten Einzelteile (Module) hochbringen und zusammenbauen. Ich schaue mir noch die Raketen im Außengelände an, innen wird Mondgestein bestaunt. Im Museum ist die Doktorarbeit von Wernher von Braun ausgestellt, ein Modell seiner Vierstufenrakete ist von einem Verehrer angefertigt worden, die Rakete selbst wurde nie gebaut. Die Brücke zur Vergangenheit schlägt ein Metallteil, der letzte Rest einer „V2", die in White Sands als letzte abgefeuert wurde.

Zum Abschluss bringe ich es fertig, in einem Computer-Simulationsprogramm zweimal die Mondfähre zum Absturz zu bringen.

Ich muss hier eine Gelbfieberimpfung vornehmen lassen. Das geschieht, hält zehn Jahre; eine Choleraimpfung wird erneuert, soll aber noch mal durch einen „Booster" in sechs Monaten aufgefrischt werden.

Den Regen nutze ich, um in der Bücherei weiter nach Liedern von Indianern zu suchen. Fehlanzeige. Dafür finde ich einen Liedband von J. J. Niles, einem Nestor der nordamerikanischen Folksong-Szene, der in den Appalachian Mountains die alten Lieder der Einwanderer gesammelt und neu verbreitet hat.

Durch Tennessee durch, nach Memphis. Vor Memphis: Germantown, aber es sind weder Spuren von Germans noch eine Town zu finden. In Memphis begrüßt mich eine riesige Pyramide, zu Ehren der Leute gebaut, die der Stadt ihren Namen gaben. Alles klar? Darin ist eine Ausstellung, in der Besteck und dergleichen von der

„Titanic" gezeigt wird, für $15 Eintritt. Ich verzichte.

Mich interessiert das erste Tonstudio, in dem der Lastwagenfahrer Presley sang. Gefunden, eine Klitsche, aber der Ort inspiriert natürlich: Wer wäre nicht Freitagabend nach ein paar Bierchen, von Freunden animiert, in einen Aufnahmeraum gegangen und hätte ein Liedchen geträllert, vor allem, wenn man gewusst hätte, was sich daraus entwickeln könnte?

In der Beale Street verbringe ich Stunden, um „vintage"- Gitarren zu spielen. Die gebrauchten Gitarren weltberühmter Hersteller sind unerschwinglich für einen Normalsterblichen, sodass mir dies eine besondere Freude ist.

In Memphis, der Stadt, in der auch B. B. King geboren ist, gibt es aber auch eine düstere Gedenkstätte: Das Motel, in dem Dr. Martin Luther King 1968 erschossen wurde.

Es ist jetzt das „Civil Rights Museum", das Museum für Bürgerrechte. In eindringlichen Beispielen, mit Bild- und Tonbeispielen, aber auch Nachbauten von realen Objekten wird die Geschichte der Bürgerrechtsbewegung in den USA geschildert. Besonders eindrucksvoll ist für mich ein echter Straßenbahnwaggon, indem man als Passagier ein Schlüsselereignis miterleben kann: Eine Negerin setzte sich auf einen Sitzplatz, der nur Weißen vorbehalten war und wurde dreimal aufgefordert, den Sitzplatz zu räumen. Sie weigert sich und wird verhaftet. Die Tat findet Nachahmer und führt u. a. auch zu den sogenannten „Sit-ins", bei denen Schwarze in Restaurants, die nur für Weiße offen waren, Sitzplätze besetzten und sich sogar in Schichten darin ablösten!

Auch die Kundgebung vor dem Capitol in Washington kann man als Film miterleben. Dr. Martin Luther King spricht dort die berühmt gewordenen Worte: „Ich habe einen Traum, dass eines Tages die Söhne früherer Sklaven mit den Söhnen früherer Sklavenbesitzer in den roten Bergen von Georgia am Tisch der Brüderlichkeit zusammensitzen."

Tennessee wird zügig durcheilt. In Nashville halte ich kurz, um einfach einmal an den Eingangstüren der Unmenge von Tonstudios vorbeizugehen. Doppelt so lang dauert die Suche nach meinem Auto, da ich nicht frage, was die Sache vereinfacht hätte, sondern mich auf meinen Ortssinn (?) verlasse! Weiter nach Osten. Die Appalachian Mountains, ein mehr als 2000 km langes Mittelgebirge, grüßen. Der Teil, den ich nun befahre, heißt „Smoky Mountains". Der zugkräftige Name lockt viele Leute an, eine entsprechende Infrastruktur ist ebenfalls gut entwickelt. Warum ein paar km weiter nördlich im selben Gebirge statt Tausende von Leuten null Leute sind, ist mir ein Rätsel.

Ich erfahre aus der Zeitung, dass das Unwetter in Louisiana (das mit dem Verlassensein auf dem Parkplatz) ein echter schlimmer Tornado war, ein „twister"! Ich war aber nur am Rande des Geschehens gewesen.

Am selben Abend entdecke ich auf der Straßenkarte nahe der Stadt Ashemore (Thomas Wolfe und O'Henry sind hier begraben) eine Stadt namens „Faust". Die wollte ich besuchen. Mir schwebte vor, vom dortigen Postamt aus Ansichtskarten mit einem schönen Stempel abzuschicken.

Voller freudiger Erwartung fahre ich ab. In der Karte war die Stadt als eine „Gemeinde unter 2000 Einwohnern", 40 km nördlich Ashemore, eingezeichnet. Die Sonne steht schon hoch am Himmel, als ich die Stadt immer noch nicht gefunden habe! Ich zweifle an meinem Verstand. Allerdings habe ich ja, meiner Linie treu, noch keinen der Einheimischen gefragt. Die nächsten drei Stunden bleibe ich im fraglichen Gebiet, frage Hinz und Kunz, Feuerwehrleute, Polizisten, Museumschefs: nichts. Jetzt zweifle ich am Verstand der Einheimischen. Es muss demzufolge feststehen, dass „Faust" seit Menschengedenken weder als Weiler, Flecken, Dorf, Kirchspiel oder Stadt existiert hat. Dennoch ist die Ortschaft in der 1997 offiziellen Karte von North Carolina eingetragen, im aktuellen Rand–McNally-Autoatlas sogar zweimal!

Ich gebe auf und genehmige mir ein koffeinhaltiges Limonadengetränk. Der Laden, in dem ich es kaufe, ist der in ländlichen Gegenden übliche, ein Konglomerat aus Tankstelle, Drogerie, Lebensmittelgeschäft und Schnellrestaurant. Mehr aus Routine lege ich noch einmal meinen Reisepass vor, deute auf meinen Familiennamen und frage, ob es hier so einen Ort gibt, der genauso heißt.

Die junge Frau, ein Baby auf dem Arm, fragt ihre Mutter, die ihrerseits ihre Mutter in einem Nebenraum weckt. Von den vier Generationen erfahre ich, dass es oberhalb von diesem Geschäft, auf dem Hügel, an dem ich schon ein Dutzend Male vorbeigefahren bin, ein Gebiet gibt, das die Alten „Faust" nannten. Die Ur-Oma spricht das Wort sogar deutsch aus! Mehr wisse man nicht, aber oben, gegenüber der neuen Kapelle, wohne der und der, der wisse mehr.

Ich brause hoch, nicht ohne gedankt zu haben. „Der" ist nicht da. Ich stecke eine Visitenkarte und US $ 5 in einen Briefumschlag und bitte den „Heimatforscher" mir wegen dieses Ortsnamens doch nach Deutschland zu schreiben.

Tatsächlich habe ich nach meiner Rückkehr (1 ½ Jahre später!) Antwort vorgefunden. Der Helfer schreibt, es sei tatsächlich der Begriff „Faust" für dieses Gebiet im Volksmund verankert. Allerdings gäbe es keinerlei Hinweise auf einen offiziellen Distrikt- oder Gemarkungsnamen! Auch hätte es nie einen hier Ansässigen gegeben, der sich Faust genannt hätte. Man wisse nicht, woher der Name komme! Ich bin hocherfreut über die Antwort, obwohl sie mehr Fragen offen lässt als beantwortet. Ich habe bei dieser Gelegenheit einen wunderschönen Tag in dem weniger erschlossenen Teil der Appalachian Berge verbracht und viele Gespräche geführt. Und ich - werde den Teufel tun und irgend jemandem in den USA verraten, dass mein Familienname ziemlich nutzlos auf Autokarten verzeichnet ist!

Durch Süd-Carolina gelange ich nach Charleston, einem wunderschönen Städtchen. Der erste Atlantikaufenthalt meines Lebens!

Diese Stadt ist zugleich mein südöstlichster Punkt auf der Reise. Von jetzt ab soll es möglichst an der Küste nach Norden bis Kanada gehen, von gelegentlichen Abstechern abgesehen.

Weithin unbekannt ist die Geschichte der „lost colony", der allerersten englischen Ansiedlung vor Plymouth und vor Jamestown. Sir Walter Raleigh veranlasste die Gründung, fuhr nach England zurück, hatte dort Wichtigeres zu tun und konnte erst nach drei (?) Jahren zurückkehren. Er fand nichts, aber auch gar nichts mehr von den Siedlern: Keine Nachricht, keinen Knochen, kein Gebäude, nichts! Jetzt hat man lediglich die Fundamente eines kleinen Forts ausheben können, der Rest ist Spekulation.

Eine tolle Story, die natürlich vermarktet wird in einem alljährlich stattfindenden Bühnenspiel[9].

Handfester ist die nächste Geschichte, die von den Gebrüdern Wright handelt. Etwas weiter nördlich der „lost colony" hatten sie ihr Flugversuchsgelände mit dem bekannten Ergebnis.

Die „rest area", der Rastplatz also, den ich heute Abend benutze, ist etwas besonderes: Hinter meinem Parkplatz ist noch eine Zufahrt, die zu einem anderen Parkplatz führt, zu einem „Parkplatz" für Schiffe! Diese benutzen den „Intercoastal Waterway", der hier einen Abzweig hat, auf dem Segelschiffe „geloggt" werden, also per Hand gezogen.

Ich gelange an die Chesapeake Bay. Ich möchte gern die Museumsstadt Williamsburg besichtigen, fahre auch dorthin; es stößt mich aber das Kommerzielle des (modernen) Empfangsgebäudes ab, außerdem ist mir das ganze historische Gedöns auf einmal zuviel. Ich kehre dem Disneyland für Hobbyhistoriker den Rücken, nicht ohne vorher herausgefunden zu haben, wie man ohne Eintritt in die Stadt gelangen kann.

Von Newport News an der Chesapeake Bay fahre ich zur Landzunge, auf der sich das östliche Virginia befindet, und bin auf einer genialen Konstruktion, der Chesapeake Bay Bridge-Tunnel[10], einer meilenlange Brücke, die auf einmal unter Wasser verschwindet, um dann wieder als Brücke aufs Land geführt zu werden.

Maryland und Delaware sind so klein, dass sie oft schon für Scherze herhalten mussten! Ich bleibe in Dover, Delaware.

Zum Geburtstag habe ich mir eine Konzertkarte geschenkt. Ich möchte eine Gruppe hören, die ich seit Jahren verehre: „Blood,

Sweat & Tears" mit dem Sänger David Clayton-Thomas. Man soll's nicht machen. David muss vor knapp 40 Zuschauern auf einer Notbühne auftreten, die Originaltruppe ist schon längst in alle Winde zerstreut, er hat überdies noch als „Anheizerin" eine Lady angeheuert, deren zweideutige Witze niemandem dienen! Der einst gefeierte „Grammy"- Preisträger ist dennoch sehr gut, zieht professionell seine weltberühmten Songs durch und gibt mir ein Autogramm, wobei er mir noch erzählt, er sei bei Gottschalk aufgetreten. Eine Ausstellung in Dover rückt einige Dinge über Edison zurecht. Sein Phonograph war ein Misserfolg, taugte nur fürs Diktieren, seine Schallplatten waren zu dick und sehr zerbrechlich. Der Erfolgreichere war Johnson, hierzulande durch sein Grammophon-Etikett mit „dem Hund" bekannt geworden: „His Master's Voice".

Am nettesten aber ist eine Ausstellung, die sich dem Staat Delaware widmet. Es wird der „Staats-Käfer" vorgestellt: „Der Staats-Käfer des Staates Delaware ist der Lady-Bug. Er wurde am 25. April adoptiert und ausgewählt nach intensiven Verhaltensstudien durch Kinder einer Grundschule".

Annapolis, Marinestützpunkt mit elitärer Kadettenschule, ist mir mit, na was? Genau! mit seinem „Historischen Zentrum" zu sauber, zu geleckt und das nervt mich.

Weiter nach Washington, D. C. Das D. C. heißt „District Columbia" und dient dazu, Washington (Stadt) von Washington (Bundesstaat im Nordwesten der U. S. A.) abzugrenzen. Mir gelingt eine Aufnahme meines Autos mit selbstentworfenem Nummernschild (Gitarre und Spitzname „Faustepit", von einem Paintbrush-Künstler gesprüht) am frühen Morgen vor dem Capitol, im absoluten Halteverbot.

Beeindruckend das Vietnam Memorial für die in Vietnam Gefallenen. Selbstverständlich nehme ich den wie versteinert sitzenden Abraham Lincoln auf, eines der wenigen Denkmäler, die nicht kitschig wirken. Mit Staunen nehme ich zur Kenntnis, warum er den Bürgerkrieg gegen die Südstaaten geführt hatte: Es ging nicht um die Abschaffung der Sklaverei! [11]

Meine Jagd nach alten Heften des „National Geographic" (N. G.) ist zu Ende. In der Hauptstadt hatte ich noch einmal direkt beim Verlag dieser wunderbaren Monatshefte nachgefragt, war aber geschockt über die Preise für diese längst nicht mehr aktuellen Drucke. Die Verkäuferin stimmt mir zu, gibt mir aber den Tipp, um die Ecke in eine Bücherei zu gehen, in der sicherlich viele meiner Wünsche nach alten N.G. erfüllt werden könnten. Tatsächlich warte ich im Shop der Bücherei nur fünf Minuten und gebe der Chefin

meinen Wunschzettel in die Hand. Nach weiteren zehn Minuten hat sie meine Wunschliste abgearbeitet, für einen Spottpreis erstehe ich die Hefte.

Nach drei Tagen will ich weiter, zu anstrengend ist das Klima. Man merkt, dass hier einmal ein Sumpf trockengelegt wurde.

Früh am Morgen gehe ich zum „Walmart" des idyllischen Städtchens Culpepper. Man hat nichts zu tun, ich darf hinter die Barriere und erzähle dem freundlichen Mann am „processing computer" meine Sonderwünsche.

Natürlich! Kein Problem! Vielleicht eine Ausschnittvergrößerung? Klar! Machen wir! Bitte sehr! Alles klar! Ich versuche, mir eine solche Szene in Deutschland vorzustellen, aber meine Kraft reicht nicht aus.

Wegen der Shenandoah Mountains, wieder ein Teil der Appalachians, mache ich noch einmal eine Schleife ins Landesinnere. Ich fahre von Culpepper nach Lynchburg, verfahre mich ein paar Mal, bin rundherum zufrieden, treffe keine Menschenseele während fünf Stunden und schlafe nach ausgiebigem Mahl im Auto zufrieden ein. Am nächsten Tag wird dann Korrektur gefahren. Es geht nach Frankford, das Geburtshaus von Pearl S. Buck wird ignoriert, ich erreiche den „Highland Scenic Highway" (!) und gelange nach Staunton. Das Vorhandensein eines Geburtshauses des Präsidenten Woodrow Wilson wird zur Kenntnis genommen, mehr aber nicht. Dafür werden in einem schnuckeligen Cybercafé E-Mails abgesetzt. Weitere Höhenwege in den Appalachians schließen sich an: Der „Blue Ridge Parkway" und seine Verlängerung, der „Skyline Dive".

Anscheinend haben die Tourismusmanager Angst, dass ohne Highwaybenennung die Nordamerikaner die Schönheiten der Natur nicht erkennen würden.

Im Städtchen Luray spielt das Glockenspiel allerliebst. Die Damen der Touristeninfo müssen ziemlich lange telefonieren, um für mich eine Dusche aufzutreiben, die nicht mit einem Hotelzimmer gekoppelt ist. Endlich werden sie fündig. Zum Dank gibt es für das Team eine Ansichtskarte des Killinger-Fachwerkhauses in Idstein, mit (man weiß ja nie!) meiner Adresse. Tatsächlich bekomme ich noch einmal Post von den Ladies, aber nur, um der Freude Ausdruck zu verleihen, die ihnen der Anblick des Hauses verschafft hat: „That wonderful half-timbered house make us feel like home!" (dieses schöne Fachwerkhaus verschafft uns das Gefühl, zu Haus zu sein!).

Ein Abstecher zu einem Rest des Chesapeake & Ohio Channel macht mir noch einmal die Bedeutung dieser Verkehrswege [12] klar.

Tag des Militärs: Ich will tatsächlich einige Schauplätze inneramerikanischer Auseinandersetzungen besichtigen! Ich beginne in

Harper's Ferry, wo der unglückselige John Brown wirkte, schaffe aber nur einen Besuch des Info-Büros, fahre weiter nach Antietam und Gettysburg, all dies am „Memorial Day". Selbstverständlich besuche ich nicht die Schlachtfelder des Bürgerkriegs, ich hole mir nur Prospekte, das genügt mir.

Baltimore, wieder an der Küste, wird nur kurz besucht. Länger bleibe ich in Philadelphia, eine Stadt, mit der ich mich sogleich anfreunde.

Ich bin im „Waldland des Penn", in Pennsylvania. William Penn grüßt von der Kuppel der „City Hall", das historische Zentrum quirlt nur so von Schulklassen, Parks laden zum Verweilen ein, das Wetter spielt mit und ich habe ein Programmkino entdeckt, das europäische Filme spielt, was will man mehr!

Im Programmkino läuft einer der frühen Filme mit Alain Delon, „Le Samurai". Delon spielt einen Mörder. Nach all meinen bisherigen Erfahrungen in nordamerikanischen Kinos kommt es mir fast gespenstisch vor, wie hier über 300 vorwiegend junge Leute total still der Handlung folgen. Und der Film selbst ist ja auch für hiesige Verhältnisse äußerst ungewöhnlich, gibt es doch minutenlange Stellen, in denen nichts oder nur knapp gesprochene Dialoge zu hören sind. In den gängigen Hollywooderzeugnissen wird durchweg die „Leere" mit irgendwelchem Musikbrei zugeschmiert.

Es soll hier nicht der Eindruck entstehen, ich sei in Philadelphia nur im Kino gewesen. Ich reihe mich durchaus bei den anderen Touristen ein und besuche pflichtschuldigst die Glocke „Liberty Bell".

Abends verlasse ich meinen kleinen billigen Parkplatz nahe des Besucherbüros und fahre in Richtung des „King of Prussia" (= König von Preußen), einer riesigen Mall), so ausgedehnt, dass sie drei Highwayabfahrten hat!

Ein anderes Kino, eher der Saal eines Filmklubs, zeigt zwei russische Filme mit Untertiteln. Neben mir sitzt Sarah, wie sich in der Pause herausstellt. Sie erzählt mir, dass sie deutsche Freunde habe und sehr wahrscheinlich bald nach Deutschland kommen würde, um zu studieren.

Im Hinterland von P., im Lancaster County, bin ich im Lande der „Pennsylvania Dutch"[13].

Diese „Amish" oder „Mennonites", nach ihrem Glauben mit diversen Abarten so genannt, sind bekannt geworden dadurch, dass sie mehr oder weniger die Errungenschaften der Technik verschmähen. Symbol ist der allgegenwärtige „buggy", ein von Pferden gezogener Einachser. Die Männer haben durchweg Vollbärte, tragen Overalls (Knöpfe sind eitel!), schwarze Hüte und sind immer freundlich. In den Supermärkten kann man ihre Sprache, eine Mischung aus dem Deutsch der letzten Jahrhunderte und Englisch, hören.

Mein Ziel ist aber weder, Einblicke in das Leben der Amish zu gewinnen noch die „Harley & Davidson" Motorradfabrik zu besuchen, nein, ich möchte nur das Haus „Fallingwater" besuchen, ein Meisterwerk der Architektur, von Frank Lloyd Wright erschaffen.

In Carlisle Spuren meiner Landsleute. Hier steht das „Hessian Powder Magazin", ein von hessischen Söldnern erbautes Lagerhaus, jetzt leider geschlossen. Viele hessische Untertanen sind von ihrem Landesherrn, Friedrich II., Landgraf von Hessen-Kassel, als Söldner[14] nach England verkauft worden, um in den Unabhängigkeitskriegen gegen die spätere USA zu kämpfen.

Ich frage nur einmal nach dem Weg zu Wrights Haus, fahre meine berühmten „Abkürzungen", sehe daher viel vom Land, trödele aber und komme zu spät an, der Eingang zu „Fallingwater" ist schon geschlossen. Ich parke bei strömendem Regen (auch: falling water!) und versuche, irgendwo und irgendwie noch hineinzugelangen. Es klappt!

Bei letztem Licht kann ich noch eine Dreiviertelstunde um das Haus schleichen, selbstverständlich ohne meinen vorzüglichen Regenschutz. Ich hatte ja nicht damit gerechnet, noch erfolgreich zu sein! Das war es wert: Der Flachbau von 1936 ist mit mehreren Geschossen über einen keck niederstürzenden Bachlauf errichtet worden und dicht umstanden mit Bäumen. Einmalig. Dafür hat sich der Drei-Tage-Abstecher gelohnt[15].

Nach Norden, Altoona. Hier hat man der verkehrstechnischen

Überwindung der Appalachian Mountains (dieser Teil: Alleghennies) gedacht: ein Museum mit Freiluftteil gibt Aufschluss darüber, welch ein kompliziertes Geflecht von Kanälen, Eisenbahnen, Brücken, Tunnels, schiefen Ebenen und Aufzugsvorrichtungen geschaffen werden musste. Besondere Bewunderung erhält von mir eine gemauerte Straßenbrücke, deren Achse windschief zur Achse der zu überquerenden schiefen Ebene ist, auf der die Schiffe „huckepack" den Berg hochgezogen wurden!

Eine andere Möglichkeit, mit der Bahn Höhe zu gewinnen, zeigt im weiteren Verlauf der Fahrt die „Hufeisenkurve" (= Horseshoe), die ein enges Tal mit einer 220° Kurve füllt. Das Museum mit einer Standseilbahn ist Nepp, da es nichts zu bieten hat. Leider habe ich das erst nach dem Bezahlen herausgefunden.

Auf dem Rückweg nach Philadelphia „nehme ich noch mit" den „Grand Canyon of Pennsylvania", ein gefälliges Flusstälchen, eher ein Wunder der Werbung als eines der Natur.

Übernachtung in Wellsboro mit vorherigem...ja! Kinobesuch.

Nach der Vorstellung schaue ich mich um. Es ist ein Kino in astreinem „Art Deco", ein Saal, der so groß war, dass man aus zwei Logen zwei kleine Kinosäle gemacht hat! Immerhin, so versichert mir der junge Mann des Familienunternehmens, sei die Bausubstanz erhalten geblieben. Hier in der Provinz sei aber nicht mehr die große Zeit der riesigen Saalveranstaltungen, leider.

Lange suche ich das Städtchen „Jim Thorpe". Man hat nicht oft, dass eine Stadt nach einem Olympiasieger, dazu noch Indianer (American Indian), benannt wird. Ich werde belohnt, ist es doch tatsächlich (wie Eppstein in meiner Taunusheimat) so, als läge es im „Switzerland"! Der Sog nach New York wird immer gewaltiger.

Abermals habe ich Delaware durcheilt, ich bin nun in New Jersey. Ein Schild bei New Brunswick zeigt an: „New York 59 miles".

Mir war in Erinnerung, Lakehurst, Stadt des Zeppelinunglücks, sei nahe New York. Deswegen fahre ich durch Lakehurst durch, denn 80 oder 90 km sind für mich nicht „nahe".

Am nächsten Morgen wird mir klar, dass für amerikanische Verhältnisse diese Kilometerzahl doch sehr gering ist und fahre nach Lakehurst zurück, nicht ohne vorher der Universitätsstadt Princeton die Ehre zu geben.

Diese Eliteuniversität, an der auch der Exilär Albert Einstein lehrte, ist mitten in der Altstadt gelegen; durch Stiftungen sind immer mehr Gebäude rings um den zentralen „Campus" dazugekommen, alle in dem Stil erbaut, den man, warum auch immer, „Gothic" nennt. Diese baulichen Scheußlichkeiten haben, so muss ich zugeben, ihren eigenen Reiz.

Viel „Nassau" hier, Nassau Street, Nassau Hall, letztere nach Wilhelm III. von Orange - Nassau benannt, der den USA bei den Unabhängigkeitskämpfen half. Washington hatte 1777 die Briten aus der „Nassau Hall" gejagt, man sieht sogar noch den Kratzer einer Kanonenkugel. Historisch. Lovely, isn´t it?

Also: Lakehurst. Wieder das System „Faust".

Ich suche nach Anzeichen für Zeppeline und entdecke nach und nach an einem Wasserhochbehälter die Silhouette des Luftschiffs, an der Polizeistation ebenfalls aufgemalt. Eine erste Frage an einen Passanten führt mich zum geschlossenen Museum. Aber gibt es noch das Flugfeld? Nun kann man a) bei der Polizei, b) beim Touristenbüro und c) bei der Handelskammer (Büro der „Chamber of Commerce") nachfragen. Zu einfach. Ich stelle mich vor die Post und schaue mir die Gesichter an. Ein älterer Herr (es gibt noch ältere als mich), alt genug, um 1937 ein Junge gewesen zu sein, wird erfolgreich angehalten. Ja, es gäbe ein Museum (weiß ich!), ja es gäbe noch das Flugfeld, auf dem der Zeppelin (er sagt „airship") verunglückt sei, es sei nun Navygelände draußen vor dem Städtchen, ja, er habe das airship „Hindenburg" (LZ 129) gesehen, aber nicht in Lakehurst, sondern bei seinem Jungfernflug, in ...Litauen!!! Ob LZ 129 dort war, weiß ich nicht, ich bin jedenfalls überwältigt, vor allem, als er noch weiterspricht, in gutem Deutsch! Ich bedanke mich, leicht stotternd.

So etwas hätte ich im Touristenbüro nicht erfahren!

Vor dem Armystützpunkt parke ich. Ich kann von da aus schon

den Hangar No.1 der Zeppeline (1919 bauten die U. S. A. hier ebenfalls Luftschiffe) sehen.

Als Besucher muss ich eine „identity card" vorlegen, ein Problem, das in den USA durch Angabe der Sozialversicherungsnummer erledigt wird. Mein europaweit gültiger Reisepass (mit Visum, 10 Jahre für die USA gültige und gültiger Aufenthaltserlaubnis) sagt der Empfangsdame nichts, der Internationale Führerschein, viersprachig, hilft der nie Nachlassenden auch nicht weiter. Ich warte auf einen Sicherheitsbeamten der „Military Police" und denke darüber nach, wem wohl der Internationale Führerschein bekannt sein mag, ein paar Bürokraten in Brüssel sicherlich. Endlich erscheint der schneidige Soldat, klammert sich an meinen Fahrzeugschein und ist nach einer halben Stunde Telefonierens soweit, dass er der erleichterten Dame sagen kann, ich sei der Besitzer des Autos.

Ungeachtet der Tatsache, dass der Besitz eines Autos nichts mit der Identität eines Menschen zu tun hat (oder doch?), werde ich nun freundlich mit einem Passierschein versehen.

Den Hangar darf man nicht betreten (GEHEIM!). Seine Abmessungen lassen mich aber die Größe des Luftschiffs ahnen, war dies doch zwölf Stockwerke hoch bei einem größten Durchmesser von 41 m und 245 m Länge!

An der Stätte des Unglücks hat man zum 50. Jahrestag eine Gedenktafel für die 36 Toten in den Boden eingelassen. Nach dem entsetzlichen Feuersturm wurde zwar noch das baugleiche LZ 130 gebaut, der Beginn des II. WK brachte aber das Ende dieser Art von Personenbeförderung. Erst dieser Tage ist eine Wiedergeburt der „Fliegenden Zigarren", im Frachtbereich, zu erkennen.

Um 11.30 Uhr erblicke ich das erste Mal die Silhouette von New York. Von Staten Island aus, von Süden also, erkenne ich die Freiheitsstatue mit dem Südzipfel von Manhattan, rechts davon Brooklyn und schwach die Schemen von Brooklyn Bridge und Manhattan Bridge.

Kein Laut ist zu hören über Mittag, ich sitze im Schatten und schaue nur. Schaue, weiter nichts. Allmählich löse ich mich vom

Anblick. Aus irgendeinem Grunde, vielleicht, um die Vorfreude zu verlängern, fahre ich nicht schnurstracks nach Manhattan hinein, sondern umkreise die City großräumig: Verrazanobrücke, ein mächtiges Bauwerk, durch das südliche Brooklyn, am Kennedy Airport vorbei nach Long Island, links immer der sich veränderte Anblick dieser Traumstadt.

Vier Tage bleibe ich auf Long Island. Polizisten haben mir einen öffentlichen Strand gezeigt, auf dem ich mich ungehindert erholen kann. Er ist kostenlos, zieht nur wenige Besucher an und hat sanitäre Einrichtungen und Duschen, alles vom Feinsten. Die Polizisten wissen, wer ich bin, auch die Nachtschicht schaut ab und zu vorbei.

Dann aber: über den East River, nach Norden, über den Hudson; jetzt, wieder in New Jersey, nach Süden, Pause in einem kleinen Park, durch Zufall entdeckt. Ich sitze auf einem Steilufer (der Hudson fließt hier im südlichsten Fjord von Nordamerika) und schaue über die zum Greifen nahe George-Washington-Brücke auf Manhattan.

Dann halte ich es nicht mehr aus, steige ins Auto und fahre nach Manhattan. Ich fahre immer am Ufer der Insel entlang, um mir einen Überblick zu verschaffen; das gelingt, allerdings ist mir das Fahrverhalten der Einwohner zu aggressiv, zu nervig, und fahre bald wieder „rüber" nach New Jersey.

Ich versuche meinen Freund und Kollegen Frank zu erreichen, er wohnt in Paterson, im nahen Hinterland. Er ist aber nicht, auch später nicht, zu erreichen, was dazu führt, dass er mir meine Post, die er gesammelt hat, an die nächste Adresse nach Kanada, weiterschicken muss.

Folgende Routine spielt sich bei mir ein: Ich übernachte in einem Naturschutzgebiet, aber auf einem Autobahnrastplatz des Highways „New Jersey Turnpike", fahre frühmorgens mit den Pendlern ans Ufer des Hudson, gegenüber des „World Trade Center" (WTC), parke dort billig ($7/Tag), und benutze die U-Bahn durch den Hudson-Tunnel direkt in das WTC. Von dort aus laufe ich, von Süden beginnend, jeden Tag einen anderen Abschnitt des Broadway hoch. Wenn ich müde bin, fahre ich wieder „nach Hause" (Die U-Bahn ist nachts sicher. Man hat Warteplätze geschaffen, die mit Kameras überwacht werden). Auf diese Art und Weise erfährt, besser: „erläuft" man sich doch einiges.

Einige „gängige" Touristenpunkte werden selbstverständlich nicht außer acht gelassen: die Statue of Liberty wird angefahren, aber nicht bestiegen, da mir dieSchlangen zu lang sind. Ich mache mich nützlich als ich Horden von Japanern vor dem Fundament mit deren Kameras ablichte. Ellis Island liegt in unmittelbarer Nähe der Freiheitsstatue und war die Insel, die jeder Einwanderer zuerst wegen der Musterung besuchen musste. Erst danach durfte er dann in die U. S. A. einreisen. Es wird eine köstliche Anekdote von der ärztlichen Prüfung einer Irin berichtet: Die wurde vom Arzt gefragt: „Wenn sie eine Treppe putzen wollen, fangen sie dann oben oder unten an?" Die Frau antwortete: „Ich bin nicht in die U. S. A. gekommen, um Treppen zu putzen!"

Einige Erinnerungen an die deutschen Einwanderer (Bremerhaven war Haupthafen in Deutschland) sind auch bewahrt worden. Sehr schön der „Sprachbaum", an dem in Verästelungen gezeigt wird, welche Wörter aus dem Deutschen ins Amerikanische gewandert sind. Ich gebe einige davon wieder; in Klammern gesetzte Fragezeichen sind von mir hinzu gefügt worden. Es sollen kommen aus dem Deutschen: concertmaster, flak, ouch (=Autsch), fest, gesundheit, hoodlum (?), spiel, aus dem Deutsch/Französischen: poker, delicatessen, coffee klatsch, bum (?), bummer (?), hex (die sechsstrahligen Verzierungen der Pennsylvania Dutch an den Scheunen), aus dem Deutsch/Jiddischen: schlep (?), kibitz, schnozz (?), mensh, shtik, klutz (?), schnook (?), nosh (?) und schmaltz und aus dem Deutsch/Niederländischen: nix, fresh, seminar, phooey (=Pfui).

Einige nicht so ganz touristisch-normale Erlebnisse seien hier noch beschrieben.

Ich suche die Carnegie Hall; dort wurde in den 30ern das erste Jazzkonzert gespielt und führte damit den damals fast nur schwarzen Jazz endgültig aus dem Milieu der Kneipen und Keller in die Welt der Etablierten, Weißen.

Wie immer habe ich einen Stadtplan dabei, der aber ist im Rucksack. Ich weiß nur, dass der Konzertbau südlich des Südeingangs vom Central Park ist. Auf dem Weg dorthin gehe ich an einem kleinen Fenster vorbei. Im Raum erkenne ich an der Wand ein Ölgemälde, das den Pianisten Horowitz zeigt. Ich bleibe stehen und schaue mir den Hauseingang näher an: „Steinway & Sons" steht dort geschrieben. Vermutlich das Büro der weltberühmten Klavierbauer!

Ich zögere erst, gebe mir dann einen Ruck, gehe durch die offene Tür und ... stehe direkt vor der Empfangsdame. Freundlich erlaubt sie mir, in die hinteren Räume zu gehen, in denen Flügel verkauft und gestimmt werden. Ich bin leicht verdattert ob dieser Offenheit. Immerhin ist dieser straßennahe Raum ein antik eingerichtetes Großbüro, indem nicht nur die Empfangsdame sitzt sondern auch der Verkaufsleiter, also der Chef. Dieser ist es auch, der mir am Ende meines Besuches persönlich Prospektmaterial heraussucht, obwohl ich klarmache, dass ich kein Kunde bin. Leider kann er mir keinen Besichtigungstermin für die Fabrik geben, da diese über die Sommermonate geschlossen ist (ich bin im Juni in New York).

Die Carnegie Hall finde ich danach, verzichte auf eine Besichtigung und kaufe mir stattdessen eine Konzertkarte. Das Jazzkonzert ist gelungen, der riesig hohe Publikumsraum ist gigantisch und hat eine gute Akustik. Ich sitze 20 Meter über der Bühne und kann dem Pianisten fast direkt ins Arrangement schauen.

Die kleinen Parks lerne ich schnell kennen und schätzen, den Battery Park im Südwesten der Insel, den Park nördlich des UNO-Gebäudes oder den kleinen Bryant Park, eine Rasenfläche hinter der Hauptbibliothek. In der Bibliothek sind drei Deutsche versammelt: Gutenberg grüßt ebenso von der Wand wie Mergenthaler (der mit der „line–o–type" den Maschinensatz beim Druck erfand). Goethe ruht sich vor dem Bibliotheksgebäude im Park aus[16].

145

Für einen Fußgänger ist aber das Grün zu wenig, es sei denn, man sucht immer den – nun auch wieder sichereren – Central Park auf. Donnerstags (ein Geheimtipp!) gibt es vom Osteingang des Empire State Building eine kostenlose Führung durch einen Architekten. Diese Stegreifdarbietung beginnt um 12.30 Uhr und führt zwanglos um „die vier Ecken". Toll! Eine gelungene Mischung aus Baugeschichte, Stadtgeschichte, Baustoffkunde und Anekdoten. Z. B.: Die Bibliothek des Millionärs J. Pierpont Morgan ist der einzige Steinbau Nordamerikas, der ohne Mörtel errichtet wurde, oder: Als der Zeppelin LZ 127 das erste Mal an der Spitze des Empire State Building andocken wollte, stand dieser, schon festgemacht, auf einmal auf der Schnauze, bewirkt durch Aufwinde von der Fassade. Man konnte sich nur helfen, indem man Wasserballast abließ, wodurch bei strahlend blauem Himmel an einem Sommertag die Einwohner von einem Teil Manhattans in den Genuss einer Dusche kamen!

Ein guter Brauch der Museen ist es, einmal die Woche von der Regelung starrer Eintrittspreise abzugehen und den Eintritt durch eine selbst festzulegende „donation" (Gabe) zu ermöglichen. Das nutze ich aus und komme so im „MoMA", dem „Museum of Modern Arts", zu einer Sonderausstellung mit meinem Lieblingsmaler Edward Hopper.

In New Jersey besuche ich Edisons erstes Labor und noch einmal „meinen" kleinen Park an der Brücke, er heißt Allison Park. Wer ihn findet, wird durch einen großartigen Blick auf Manhattan belohnt. Ein anderer schöner Blick auf die Wolkenkratzerhalbinsel bietet sich vom gegenüberliegenden Hoboken an.

Nach über zwei Wochen verlasse ich die Weltstadt, wohl wissend, dass man allein für einen groben Überblick über die Aktivitäten von Brooklyn noch einmal dieselbe Spanne veranschlagen müsste. Egal.

Von Brooklyns Mt. Carmel aus nehme ich mit einem letzten Blick Abschied von Manhattan. „Carmel" heißen viele Hügel in den USA, auf denen sich Friedhöfe befinden. Hier jedenfalls hat man Ruhe, um noch einmal die Silhouette auf sich wirken zu lassen. Und nebenbei erfährt man einiges über den „American Way of Life" im Tod.

Durch Connecticut und Rhode Island gelange ich nach Massachussets.

In Connecticut lenkt ein Schild die Aufmerksamkeit auf sich und ich biege sofort vom Parkway ab. Das Schild wies auf einen Bau hin, in dem man „Jai Alai" spielt. Es war mir nicht gelungen, in Mexiko-Stadt das baskische Ballspiel zu sehen. Jetzt ist es soweit, viereinhalb Stunden schaue ich mir fasziniert das Treiben auf dem Platz an[17].

Auf Massachusetts' Halbinsel Cape Cod verbessert sich meine Schlafsituation schlagartig. Rogers Bruder hat hier ein Ferienhaus, in das ich ursprünglich eingeladen war. Das aber ist nun besetzt, weil darin, was Roger und ich vor meiner Abfahrt nicht wissen konnten, anlässlich des 4. Juli (Nationalfeiertag in den USA) gefeiert wird.

Ich bekomme in einer „Nobelpension" ein Ersatzzimmer, in Rosé eingerichtet, mit Zierdeckchen, rosa gerandetem Spiegel und duftender Seife in Körbchen mit rosa Deckchen, genau das, was der rüstige deutsche Anfangsfünfziger braucht. Dankbar beziehe ich das Zimmer, mache mich „feel comfortable", dusche und glaube sogar, einen rosigen Schimmer auf meiner gereinigten Haut entdeckt zu haben.

Trotz des Spottes: der Aufenthalt tut mir gut. Ausflüge an die Küste; nach Provincetown mit überdurchschnittlich hoher Anzahl von Homosexuellen, die auf In-Line-Skatern das Ortsbild beleben, fahre ich ebenso, wie ich einen Schiffsausflug zur Insel Nantucket mache. Allein der Besuch des Walfängermuseums hätte die Überfahrt gelohnt! Allerdings ist es mir wieder zu schön: Überall die Lädchen mit Andenkenkitsch, die Shops mit Duftwässerchen, die Pseudokünstler, das hochgestochene Gerede von Käufern und Verkäufern, das allzu Freundliche, es ist schon anstrengend. Besonders hasse ich die überall gleichen Geschäfte, in denen Glückwunschkarten für jeden Anlass (außer dem Todesfall) bereitgehalten werden, vorgefertigt, genormt. Aber draußen ist ja die Natur, das Meer und das klare Licht.

Am Nationalfeiertag - der mir anfangs nicht bewusst ist - verlasse ich meine freundlichen Gastgeber und erreiche frühmorgens Plymouth. Hier ist schon ein Teil der Stadt gesperrt. Weiter nach Boston. Hier gelingt es mir, einen Parkplatz in Zentrumsnähe zu ergattern, sodass ich zu Fuß den „Freedom Trail" gehen kann, der vor Paul Reveres Haus endet.

Die Gelegenheit, abends die „Boston Pops", die weltberühmten Philharmoniker der Stadt, in einem Freiluftkonzert zu erleben, versage ich mir, da mir dort zu viele Menschen sind.

Im Nordwesten von Boston liegt das stille Städtchen Concord, das gleich drei Berühmtheiten vorweisen kann: Thoreau, Emerson und Vater und Sohn Hawthorne.

Über die „White Mountains", am Hotel Bretton Woods vorbei, Schauplatz der ersten Weltwährungskonferenz, gelange ich nach Maine. Nach einer letzten Übernachtung in den USA treffe ich am 6.7.1997 in Saint Stephen (im Staat New Brunswick) in Kanada ein.

Nordamerika

Eismeer

Tuktoyuktuk
Dawson City — Inuvik
Whitehorse

Kanada

Watson Lake

Faust
Vancouver — Edmonton
von Kamtschatka 9/96 — Calgary — Saskatoon
Seattle — Winnipeg

Quebec
Montreal
Ottawa — Halifax
St. John

Yellowstone Park
Jackson

U.S.A.

Salt Lake City
San Francisco
Grand Canyon — Flucht vor dem Winter 3/97
Los Angeles — Santa Fé
San Diego — Albuquerque

Chicago

New York
Washington D.C.

Knoxville
Memphis
Charleston

Chihuahua
San Antonio

Baja California — Guaymas
Nuevo Laredo
New Orleans

Zacatecas

Mexiko

Mexiko-Stadt
Oaxaca
Tuxtla Gutierrez
Guatemala-Stadt

Merida
Tikal
Copan

Flug nach Trinidad 10/97

Verlauf
1. Westküste, Mexiko, Halbinsel Yukatan, zurück in die U.S.A.
2. ab Fühjahr '97 mit eigenem Auto ab San Antonio, Texas; Abbruch
   wegen Wintereinbruchs im Zion National Park nahe dem Grand Canyon
3. „Neustart" ab New Orleans; Nordamerika gegen den Uhrzeigersinn

- - - - - **Bahn, Bus, Boot**
────── **Flug**

KANADA

Im Süden des Bundesstaates New Brunswick (Neu-Braunschweig) liegt die Fundy Bay, eine Bucht, die weltweit die größte Differenz zwischen Ebbe und Flut vorzuweisen hat. Dieser Tidenhub (bis zu 17 m !) führt zu einigen sehenswerten Naturphänomenen.

So ist zum Beispiel bei St. John ein Wasserfall zu sehen, dessen Wasser bergauf stürzt („Reversing Falls", die umgekehrten Wasserfälle), Resultat der Begegnung von normal bergab fließendem Wasser und schnell ansteigender Flut.

Von Moncton aus gelange ich auf die andere Seite der Bay of Fundy und bin nun in Nova Scotia (Neu-Schottland). Ich folge den Empfehlungen der „Eco Trail"-Broschüre, die in einer guten Mischung aus Belehrung und Beschreibung auf ökologische Aspekte von Nova Scotia hinweist.

Mein Rundkurs führt mich in der Chigneto Bay zum Cape Chigneto (ziemlich einsam, aber ein Café ist doch da, gut so!) und weiter zum Cape d'Or Lighthouse. Ein Gespräch mit dem Leuchtturmwärterehepaar (schönes deutsches Wort!) lässt mich erfahren, dass hier erfolgreich Wanderfalken ausgesetzt wurden und dass die Brut erfolgreich verlief. Selbstverständlich werden die Orte, an denen die Horste gelegen sind, geheimgehalten, denn böse Menschen gibt es auch hier.

Glanzpunkt ist auch hier ein Ereignis, das von der Flut herbeigeführt wird. In Truro, am Ende der Cobequid Bay, beobachte ich mit einigen 50 Touristen die „tidal bore", eine Welle, die sich aus den vorhin schon genannten Gründen flussaufwärts bewegt!

In Lunenburg mache ich Rast; ein schönes Städtchen mit Häusern aus dem 18. und 19. Jahrhundert. Der stolze Prospekt der Gemeinde lässt mich wissen, dass hier erst die Indianer des Mi´kmaq-Stammes wohnten, dann „Acadians"[1], bis dann „ausländische Protestanten" aus Deutschland, der Schweiz und der französischen

Region um Montbéliard hier Fuß fassten, um „die britischen Kolonialsiedlungen zu stärken". Auf dem alten Friedhof der Stadt sind viele deutsche Namen zu finden, darunter auch „Eisenhauer". Der deutschen Einwanderer gedenkt man hier alljährlich durch ein zünftig gefeiertes „Oktoberfest".

Ich suche noch immer einen Schnitzer (oder auch: Schnitzerin) für meine Gitarre.

David Anderson wohnt in der Nähe von Lunenburg und ist Spezialist für „High Relief Wood Carvings", also Schnitzereien in Hochrelieftechnik. Er erklärt sich bereit, einen Teil meines Gitarrenbodens mit seiner Kunst zu schmücken. Wir beschließen, für Kanada ein kleines Ahornblatt zu nehmen und für den nordamerikanischen Kontinent ein Schiff als Symbol der Entdeckung. Das Schiff hat noch zweierlei Bezug: Es ist ein „schooner", den man auch auf der kanadischen 10-Cent-Münze findet und der hier von deutschen Einwanderern gebaut wurde. Ich lasse die Gitarre da und fahre weiter.

Auf Cape Breton Island besuche ich zuerst Louisburg, den Nachbau einer Festung mit wechselvoller, englisch/französisch/ englischer Geschichte, ein „living museum" mit sachkundiger, humorvoller Besatzung (wir wurden begrüßt mit: „Sind da Spione unter Euch?") in historischen Kostümen.

Die Festung, eine der wenigen französischen Stützpunkte, die noch nach dem Frieden von Utrecht (1713) verblieben, wurde 1745 fertiggestellt und gleich belagert. 1748 mussten die Engländer im Aachener Frieden die Festung wieder zurückgeben; 1758 begann die zweite Belagerung, die Engländer siegten, die Festung wurde zerstört. Im Rahmen eines Arbeitsbeschaffungs-Programms wurde dann die Festung mit wissenschaftlicher Genauigkeit ab 1961 wieder aufgebaut, eine rundum gelungene Maßnahme.

Danach, immer in reizvoller Küstenlandschaft unterwegs, besuche ich das Marconi Museum an der Glace Bay, vor dem die kanadische Landesflagge, die Flagge von Nova Scotia und die italienische Nationalflagge wehen.

Hier hatte Marconi seinen ersten erfolgreichen Versuch drahtloser Telegraphie über den Atlantik machen können. Durch die Lobby der Telephongesellschaften mancherorts vertrieben, fand er hier eine Bleibe. Gemeinden des Gebiets um Table Head hatten ihm ein Grundstück kostenlos zur Verfügung gestellt.

In Baddock gehe ich in das Museum zu Ehren des Lokalmatadors Graham Bell. Der konnte, einmal finanziell unabhängig geworden durch einen gewonnenen Prozess bezüglich der Erfindung des Telefons, aus dem Vollen schöpfen.

Das Museum gibt Aufschluss darüber, worin er sich überall versuchte: Tragflächenboote, Riesendrachen, und natürlich Telephonie. Ich vermerke im Besucherbuch, dass man wenigstens den Namen des Deutschen Phillip Reis aus Gelnhausen hätte anführen können, der wesentlich früher als Bell mit dem Telefon Erfolg hatte. Weniger bekannt ist, dass Bells Vater Taubstummenlehrer war und dass dessen Erfindung „Visible Speech" vielen Taubstummen den Weg zur Verständigung geöffnet hat.

Höhepunkt nach soviel Technik bleibt aber unbestreitbar der „Cabot Trail" im Norden der Insel, eine Küstenringstraße von einmaliger Schönheit. Auch hier immer wieder Punkte, die zum Aussteigen und Wandern verleiten. Mir gelingt endlich, Wale zu sehen, weit entfernt zwar, aber im Fernglas deutlich auszumachen. Als ob das noch nicht des Schönen genug wäre, werde ich noch eines in großer Nähe über meinem Kopf schwebenden „Bald Eagle" ansichtig, der so tut, als ginge ihn das Menschlein nichts an! Auf dem Rückweg zum Auto bringen dann noch riesige Elche (moose) das Fass der Erlebnisse zum Überlaufen!

Glace Bay war der östlichste Punkt meiner Nordamerikareise. Mit der Fähre nach Neufundland (noch östlicher) möchte ich nicht, auch nicht über die neue Brücke zum Prince Edward Island, also zurück.

Im Hinterkopf allerdings reift allmählich der Plan, den nördlichsten von Autos zu erreichenden Punkt Kanadas anzusteuern, die Eskimosiedlung Inuvik am Ende des Dempster Highways, in den kanadischen North West Territories! Bis dahin wird allerdings noch etwas Zeit vergehen.

Ich hole meine Gitarre ab, verspreche David, Fotos von ihr zu machen und ihm diese zuzuschicken. David hat moderate Preise.

Ich verlasse das atlantische Kanada und wende mich nach Norden, dem Sankt-Lorenz-Strom entgegen.

Routinefrühstück unterwegs. Auch Routine: Schilder, die vor Elchen warnen. Ich wasche gerade nach dem Frühstück meine Haare (ich habe immer mehrere Liter Wasser dabei), als plötzlich ein schwarzes Etwas, von der Größe eines ausgewachsenen Berner Sennhundes, aus dem Gebüsch bricht. Blitzschnell rappelt sich das Bündel auf und verschwindet. Ich wasche und trockne mir mein Haar und fahre weiter, nach ca. 10 km fange ich an zu zittern und fahre rechts 'ran: Das war ein Bär! Dem Himmel sei Dank, dass der genauso verdattert war wie ich!

Warum keine Hinweistafeln für Bären angebracht wurden, klärt sich an einer Tankstelle: Bären in der Nähe sind hier neu, genauso neu wie die Wurstfabrik, die sie besuchen!

Der St. Lorenz ist mächtig, mächtiger als das Rhein- oder Donautal, egal wo, und auch eindrucksvoller als der „mesi sipi", der „Große Fluss" der Indianer.

Ich stehe auf einem Aussichtspunkt und kann bis zum anderen Ufer blicken. Irgendetwas an der Perspektive stimmt nicht! Ich kann mir nicht erklären, was. Dann finde ich es heraus: Die Häuser auf der anderen Flussseite sind zu klein (was natürlich Quatsch ist)! Ich greife die gute Straßenkarte und nehme mit dem Lineal Maß: Der St. Lorenz ist an diese Stelle über 20 km breit!

In Quebec möchte ich nur mein „Traumhotel" (warum auch immer) sehn, das Hotel „Frontenac", hoch über dem Steilufer des Stroms thronend. Eine Übernachtung wird angesichts der Preise äußerst schnell verworfen. Auch sonst hat die Altstadt allerlei Sehenswertes zu bieten, Musik von Straßenmusikanten, Maler, Händler und Tänzerinnen beleben das Stadtbild des „Vieux (alten) Quebec".

Ich habe schon auf Französisch umgestellt. Übrigens ist Französisch überall, nicht nur in der Province Quebec, zweite Staatsprache nach Englisch.

In Drummondsville bekommt mein Selbstbewusstsein einen harten Schlag. Die bildhübsche Kartenverkäuferin des örtlichen Kinos schaut mir kurz ins Gesicht und gibt mir wortlos eine Seniorenkarte! Über diesen Hieb kann auch der Aufdruck „Age d'Or" (Goldenes Alter) nicht hinweghelfen.

Der Aufenthalt in Montreal ist kurz. Ich schaue mir das Olympiastadion an (es muss für 700 Millionen kanadische Dollar saniert werden), fahre auf den Mont Real, den königlichen Berg, und schaue mich im für Tourismus umgebauten Alten Hafen um.

Höhepunkt ist ein Ereignis, das ich am Rande mitbekomme.

Am Hafen wird ein Standplatz für Straßenkünstler und Maler eingeweiht, eine Band spielt den Honoratioren auf. Der offizielle Teil ist vorbei, als etwas oberhalb ein Lastwagen rückwärts fährt. Wie jeder Lastwagen in Kanada muss dieser beim Rückwärtsfahren zwei verschiedene Töne von sich geben. Diese zwei Töne greift der Querflötist auf und zwinkert dem Orgelspieler zu. Es entsteht das „Albumblatt für Elise" von Beethoven, das mit den Tönen e und dis beginnt. Der Lastwagenfahrer ist stinksauer und verfährt sich, was die allgemeine Heiterkeit noch erhöht.

Ottawa meide ich, da ich am Ortseingang kein Hinweisschild „Tourist Office" finde. Ich vermerke im Tagebuch, dass ich schon ein Jahr unterwegs bin, Zeit, etwas inne zu halten und sich auszuruhen.

Dazu fahre ich von Ottawa aus 80 km nach Osten; etwas südlich des Trans-Kanada-Highways liegt die kleine Ortschaft Burnstown.

Hierhin ist Gunnar, ein junger Mann aus meiner Heimatstadt vor ca. einem Jahr ausgewandert. Bettina, seine Frau, und die kleine Ella sind auch da, ein Holzhaus am Steilufer des Flusses Wadabasca hat Platz genug für alle. Alle, das sind die Mutter von Gunnar, dessen Schwester mit zwei Kindern (der Mann stößt später auch noch zu uns) und ich. Wir hatten uns per Telefon und E-Mail hier verabredet, es hat geklappt, wir freuen uns alle auf das Wiedersehen.

Per Flugzeug ist auch ein Ring deutsche Fleischwurst (von meiner Tante) angekommen, sodass ich das erste Mal seit langer Zeit wieder am Samstag meine geliebte Linsensuppe mit Wursteinlage essen kann!

Burnstown liegt an einer Straßenkreuzung zwischen zwei Kleinstädten, in der Nähe sind zwei erschlossene Touristengebiete, die im Sommer gut, im Winter im Moment noch wenig besucht sind. Gunnar betreibt mit seinem Freund Markus ein Café, das beide aus einem alten Laden, einem „Generalstore", umgebaut haben. Das Café bietet nicht nur richtigen Kaffee an (eine Seltenheit in Nordamerika), sondern auch Speiseeis, selbstgebackenen Kuchen und zwei täglich wechselnde Stammessen.

Bei schönstem Juliwetter werden allerlei Ausflüge gemacht. Die Gegend im weiteren Ottawatal mutet sehr europäisch an. Neben dem Nichtstun am Fluss muss ich aber auch meine Dinge ordnen: Bei der Bank muss „nachgetankt" werden, Auto- und die Krankenversicherung müssen erneuert werden und meine Zähne müssen ausgebessert werden. Der ortsansässige Zahnarzt murmelte, als er meiner „Hauer" ansichtig wurde, nur: „Decay, decay! (Verfall)".

Die Verbindung mit der Heimat erfolgt über Telefon, Fax und E-mail. Mit Hilfe meines Freundes Lars ist bald alles geregelt.

Eine Angelegenheit mit der VISA-Card möchte ich telefonisch klären. Diese Firma ist ja weltweit vertreten und sollte eigentlich zu jeder Tages- und Nachtzeit funktionieren. Mir gelingt es aber nur, von einem Anrufbeantworter folgende englische Nachricht zu erhalten: „Dies ist eine Aufnahme. Bitte hängen Sie auf und versuchen Sie es erneut". Das nenne ich Service!

Einige Bewohner von Burnstown lerne ich näher kennen: Tim, Besitzer eines kleinen Buchverlags, der seine Büroräume ebenfalls im langgestreckten Gebäude des ehemaligen Generalstores hat und der mir freundlich (und unentgeltlich!) seine Kommunikationseinrichtungen zur Verfügung stellt. Tim ist ein „Alt-68er" und hat genau zu dieser Zeit in San Francisco als Anhänger von „flower-power" gelebt und spielt gern noch die gängigen Woodstock-Lieder auf der Gitarre, die wir uns an einem Abend in Erinnerung rufen.

Ein weiterer Vertreter dieser Generation (die ja auch meine Generation ist!) ist Steve, der hier ebenfalls nach wilderen Jahren hängen geblieben ist.

Er wohnt allein oberhalb des kleinen Post Office in einem Haus, das zu ebener Erde einen Ausstellungsraum und eine Werkstatt aufnimmt. Steve hat mit großer Meisterschaft die alte Intarsienkunst wiederbelebt. In seinem Arbeitsraum ist ein riesiges Furnierlager. Dort kann er aus dem Vollen schöpfen, in traditioneller Art Tischplatten mit Holzeinlegearbeiten veredeln oder aber in filigraner Manier wahre Gemälde komponieren. Mir hat es ein Medaillon angetan, das etwa im Format eines übergroßen Fünfmarkstücks alle Kontinente darstellt. Ich frage nach dem Preis und bekomme eine ausweichende Auskunft.

Später treffen wir uns noch einmal, um in seinem Verkaufsraum zusammen zu musizieren. Er spielt Querflöte; er bevorzugt freie, langgezogene Melodieverläufe, die von mir behutsam untermalt werden. Ein wunderschöner Nachmittag ohne viel Worte. Durch vielerlei Aktivitäten abgelenkt (auch in der Erholungsphase möchte ich natürlich etwas von der Landschaft hier mitbekommen), vergesse ich „mein" Medaillon. Kurz vor meiner Weiterreise zur Kanadaquerung treffen wir, Steve und ein pensionierter Opernsänger, noch einmal bei Gunnar auf der Terrasse über dem Fluss zum Kaffeetrinken ein. Eher beiläufig, ja verlegen, nestelt Steve das kleine meisterliche Holzmosaik aus der Tasche und schenkt es mir! Ich bin sehr gerührt und weiß nicht, wie ich ihm danken soll.

Ein Zweitagesausflug führt mich an den Ontariosee im Süden. Ich besuche einen alten Idsteiner, der schon in den frühen Fünfzigern nach Kanada ausgewandert ist, seine Frau bei einem Englischkurs kennengelernt hat und sich jetzt im Ruhestand befindet.

Leider gelingt es uns nicht, sein Boot für eine kurze Ausfahrt auf dem See flott zu machen, aber es gibt auch so einiges zu sehen und zu erzählen.

Eine Telefonnummer erhalte ich noch vor meiner Abfahrt aus Burnstown: Debbie, eine junge Köchin aus Burnstown, arbeitet in den fernen North West Territories auf einer Forschungsstation am Eismeer. Da ich mich mittlerweile dazu durchgerungen habe, soweit es geht, auf der Straße in den Norden Kanadas zu fahren, ist diese Verbindung natürlich ein Geschenk, könnte ich doch durch Debbie mehr und besser erfahren, wie man hier im hohen Norden lebt.

Nach drei erholsamen Wochen unter Freunden, alten und neu gewonnenen, breche ich auf, erst einmal nach Westen auf der Straße Nr. 17, dem Trans-Kanada-Highway. Man kann diesen Verkehrsweg erhalten helfen: Für je 36,- gespendete kanadische Dollar kann ein laufender Meter gebaut und erhalten werden.

Ich halte mich an den Highway Nr. 17 bis Sault Sainte Marie, dann verlasse ich die Südroute des Trails, um zwischen Lake Superior und Lake Huron nach Süden zu fahren. Die U. S. A. haben mich wieder, aber nur für kurze Zeit, ich möchte nämlich in Chicago das litauische Paar besuchen, das ich in Belize getroffen hatte. Sie haben mir ihren Reiseführer zurückgelassen, den ich jetzt bezahlen möchte, denn das Buch ist längst nach Deutschland geschickt worden.

Asra und Kristijonas empfangen mich freundlich in ihrer kleinen Wohnung im litauischen Viertel. Es ist nicht mehr so scharf abgegrenzt wie um die Jahrhundertwende, aber ein paar Straßenzüge tragen deutlich osteuropäische Spuren, vom Museum über die Kirche bis hin zur Stammkneipe, in der Kristijonas und ich Schach spielen.

Es wird nur ein Kurzaufenthalt in der „Windy City", der windigen Stadt am Südwestufer des Michigansees, denn ich möchte ja Debbie besuchen, bevor die Forschungsstation „winterdicht" gemacht wird. Dennoch reicht ein mehrstündiger Spaziergang in der Stadt aus, um festzustellen, dass hier die neuen Wolkenkratzer eine Spur eleganter, moderner sind als die New Yorks. Schuld daran ist die Kuh von Mrs. Leary[2], die 1871 beim Melken eine Petroleumlampe im Stall umstieß. Der daraufhin entstandene Großbrand machte viele Neubauten notwendig, ab 1885 mit der hier erfundenen Bauweise des Stahlrahmenskeletts für Hochhäuser, die dann erst in New York angewandt wurde. Durch Jugendbücher war mir Chicago bekannt geworden, durch Schlachthäuser, Verbrecher und einen Jazzstil, jetzt erfahre ich, dass hier auch die Rollschuhe, der Reißverschluss, Puffreis, Wrigley´s Kaugummi, McDonalds, der Fensterbriefumschlag und die Hochbahn erfunden worden sind.

Kurzer Abschied, weiter nach Norden. 40.000 km bin ich schon gefahren, entsprechend einer Strecke den Äquator entlang um die Erde!

Das Mischwaldgebiet, das mich bis Sault Ste. Marie umgab, ist gewichen, nun bin ich in der Hochgrasprärie. Winnipeg im Staat Manitoba ist die erste größere Stadt in Kanada, die ich passiere.

Westlich Winnipeg herrscht das „cropland" vor, der Getreidegürtel, der nur von ganz wenigen Weideflächen unterbrochen wird. Neben den unendlich weit anmutenden Feldern sind die „elevators", die Getreidesilos, landschaftsprägend. Immer entlang der Bahnlinie stehend ragen sie hoch auf, mit vielen senkrecht stehenden Kammern zur Aufnahme der verschiedenen Körnersorten versehen.

Die Stadt Portage La Prairie erinnert mit ihrem Namen daran, dass ich hier nicht nur das Kornland, sondern auch das Land der Waldläufer (coureurs) und Fallensteller (trapper) mit dem Kanu aus Birkenrinde als vorherrschendem Verkehrsmittel hinter mir gelassen habe, kurz: „Lederstrumpfland".

Die Portages waren Wegstrecken, auf denen die Kanus über Wasserscheiden von einem Flusssystem ins andere getragen wurden. Mit Hilfe dieser Portages (und natürlich: der Indianer!) gelang es, vom Gebiet der Großen Seen aus, den Mississippi bis zur Mündung im Süden zu erforschen! Freilich hatte man etwas anderes, nämlich die Nordwestpassage gesucht.

In Portage La Prairie verlasse ich den Trans-Kanada-Trail und folge dem „Yellowhead-Trail".

Der „Gelbkopf" („tête jaune" bei den Franzosen) war ein irokesischer Trapper namens Pierre Bostonais, der als Pfadfinder/Führer im Dienst der Hudson Bay Company stand. Sein Haar mit gelbblonden Streifen machte ihn, der den nach ihm benannten Yellowhead-Pass fand, weithin berühmt.

Richtig bekannt wurde dieser Trail um 1840, war er doch ein Ausgangspunkt für den Siedlersturm westwärts; gleichzeitig entzog man durch eine Massenschlachtung von Bisons entlang des Trails den Prärieindianern die Lebensgrundlage. Den Rest besorgten, wie überall in Nordamerika, europäische Krankheiten und systematisches Morden.

Im Saskatooner Touristenbüro belehrt mich eine junge Frau, dass es das englische Wort „possibility" (= Möglichkeit) nicht gibt. Vermutlich ist sie gerade eingewandert.

Eingewandert sind hier vor allem viele Menschen aus der Ukraine. Im Museum zu Saskatoon mache ich mich schlau und erstehe zum Schluss ein Buch auf Ukrainisch, welches ich meinem Russischlehrer nach Deutschland schicke. Es ist die einzige Postsendung in zwei Jahren, die nie angekommen ist.

Die Staaten Saskatchewan und Manitoba liegen hinter mir, in Edmonton, Alberta, nehme ich Abschied von der „Zivilisation" und gehe in eine der größten „Malls" der Welt, eine riesige Maschine zum Geld ausgeben.

Für ein „highlight" sorgt die Belegschaft des fast-food-Ladens „Johnny Rocket - The Real Hamburger": Sie singen Playback zu einem Frank-Sinatra-Song, singen mit acht Leuten hinter der Verkaufstheke, benutzen Ketchupflaschen als „Mikrophone" und bieten dazu eine perfekte Choreographie. Das ist Unterhaltung! Donnernder Applaus, auch von mir.

Ich verlasse den Trail. 560 km weiter im Norden liegt am Kleinen Sklavensee die Ortschaft „Faust". Dieses Mal ist die Ortschaft tatsächlich vorhanden, es gibt sogar eine Poststelle. Also schreibe ich Ansichtskarten, Faust schreibt von Faust aus mit Poststempel von „Faust", na ja, wenn nicht originell, dann wenigstens selten!

Die Post ist zugleich Laden. Ich frage das junge Pärchen hinter dem Tresen, wo denn der Name Faust herkomme. Sie klären mich auf: Von Goethes „Mephisto"! (Sie sagen :„Gote"). Das wollte ich nicht wissen. Wo denn der Name des Ortes herkomme. Ach so! Der rühre von einem Eisenbahningenieur her. Allerdings weiß ich, dass die Ortschaft namens Faust schon vor dem Bau der Eisenbahn erwähnt worden ist. Ich danke, versorge meine Post und verabschiede mich von dem jungen Paar in dem ziemlich verlassen und niedergekommenen Ort.

Das „Dorfgemeinschaftshaus" ist verrottet, die vernagelte Tür aus der Außenwand gefallen, sodass ich fast keinen Hausfriedensbruch begehe, als ich das Gebäude vom Aussehen eines Flugzeughangars mit halbrundem Dach betrete. In der Halle wurde, sehe ich, hauptsächlich Bingo gespielt. Oben war die Bürgermeisterei, die Akten sind aus den Regalen gefallen, Ratten haben schnell herausgefunden, dass Papier nicht schmeckt. Ich lasse einen Prospekt aus besseren Zeiten von Faust mitgehen. Man möge mir verzeihen.

In der nahe gelegenen Ortschaft Slave Lake war offensichtlich eine Art Dorffest gewesen, denn man ist bei Aufräumarbeiten. Ich möchte immer noch wissen, nach wem man Faust benannt hat. Man schickt mich zum Lehrer, der offensichtlich das hat, was Wilhelm

Busch „Haarspitzenkatarrh" nennt. Wie aus der Pistole geschossen kommt die Erklärung: „Faust" ist ein typischer schottischer Name!" Endlich Klarheit.

Weiter. Die Grenze zu British Columbia wird überschritten. Ein klangvoller Name: Dawson Creek. Hier beginnt der „ALCAN", der Alaska Canada-Highway, mit Denkmal und Null-Kilometer-Markierung.

Die Strasse wurde ab 1942 gebaut. Grund war der Kriegseintritt Japans mit dem Überfall auf Pearl Harbor. Ein schlauer Mann hatte herausgefunden, dass der kürzeste Weg von Tokio zur Hauptstadt Washington, D. C. über die Aleuten und Alaska führte. Der Bau sollte also den Nachschub an Kriegsmaterial ins potentielle Invasionsgebiet erleichtern.

Tanken in Fort Nelson, 500 km hinter Dawson Creek. Die Tankwartin weiß mehr als ich, fragt mich nach der „flood" (Überschwemmung) in Germany. Später erfahre ich von den schweren Wasserschäden im Odergebiet. Watson Lake liegt schon im Yukon Territory. Ich bin jetzt in der Gegend, die mir durch Erzählungen von Jack London bekannt geworden ist.

Ich bewundere Hunderte von Autokennzeichen und andere Schilder, die hier an Pfählen zu einem ganzen Schilderwald angewachsen sind. Touristen aus aller Welt haben sich hier verewigt.

In Teslin, nach einer Tagestour von 540 km, übernachte ich. Der Abend verläuft gleichförmig wie oft in einsamen Landstrichen: Parkplatzsuche, Essen (wenn möglich, in einem Restaurant), eine Duschgelegenheit erfragen. Das geht immer gut, wenn es nämlich eine Ortschaft, oft nur zwei, drei Häuser, gibt, dann ist auch alles Notwendige vorhanden: Tankstelle, Restaurant, kleiner Supermarkt und Campingplatz. Nach Führen des Tagebuchs gibt es noch einen kurzen Rundgang, dann aber wird alles dicht gemacht für die Nacht.

Ich schlafe im Auto (wo sonst?), immer in Nähe eines gut funktionierenden Leuchtkörpers, aber immer entfernt von Abfallplätzen, da es ja Bären gibt.

Whitehorse, am noch jungen Yukon gelegen, ist endlich mal wieder eine große Stadt mit breiten schlammfreien Straßen, einer Wäscherei (es wurde Zeit!), einem Kino (!) und einem Touristenzentrum. Auf dieses bin ich angewiesen, da ich nur eine Übersichtskarte bei mir habe.

Allerdings bin ich in Nordamerika nie ohne Information geblieben, im Gegenteil, oft ist es des Materials mehr als genug, manche Hochglanzbroschüre hätte man sich sparen können. Hier in Whitehorse freue ich mich, denn über den sagenhaften, oft erwähnten Dempster–Highway möchte ich Vieles und Genaues wissen.

Ich war durch zahlreiche Berichte im Internet schon gewarnt und hatte mir schon in Chicago einen zweiten Ersatzreifen zugelegt. Aber gemach: erst einmal nach Hause telefonieren (der Tante geht es gut), Wäsche muss gewaschen werden (herrliche Begegnungsstätten, diese Münzwäschereien!) und Filme müssen entwickelt werden.

Hinter Beaver Creek zweigt der Alaska Highway nach Fairbanks in Alaska ab, ich wende mich nach Norden und bleibe in Kanada, um Dawson zu erreichen.

Nach 719 km erreiche ich Dawson City. Hier kommt der Klondike zum Yukon, hier war vor genau 100 Jahren, 1897, die Hölle los!

Diese Goldgräberstadt war der Nabel der Welt für Glücksritter und Dienstleister (diese wurden am ehesten wohlhabend), die Worte Dawson, Klondike oder Yukon zogen die Abenteurer damals genauso magisch an wie beim ersten Goldrausch 1849 Kalifornien. Doch hier im hohen Norden (fast 65° nördliche Breite) waren die Bedingungen ungleich härter. Man musste bis zu einem bestimmten Zeitpunkt von Seattle aus in Skagway, Alaska, angekommen sein, sonst machte der Wintereinbruch ein Erreichen des Klondike-Gebietes über den Chilcoot-Pass unmöglich.

Ein Rundgang durch die nun sehr verschlafen wirkende Stadt bringt tatsächlich noch ein paar Häuser aus dieser Zeit des damaligen wahnsinnigen Aufschwungs zutage. Ein renovierter Saloon mit Can Can-Tänzerinnen lockt mich aber ebenso wenig wie die angeschlossene „Spielhölle".

Ich treffe meine Vorbereitungen zur Weiterfahrt auf dem Dempster-Highway. Vor mir liegen ca. 680 km Strasse, ohne Asphalt- oder Betondecke, lediglich aus Schotter bestehend, welcher zur Oberfläche hin immer feiner wird, verdichtet und dann festgewalzt wird, eine sogenannte gravel road (gravel = Kies), die aber bei Regen oft zur mud road (mud = Schmutz) wird. Bei uns heißen diese Straßen sinnigerweise Makadamstrassen nach dem schottischen Bauingenieur McAdam.

Ich suche Gitter für meine Scheinwerfer. Der Laden in Dawson weiß um seine Monopolstellung für Fliegengitter und hat dementsprechende Preise. Die so geschützten Scheinwerfer sind tatsächlich nicht durch aufgewirbelten Schotter zerstört worden, wohl aber hatte meine Windschutzscheibe nach 200 Metern auf dem „Dempster" das erste kleine Loch!!!

Der kleine Steinschlag, durch einen entgegenkommenden Lastwagen hervorgerufen, war meine „Begrüßung" auf dem Dempster; danach habe ich bis auf eine Straßenbaukolonne keinerlei Fahrzeuge mehr getroffen. Zu Beginn dieser Fahrt, die eher wundervoll als abenteuerlich war noch ein Hinweisschild: „Nächste Tankstelle 370 km" (!).

Das Gemüt kommt auf seine Kosten. Außer dem zuverlässigen

Schnurren des Motors Ruhe, der Tank ist gefüllt, Ersatzkeilriemen sind auch dabei, Essen für eine Woche ist „gebunkert", man genießt einfach die „Heidelandschaft" mit spiegelglatten Seen, überraschenden Fernblicken und immer kleiner werdenden Bäumen, die hier den hübschen englischen Namen „krumholtz" tragen.

An einem Campingplatz mit angeschlossener Forschungsstation halte ich. Die Biologin des „Tombstone Campgrounds" klärt mich auf: Die Nacht zuvor sind zwei Grizzlies zwischen den Zelten hindurchgelaufen, es ist aber nichts geschehen, da diese offenbar keine Nahrungsgerüche aufgenommen hatten. Dennoch hat man sofort den Campingplatz geschlossen, deshalb ist dieser nun leer. Auch ich kann hier nicht bleiben, werfe aber noch einen Blick auf einen der Grizzlybären – durchs auf ihn eingestellte Fernglas! 500 Meter sind ein beruhigender Abstand.

Die „Eagle Plains" sind ein Hochplateau, das völlig unabhängig von der Außenwelt ist. Dieser Außenposten der Zivilisation ist mit allem ausgestattet, was ein Leben hier ermöglicht: Kleiner Flugplatz, Autowerkstatt, Energieversorgung, Wasserversorgung, Abwasseraufbereitung, Telefon und Funkstation. Dazu kommen die „normalen" Einrichtungen wie Hotel und Gaststätte etc.

Von hier aus führe ich ein Telefonat mit Debbie. Ich erfahre, dass gerade heute ihre Forschungsstation am Eismeer geschlossen wird und sie ausziehen muss. Sie bleibt aber noch zwei Tage in Inuvik, dem Endpunkt des Dempster. Sie gibt mir noch eine Telefonnummer, wir wollen uns in der Inuitstadt treffen.

Am 27. August treffe ich am Polarkreis ein! Eine Tafel weist darauf hin; es gibt hier natürlich nichts besonderes zu sehen, es kommt mir aber irgendwie aufregend vor, da für mich in Europa der Begriff „Polarkreis" gleichbedeutend war mit „weit weg" und „Abenteuer". Unspektakulär also, wenn man davon absieht, dass ich hier mutterseelenallein in der Wildnis bin (immer noch kein Fahrzeug, die Laster von den „Eagle Plains" fuhren alle nach Süden); fast unmerklich auch der Übergang von Tundra zur Taiga, die Strasse senkt sich allmählich, die fernen Mackenzie-Berge im

Osten sind nicht mehr zu sehen, ich gelange ins Tal des Peel River, den ich mit der Fähre überwinde.

Die Nordwest Territories sind erreicht.

In Fort McPherson halte ich, froh für eine „zivile" Pause nach soviel grandioser Natur.

Mit der Straße ist diese Ansiedlung erst seit 1982, seit der Fertigstellung des Highways, zu erreichen. Die Inuit haben hier neben den Anfängen eines Fremdenverkehrs (Kanufahren auf dem Peel River) eine Fabrik für Zelte und andere „outdoor"-Ausrüstungsgegenstände aufgebaut. Ich besichtige die Fabrik, werde auch freundlich herumgeführt, das schöne Etikett der Fabrik aber darf ich als Andenken nicht mitnehmen, man fürchtet Markenartikelfälschung.

Bekannt geworden ist aber diese 700-Personen-Gemeinde im Hohen Norden Kanadas durch zwei Ereignisse, die das Land in Atem hielten und deren Schilderung sehr gut die Lebensbedingungen im arktischen Kreis verdeutlichen:

Das Schicksal der „Lost Patrol", der vierköpfigen Patrouille unter Inspektor Fitzgerald, nahm 1910 seinen Lauf, als die erfahrenen Männer der North West Mountain Police ihre allwinterliche Kontrolltour Dawson-Fort McPherson unternahmen. Erstmals startete man von Ft. McPherson aus, die Schlittenhunde hatten mit ihrer Last 765 Kilometer, über die kontinentale Wasserscheide hinweg, zurück zu legen. Fitzgerald entschied sich für leichte Ausrüstung, um schneller vorwärts zu kommen und hoffte, die Distanz in 30 Tagen zu bewältigen. Überaus widrige Temperaturen, zum Schluss gar über -55° C, der Umstand, dass man erstmals die Strecke umgekehrt in Angriff nahm und der Fehler des Pfadfinders, der einen entscheidenden Abzweig übersah, all dies führte die Polizisten in die Katastrophe. Über 50 Tage irrten die Männer im tiefsten Schnee umher, machten dann noch den Versuch, zum Ausgangspunkt zurückzukehren, blieben erfolglos und wurden, nur 36 km von Fort Mcpherson entfernt tot aufgefunden, verhungert und erfroren. Der Mann, der 1911 von Dawson City aus die Suche nach seinen Kollegen aufgenommen hatte, war Corporal Dempster und stand am

Anfang seiner Karriere. Nach ihm ist der Highway benannt worden.

Die Jagd auf den „Mad Trapper of Rat River", den bösen Fallensteller vom „Rattenfluss", ist ebenfalls aus dem Stoff, aus dem Abenteuergeschichten gemacht werden. Für die Beteiligten bedeuteten die Ereignisse von 1930 aber nur Strapazen unter Lebensgefahr.

Woher der Trapper (Fallensteller) Albert Johnson kam, wusste keiner. Er lebte am Rattenfluss und sollte von einem Polizisten der berühmten „Royal Canadian Mounted Police" routinemässig zu einer Anzeige wegen Pelzdiebstahls befragt werden. Seine Antwort bestand darin, den berittenen Polizisten anzuschiessen. Die daraufhin folgende Jagd auf den Schiesswütigen nahm die Aufmerksamkeit des ganzen Kontinents in Anspruch: Johnson floh 40 Tage, legte ohne Nahrung und ohne Schlittenhunde Hunderte von Kilometern zurück, bis er schliesslich in einem Kugelhagel in der schneebedeckten Erde am Ufer des Eagle River 100 km von Ft. McPherson starb!

Ich dagegen fahre fast gemütlich mit der Fähre über den Mackenzie und den Arctic Red River. Der Mackenzie kommt von weither, vom „Großen Sklavensee", und mündet ins Eismeer. Ich gelange nach Inuvik, Endstation des Dempster Highway.

Weiter kann man in Kanada nicht nach Norden fahren. Im Winter allerdings, wenn alles verschneit und vereist ist, ist es möglich, bis an die Beaufortsee, zur Siedlung Tuktoyaktuk, zu fahren.

Ich bekomme einen Stellplatz im RV Camp vor Inuvik (RV = Recreation, Van = Auto zur Erholung, etwa: Camping-Bus); es ist auf einem Hügel gelegen, gut: keine Mücken! Dafür aber windig, nachts eiskalt, aber die Ausrüstung macht's bequem. Weitere Annehmlichkeiten sind eine Feuerstelle, eigenes Wasser und blitzsaubere sanitäre Einrichtungen, bestens geheizt!

Jetzt, Ende August, ist es zu spät für die Mitternachtssonne und zu früh für Polarlichter, immerhin kann ich bis nach 23.00 Uhr lesen.

Inuvik hat als Kleinstadt von knapp 3000 Einwohnern alles, was man braucht, in der Ortsbücherei kommt sogar eine (kostenlose!) Internetverbindung zustande. Charakteristisch für das Ortsbild ist die Römisch-Katholische Kirche „Unsere Frau des Sieges", wie eine Kugelkappe, einem Schneehaus ähnelnd, gebaut; unverwechselbar aber auch sind die Fernwärme- und andere Leitungen auf Stelzen, denn sie sollen ja nicht den Dauerfrostboden aufweichen und darin versinken.

Die Stadt Inuvik (= Platz der Völker) ist eine Reissbrettplanung der kanadischen Regierung, erhielt 1958 ihren Namen und sollte ursprünglich das nicht Hochwasser sichere Aklavik ersetzen, aber die tot gesagte Siedlung westlich von Inuvik gibt es immer noch. Heute leben hier Weisse, Inuvialuit (ein Stamm der Inuit) und Indianer vom Stamm der Dene friedlich zusammen, was nicht immer selbstverständlich war.

Wo denn die „Eskimos" sind? Das habe das gleich gelesen und beherzigt: "Der Begriff ‚Eskimos' ist für uns nicht länger akzeptabel" stand in einer Broschüre. Man nennt sich Inuit.

Die Köchin Debbie habe ich verloren, bevor ich sie gefunden habe: Ein Telefonat in Inuvik bringt zutage, dass ihre Telefonnummer von mir falsch notiert wurde! Sehr schade!

Ich beschließe, ans Polarmeer, die Beaufortsee, zu fliegen.

Der Flug nach Tuktoyaktuk über das Delta des Mackenzie bei bestem Sommerwetter bleibt unvergesslich. Glitzernde Flussarme, vereinzelte Inseln und die sehr fremdartig aussehenden „Pingos", Erdbuckel, die durch das Wechselspiel von Wasser und Erde mit Frost und Wärme entstanden sind, erwecken das Gefühl, durch eine Traumlandschaft zu schweben.

Im Flugpreis ist eine Führung im geheizten Bus enthalten. Wir erfahren allerlei über die Jagd auf den Beluga-Wal (vorbei) und über die Zucht von Karibus (derzeit), aber auch, dass die Queen schon hier war. Ihr zu Ehren hat man ein „Iglu" gebaut, aus Erde und Holz, mit Erde abgedeckt. Iglu muss also kein Schnee- oder Eishaus sein! Ob die Elizabeth in ihrem Iglu geschlafen hat, erfahren wir allerdings nicht.

Ein liebenswerter „Gag": Wir ziehen einen Schuh und eine Socke aus und strecken den nackten Fuß ins Wasser. Dafür erhalten wir eine Urkunde, die bestätigt, dass wir „einen Fuß ins Polarmeer getaucht" haben. Ich verlasse den nördlichsten Punkt meiner Weltreise: 69° und 27 Minuten nördliche Breite, zum Nordpol sind es allerdings noch über 2000 km.

Auf den „Eagle Plains" will ich wieder bei der Rückfahrt übernachten. Ich bin dann auch dort, nur mit „Übernachten" im Sinne von Schlafen wird es nichts, da ich vor dem Schlafengehen erst noch einmal das Restaurant aufsuche, um in geheizter Umgebung noch ein wenig zu lesen. Nach dem guten Abendessen wechsle ich zur Hotelhalle hinüber.

Dort ist „man", d. h., Fernfahrer mit Begleitung, „gut drauf". Zu dröhnender Jimi-Hendrix-Musik wird konsumiert, was das Portemonnaie hergibt, Essen, Trinken, Trinken, Snacks und Trinken sind neben dem Erzählen von wahrscheinlichen und unwahrscheinlichen, aber immer deftigen Stories die vorherrschenden Beschäftigungen.

Ich lege irgendwann einmal meinen Schundroman (immerhin: in Englisch!) zur Seite und setzte mich zu zwei, wie sich herausstellt, Touristen aus Ostkanada, aus New Brunswick. Der eine hinterlässt in meinem Gedächtnis eine Geschichte (eine von vielen), die es wert ist, weiter erzählt zu werden:

Der Onkel des Erzählers hatte als Küchenhilfe während des II. Weltkrieges Dienst auf einem Truppentransporter der US-Marine. Seinen mageren Sold besserte er nach dem Dienst dadurch auf, dass er Klavier spielte. Eines Tages fragte ihn ein kleiner Mann mit freundlichem Lächeln, ob er auch einmal spielen dürfe. Froh stimmte der Onkel zu. Der Mann spielte nicht schlecht, musste der Onkel zugeben. Das sagte er diesem dann auch nach der Einlage. Das wiederholte sich noch zweimal während der Überfahrt nach Europa. Bevor der kleine Mann in Europa das Schiff verließ, fragte ihn der Onkel noch nach seinem Namen. Der antwortete: Arthur Rubinstein.

Was jetzt stimmte, ob es der Onkel war oder nicht, ob die Geschichte wahr war oder nicht, all dies ist ohne Belang, denn genau in dieser Nacht, in dieser Umgebung, in diesem Milieu, passte sie genau hin. Mittlerweile war nämlich bei den Rittern der Landstraße Streit ausgebrochen, souverän von der „waitress" im Keim erstickt worden, die Versöhnung forderte noch mehr Alkohol als das vorangehende „Eintrinken", Fetzen von Lebensgeschichten drangen zu uns, dort eine weinerliche Stimme, da ein Geburtstag, der gefeiert werden musste, jetzt ein Hoch auf diesen oder jenen Abwesenden, dann noch ein Drink ohne Grund, dazu immer noch die Gitarre von Jimi Hendrix, längst war mein Buch weggelegt worden, staunend sog ich die Geschichten, die Erzählbrocken in mich auf.

Völlig gleichgültig, ob erlogen, erfunden oder erlebt, hier in dieser Sturmnacht passte alles!

Abschied, ins Auto, es ist 04.00 Uhr früh; ich beeile mich, in den Schlafsack zu kommen, den die Kälte und der Sturm haben hier draußen genau so wenig nachgelassen wie die Konsumier- und Fabulierfreude drinnen.

Mein Wissen über das anscheinend immer aktuelle Thema „Mit den Bären auf Du" erweitert sich abermals. In der Broschüre „In der Wildnis des Yukon" wird geschrieben, man solle sich bei Annäherung eines Bären tot stellen, zugleich aber herausfinden, ob es ein Grizzly oder ein Schwarzbär ist. Gegen den Schwarzbären soll man mit allem kämpfen, was man hat, auch mit Fäusten und Fußtritten, beim Grizzly soll man „tot" bleiben und hoffen, dass der Bär das Interesse verliert. Zwei Skizzen zeigen noch den Unterschied zwischen den Bärenarten. Einfach gut. Es wird noch besser: In einer Schutzhütte am „Dempster" wird erklärt, was man machen soll, wenn man einen Bären in Notwehr getötet hat:

„Der „Abschuss" ist den zuständigen Behörden in Whitehorse zu melden.

Ist ein Beamter nicht sofort zu erreichen, ist der Bär abzuhäuten, die Haut ist durch Salz zu konservieren und an einem kühlen trockenen Platz aufzubewahren; sie kann auch eingefroren werden.

Es ist ein Vergehen, die Haut verderben zu lassen. Der Bär ist Eigentum des Staates und muss mit Schädel oder Unterkiefer vorgelegt werden". Was soll mit dieser Fülle des Wissens, noch geschehen?

Abschied auch vom Dempster. In Dawson an einer Tankstelle spüle ich Schlamm und Staub und Salz vom treuen Auto, das nun doch noch (wieder auf den letzten Kilometern!) ein zweites Loch in der Windschutzscheibe erhalten hatte.

Nach Süden. In Whitehorse ist Feiertag, „Labour Day". Ich möchte auf das Öffnen der Geschäfte am nächsten Tag warten und nutze den Aufenthalt, um einen Tagesausflug nach Skagway, Alaska, zu unternehmen.

Über den knapp 900 Meter hohen White Pass führt die neue Straße nach Skagway hinunter. Hier kamen 1897 die Mitglieder der „Klondike Stampede" (stampede ist eigentlich ein Aufruhr von Rindern!) aus Seattle an, hatten keinen Blick für die Fjordlandschaft der „Inside Passage", sondern brachten ihre Ausrüstung zusammen, um noch vor Wintereinbruch ins kanadische Klondike–Gebiet zu kommen.

Der kürzeste Weg aus der Bucht führte über den Chilcoot Pass, eine 50-Kilometer-Tour, die drei bis sechs Tage dauerte. Jeder kümmerte sich nur um sich, wer starb, wurde am Weg liegen gelassen. Jeder musste an der Grenze zwischen den U. S. A. und Kanada Verpflegung vorweisen, auch kam man ohne Boot (oben auf dem Pass!) nicht nach Kanada. Die Schmalspurbahn, die aber erst von 1900 an über den White Pass führte, linderte die fast übermenschlichen Anstrengungen der Goldgierigen.

Heute, 100 Jahre danach, ist der Chilcoot Trail ein Wanderweg, die Bahn ein beliebtes Freizeitspäßchen und die Inland Passage durch die Fjordlandschaft wird von Super-Luxus-Traumschiffen benutzt. Hunderte von Kreditkartenbesitzern nutzen den Aufenthalt im Städtchen (im Stil der Jahrhundertwende erhalten und restauriert), um für Umsatz zu sorgen.

Zurück über Carcross. Ich denke noch: „Wie sinnvoll, einen Ort, an dem sich Straßen kreuzen, „Autokreuz" zu nennen!". Später erfahre ich, dass der Ortsname von Caribou Cross (Wildwechsel der Karibuherden) herrührt. Das ist doch gleich viel romantischer!

In Whitehorse wird „Materialerhaltung" betrieben, aber auch schon an Watson Lake gedacht. Jetzt bin ich gerüstet und bringe doch noch mein Schild im Schilderwald von Watson Lake an. Ein schlichtes „Faustepit", D-65510 Idstein und Datum genügt mir.

Ab Watson Lake eine neue Route: Ich verlasse den ALCAN und reise weiter westlich nach Süden. Die Straße 37 ist auf ein paar Hundert Kilometern sehr schlecht, aber das wusste ich ja vorher: Makadambelag ändert sich zu losem Schotter, dann zu Schlamm, aber mit etwas Geschick und Glück immer befahrbar! Ich habe zu Essen dabei (reichlich), besitze ausreichend Treibstoff, Wasser ist draußen, sodass ich notfalls auch einmal einen oder zwei Tage warten kann, bis mich jemand 'rauszieht. Aber es geschieht nichts Negatives.

An diesem Tag treffe ich lediglich einen anderen Fahrer. Wir halten an, lassen die Autos stehen, wie sie sich gerade begegneten und unterhalten uns, froh, auch einmal etwas anderes als „nur" endlose Wälder und ab und zu Bären zu sehen. Weiter: Bell II ist eine Blockhütte, in der man aber gut und ausreichend Essen und Trinken erhält. Dann lange Zeit keine Gebäude mehr, bis endlich New Hazelton erreicht ist.

Inmitten dieser Wildnis habe ich allerdings längs der Straße reichlich Schwarzbären und Camps von Pilzsammlern gesehen. Jetzt, Anfang September, ist hier nicht nur der Bär los, sondern es bevölkern auch Hunderte von Sammlern die Wälder. Wie exakt nun sich Bär von Sammler trennt weiß ich nicht, aber es scheint für beide gut zu gehen. Interessant auch die Aufkäufer von Pilzen, ebenfalls am Straßenrand. Sie sitzen auf einem Stuhl und warten. Auf einer Schiefertafel ist der jeweils aktuelle Ankaufspreis zu sehen, der über eine Handyverbindung zur zentralen Lagerhalle jeweils aktualisiert wird. Eine sehr direkte Ausformung des Kapitalismus!

New Hazelton liegt am „Yellowhead" Highway (Nr. 16). Diesen hatte ich ja auf meinem Hinweg bis Edmonton befahren. Hier ist es das letzte westliche Teilstück, das bei Prince Rupert am Pazifik aufhört.

Nahe der Einmündung auf den Yellowhead sehe ich rechts ein riesiges Sägewerk, allerdings quillt aus dem einem Kühlturm ähnlichen Gebilde kein Rauch. Ich fahre zum Bürogebäude, es ist das einzige, vor dem Autos stehen. Es gelingt mir, eine Führung durch den Sicherheitsbeauftragten zu erreichen. Er hat nichts zu tun, vor einer Woche ist (im waldreichen Westkanada!) der Konkurs angemeldet worden. Doch, so wird mir erzählt, neue Finanziers für die Holzfabrik „Carnaby Plant" seien schon gefunden worden. Es ist eine sehr interessante Führung, etwas gespenstisch, da wir in den riesigen Hallen völlig allein sind und außer unseren Schritten keinerlei Geräusch zu hören ist. Da mein Führer vor seiner Arbeit in der Fabrik zehn Jahre bei einer Umweltbehörde gearbeitet hatte, wird mir nun ein etwas ausgewogeneres Bild der Zustände im waldreichen Teil Kanadas vermittelt. Es ist halt nicht so, wie es die Umweltschützer darstellen, dass nämlich unwiderruflich die Bestände zerstört würden. Es geschehe eine maßvolle Abholzung. Seit wann? Er antwortet, seit die Umweltschützer ihren öffentlichen Druck verstärkt hätten. Mir sind noch die Bilder von völlig kahlen, meilenweit zerstörten Landstrichen Kanadas in Erinnerung. Die gäbe es, erwidert er, allerdings wachse nun auch einiges nach und die Holzfirmen seien zur Wiederaufforstung verpflichtet.

Ein Grizzly, kein Schwarzbär, zwingt mich zu einer Vollbremsung, die mit Müh´ und Not gelingt. Sichtlich gelangweilt zockelt der dicke Alte weiter. Die Häufung von Häusern hatte mich wohl zu sehr in der Anschauung bestärkt, es sei wieder alles zivil!

Über Prince George gelange ich nach Jasper. Am Bahnhof halte ich. Es ist früh am Morgen, ein paar Wapitihirsche queren die Straße.

Der Bahnhof von 1911 war mit Ende des Pelzhandels bedeutungslos geworden, heute schaufelt die Tourismusindustrie bis zu 50 000 Besucher am Tag zu den 5000 Einwohnern, die sich sicherlich freuen. Die Schönheit der kanadischen Rockies wurde schon früh von Hollywood–Regisseuren genutzt, die hier in den Columbia–Bergen filmten. Die Landschaft wurde den Filmbesuchern als „Alpen" verkauft.

Um es gelinde auszudrücken: Die touristische Aufbereitung der Gletschergegend südlich Jasper ist gelungen. Im Ambiente eines Weltstadtflughafens werden hier minutengenau die Touristen abgefertigt. Der Fairness halber sei gesagt, dass der Athabasca–Gletscher einer von sechs des Columbia-Eisfeldes ist und nur der wird Touristen zugänglich gemacht, d. h., „geopfert".

Der Nebel liegt über dem Eisfeld, sodass ich mich nicht in die Warteschlangen einreihe, sondern nur einen kleinen Marsch zum unteren Rand des Athabascagletschers mache. Landmarken zeigen an, wie dieser im Lauf der Jahre zurückgewichen ist.

Das schlechte Wetter hält am Lake Louise an, das schmale Tal ist mit Wolken gefüllt; dennoch lässt eine Kurzbesichtigung die Schönheit ahnen, die viele Leute hierher zieht. Selbst meine weitgereisten kalifornischen Freunde Roger und Elaine gerieten ins Schwärmen, als ich bei der Planung meiner Rundfahrt vom Lake Louise erzählte.

Ich sehe Dickhornschafe. Nichts besonderes hier, erwähnenswert nur, dass man erst deren Anzahl über Abschussquoten regeln wollte, genau wie bei den hier lebenden Wölfen. Man ist dann darauf gekommen, dass die Institution „Natur" auch funktioniert: Die Schafe werden nicht gefüttert, die Wölfe nicht abgeschossen, bei der Anzahl bleibt ausgewogen.

Hier in der Nähe muss der Patricia Lake sein, Schauplatz eines seltenen Experiments im II. Weltkrieg. Das Projekt „Habakuk" sah den Bau von Flugzeugträgern aus Eis vor! 1943 entstand ein Prototyp von 18 Meter Länge, der, aus Eis und Sägespänen gefertigt, 900 Tonnen wog. Wie das weiterging, war nicht zu erfahren.

Aus den Rockies heraus, vier Parks habe ich durchmessen, endlich ein autobahnähnliches Gebilde; über Banff (das „Banff Spring Hotel" wird besichtigt, nichts für mein Portemonnaie!) nach Calgary. Das Olympiagebäude westlich der Stadt erhält einen Kurzbesuch; in der nun menschenleeren Empfangshalle sind noch Bilder und Wandinschriften der Olympiateilnehmer, auch deutscher, zu sehen.

Am 7. September bin ich wieder in den U.S.A., den Stempel, den man mir in Skagway zur Verlängerung meines Visums gab, war ein falscher. Dem Grenzbeamten scheint es nach einem kurzen Verhör genauso egal zu sein wie mir, ich fahre weiter.

Am Wegesrand eine Schlagzeile, dass Lady Di beerdigt werde. Wieso? Die war doch noch so jung? Kein Interesse daran, immerhin, die erste Schlagzeile auf einer Titelseite eines amerikanischen Massenblatts mit europäischem Bezug (ich bin jetzt sechs Monate „am Stück" in den U.S.A.!).

Bei schönstem Sonntagswetter gelange ich durch den Waterton Glacier Park. Danach begleiten mich links die Rockies und rechts, in der Ferne, die Cascades.

Deer Lodge hat ein schönes „Historisches" Zentrum (Jahrhundertwende 19./20. Jhdt.).

In Butte muss ich mich wieder länger aufhalten, da sich mein Virus aus Bishop (der mit der Halsentzündung) wieder meldet. Da ich nun aber das Medikament kenne, ist nach zwei Tagen Ruhe die unbeschwerte Weiterreise zugange.

Im Yellowstone Nationalpark habe ich nur einen Bison gesehen (Büffel gibt es nicht, auch wenn man sie oft „buffalos" nennt), die großen Bisonherden, durch Rückkreuzung wieder in einer bescheidenen Zahl vorhanden, befinden sich weiter östlich, in Montana. Nach vierzehn Stunden offener Augen und müder Füße ob all der thermischen Wunder und Schönheiten der Flora und Fauna, lege ich mich südlich des Yellowstone Nationalparks schlafen.

Ein Wunder geht mir nicht aus dem Kopf: Wie ist es möglich, aus Holz so etwas Hässliches wie dieses riesige Hotel (Lodge) in der Nähe des Geysirs „Old Faithful" zu errichten? Vielleicht habe ich aber auch nicht den richtigen Geschmack oder bin neidisch auf die Begüterten, die hier ein- und ausgehen.

Im „Tal der Großen Brüste", den Grand Tetons. Der sichere Blick der französischen Pfadfinder führte zur Namensgebung, die englischsprachigen Nachfolger sprechen das Wort "Grend Tietens" aus. So verwischt Ignoranz die frivolen Worte, die nordamerikanische Prüderie hat keine Angriffsfläche.

Im Süden des „Jackson Hole" liegt Jackson, Zentrum der Wintersportfreunde aus fast den ganzen U.S.A.

Salt Lake City ist der sichtbare Beweis dafür, dass der Glaube eine der grössten Antriebskräfte des Menschen ist. Nur die Anhänger der „Kirche von Jesus Christus der Heiligen der letzten Tage" konnten 1847 auf ein knappes „This is the place!" (= das ist der Platz) in dieser Salzpfanne anfangen, das Reich Zion auf Erden aufzubauen! Die Mormonen, so nennt man die Anhänger dieses Glaubens kürzer, brachten die Wüste zum Blühen, heute hat Salt Lake City (der Salzsee ist etwas weiter von der Stadt entfernt) 170 000 Einwohner und ist Hauptstadt von Utah, dem US-Bundesstaat mit dem Bienenkorb im Wappen, zu Recht, wie ich meine. Die Aufnahme in die U. S. A. geschah aber erst, nachdem formell die Mehrehe der Mormonen abgeschafft wurde. Der Mormonenführer Brigham Young brachte es auf 27 Ehefrauen und 56 Kinder! Ich besichtige den Temple Square (die Kirche ist von innen tabu) und gehe ins Tabernakel, einen Versammlungsraum. Ich hatte gehofft, den vorzüglichen Chor der Gemeinde zu hören, aber diese mal hatte ich aufs Geratewohl kein Glück, Probe und Gottesdienst waren an anderen Tagen. Immerhin kann ich bis zum Spieltisch der gigantischen Orgel vordringen, erlaubt hat es mir keiner, und prompt werde ich auch freundlich zurückgeholt. Ich verlasse den Kirchenbereich, eine Orgie aus weissem Granit und erhole mich in einem Kino (was sonst?), dass europäische Filme zeigt!

Ich muss zugeben, dass es mich gejuckt hat, die jungen, wie geleckt aussehenden Fremdenführer auf dem Temple Square zu fragen, wo dann eigentlich die goldenen Platten seien, auf denen der Inhalt des Buches „Mormon" 1823 dem Propheten Smith kund getan worden war, lasse es aber (Die Platten sind ausser von Smith von niemanden mehr gesehen worden.).

Beeindruckt (ohne Ironie!) verlasse ich die Hauptstadt der Fleissigen, die sich im Amerika der „unbegrenzten Möglichkeiten" noch das Sahnehäubchen des „Auserwählt-Seins" aufgesetzt haben.

Weiter nach Süden. Nördlich von Cedar City bin ich, so entneh-me ich einem Straßenschild, nur noch 76 Miles nördlich der Nord-kante des Grand Canyon (!), fünf Monate später als bei der ersten Annäherung! Diesmal wird der Besuch wohl gelingen. Die Erwar-tung steigt.

Tatsächlich bin ich verloren: Ein wunderschöner Wasserfall auf dem Weg zum Grand Canyon hält mich nur kurz auf, endlich bin ich da, am frühen Abend, ganz allein, Grund dafür ist ein tosendes Gewitter mit reichlich Wasser, das jeden anderen Besucher zum Rückzug veranlasst hat. Ich bin so fasziniert vom lang ersehnten Anblick der Schlucht, dass ich völlig durchnässt bis zur totalen Dunkelheit stehen bleibe, die Hände brav ans Eisengeländer ge-klammert, trotz der Blitze, die durchaus nahe waren!!

Es ist untersagt, in den Autos im Freien außerhalb gekennzeich-neter Campingplätze zu übernachten. Ich habe keine Lust, mich mit den freundlichen, aufmerksamen, aber auch sehr strengen Park Rangers anzulegen und beschließe, außerhalb des Parks zu über-nachten (ab und zu sollte man sich ja an die Regeln dieses freien Landes halten).

Es findet jetzt die Tour statt, die im April durch den Blizzard so jäh ihr Ende fand, die Rundreise durch verschiedene Nationalparks im Südwesten der U. S. A. im Uhrzeigersinn um den Grand Canyon.

Der Bryce Canyon ist keiner, eher eine erodierte Bergflanke. Wasser, Luft und Licht haben allerlei bizarre Figuren in den Fels „komponiert".

In der Dämmerung dann durch den Capitol Reef Nationalpark zu den Canyonlands; nach einer romantischen Pinkelpause bei Voll-mond erwarten mich zwei Rehe am Auto. Es stellt sich heraus, dass ich auf ihrem Gras stehe. Ich murmele eine Entschuldigung, drücke mich an ihnen vorbei und fahre behutsam weg. Ich glaube sogar, bei einem Tier ein nachsichtiges Kopfschütteln bemerkt zu haben.

Schlaf an einer Tankstelle, weiter zum Arches Nationalpark. Auf dem Weg dorthin durch Green River, nicht ohne ein Frühstück in der „Wassermelonenhauptstadt" der U.S.A. genommen zu haben.

Vor dem Arches Nationalpark aber liegt ein Teil des Canyonlands Nationalparks. Ein fantastischer Ausblick von einem Hochplateau zeigt wie in einem Sandbaukasten die „Needles" (Nadeln) im Süden, einem weiteren Teil der „Canyonlands", aber auch, welche Möglichkeiten „offroad"-Fahrer mit ihren geländegängigen Fahrzeugen haben, dort unten in der Wildnis einen Sieben-Tage-Ausflug zu machen. Leider ist mein treues Fahrzeug nicht dafür geeignet. Hier ein Trail, da ein Hike, noch ein Trail, es summiert sich, dann, müde, nach Moab, schlafen,

Tags darauf bin ich nur kurz im Arches Nationalpark, was bedeutet: nur sechs bis sieben Stunden. Wieder ein Trail, ein Abstecher, noch ein Trail und dann ein Schild, eine nur hier gesehene Neuerung, dreisprachig: „Der Boden lebt!" (Mikroorganismen etc.), also nicht abseits der Pfade gehen. Viele bleiben auf den Pfaden, wollen nicht zu Mördern an Lebewesen werden, die im Milli- und Mikrometerbereich ihre Arbeit tun.

Wieder nimmt mich das Städtchen Moab auf: Essen, Trinken, Säubern, Schlaf .

Auf nach Süden, zu den „Needles" der Canyonlands. Beeindruckend die Felsnadeln, noch beeindruckender der „Newspaper"-Fels am Anfang. Der Felsen ist von den Ureinwohnern mit Symbolen und Zeichen bedeckt. Diese Felsritzungen sind nicht entziffert worden, also hat man den Ort dieser Zeichen einfach „Zeitungsfelsen" genannt.

Spät noch (nach einer erneuten Wanderung, dreieinhalb Stunden in schattenloser trockener Hitze entlang eines Lehrpfades in, auf, unter und über die Felsen) ein Kurzbesuch bei den „Natural Bridges", einem Nationalpark mit Bögen, die etwas anders entstanden sind als die „Arches".

Der Weg zur Ortschaft Mexican Hat (nach einem Felsen benannt, der nach einem Mexikanerhut benannt wurde), wandelt sich von harmlosem Asphaltbelag zu Schotter. Auf einmal scheint es nicht weiter zu gehen. Ich stehe am Ende eines Mesarückens, vor mir in der Tiefe (das erfahre ich später) das „Tal der Götter" mit einem grandiosen Ausblick, von der untergehenden Sonne beleuchtet, auf das ferne „Monument Valley"!

Dann erblicke ich die Straße, die in die Steilwand der Hochebene „gefräst" zu sein scheint, bewältige die 300 Meter Höhenunterschied und schlafe in „Mexican Hat".

Zum Frühstück gehe ich vom Standplatz an der (nachts beleuchteten!) Tankstelle hinüber zum „Tradepost", in dem die Navajos in Eigenverwaltung Gegenstände verkaufen, die von ihren Stammesgenossen im Reservat hergestellt worden sind.

Eine Reisegesellschaft wartet schon seit geraumer Zeit auf ihr Frühstück im Restaurant des Handelspostens. Ich bestelle bei der langsamen Frau und krame mir ein Buch heraus, möchte nicht eilen. Das Gemurre ringsum wird größer, die Reiseleitung ist sichtlich beunruhigt; anscheinend hatte man beim ersten Dringlichmachen der Bestellung die falsche Wortwahl getroffen, denn von irgendwelcher Beschleunigung seitens des Personals ist nichts zu bemerken. Endlich kommt das Frühstück... für mich!! Die anderen glauben nicht, was sie sehen, die Atmosphäre wird dichter, von der Überlegenheit des „Weißen Mannes", von der Ruhe, in der bekanntlich die Kraft liegt, ist nichts mehr zu spüren. Ich esse und bezahle schnell, nicht allzu neugierig auf das, was sich nun noch abspielen wird!

Das Monument Valley gehört den Navajos, mein „Golden Eagle" Pass gilt hier nicht, ich bezahle brav meinen Eintritt. Alles kommt mir hier bekannt vor, kein Wunder, denn ich habe reichlich Wildwestfilme mit dieser „Kulisse" gesehen. Wieder dieses unwirkliche Gefühl, dass man das Ganze hier nach den Maßgaben Hollywoods gebaut hat!

Zurück über Mexican Hat, nach Cortez, Colorado. Am nächsten Morgen reise ich nach Bluff, um von dort aus den Mesa Verde Nationalpark zu besuchen.

Die mesa verde, der „Grüne Tafelberg", ist wegen des „Cliff Palace" weltweit bekannt. Diese indianische Urzeitsiedlung aus Lehm schmiegt sich wie gewachsen unter eine überhängende Felswand am Rand einer Schlucht. Hier sollen die „Anasazi" [3], die „Frühamerikaner", gewohnt haben. Wieder in Cortez buche ich meinen Flug nach Trinidad. Diese Buchung, per VISA-Card bezahlt, hat Auswirkungen, deren ich erst später gewahr werde.

Die Kleinstadt Durango hat wie so viele Städte ihren Charme als Pionierstadt bewahrt (oder wieder hergestellt); ich verharre bei üblicher Routine, bestaune den als Touristenzentrum hergerichteten Bahnhof, die (natürlich!) historische Dampfbahn fährt mit Getöse ein, die Cafés sind schnuckelig, das Kinozentrum ist o. k., ich fühle mich also wohl.

Die Aztec Ruins sind nach den Azteken benannt, den vermeintlichen Ureinwohnern dieser Gegend, wohl falsch. Der Chaco Canyon kann gleichfalls mit Lehmbauten der Anasazi aufwarten.

Los Alamos liegt auf drei Höhenzügen, nicht sehr übersichtlich; ziellos fahre ich ein bisschen durch die Straßen, hier eine Straße nach dem Atomphysiker Oppenheimer benannt, dort ein Museum über die Atombombe, vom Science-Fiction-Autor Ray Bradbury gestiftet. Hier will ich nichts mehr sehen, weiter nach Santa Fe.

Santa Fe ist sorgsam herausgeputzt, mit moderner Lehmarchitektur ein Hinschauen wert, obwohl die unbarmherzige Sonne den Elan schnell schrumpfen lässt. Die Kreditkarte verweigert mehrfach den Dienst.

Ich befinde mich jetzt im Land des sagenumwobenen Kokopelli, der mein Freund wird. Er ist mit seiner Flöte auf Felszeichnungen (ca. 1000 n. Chr.) der Anasazi zu sehen; Er wanderte als Musiker durch den Südwesten der U.S.A., von Dorf zu Dorf erzählte er die neusten Geschichten, ohne darüber seine Pflichten als Casanova zu vergessen. Man glaubte, dass er mit den Wolken und mit dem Wind reden könne. Ein Musiker, der heute als Symbolfigur für das friedliche Miteinander von Menschen verschiedener Rasse und Herkunft steht, sehr sympathisch!

In Albuquerque habe ich kein Bargeld mehr und die VISA-Card streikt auch!

Das war schon des öfteren so, hat sich aber immer wieder „eingerenkt", jetzt aber nicht.

Ich tanke außerhalb der Stadt und erfahre dieses Ungemach nach dem Tanken. Der Reisepass bleibt im Tresor der Wüstentankstelle, neben der die Nacht verbracht wird. Nun ist es nicht so, dass ich mit meinem Schicksal hadere. Ich telefoniere - nein, nicht mit Deutschland - mit Bob, dem neuen Freund aus Bishop, California, bei dem ich während meiner Halsentzündung zu Gast war; er wird mir telegrafisch Geld anweisen, bis die deutsche „Regie" mein Konto aufgefrischt hat. Am nächsten Morgen schon ist das Geld da, „Western Union" sei es gedankt!

Nun habe ich wieder den Kopf frei, um das „KiMo" zu besichtigen. Es ist ein Gebäude im Bereich der niedrigen Hausnummern der Hauptstraße, also das, was man in den U. S. A. schon „historisch" nennt. Es war mir bei meiner „Bankenodyssee" schon mehrfach aufgefallen, es schaute irgendwie „komisch" aus. Um diesen Eindruck durch genauere Informationen verschwinden zu lassen, betrete ich das Informationsbüro an der Ecke des Gebäudes. Man ist sehr freundlich und erlaubt mir, das Innere dieses Prachtbaus zu besichtigen.

Auf den ersten Blick war das Gebäude ein ca. 60 Jahre alter Saalbau mit undefinierbaren Zutaten in der Fassade, jetzt, im Inneren, klärt sich auf, dass hier starke indianische Einflüsse gewirkt haben, Wandgemälde und Holzschnitzereien beweisen es.

Ein Informationsblatt klärt auf: Das KiMo (eine Wortkombination aus dem Indianischen des Isleta Pueblo, bedeutet „Berglöwe", übertragen aber auch „König seiner Art") wurde 1927 gebaut; zu diesem Zeitpunkt brüstete sich nahezu jede Stadt mit einem Versammlungsraum in einem Mehrzweckgebäude. Es entstanden chinesische Pavillons, islamische Moscheen und, wie hier, Gebäude im „Pueblo Deco", einer Mischung aus dem damaligen „Art Deco" und dem Farben- und Formenstil der Indianer des Südwestens.

Oreste Bachechi fing in Albuquerque mit einem Barzelt nahe der Eisenbahnlinie an, machte früh Bekanntschaft mit der neuen Erfindung des Films und beschloss, einen alten Traum zu verwirklichen und ein Lichtspieltheater zu bauen, eins, das herausragen würde aus der Masse der „griechischen" Tempel und sonstiger ethnologischer Zumutungen der Kinoarchitektur.

Bachechi fand als Designer–Architekten Carl Boller, der schon in San Antonio mit einem Wild-West-Rokoko-Theater zugeschlagen hatte und die Menschheit in St. Joseph mit einer Spanischen Kathedrale beglückt hatte, die ein babylonisch–griechisches Interieur ihr eigen nannte.

Bachechi hatte Glück, da Boller hier bewies, dass er auch ohne Häufung von Stilen zu einem schönen und ausgewogenen Ergebnis kommen konnte. Monatelang reiste er in der Umgebung umher, bereiste die Dörfer (Pueblos) von New Mexico (so Acoma und Isleta), besuchte die Navajos und unterbreitete dann seine Vorschläge dem Bauherren.

Neben der Berücksichtigung von Motiven und Symbolen aus der indianischen Welt bekam auch die Farbgebung einen besonderen Platz in der Gestaltung: rot stand für die lebensspendende Sonne, weiß für den herannahenden Morgen, gelb für den Sonnenuntergang und schwarz für die dunklen Wolken des Nordens. Herausragend für mich bei den Symbolen war das Hakenkreuz (swastica) der Navajos, das für Leben, Freiheit und Glück steht!

Das Hakenkreuz ist auf der ganzen Welt verbreitet, nur in Deutschland hat es eine fürchterliche Bedeutung gewonnen.

Der gelungene Höhepunkt des Innenschmucks sind unzweifelhaft die Wandgemälde „Die sieben Städte von Cibola". Diese sagenhaften Städte der Indianersagenwelt tauchten bald in den Köpfen der Eroberer auf. Dem Mythos nach sollten sie in der hiesigen Gegend zu finden sein, von unermesslichem Reichtum.

Der Schöpfer der „Sieben Städte", Karl von Hassler, war 1922 in New Mexico angekommen. Auslöser seiner Sehnsucht nach dem Südwesten der U. S. A. war 1903 eine Wild-West-Show in seiner Heimatstadt Bremen gewesen, in der Buffalo Bill seine Künste zeigte. Von Hassler hatte in Europa Kunst studiert, arbeitete dann in New York und starb 1967 in Albuquerque.

Das KiMo mit den „murals" (den Wand- und Deckengemälden) und seinen Holzschnitzereien kann als Glücksfall gelten, konnten sich hier durch einen sachverständigen Mäzen doch Architekt und Künstler großartig in der Aussage verwirklichen; ein Glücksfall auch, dass das KiMo den Verfall der Innenstadt überdauerte, einer schon verfügten Abrissgenehmigung entkam und nun auch Denkmal großherzigen Bürgersinns ist, der 1977 das Gebäude rettete.

Nun also, mit Geld versehen und mit ästhetischen Reizen gut genährt, kann es weiter nach Westen gehen.

In Gallup habe ich nur vor, mir die Füße zu vertreten und, wie es so schön heißt, die „restrooms" aufzusuchen. In den „Ruheräumen" ruht sich selbstverständlich keiner aus, man verrichtet hier seine Notdurft (auch ein sehr schönes Wort).

Ich möchte das stilvoll in sauberer Umgebung machen und suche zu diesem Zweck das örtliche Touristenbüro auf, immer eine gute Adresse (eine andere gute Adresse ist „Chamber of Commerce", das Büro der Geschäftsleute einer Stadt).

Im Büro schaue ich mich um: etwas klein, und es ist auch keine Tür zu erkennen, die mich an das nun allmählich immer heißer begehrte Örtchen führen könnte. Ich frage und werde höflich zu einer leicht verdeckten Tür geführt, die in einen turnhallengroßen Saal führt. Um die Ecke werde ich fündig.

Auf dem Rückweg habe ich Muße, mir den „Turnsaal" etwas näher anzuschauen: Urkunden an der Wand, an das Volk der Navajo-Indianer gerichtet, präsidiale Anerkennung für – ja, für was?

Vitrinen an der anderen langen Wand geben Aufschluss: Die Navajos hatten im Zweiten Weltkrieg mit ihrer Sprache geholfen, Botschaften des Militärs zu verschlüsseln. Militärische Begriffe wurden auf Navajo beschrieben, dann nochmals herkömmlich chiffriert, eine Methode, die keiner der Gegner, ob Deutscher oder Japaner, „knacken" konnte! So haben dann die „Navajo Code Talkers" [4] ihrem Vaterland einen Dienst erweisen können, der sehr spät offizielle Anerkennung fand.

Im Canyon de Chelly, einer überschaubaren, kaum begangenen Schlucht, mache ich einen langen Spaziergang hinunter und wieder hinauf, der Weg verläuft größtenteils auf nacktem Fels, ist aber gut zu gehen und völlig ungefährlich [5].

Die größte Arbeit wartet nach meiner Rückkehr „oben" auf mich: Mittlerweile ist es Mittag geworden und weit und breit ist weder ein Baum oder ein hohes Haus zu sehen, das mir Schatten für ein Schläfchen gewähren könnte! Endlich werde ich fündig beim einzigen Baum der Gegend.

Auf einmal erscheint ein Dorfbewohner (ich bin etwas außerhalb von Chinle) und ich werde gebeten, mit meinem treuen Dodge einen Fremdstart zu machen. Ich helfe den Navajos; meine Batterie muss sogar ausgebaut werden, da wir kein Fremdstartkabel haben. Da der Anlasser ebenfalls fehlte, mussten wir das Auto in glühender Hitze auch noch anschieben. Alles gelingt, jedoch das Danke entfällt, immerhin bekomme ich meine Autobatterie zurück!

Das Hopi-Reservat liegt auf drei Mesas mitten im Navajo-Reservat, eine der vielen Maßnahmen der Regierung, die daran zweifeln lässt, ob hier überhaupt Interesse an den Problemen der Indianer besteht. Die Hopis und Navajos sind seit Jahrhunderten Feinde, selbst heute ist das erzwungene Zusammenleben von Spannungen geprägt.

Ich bin auf der Zweiten Mesa, dem mittleren Tafelberg der Hopis. Das Museum ist geschlossen, weiter. Auf der Dritten Mesa halte ich an einem Andenkenladen, um nach einem Hopi-Schnitzer zu fragen. Gibt es nicht. Es werden zwar Schnitzarbeiten an den „Katchinas", den traditionellen Puppen, gemacht, aber es werden keine eigenständigen Schnitzereien ausgeführt. Schon im Weggehen befindlich, werde ich von dem jungen Geschäftsmann (seine Visitenkarte hat den Aufdruck: „Don´t worry, be Hopi!") noch einmal zurückgerufen: Ob ich wisse, dass auf der Ersten Mesa ein Tanzfest seines Volkes sei? Natürlich nicht, es gab keinerlei Ankündigungen. Also zurück!

Das Fest, mir wortwörtlich aus heiterem Himmel beschert, wird mir unvergesslich bleiben.

Es sind kaum Touristen da, das Auto muss auf halber Höhe des Anstiegs zur Mesa geparkt werden. Es darf nicht fotografiert werden, es ist auch verboten, Videos, Tonaufzeichnungen und Skizzen zu machen. Ich nähere mich durch enge Gassen dem Platz, auf dem die Darbietungen stattfinden: keine Chance, näher vorzudringen. Hinten 'rum geht's: ein freundlicher Hopi zeigt mir den Weg zu einer Leiter aus Knüppelholz, die auf ein Dach führt. Hier sehe ich dann den Tänzern und Sängern zu, es sind auch andere Indianerstämme eingeladen worden.

Eine gebrechliche Oma geht mühsam zwischen die tanzenden jungen Männer, weint und lacht zugleich, dankt den Stammesbrüdern, die hier so lebendig das Erbe der Väter bewahren. Das war auch das Eindrucksvollste: Dass die jungen Leute (die Mädchen der „Hopi High School"!) so selbstverständlich die Tänze der Älteren zu den ihren machten, dass man hier vier Generationen nebeneinander beobachten durfte. Still gehe ich nach ein paar Stunden ohne gegessen oder getrunken zu haben zum Auto zurück.

Aus dem Gedächtnis trage ich abends noch einen „Hit" des Festivals in mein Notenskizzenbuch ein.

Weiter, durch New Oraibi hindurch. Im alten Oraibi hatte ein Hopi–Stamm nach Vertreibung der Spanier (ca.1680) einen Bruderstamm getötet, weil er die christliche Lehre angenommen hatte. Seit dieser Bluttat ist diese Gemeinde nicht mehr besiedelt worden.

Endlich am Südrand des Grand Canyon!!! Ein erster überwältigender Blick vom „Grandview", danach ein Telefonat mit Freund Lars, der sich wie immer der Gelddinge annimmt (Grund für die „Geldflaute" in Albuquerque war, dass die Flugbuchung in Cortez mein Konto überlastete und Lars es nicht auffüllen konnte, da er im Urlaub war.).

Hier im Ort Grand Canyon ist natürlich der Teufel los, aber man kann sich dann per Fuß doch relativ schnell von den Unmassen der mit dem Bus Angereisten trennen.

Ein Höhepunkt unter den sich reihenden Großereignissen für die Augen ist die Wanderung nach „unten" entlang des „Bright Angel Trail". Man wandert durch fast alle Erdzeitalter hindurch; ab und zu wird man von einer Maultierkolonne überholt, die Ältere oder Bequemere transportiert. Man kann sogar auf der anderen Seite des Grand Canyon wieder nach oben wandern und kommt dort heraus, wo ich vor einigen Tagen gedankenverloren am Eisengeländer stand. Ich aber gehe nach einer vernünftigen Brotzeit gemütlich wieder hoch. Im Tagebuch steht: "Aufwärts sehr hart. Russische Socken und guatemaltekische dicke Strümpfe + mexikanische Schuhe = deutsche Blasen, jeweils eine pro Fuß".

Nach 4½ Tagen erst fahre ich weiter. Flagstaff erreiche ich abends, zum zweiten Mal nach meiner Schneeflucht im Frühjahr. In knapp vier Wochen werde ich schon in Trinidad sein. Im Gebirgsstädtchen sind zwei sehr schöne Buchantiquariate. Das dritte, ein mehr moderneres, entdecke ich erst, als ich schon weiterfahren will. Abends gibt es dort ein Konzert eines Gitarrenduos „The Buzzard Brothers", ein „acoustic blues duo" laut Visitenkarte. Die zwei spielen einen sauberen Blues mit gutem Gesang, neu für mich: der eine Kollege hat sich die Fingerkuppen seiner Greifhand mit einem Fett (?) eingeschmiert. Ich probiere es auch, es ist nicht unangenehm.

Ob es die Hornhautbildung verhindert, erfahre ich nicht, vielleicht hat es ja auch nur eine beruhigende Wirkung.

Weiter nach Westen, wieder in California. In Barstow sehe ich

mir die riesige Sonnenkraftanlage näher an und bewundere die kilometerlangen Reihen von halbzylindrischen Sammelspiegeln.

Wieder in Bishop bei Bob, meinem Freund (und „Helfer in der Geldnot") und Irene, seiner Frau. Ich fühle mich sofort wieder wie zu Hause. Am nächsten Tag schon kann ich meine Schulden zurückzahlen. Neben der Südamerikaplanung verbringe ich mit Bob noch einen Kletternachmittag (kleinere Felsbrocken, acht bis neun Meter hoch, werden „clean", also ohne Hilfsmittel erstiegen) und besichtige mit Irene und Bob noch eine Stelle mit Felszeichnungen.

Danach heißt es wieder einmal Tschüss und ich fahre ich noch einmal zum Mono Lake nach Norden, um dann nach Westen den Yosemite Nationalpark gewissermaßen „von hinten" noch einmal zu queren. Lange denke ich noch an meine Gastgeber. Wenn das Kind da ist (Irene ist im 6. Monat schwanger), wollen sie mich anlässlich einer Europatour besuchen. Also dann!

Der Half Dome im Yosemite-Tal war als Wanderziel in Planung. Ich habe aber jetzt keine Ruhe mehr, da ich noch das Auto verkaufen will und meine Sachen vorher noch ordnen muss, aber auch Wegwerfen und Ersetzen stehen noch an.

Von San Franzisko, von dem ich mich auch jetzt, nach dem x-ten Besuch, nur schwer trennen kann, ab nach Süden: Monterrey, Carmel, St. Louis Obispo, alle schon mit Kuno im Vorjahr besichtigt.

In San Diego werde ich wieder bei Roger und Elaine freundlich aufgenommen. Der Autoverkauf gestaltet sich mit Verlust.

Nach einigen Tagen des Packens und Wegwerfens bin ich wieder ein Rucksackreisender.

Am 27.10.1997 bringen mich die Südkalifornier an den Greyhound-Bus in San Diego. Von Los Angeles aus fliege ich über Miami nach Trinidad.

KARIBIK

Mein neuer „Dienstherr", der Skipper Norbert, wartet schon im Flughafen von Port of Spain, Trinidad, auf mich. Er hatte mir schon vorher eine Bescheinigung geschickt, dass ich auf dem Schiff „Hibiscus" arbeiten würde, sodass Fragen des Zöllners unterbleiben. Bei hohen Temperaturen (knappe 30° C abends um zehn!) und hoher Luftfeuchtigkeit geht es zum Hafen. Das Boot liegt weder da noch schwimmt es, es steht noch aufrecht im Gerüst, verschiedene Reparaturen müssen noch gemacht werden.

Die Leiter hoch, dann ab in die Koje, erst einmal schlafen.

Am nächsten Morgen dann ein genauerer Rundblick mit Erkundung des Schiffes: Die „S.Y. Hibiscus" hat ein Haupt- und ein Vorsegel, ist 12, 60 m lang, besitzt eine Netto-Tonnage von 9, 2 t und ist 4, 22 m breit. Der Schiffstyp „sloop" hat vier Kabinen mit je zwei Betten.

Die Arbeiten am Schiff in der Werft gehen so vonstatten: Morgens geht Norbert seine Runde von Handwerker zu Handwerker und erinnert diese an die Arbeiten, die noch gemacht werden müssen.

Viele Arbeiter geben viele Zusagen, manchmal erscheinen sogar Arbeitswillige. Wir haben natürlich etwas Zeitdruck, wollen wir doch zu einem bestimmten Termin Gäste aufnehmen. Es hat aber keinen Sinn, deutsche Hektik in die Karibik zu tragen, es geht auch so: nach einem atemberaubenden und sehr beengten Finale, das sich pausenlos über die letzten zwei Tage unseres Werftaufenthaltes hinzieht, sind alle Arbeiten ausgeführt.

Die Hauptstadt Trinidad bekomme ich nur einmal kurz zu sehen, aber ich kenne das karibische Getriebe ja schon von Belize-City her. Eine zusätzliche Augenweide sind die oft wunderschönen indischen Frauen, Nachfahren der im letzten Jahrhundert eingewanderten Kaufleute.

Nun ist das Schiff „gelauncht", d. h.: aufs Wasser gesetzt. Langsam fahren wir (mit Motor) von Peake´s Marina in die Scotland Bay hinaus, ankern in einer kleinen Bucht.

Ein tiefes Gefühl der Zufriedenheit ist in mir, die letzten Tage habe ich viel Neues gehört, manches begriffen, manches muss noch „verdaut" werden: Stehendes, laufendes Gut, Winschen, Anker, Segel, Leinen, Fallen, Schoten, Knoten...Für Kopfweh langt es allemal, es wird schon werden. Der Küchendienst zeigt mir auch Grenzen auf: Wann habe ich schon mal Zwiebeln oder Kartoffeln geschält? Alles lässt sich lernen, ich bin auf gutem Weg, einer der besten Schiffsjungen meiner Altersklasse zu werden.

Feinheiten werden erarbeitet, z. B. die Funktion des Seewasserhahns in der Kombüse. Mir gelingt es bald, die Klopumpe zu einer Verstopfung zu bewegen, nichts geht mehr. Der arme Norbert muss von außen schnorcheln und die Wege der Fäkalien wieder öffnen! Peinlich, peinlich!

„Divali" ist, der Feiertag der Hindus; wir nehmen es zur Kenntnis und dösen faul. Ab und zu genehmige ich mir ein paar neue Fachausdrücke: Baken, Bojen, Positionslampen, die Zeichensprache, Regeln der Schifffahrt, Ankersetzen etc...etc...etc...

Ich lerne den „Norderner" kennen, einen Wind, der exakt von Norden kommt.

Die Idylle wird etwas getrübt, als Norbert herausfindet, dass der einzige Handwerker, der nicht akribisch karibisch arbeitete, ein zugewanderter Deutscher war, für den Autopiloten zuständig. Mein Chef muss sich in einen engen Kasten zwängen, in dem sich die Zuleitungen für die Schiffsteuerung befinden. Schweißüberströmt ist er nach einigen Stunden wieder oben an Bord, alles ist wieder klar, ein Hoch auf den Skipper!

Es geht nun ab nach Grenada, Delphine bei der Abfahrt erhöhen noch mein Glücksgefühl. Dies legt sich dann bald, als sich herausstellt, dass mein erster Segeltag eine Nacht ist, dass ich, wenn Norbert schläft, auch allein steuern muss (wir trauen dem reparierten Autopiloten doch noch nicht ganz), und dass ein Gewitter mit Sturmböen sich nicht nur ankündigt, sondern sogar Ernst macht!

Damit noch nicht genug, wir kreuzen auch eine vielbefahrene Tankerroute auf unserem Kurs nach Nordnordwest, nach Grenada.

Alles geht gut, einmal habe ich Hilfe gebraucht, Positionslichter kamen näher, aber jetzt, am frühen Mittag des darauffolgenden Tages, sind wir vor Hog´s Island mit Prickley Bay (im Logbuch steht: „2 x Tiefschlaf"), fahren dann aber weiter in Richtung Grande Anse gegenüber der Hauptstadt, wo wir ankern.

Grenada, 145 Kilometer nördlich von Trinidad, hat wie fast alle Inseln der Karibik eine wechselvolle Geschichte hinter sich: Kolumbus ist 1498 hier vorbeigesegelt, man nannte die Insel Concepcion, die Spanier nannten sie Granada, dann besaßen die Franzosen das Eiland, die die Kariben besiegten, nachdem sie diese bei den Verkaufsverhandlungen übervorteilt hatten. Die Ureinwohner, die die Kämpfe überlebten, sollen sich an der Nordküste ins Meer gestürzt haben, erzählt man sich.

Wir besuchen mit dem kleinen motorisierten Beiboot die Hauptstadt St. George. Durch steile enge Gassen zwischen Kirchen und Häusern aus dem 18. und 19. Jahrhundert geht es hinauf zur Festung Fort George. Nach dem Blick über die märchenhaft gelegene Bucht und die üppige Fauna im Hintergrund werden wir mit der jüngsten Vergangenheit konfrontiert. Im Hof des Forts ein Denkmal für den Premier Maurice Bishop, der 1983 einem Zerwürfnis innerhalb seiner marxistischen Partei zum Opfer fiel und exekutiert wurde; erst das Eingreifen der ostkaribischen Staatenorganisation und den U.S.A. brachte wieder demokratische Verhältnisse. Bishop gab seinen Mitbürgern die Selbstachtung zurück und wird deshalb auch heute noch sehr verehrt.

Von den Märkten bekomme ich nicht viel mit, aber auf dem Weg hinunter zum Hafen sind allerlei Händler auf der Straße zu sehen, die die Schätze anbieten, die zum Namen „Gewürzinsel" führten. Vorn steht die Muskatnuss. Das Fruchtfleisch wird zu Gelee und Eiskrem verarbeitet, die Blüte ist als Würze für Fleisch und Fisch im Schwange, wird aber auch als Exportware zur Herstellung in der Kosmetik- und Pharmaindustrie gebraucht. Die eigentliche Nuss gibt ein heilsames Öl, wird aber ebenso auf allerlei Gerichte gerieben, so auch bei uns. Neben dieser vielseitigen Pflanze wächst hier Pfeffer und Lorbeer, Zimt und Ingwer, Safran und Vanille. Zitrusfrüchte, Bananen, Kokosnüsse, Kakao und zahllose Knollengewächse runden die Fülle ab. Also: nicht nur Palmen und Strand in der Karibik!

Ein nicht so berühmtes Essen in einer berühmten Gaststätte an der Hafenpromenade rundet den Besuch ab. Eine navigatorische Meisterleistung vollbringt nun der Skipper, als er in dunkler Nacht (19.00 Uhr abends!) unser Boot wiederfindet. Es war nicht zu sehen, da wir beim Verlassen keinerlei Licht angelassen hatten.

Wir segeln nach Norden und bleiben immer westlich des Bogens von Inselchen und Inseln, der „Kleine Antillen" heißt.

Ich versuche Flossenschwimmen und Schnorcheln, habe aber meine Schwierigkeiten mit der Atmung durch den Schnorchel und damit durch den Mund. Salzwasser soll ja gesund sein. Im Tagebuch ist „Serenadenabend" vermerkt. Norbert, selbst ein altgedienter Musikus, gibt die Stichworte und ich spiele, so gut es geht.

Über Frigate Island mit Carriacou gelangen wir nach Bequia; Zeit, einmal die Reparaturen seit Verlassen der Werft zu katalogisieren:

Der Autopilot (der uns „wie von selbst" auf Kurs hält), „mein" Klo war verstopft (meine Schuld), ein Riss ist im Hauptsegel, das GPS (Global Positioning System = Navigations-System mit Satelitenhilfe) spinnt, das Ankerrelais (Schalter eines Elektromotors) war kaputt, das Wetterbarometer erweist sich als nutzlos. Bei allen Reparaturen ist der Skipper der Mann des Tages, nur das Segel wird gegen das alte ausgetauscht, der Riss wird in Bequia in Ordnung gebracht

Das Zusammenleben an Bord ist nicht immer reibungsfrei. Da sowohl Norbert als auch der Schiffsjunge der Ansicht sind, dass ein verbales Gewitter die Atmosphäre reinigt, werden Streitgegenstände wie zuviel oder zuwenig eingekauftes Brot (im Diarium steht „Brotkrieg"!) schnell abgehandelt und schon bald als lachhaft der Erinnerung anheim gegeben.

Vor St. Lucia sichten wir einen Buckelwal. In Martinique werden Gäste an Bord genommen , eine Familie aus meinem Heimatort. Vater und Muter nehmen die eine Koje, die Tochter den letzten der vier Schlafräume.

Scott´s Head, die Südspitze von Dominika. Wir ankern; kurz darauf besucht uns ein Jungunternehmer, Martin, stolzer Besitzer eines Bootstaxis. Er vermittelt eine Rundreise mit einem Normaltaxi auf der Insel und veranstaltet mit mir später eine Musiksitzung in seinem Boot. Er hatte meine Gitarre gehört und am darauffolgenden Tag seine Gitarre mitgebracht. Es entsteht eine Reggae-Version von „Hey Jude" der Beatles.

Dominika, nicht zu verwechseln mit der Dominikanischen Republik, ist ein junges Land. Die stolzen Einwohner setzen auf eine gemäßigte Entwicklung des Tourismus, gerade hat man Japaner gezwungen, ihren nicht genehmigten mehrstöckigen Hotelneubau aufzugeben, bei unserer Rundfahrt sehen wir die halbfertige Ruine.

Ob man mit dem angestrebten „Öko-Tourismus" genug Devisen einfahren kann, ist offen. Ich jedenfalls wünsche den Einwohnern Glück bei ihrem Versuch, die Fehler der Nachbarinseln nicht zu kopieren.

Nach dem Ersten Advent reisen Astrid und Katrin ab, der Vater Gernot bleibt, Jörg kommt dazu. Die Mischung heißt jetzt: ein Dr. der Geologie, ein Dr. der Politikwissenschaften, ein Softwarespezialist und ein Wandermusiker.

Mit einer Mischung aus tiefschürfenden Gesprächen bei karibischem Vollmond und gekonnten Blödeleien werden die kurzen tropischen Tage noch kurzweiliger gemacht.

Im Tagebuch steht „Segelmanöver!". Gernot hatte irgendwo gelesen, man könne die Segel und das Ruder so einstellen, dass das Boot ständig im Kreis fahre. Es funktioniert, aber wozu? Ich werde belehrt, dass dieses Manöver das Schiff auf der Stelle halte und man ein Rettungsmanöver einleiten könne, z. B. bei „Mann über Bord"!

Das Königreich Redonda, eine Insel, die nur aus Steilküste zu bestehen scheint, wird passiert. Irgendeiner von vielen Ausgeflippten hatte hier einmal die Herrschaft an sich gerissen, aber dann den Spaß am Öden verloren. Wir bieten Gernot an, König zu werden, er verweigert und zieht nachdenklich an der Pfeife. Gerade, als das monarchische Monstrum hinter uns zu verschwinden droht, dreht sich der potentielle Machthaber noch einmal zu „seiner" Insel um. Fast wie aus einem Mund rufen wir. "Zu spät!"

In St. Kitts ist Kurzankern angesagt. Die drei „Erwachsenen" lassen den Schiffsjungen zurück und erkunden kurz die Insel. Nach Möglichkeit soll die dortige Festung besichtigt werden. Gernot weiß alles über die Festungen in der Karibik und wird bald auch „Festungs-Gernot" genannt.

Wir segeln auch nachts, jeder muss einmal mit der Nachtwache dran. Ich beschwere mich, dass man mich nach meiner Wache nicht richtig hat schlafen lassen, prompt verhält man sich diskreter. Das führt dazu, dass man mich auch nicht weckt, als das Boot nachts an Montserrat vorbei fährt. So verpasse ich den fantastisch-grausigen

Anblick eines frisch aktiv gewordenen Vulkans. Der Morgenbeginn versöhnt mich : Die beiden Doktoren haben ein Frühstücksbüffet aus Bordmitteln angerichtet, das nichts an Wünschen offen lässt! Die beiden werden so gelobt, dass sie erwägen, einen Servicebetrieb aufzubauen, irgendeinen, in dem der Begriff „Akademisches Catering" auftaucht.

Über Guadeloupe gelangen wir nach Antigua. Die Herren sind mit „Festungs-Gernot" gerade den Berg über dem Hafen hochgegangen, als ich Besuch erhalte. „Hello, guitarman!" erklingt es von der Bordwand. Ich lade den jungen Polynesier an Bord ein. Ich hatte ihn schon vorher gesehen, als er auf einem Rumpf des benachbarten Katamarans saß und Ukulele spielte. Wir unterhalten uns über das Woher und Wohin und natürlich über die Musik. Am Ende dieses sehr schönen und anregenden Gesprächs werden, wie fast immer, Adressen getauscht. Ich verspreche Teore Tahiri, so heißt der junge Mann, ihn auf meinem „Rückweg" durch den Südpazifik zu besuchen. Er wohnt auf einer Nachbarinsel von Tahiti, auf Moorea.

Das Einkaufen bringt immer wieder Querelen. Im Prinzip kann es diese nicht geben, da alle in eine Gemeinschaftskasse einzahlen und alle Einkäufe aus dieser Kasse bestritten werden. Probleme sind dennoch programmiert: Wechselnde Währungen, oft von einem Tag zum anderen, wechselnde Belegschaften und unterschiedliche Auffassungen darüber, was zu gemeinschaftlichen Ausgaben gehört oder nicht, bieten reichlich Stoff für Auseinandersetzungen, aber es wird immer wieder „irgendwie" hingebogen, dennoch: genau (= deutsch-genau) ist die Kasse eigentlich nie.

Jörg verabschiedet sich, wir sind zu dritt. Die „Abrechnungsexplosion", als solche ist sie im Tagebuch vermerkt, ereignet sich am alten Ankerplatz vor Dominika. Sie ist kurz und heftig, von mir als Kassenverwalter initiiert und dauert eine halbe Stunde. Nach Einzahlung eines schon länger ausstehenden Betrags ist tatsächlich alles, wirklich alles im Lot, beste Voraussetzung also, das Trio mit einem anderem Problem zu belasten. Martin organisiert uns in Roseau , der Hauptstadt von Dominika, einen Taxifahrer, der uns zum Ausgangspunkt einer ausgedehnten Wanderung bringt.

Dieser „Marsch der Märsche" am 16. Dezember 1997 soll uns zum „Boiling Lake" führen.

Naiv wie wir sind, warten wir zu Beginn des Marsches noch fünf Minuten im Taxi, ob eventuell der Regen aufhört. Es sollte sich herausstellen, dass wir im tropischen Regenwald siebeneinhalb Stunden in einer Regenwolke herumlaufen. Verzweifelt suche ich nach einer Steigerungsform von „nass". Norbert, in Sandalen (!), verliert ständig einen seiner Latschen. Er reißt einen Riemen von seinem Rucksack ab und repariert. Die Nässe und der kalte Wind zermürben uns. In einem Bachbett tasten wir uns nach unten. Endlich Linderung, da der Bach warmen Zufluss erhält, wenn auch schwefelhaltig. Die Anstrengungen werden belohnt: Nach dem „Tal der Verlassenheit" und einem anderen Tal, mit einem frischen Erdrutsch garniert (wir beschleunigen!), stehen wir am Rande eines 80 m breiten Kessels kochenden Wassers. Der Bergsee blubbert und dampft, wir sind dem flüssigen Erdinnern ziemlich nahe. Das Magma erwärmt das darüberliegende Gestein, das die Wärme ans Wasser weitergibt.

Zurück, müde. Ich schlafe nach dem Duschen fast im Stehen ein und erwache mitten in der Nacht, ausgehungert. Auch das geht vorbei. Leider endet auch bald der Karibik-Törn.

In Martinique bin ich noch eine Nacht allein, Gernot und Norbert sind schon nach Deutschland zurück geflogen. Ich warte in der zweiten Nacht auf den Besitzer, der dann auch mit Verspätung eintrifft.

Zeit zum Ticketkauf. Ich möchte ja von Venezuela aus Südamerika „erobern".

Der Wahnsinn hat Methode: Um nach Caracas zu fliegen, brauche ich ein zweites Flugticket, das einen aus Venezuela herausweisenden Zielort besitzt. Ich bedeute der jungen Frau, dass ich nicht mit einem Flugzeug aus Venezuela heraus wolle, es nutzt nichts: Ich muss ein Rückflugticket kaufen, der Irrsinn ist perfekt.

Ich bekomme noch einmal zu hören, dass man dieses zweite Ticket unbedingt brauche, da man sonst nicht in das Land gelassen werde. Diese Mehrausgaben würden mir dann in bar in Caracas erstattet werden, sollte ich das Ticket nicht nutzen!

Mit Groll verlasse ich das Büro. Abschied im Hafen vom Eigner und dessen Bekannten; das letzte französische Geld geht für ein Taxi zum Flughafen drauf, Tschüss, Karibik!

von Los Angeles 10/97

New Orleans

Havanna

Mexiko-Stadt

Karibik

Segeltörn

Martinique

Trinidad

Caracas

Iquitos

Amazonas   Manaus

Pucallpa

Lima

Cuzco

Südamerika

Ica

Arequipa

Titicaca-See   La Paz

Rio de Janeiro

Salta   Iguaçu

zur Osterinsel 3/98

Santiago de Chile   Buenos Aires

Osorno

Trelew   *Valdes-Halbinsel*

Moreno-
Gletscher

Falkland-Inseln

Ushuaia

Feuerland

- - - - **Bahn, Bus, Boot**
———— **Flug**

SÜDAMERIKA

Noch in der Luft überlege ich, ob es beruhigt oder beunruhigend ist zu wissen, dass die Bürokratie überall auf der Welt gut funktioniert.

Meine tiefschürfenden Gedanken werden erst durch den Anblick der vor Caracas vorgelagerten Inseln beendet. Welche von den Inseln ich sehe, mag ich allerdings nicht zu entscheiden: Die Wahrscheinlichkeit spricht für die Isla de Margarita, denn die ABC-Inseln (Aruba, Bonaire und Curaçao) sind zu weit westlich.

Ich erreiche Caracas' Flughafen am 21.12., am 4. Advent. Seltsam, in dieser Nachmittagshitze an Advent oder gar Weihnachten zu denken.

Leicht fällt es mir, von der Tatsache zu künden, dass beim Passieren des Zolls selbstverständlich keine Seele nach meinem Ticket (der Weiterflug!) fragt! Es wird im Stadtbüro der „Air France" sehr schön werden, wenn ich die Rückerstattung meines Tickets fordere!

Das von mir im „lonely planet" von Südamerika „ausgeguckte" Hotel „Mara" gibt es nicht mehr (ich hatte schon den Taxifahrer für einen Nichtswisser gehalten), sodass ich das Hotel „Hollywood" beziehe. Die Stadt ist gefährlich, heißt es im „schlauen" Buch, man solle die ein oder andere Gegend nach 19.00 Uhr meiden. Ich bleibe brav im Zimmer, denn Interessantes hat die Metropole sowieso nicht zu bieten. Das Zimmer hat eine Stahltür mit Sicherheitsschloss, gut. Der Fluchtweg bei Feuer über den Flur ist zu lang, aber es besteht die Möglichkeit, durch das Fenster im I. Stock hinauszuspringen.

Vor dem Fenster verläuft eine Hochstraße, Teil der „Avenida de Las Fuerzas Armadas". Darunter hat ein findiger Kopf etwa 20 Tischchen mit Schachbrettern aufgestellt, an denen von morgens 10.00 Uhr bis Mitternacht ständig Betrieb ist. Die Klientel besteht durchweg aus gutgekleideten Geschäftsleuten aus der Umgegend, wenn man von mir absieht. Ich schaue erst zu, spiele dann aber gegen einen kleinen Obolus mit. Einer der Schachspieler, ebenfalls Stammgast, macht sich einen Spaß draus, mich mit kunstvollen Springermanövern zu besiegen. Das gefällt mir so gut, dass ich ihn ab dem dritten Tag schon suche und den Veranstalter/Kassierer nach Luis frage.

Heiligabend. Der 24. wird hier nicht gefeiert, erst der 1. Weihnachtsfeiertag gilt hier als Weihnachten. Ich sitze und komponiere ein bisschen, von unten dringt das Wimmern eines Karaoke-Sängers herein, ich spiele noch Schach und schlafe dann, etwas anderes als das Jahr zuvor in Mexiko-Stadt, als ich bei Klaus und seiner Familie auf deutsche Art feierte.

Warum ich so lange in einer so lauten und so hässlichen Stadt bleibe, wo doch ein ganzer Kontinent vor mir liegt?

Das hat drei Gründe: Erstens habe ich keinerlei Verbindung zur Heimat, war ich doch in meiner besten Kleidung an der Tür des Intercontinental Hotels abgeblitzt. Außerdem war es mir unmöglich, an den öffentlichen Fernsprechern zu telefonieren, da sie am Straßenrand postiert waren und ich nichts hören konnte. Darüber hinaus war die teuerste Telefonkarte gerade imstande, eine Verbindung nach Deutschland aufzustellen, dann war der Wert schon verbraucht.

Der zweite Grund ist, dass ich Geld „nachtanken" muss. Die Banken sind überfüllt, ich stelle mich zweimal falsch an und muss dann eineinhalb Tage warten, bis der Vorgang zu aller Zufriedenheit abgeschlossen ist (vorher war ich von einer Bank zur anderen geschickt worden). Dass sich die Bankautomaten meiner VISA-Card verweigerten, sei nur am Rande vermerkt.

Der dritte Grund ist, dass ich nicht an eine Busfahrkarte gelange!

Etwa zwanzig Kilometer vor den Toren des modernen Zentrums von Caracas, nach einer Busanfahrt erst durch neuere Bauten, dann durch alte und neue Slums, liegt das fast noch jungfräuliche Busterminal, ein Prachtbau aus Beton, sehr funktionell. Prima.

Jetzt, um die Weihnachtszeit, ist hier der Teufel los, jeder will jeden besuchen, nicht nur Kind und Kegel, sondern auch die Tiere wollen mit, Fahrrad- und Autoersatzteile sind ebenso zu sehen wie mehr oder weniger sperrige Einrichtungsgegenstände. Es herrschen also normale Zustände, wie ich sie von anderen Busbahnhöfen mit überregionalen Zielen schon kenne.

Des weiteren gibt es eine Auskunft, von jungen, freundlichen und sehr temperamentvollen dynamischen Leuten, die zu dritt einen altersschwachen PC bedienen. Abgerundet wird der Service durch prachtvoll eingerichtete Schalter, ich glaube mich zu erinnern, dass es 23 waren. Ich hatte nämlich genug Zeit, all dies ausführlich zu studieren.

Von 23 Fahrkartenschaltern waren nur fünf besetzt, verständlich, denn die Fahrkartenverkäufer wollen ja auch über die Feiertage ihre Verwandtschaft besuchen. Die restlichen Schalter gaben keinerlei Auskunft darüber, für welche Ziele Tickets verkauft würden, lediglich nummeriert waren sie. Also musste jeder Unkundige erst einmal zur Auskunft, fragen, in welche der ca. 150 m langen Schlangen er sich einreihen solle.

Die Auskunft tat ihr Bestes, beim ersten Anlauf hatte ich nach zwei Stunden die Nummer meines Fahrkartenschalters erhalten, nach drei Stunden habe ich aufgegeben. Wer sagt mir denn, dass, wenn ich vorn bin, noch Karten für diesen oder jenen Tag da sind? Gibt es eine Buchung für einen weiter voraus liegenden Tag? Fragen, Fragen, Fragen. Ich gebe erst einmal auf und versuche es am nächsten Tag wieder, mit dem Ergebnis, nun in einer wirklich großen Menschenmenge zu sein (das Oktoberfest erscheint dagegen als ein Hort der Ruhe!).

Verzagt tuckere ich zurück ins Hotel, das Übliche: Fotos auswerten, Sachen aussortieren, Wegwerfen oder nach Hause schicken, Briefe schreiben, Gitarre spielen oder schlicht und einfach nachdenken. Eine Kopie meines bisher geführten Tagebuchs (schon achtzehn Monate!) wird erstellt und ebenfalls nach Haus expediert. Prunkstück meiner Andenken ist ein Geschenk von Bootskamerad Jörg, der Prototyp eines Hemdes für die Bediensteten der Deutschen Post, ein Entwurf von Lagerfeld! Das Fernrohr wandert mit ins Paket, desgleichen die Ersatzkamera, die Minox meiner Mutter. Meine Hauptkamera ist ja repariert zu mir zurückgekehrt. Am 24.12. geht die Post ab, im Amt gleich zollfertig gemacht. Der junge Mann sieht sich die Sachen sehr interessiert an, es ist ja Weihnachten.

Ich habe dem Postboy Unrecht getan mit meinen Gedanken. Es ist nicht nur diese Postsendung gut angekommen, sondern fast alle (eine Buchsendung aus Saskatoon in Kanada hat ihr Ziel nicht erreicht), oft aus den unwirtlichsten Gegenden abgeschickt!

Der Schachfreund Luis hört sich meine Ticket-Story lächelnd an und sagt: „Tenemos que tener un pirata!" Wir sollen uns also einen „Piraten" nehmen? Ich erfahre, dass ein „pirata" ein Schwarzhändler für Tickets ist. Ist eigentlich logisch, dass findige Leute die Mängel des Busterminals entdeckt haben und die Nachfrage durch ein sinnreiches Angebot zufrieden stellen.

Der erste Versuch des stolzen Vaters Luis, er hat seine Tochter mitgenommen, in der Stadt beim „Terminal Nuevo", dem alten Terminal, schlägt fehl (Es ist für Fremde natürlich nicht hilfreich, dass das „Nuevo Circo", „nuevo" = neu", seit fünf Jahren das alte ist. Zum Ausgleich dafür hat das richtige neue Terminal noch gar keinen Namen. Jetzt weiß ich, dass es offiziell „Terminal Oriente" heißt, eine Benennung, die keiner in der Stadt kennt).

Also, ab zum Busplatz vor der Stadt. Luis sondiert und kommt nach ca. fünf Minuten zurück. Das Ticket koste einen Dollar mehr (das „Bakschisch" heißt hier „mordida" = der kleine Biss) und er brauche dazu meinen Personalausweis. Jetzt ist Menschenkenntnis und Vertrauen gefragt: ich gebe Luis meinen Ausweis und das Geld und erhalte nach 20 Minuten Fahrschein und Ausweis.

Eine nette Bilanz, hatte doch der Einheimische 20 Minuten gebraucht, um Erfolg zu haben, ich dagegen habe fast zwei volle Tage erfolglos gehandelt.

Bleibt nur noch eins, die Rückerstattung meines Flugtickets. Ich verzichte auf die öffentlichen Verkehrsmittel und laufe die Pracht-straße „Sabana Grande" entlang bis zum Hochhaus, in dem sich das Büro der „Air France" befindet. Der junge Mann weiß nichts da-von, dass man ein Rückflugticket buchen muss, um nur eine Strecke zu fahren, er weiß auch nicht, dass er mir hier eine Barer-stattung machen kann, er hält Rückfrage und kommt mit gleicher Info zurück. Ich werde lauter - auf Spanisch und Französisch - bis die Chefin sich bequemt und aus ihrem Büro herauskommt.

Ich frage sie, ob die „Air France" in Europa ihre Kunden genau-so behandele, oder nur auf der Strecke Martinique-Caracas, wo sie das Beförderungsmonopol habe. Sie lenkt ein und sagt, selbstver-ständlich gäbe es eine Möglichkeit, sich das Restticket in bar er-statten zu lassen, und das sei genau dort, wo man es gekauft habe!!! Mit letzter Kraft erkläre ich ihr noch einmal den Werdegang mei-ner Affäre, meine Stimme ist wieder gesenkt, endlich begreift sie das Unbegreifliche, schüttelt den Kopf über die Kollegen in Marti-nique und weist den jungen Mann an, mir eine Ticketgutschrift aus-zustellen, gültig für jede Fluglinie. Dank, Dank. Wer´s nicht glaubt, der fliege einfach von Martinique nach Caracas (es geht nur mit der „Air France"!). Auf dem Rückweg finde ich dann noch eine Büro-zentrale mit Telefonanschluß und Internetzugang, alles fügt sich.

So, geregelt ist nun auch der nächste Briefkasten für Normal-post, bei einer Bekannten in La Paz, Bolivien. Luis lädt mich noch einmal zu sich nach Hause ein und stellt mich seiner Frau vor. Er zeigt mir, dass er sich auch mit Computerschach beschäftigt und bittet mich, ihm ein bestimmtes Werk über Schacheröffnungen zu schicken, das es hier nicht gibt. Ich kenne das Buch und verspre-che, es ihm bald nach meiner Ankunft zuzusenden.

Da mein Aufbruch laut Ticket erst am 28. Dezember sein wird, lerne ich doch noch einige besichtigenswerte Plätze kennen. Mir sticht vor allem ins Auge, wie hier Simon Bolivar, der Freiheits-held, nicht nur für Venezuela, verehrt wird.

Bolivar, der Gründer von Bolivien, hat Venezuela, Kolumbien, Ecuador und Peru von spanischer Herrschaft befreit.

Mein grober Rahmen für Südamerika sieht so aus: Wanderung auf einen Tafelberg im Südosten von Venezuela, im Dreiländereck mit Guyana und Brasilien, danach zum Amazonas (Manaus), auf dem Amazonas zum Dreieck Brasilien–Kolumbien-Peru, weiter bis Pucallpa in Peru. Dort beginnt die Straße nach Lima, eine erste Andenquerung also. Cuzco mit Machu Picchu im Landesinneren von Peru stehen ebenso auf der Liste wie La Paz. Von dort aus wende ich mich nach Süden, zur argentinischen Grenze. In Argentinien sind Fixpunkte die Iguaçu-Wasserfälle, Buenos Aires sowie, im tiefen Süden, der Moreno-Gletscher. Von Santiago de Chile werde ich dann zur Osterinsel, noch zu Chile gehörig, fliegen.

Aus purem Spaß versuche ich am letzten Tag noch einmal, an einem Bahnkautomaten zu Geld zu gelangen. Nicht nur, dass es keine Warteschlangen gibt, der Apparat spuckt auch ohne zu zögern das Gewünschte aus! Volle zweieinhalb Tage hätte ich sparen können! Was soll´s!

Ab nach Ciudad Bolivar am Orinoko. Um 05.00 Uhr früh bin ich da, beziehe sofort für die nächste Nacht ein Zimmer im Hotel „Colonia", darf aber schon gleich hoch, ohne für diesen Zusatzschlaf bezahlen zu müssen!

Nach erholsamen Schlaf bei leiser Klima-Anlage mache ich einen ersten Rundgang zum Aussichtspunkt „Angustora". Der Name verweist auf den alten Namen der Stadt, die an einer Engstelle des Orinoko erbaut wurde (angosto = eng, knapp); folgerichtig ist in der Ferne dann auch die einzige Brücke über den Fluss zu sehen, 450 km vor der Mündung.

Der Rundgang fördert ein Fossil zu Tage, eine uralte „Gaggia"-Kaffeemaschine aus den frühen 50ern, wie sie heute noch in Italien gang und gäbe ist. Der Besitzer der eher „schummrigen" Kneipe (um es milde auszudrücken) murmelt etwas vom Opa und ist nicht geneigt, freundlicher zu werden, Rückzug.

Ein neues Tagebuch wird gekauft und präpariert. Es ist nicht so, dass hier die Verkäuferinnen und Verkäufer mit Tagebüchern reich sortiert sind, man muss nehmen, was man bekommt. Ich erstehe ein

Kassenbuch, ein „libro de contabilidad" und säge ein Drittel der Einbandpappe des querformatigen Ungetüms ab. Die überstehenden Seiten werden nach innen gefaltet, fertig!

Meine Malariavorsorge beginnt, ich nehme die erste Malariatablette (noch in San Diego gekauft und sorgsam in einem Aluminiumkästchen verwahrt). Von nun an muss ich wöchentlich eine nehmen, bis zu vier Wochen nach dem Verlassen des Malaria-Gebietes.

Das führt mir vor Augen, dass ich in spätestens einer Woche am Amazonas sein werde!

Die Weiterfahrt in den Südosten von Venezuela, ins Naturschutzgebiet „La Gran Sabana" geschieht mit dem Bus. Dem Komfort der mexikanischen Busse wird ein freundliches Gedenken geschenkt.

Um 13.00 Uhr des nächsten Tages räume ich das Hotel, lasse aber meine Sachen noch da. Ich besichtige das kleine, aber feine Stadtmuseum mit Plastiken, Collagen und Gemälden moderner venezolanischer Künstler. Ein zweites Museum auf der Höhe ist im Umbau befindlich, aber zugänglich. Als Erinnerung nehme ich mir, ohne zu fragen, ein altes Ausstellungsplakat mit.

Der Bus hält nach seiner langen Fahrt durch die Llanos, die Ebenen des Orinoko, morgens früh um 07.30 Uhr am falschen Ort an; wäre ich nicht nach unruhigem Schlaf aufgeschreckt, hätte man mich wohl erst an der brasilianischen Grenze „'rausgeworfen".

Ich bin in San Ignacio de Yuruani, hatte aber den Schaffner ausdrücklich gebeten, mich in San Francisco de Yuruani ans Aussteigen zu erinnern. Das war mir wichtig, weil es hier selbstverständlich keine Ortstafeln oder gekennzeichneten Bushaltestellen gibt. Egal, raus, zum Kiosk, Kaffee trinken. Ich werde von den kleinen Kindern der Hüttenchefin bewundert. Eine Ansichtskarte von einem Fachwerkhaus meiner Heimatstadt wechselt den Besitzer. Der Kaffee war gut, es gab sogar so etwas wie Gebäck, woher, weiß ich nicht, was es war, habe ich auch nicht verstanden, es war jedenfalls Gebäck und genau zur richtigen Zeit an der richtigen Stelle. Um das Maß der Freude nach misslungenem Tagesbeginn voll zu machen, stoppt die Besitzerin noch einen Jeep für mich, gibt dem Fahrer genaue Anweisung, ich darf einsteigen, mein Gepäck wird sorgsam verstaut.

In der hospedaje „Minina" steige ich ab; es ist ein Gebäude, das bei uns als Neubau einer Großscheune durchginge. Durch an Seile aufgehängte Decken wird eine Art „Zimmercharakter" hergestellt, ein Alptraum für Leute, die um ihren Besitz fürchten.

Am Nachmittag hatte ich noch die Tour zum Tafelberg (tepui) Monte Roraima ausgehandelt. Beim ersten Anlauf wollte jemand für vier Tage $ 380.-, der nächste Veranstalter, der Schuster Orelio in seiner Palmenhütte aber nur für fünf Tage $ 280.-.

Ich muss einen Führer mitnehmen, sonst darf ich nicht „hoch". Alles klar, ich kaufe mit meinem 18jährigen „guia", dem Studenten Elias, noch Lebensmittel ein. Wo wir hinwollen, gibt es außer einem kleinen Dorf nichts Ziviles mehr.

Sylvester wird gefeiert, ein paar Europäer sind da. Ich halte es mit einem lustigen Italiener („Maler: Decken, keine Leinwände!"), der mit mir anfangs Spanisch spricht, bei jedem Bier aber mehr und mehr zum Italienischen wechselt, bis ich auch die Brocken durcheinander werfe. Dieses Mal habe ich noch als „Feuerwerk" Wunderkerzen, vor einem Jahr in Campeche in Mexiko für Sylvester gekauft. In Erinnerung geblieben ist mir auch eins jener Salsa tanzenden bolivianischen Girls, die überall im Norden des Kontinents zu sein scheinen.

Feliz Años! Das neue Jahr ist da, um 09.00 Uhr soll die Wanderung beginnen, ich bin pünktlich und allein zur Stelle. Der Kassierer kommt, kassiert und sagt „doce" (= zwölf); um 12.00 Uhr kommt mein Führer Elias und sagt, dass das Auto um 14.00 Uhr komme und dass dies nicht seine Schuld sei. Um drei Uhr nachmittags ist es dann soweit.

Eineinhalb Stunden feinster Fahrtechnik im vierradgetriebenen Geländewagen zeigen mir, dass der hohe Fahrpreis gerechtfertigt war. Paraitepui, ein kleines Dorf mitten im Grasland, hat Fiesta im Dorfgemeinschaftshaus, einem mit Palmblättern gedeckten Satteldach auf sechs Stützen. Personen, die wegen Alkoholkonsums nicht mehr tanzen können, werden gedreht.

Mich interessiert mehr der Anblick in der Ferne. Elias erklärt: Links, im Wolkenkleide, ist der tepui Kukenan, rechts davon unser Ziel, noch recht klein, der Tafelberg Roraima.

Von fünf Tagen werden wir drei netto laufen, zwar nichts Alpines, aber anstrengend, für mich jedenfalls. Der verlorene halbe Tag wird am zweiten Tag nachgeholt, das sind zehn Stunden Marsch! Immerhin, eine Stunde Schatten gibt es. Elias beschränkt sein Vokabular bis zum Basislager am Fuß der Steilwand des Roraima auf zwei Worte: „descanso" = Pause und „vamos" = geh´n wir, auf geht´s!

Am nächsten Morgen geht mein erster Weg zu den Zelten der Kolumbianerinnen, die wir gestern, da es nur einen gut sichtbaren Weg gibt (wozu eigentlich der Führer?), fast ständig vor oder hinter uns hatten.

Die Mädchen haben Begleitung, einer ihrer zahlreichen Brüder aus Bogotá ist mitgekommen, außerdem ist da noch Paolo aus Brasilien. Paolo ist ein echter Rastafari, an seinen dicken, langen, zu Strähnen geflochtenen Haaren erkennbar. Er singt am frühen Morgen zur Musik seines Ein-Saiten-Instruments, der „birinba". Seine Botschaft ist immer gleich: Unsere Gruppe hat „good vibrations", gute Stimmung, gute Gefühle.

Im Urwald an der Steilwand zur Hochebene gibt es einen Aufstieg. Nach vier Stunden sind Elias und ich dicht unterhalb des Plateaus. Ich liege nach hinten gelehnt auf meinem Rucksack, nicht unähnlich einer bewegungsunfähigen Schildkröte. Auf meine Worte „nada mas" (nichts mehr!) kommt Elias zurück und nimmt meinen Rucksack. Erleichtert gehe ich die noch wenigen Schritte nach oben und bin nach zehn Minuten wieder „da". Immerhin sind wir 2800 Meter hoch und der erste Tag war sehr schwer.

Abends spricht Elias etwas mehr als üblich; er teilt mir mit, dass er nichts mehr zu Essen dabei habe. Ja, er müsse doch Nahrung für fünf Tage mitgenommen haben, frage ich. Schon, aber er habe doch sooo einen Hunger gehabt. Jetzt ist es einfach: Meine Vorräte werden halbiert.

Am dritten Tag wandern wir zu verschiedenen Aussichtspunkten und schauen wie aus einem Flugzeug auf das umliegende Land.

Wir wandern durch das „Kristalltal" und das Labyrinth und können etwas von der Einzigartigkeit der Flora und Fauna dieses „Mini-Galapagos" entdecken. Die abgeschiedene Gegend mit Insekten, Amphibien und Reptilien, die sich nur schwer in das zoologische System einordnen lassen, haben den Schriftsteller Sir Arthur Conan Doyle (der Autor des „Sherlock Holmes"!) zu dem Buch „The Lost World" veranlasst.

Ein starker Sonnenbrand (ich hatte das Mittel mit dem schwächeren Schutzfaktor eingepackt, das stärkere, fast gleich aussehende, verblieb in der hospedaje) bei mir wird ergänzt durch einen schwache Grippe.

Die Aluminium-Wasserflasche ist undicht. Das Loch wird geortet. Von alten Wasserleitungsrohren aus Blei weiß ich, dass man sie dicht bekommt, wenn man vorsichtig klopft. Ich versuche dies auch hier ... und erhalte ein größeres Loch. Hier hätte ich gern einmal eine Video-Großaufnahme meines Gesichts gesehen! Nun verklebe ich das Loch mit Zahnputzgel, lasse dies trocknen und überdecke die Stelle mit Pflaster, das hält! Mir fällt ein, dass die Wasserflasche mittlerweile 18 Jahre alt ist, sie also wirklich mal durch eine neue ersetzt werden könnte.

Auf dem Rückweg erholen wir uns noch einmal am und im knietiefen Rio Kukenan. Ich entdecke einen auch bisher den Führern unbekannten trockenen Übergang und taufe die Trittsteinpassage „Puente (= Brücke) Faust", schön kindisch!

Am Abend des letzten vollen Tages dieses Ausflugs schlagen wir unser Zelt noch einmal an einer schattenspendenden Hütte auf. Unsere Versorgungslage: Zwei Kekse für das letzte Frühstück und 125 g Thunfisch, unser Abendessen. Die letzten zwei Tage war mir schon eine 15-köpfige deutsche Gruppe ins Auge gefallen, die mit acht Trägern und Führern sowie einem Koch unterwegs waren.

Ich liege erschöpft, hungrig und müde mit meiner Grippe im Bett und weiß nicht, wie ich mich wegen meines Sonnenbrandes legen soll. Ich sage bedächtig zu Elias: „Ich weiß nicht, wie du das machst und ich will auch nicht wissen, was das kostet, du gehst jedenfalls zum Koch der Deutschen und besorgst uns eine vollständige Mahlzeit, viel, heiß und warm. Dazu möchte ich einen Tee mit Zucker, heiß!"

Elias begreift und lächelt in Vorfreude, der Koch ist aus seinem Dorf, wie alle anderen auch.

Nach fünf Minuten kommt er wieder, sagt dass alles o. k. sei, wir müssten nur warten, bis die Alemanos im Bett seien. So warten wir und bekommen sogar alles ins Zelt gereicht. Wir dürfen nichts bezahlen!

Proppevoll und glücklich (ja, auch das ist Glück!) und schon wieder etwas unternehmungslustig gehe ich nach kurzer Ruhe zum Lagerfeuer der Bolivianer rüber.

Paolo schaut mir in die Augen und macht mir dann aus seinen Vorräten (er hat nur einen Umhängebeutel, sonst nichts!) einen Heiltee. Ich soll mich nachts dann gut zudecken.

Die Mädchen haben durch die „Deutsche Welle" und das „Instituto Goethe" viel von Deutschland erfahren. Ob die Bayern

209

tatsächlich ein besonderes deutsches Volk seien? Ich sage ja und erkläre Lederhose und Gamsbart. Paolo lacht so sehr, dass er sich am Lagerfeuer fast verbrennt.

Auf einmal heißt es, dass jeder eine Geschichte aus seinem Land erzählen müsse, nun sei ich an der Reihe. In halbwegs passablen Umgangsspanisch erzähle ich:

Bevor meine Heimat römisch - germanisches Grenzgebiet geworden ist, haben in der Sierra Dun (Dun = keltischer Name für Taunus) die „Celtes" gewohnt. Wegen der Gräber, die mit Riesensteinen abgedeckt worden waren, haben spätere Bewohner geglaubt, dort seien Hünen oder Riesen bestattet worden. So kommt es, schließe ich, dass ich ein Nachkomme dieser „gigantes", dieser Riesen sei. Yolanda schaut mich an und sagt kurz. „No!" Alles lacht.

Wieder im Dorf Raraitepui heißt es, Abschied zu nehmen.

Besonders lange rede ich noch mit Paolo. Der Rastafari-Musiker weiß genau wie ich, dass wir uns nicht mehr wiedersehen werden.

Barfuss geht er mit seinem Instrument über den Kontinent, nur mit einem Umhängebeutel versehen. Seinen Lebensunterhalt bestreitet er durch den Verkauf von Halbedelsteinen, die er in Brasilien selbst gefunden und verarbeitet hat.

Paolo Rogerio Costa Chavez, der auch in Brasilien keine Heimatadresse hat, schreibt in mein Tagebuch: „Ich bin sehr zufrieden damit, in allen Teilen der Welt Freunde zu haben." Und er wünscht in seinem Gruß allen Menschen der Welt Frieden.

In San Francisco de Yuruani repariert der Schuster meine Flasche: Er hat einen Zweikomponenten-Kleber, mit dem er einen Streifen Metallfolie auf die Hülle klebt. Den Flicken haben wir von einem Medikamentenstreifen abgeschnitten.

Zum Abschied schenke ich Elias eine kleine Taschenlampe, Rucksackriemen, ein kleines transportables Miniradio sowie einen wasserdichten Behälter. Warum ich einen Führer gebraucht habe? Ich weiß es nicht, ich weiß nur, dass Elias den Verdienst seiner Familie zukommen lässt, das ist mir genug.

Am 7. Januar 1998 fahre ich mit einem Lastauto zur Grenze. Ich habe Zeit genug, die hügelige Landschaft zu genießen, denn mein LKW ist randvoll mit Baustahl beladen. In Santa Elena an der Grenze erhalte ich anstandslos ein Ticket nach Boa Vista in Brasilien. Abends um 18.00 Uhr bin ich dort; noch am Busbahnhof erstehe ich den Anschlussfahrschein nach Manaus. Die 22-stündige Fahrt durch den Urwald kostet $ 72.-.

Am nächsten Morgen geht die Fahrt immer neben der eingezeichneten Strasse, d. h., die eigentliche Straße ist nur noch Trasse, ca. 500 km werden auf einen Rutsch neu gebaut. Die neuen Straßenbrücken sind schon fertig, wir aber werden über Notbrücken geleitet. Beim Überfahren der Behelfsbrücken schaue nicht aus dem Fenster und schon gar nicht nach unten. Ich tröste mich mit der Tatsache, dass knarrende Brücken im Gegensatz zu knackenden ungefährlich sind.

Ständiger Begleiter am Weg ist der Geruch von Rodungsfeuern. Der Urwald ist hier weit von der Straße entfernt, links und rechts der Trasse sind Äcker und Vieh zu sehen.

Bei der Querung des Rio Branco, in Carcaraí, müssen wir aussteigen und zu Fuß auf die Fähre gehen. Eine junge Brasilianerin spricht mich an, eine mühselige Sache, da sie kein Spanisch oder Englisch spricht und ich kein Portugiesisch. Sie heißt Marcia Cristina, so hat sie es in mein Tagebuch geschrieben. Das „Gespräch" versickert.

Ich habe genug Muße, mir auszurechnen, wann ich den Äquator gequert habe. Mit Hilfe einer Karte auf einer der Polizeistationen, die wir zu einer Kontrolle aufsuchen müssen und einer eigenen Karte. Erfragen von Stationsnamen und unter der Annahme einer bestimmten Durchschnittsgeschwindigkeit bekomme ich heraus, dass ich um 16.25 Uhr (8. Januar) hätte Äquatortaufe feiern können..

Die Zeit im Bus nutze ich auch, um meinen Körper einer Bestandsaufnahme zu unterziehen. Im Tagebuch steht:

„Roraima-Schäden: Grippe fast weg, Mittelohr lässt nichts mehr von sich hören, zwei kleine Blasen an den Ringzehen, Muskelkater vom Abstieg; keine Nebenwirkung des Mefloquins (gegen Malaria) zu beobachten.

Sonne: Nase geschält, Lippe kaputt, Verbrennungen am Handgelenk, Bläschen an den Unterarmen.

Zähne: ein Zahn oben zersprungen, sollte ersetzt werden.

Gesamt: Trotz aller Widrigkeiten, aller Erschöpfung: ungebrochen, „Freude und Dankbarkeit!" Zusatz: Beim Duschen war mir vor Dominika ein Zahn unten abgebrochen, mit Mühe habe ich ihn vor der Abwasserpumpe retten können; dieser Zahn, ihn hatte ich seitdem in einem Beutel bei mir gehabt, ist mir Wochen später auf Martinique kurz vor Weihnachten noch mit einem Stift fachmännisch wieder eingesetzt worden, ein Gefühl der Fremdheit bleibt dennoch im Mund.

Im letzten Teil der Reise, südlich von Jandia, kommt der Urwald wieder näher; dieser tropische Regenwald muss nicht unbedingt ein Dschungel sein. Von einem Dschungel spricht man nur dann, wenn die untere Etage undurchdringlich ist, was selten der Fall ist, da die Nährstoffe im Boden fast gänzlich von den Bäumen verwendet werden. Dies alles entnehme ich meinem Führer, der mich allmählich auf ein durchschnittliches Wissen über diesen Kontinent bringt (in der Schule habe ich nicht viel gelernt, da faul!).

Von einem meiner Traumziele, Manaus, aus muss man allerdings schon wieder weit fahren, um die „Grüne Hölle" zu sehen.

Ich finde ein kleines, selbst meinem Reisebuch unbekanntes Hotel, das „Aurora", sauber, neu, sicher, zentral gelegen und mit Klimaanlage (ich weiß: air-condition), dazu noch billig! Unverhofftes Glück zu haben ist eine schöne Sache. Die kleine Äquatortaufe wird hier mit Coca Cola und Keksen nachgeholt.

Die ersten drei Tage wird auch der schlimme Sonnenbrand auskuriert, mein Körper schreit nach Ruhe („Wunden-Lecken vor der air-condition" steht im Reisetagebuch).

Nach und nach traue ich mich raus. Ich wohne zehn Minuten vom Stadtzentrum entfernt, zum Markt und Hafen ist es ähnlich kurz.

Nun sehe ich also den Amazonas! Alles Angelesene wirbelt im Kopf herum: Piranhas, Giftpfeile, nie entdeckte Indianerstämme, Humboldt (der ja eigentlich mehr am Orinoko war), Herzogs Film „Fitzcarraldo" mit Kinski, Gummi, Kautschuk und natürlich: das Opernhaus in der „Grünen Hölle"!

Ein Teil (oder der Vorläufer) der „Floating docks", der schwimmenden Anlegestellen, ist zusammengebrochen, der „Neubau" wird über eine 150 Meter lange, ebenfalls schwimmende Ponton-Rampe erreicht. In Dreier- und Viererreihen wird alles, was schwimmt, aufgenommen, was die Angelegenheit noch malerischer macht. Diese schwimmenden Piers sind notwendig, gibt es doch hier im Jahreslauf bis zu 14 Meter Höhendifferenz am Fluss!

Vorerst will ich in dieses Getümmel noch nicht „eintauchen", irgendwann aber muss ich hier mein Schiff aussuchen und ein Ticket kaufen!

Die Hauptstadt des Bundesstaates Amazonas ist Freihandelszone und hat ungefähr 600.000 Einwohner mit steigender Tendenz. 1600 km hat der Amazonas (hier der „Rio Negro") bis zur Mündung noch vor sich bei nur einem Höhenunterschied von 32 Metern.

Die Temperaturen bewegen sich Anfang/Mitte der Dreißiger, die Sonne sticht sehr und die Luftfeuchtigkeit ist sehr hoch, so dass ich mich oft ausruhe.

Der Besuch der Touristen-Info außerhalb des „centro" soll sich lohnen. Ich finde das Büro nicht, dafür aber eine gute Buchhandlung (gut, weil nicht nur Portugiesisches zu finden ist) und die Post.

Hauptanziehungspunkt ist für mich aber das legendäre „Teatro Amazonico", in dem angeblich Caruso gesungen haben soll. Es ist 1896 erbaut worden, bis auf wenige Quadratmeter Holzfußbodens sind alle Materialien dazu auf dem Wasserweg von Europa herangebracht worden, der unermessliche Reichtum des Kautschuk-Booms machte es möglich.

Ich gehe hinein und erwirke eine Photographiererlaubnis, allerdings ohne Blitz. Morgen soll ich wiederkommen.

Wieder zum Markt mit seinen freundlichen Leuten, den farben-

frohen Auslagen und den mannigfachen Gerüchen. Die Früchte, Pflanzen, Knollen und Wurzeln sind mir fast alle (außer Zwiebeln, Bananen, Tomaten und Kartoffeln) unbekannt.

Was angeboten wird, habe ich aufgeschrieben: sotocopi, bucho, mocotó, frigado, coraçao, lingua, boba, macaxeira, pepino japonese, abobora, quiaba, abobrinha, limão, vagem, xoxo, beterraba, banana, abacate, melão, mamão, cupuaçu, cenoura, repolho, tomate, alho, goiaba, ameixa, pera, duos, colorau, cuminho moido, milho pipoca, cupu, murici und manga. Was man halt so braucht. Nicht zu vergessen: Maracuja, acerola, goinba, graviola, taperaba, caju, abacaxi, maca, cebola, batata, chuchu, pimontão, tapioka und maniok.

Der zweite Versuch, das Touristenbüro zu finden. Dieses bleibt unsichtbar, keiner weiß, wo es sein könnte. Ich versuche es in einem pompösen Bau, dem Ministerium für Erziehung. Der Pförtner weiß nichts, ich gehe aus der Vorhalle heraus über die riesige Freitreppe. Da, ein korrekt gekleideter Herr, von einem Pulk Begleiter umgeben. Ich gehe auf ihn zu, man will mich zurückdrängen, der Señor winkt aber seine Leute zurück. Ich schildere ihm auf Spanisch mein Begehr, er kann mir keine Auskunft geben und winkt die Treppe herunter zu seinem Chauffeur, der im Schatten eines Dienstautos steht. Der freundliche Mann (ich erfahre später, dass es der Minister gewesen ist!) gibt dem Fahrer eine mir nicht verständliche Anweisung und verabschiedet sich. Ich steige in das vollklimatisierte Auto ein und fahre, allerdings auch ohne Ergebnis, eine Stunde lang durch Manaus.

Per Bus fahre ich nachmittags zum „Encontro de las Aguas", dem Zusammentreffen der Wasser. Hier, noch im Bereich der Stadtbusse, trifft der Rio Negro auf den Solimoes, der auch schon Amazonas genannt wird. Kilometerlang wird sich das schwarze Wasser des Negro nicht mit dem helleren des Solimoes vermischen, ein Schauspiel eigener Art.

Dieses Bild der gewaltigen Amazonasarme ist auch auf dem Originalvorhang der Amazonas-Oper abgebildet. Bei meinem zweiten Besuch lasse mich von meinem brockenhaft Englisch sprechenden Führer auf der Bühne abbilden, wie ich mutterseelenallein auf meiner kleinen Reisegitarre zwei Konzertstückchen zu Gehör gebe: Eine Bagatelle von Marschner, der im letzten Jahrhundert als Opernkomponist sehr bekannt war und, als Reverenz zum Gastland, „The Girls from Ipanema", die Liebeserklärung an die brasilianischen Mädchen vom Badestrand der Stadt Rio de Janeiro.

Im kleinen Museum im I. Stock des Theaters entdecke ich Geschirr mit der Aufschrift „Porzellanmanufaktur Höchst".

Ein Kinobesuch soll gemacht werden, der freundliche Hotelbesitzer kann mir aber die Hinfahrt nicht erklären. Kurzerhand winkt er mir zu, ich solle ihm folgen. Er lädt mich in sein Auto und fährt mich nicht nur zum riesigen Neubau der „mall" nach nordamerikanischem Vorbild, sondern bringt mich persönlich zur Kinokasse! Auf der Hinfahrt hat er mir noch den Busstopp gezeigt, der mich zum Zentrum zurückbringen wird. Toll!

Es gilt nun, die Fahrt auf dem Amazonas zu organisieren. Verpflegung (Büchsennahrung) wird gekauft, da ich nicht weiß, welch kulinarisches Highlight mich erwartet. Eine Hängematte wird gebraucht, meine Schlafgelegenheit für fünf Tage. Das Ticket wird schnell gekauft. Voraus ging ein sorgsames Studium all der Schiffe, die auf dem Solimoes die ca. 2000 km bis zur peruanisch–bolivianisch–brasilianischen Grenze fahren.

Mein Schiff heißt „VOYAGER III", ein kompaktes stählernes Fortbewegungsmittel mit drei offenen Decks, unten die schwerbewachten Güter, die von der Freihandelszone aus im Amazonasgebiet verteilt werden, das mittlere Deck dient den Passagieren als Schlaf- und Wohnzimmer; ebenfalls auf dem mittleren Deck zwei Frischwasserbehälter mit Kühlung, sehr gut!

Oben schließlich ist der Freizeitbereich, ein Tanz- und Aussichtsplatz mit zwei Duschen für zwischendurch. In zwei Kabinchen, ebenfalls oben, vergnügt sich abends die Damenwelt vor den TV-Geräten, um sich ja keine der brasilianischen „telenovelas" entgehen zu lassen. Diese Vorabendserien mit Liebe und Schmerz, Lug und Trug sind hier genauso beliebt wie bei uns, nur dass das Niveau in Deutschland niedriger ist.

Die Fahrt beginnt, ich bin sehr aufgeregt. 1500 Flusskilometer bis zur Grenze liegen vor mir. Bald habe ich mich ans Bordleben gewöhnt: Früh um 07.00 Uhr aufstehen, dann sind die Duschen (mit Amazonaswasser!) noch frei, Zähneputzen mit Trinkwasser (die ersten Tage setze ich noch Entkeimungstabletten zu), Auffüllen der Wasserflasche, Frühstück mit Keksen und Wasser. Brot, das wir in Deutschland so nennen würden, habe ich zuletzt in einer „Elsässischen" bakery in Kalifornien gesehen, sodass man sich also behilft, so gut es geht. Nach zwei Tagen esse ich Hähnchen und Reis des Bordkochs mit, das Wasser wird „untablettiert" getrunken, ein peruanischer Gastarbeiter (der Sog der Freihandelszone!) auf dem Nachhauseweg hatte mir die gute Qualität des Essens bestätigt. Es schmeckt gut, ich hole sogar in den Tiefen des Schiffs Nachschlag, als es im Mitteldeck nichts mehr gibt. Genauer sollte man allerdings in der Küche nicht hinschauen, etwas derb (very basic) geht es hier schon zu.

Der frühe Tag vergeht mit Beobachtungen am Fluss. Gern würde ich Bäume und Pflanzen beschreiben, aber schon bei der Benennung muss ich passen, da Auskünfte spärlich sind und, wenn überhaupt, auf Portugiesisch gegeben werden.

Außer einem jungen Pärchen, offensichtlich Niederländer, bin ich der einzige Weiße an Bord. Am dritten Tag erst kommt ein Gespräch zustande, erst auf Deutsch, dann auf Englisch. Wie so oft, wollte eine Seite die andere nicht stören und hat deshalb kein Gespräch angefangen.

Das Paar war in Surinam gewesen, eins der drei Guyana - Länder, ehemals holländisch.

Mit den anderen Passagieren gab's da keinerlei Berührungsängste, geschweige denn Rücksichtnahmen. Bald hatte ich alle Gitarren des Schiffs gestimmt, es waren genug da, aber keiner, auch ich nicht, spielte, da das Motorengeräusch zwar nicht laut, aber stetig und beherrschend war.

Siesta und Schreibarbeit waren dann über Mittag meine Tätigkeiten. Etwas anderes bei diesen Temperaturen zu machen, wäre töricht gewesen.

Nicht nur wir Europäer, sondern auch die ca. 400 Brasilianer und Peruaner machten dies so. Allein wer war aktiv? Richtig: mitreisende Kolumbianerinnen waren auf dem Oberdeck nie zu bremsen und tanzten fast immer ihren Salsa oder Merengue oder wie auch immer man diese ausgefeilten Choreographien nennen will.

Abends dann öffne ich (zusätzlich) zum Abendessen eine Büchse Konserven, da ich an das Gewicht meines Rucksacks denken muss. Im Bauch ist die Nahrung besser aufgehoben und bei meiner Art des Reisens besteht nie die Gefahr, Gewicht zuzulegen.

Nach dem Essen, oft mit nachbarschaftlichen Gesprächen verbunden, geht es hinauf, den Tänzerinnen zuschauen oder aber die Reaktionen der TV-Zuschauer zu beobachten, die Leben und Lieben ihrer TV-Stars atemlos verfolgen. Im Mitteldeck werden wegen der Insekten nie Lampen eingeschaltet, hier oben aber brennen zwei Leuchtstoffröhren, die vom nahen Ufer andere Lebewesen anlocken. Es sind handtellergroße Käfer, die hier oft ihren letzten Tanz im Flutlicht absolvieren, nichts für Leute, die schon Spinnen fürchten. Um der Wahrheit die Ehre zu geben: die Nähe dieser Monstren habe ich auch nicht unbedingt gesucht.

Die tropische Nacht, die auf gnädige Endzwanziger-Temperatu-

217

ren sich herabzulassen bequemt, sieht mich vorn bei den Lotsen, die in vier Schichten zu sechs Stunden ihren Dienst versehen. Sie fahren im Dunkeln; gelegentlich schalten sie einen riesigen Suchscheinwerfer ein, um zu schauen, ob sich in Ufernähe irgendetwas verändert hat. Sie fahren auswendig und sind Meister ihres Fachs, sprechen leider aber nur ihren Dialekt, der sicherlich irgendwann einmal vom Portugiesischen aus ging. So kann ich nur berichten, dass ich nur eins der sehr großen, oft unheimlich aus dem Dunkel des Wassers oder der Luft auftauchenden Tiere identifiziert habe, nämlich Flussdelphine.

Den Rest der Nacht verbringe ich in der Hängematte, einer von ca. 70 in einer Reihe von dreien. Zur Malaria-Prophylaxe, den Tabletten, nehme ich den physikalischen Schutz sehr ernst, denn ich trage nachts lange dünne Hosen, ein Holzfällerhemd und einen Spezial-Tropenhut mit angenähtem Moskitonetz. Auf dem Rücken liegend zu schlafen ist nicht jedermanns Sache, aber man lernt ja noch.

Einmal täglich wird angelegt, oft nur wird ein großes Tau um einen im Wasser schwimmenden Riesenstamm gelegt; Leute steigen aus oder zu und Ladung wird gelöscht, ein Erlebnis sowohl für die Dorfbewohner als auch für die Passagiere. Oft sehe ich Schulkinder im Amazonas baden. Offensichtlich haben diese noch nicht soviel über Piranhas gelesen wie ich. Meinen einzigen Raubfisch dieser Sorte habe ich in einem Andenkenladen in Manaus gesehen, ausgestopft.

Endlich sind wir im Dreiländereck Brasilien–Kolumbien–Peru.

Der „Holländer" ist zwei Tage nach seiner Freundin aufgetaut und teilt mir mit, dass unser Schiff erst zwölf Stunden später als geplant in Tabatinga ankommen wird. Das liegt daran, dass es erst in Benjamin Constant, am Südufer des Amazonas, Ladung löscht und dann erst nach Tabatinga fährt. Wir beschließen, in B. C. auszusteigen und dann mit einer Fähre die Fahrt zum Nordufer anzutreten.

So steigen wir morgens um 04.00 Uhr aus. Ich lasse meinen Rucksack noch an Bord, das Schiff wartet ja auf die Entladearbeiter, und spaziere mit ausgepackter und umgehängter Gitarre durch die Straßen des Städtchens. Groß war dann das Erstaunen auf beiden Seiten, als ich, einen leichten Blues spielend um die Ecke bog und drei mit Mundschutz arbeitenden Straßenkehrerinnen gegenüber stand!

Um 06.00 Uhr kommt das Fährboot nach Tabatinga. Der Fluss ist hier so breit, dass das Schiff bei voller Fahrt über drei Stunden braucht, um das andere Ufer zu erreichen!

Wir besorgen uns einen brasilianischen Ausreisestempel, es ist 10.00 Uhr, die Ereignisse überschlagen sich, wie so oft: nach der Trägheit der Reise auf einmal eine riesige Beschleunigung, dieses Mal bei der Jagd nach Stempeln.

Mit dem Stadtbus fahren wir nach Leticia in Kolumbien. Wenn ich auf dem Wasserweg nach Peru will, muss ich in diese Stadt. Jetzt muss man noch schneller sein, denn die meisten Boote fahren gegen Mittag ab, damit sie ihre Strecken mit Rückweg im Verlauf des kurzen tropischen Tages schaffen.

Ich muss:

Geld tauschen (brasilianisches teilweise in kolumbianisches, teilweise in peruanisches; hier sind Kopfrechner gefragt),

einen Einreise- und einen Ausreisestempel für Kolumbien besorgen (brauche ich nicht, da Kurzaufenthalt, sagt der „Holländer". Stimmt. Wissen ist Macht und spart Zeit),

eine Einreisegenehmigung für Peru besorgen (die nächste Behörde ist am Ufer eines Seitenarmes des Amazonas, gegenüber von Leticia),

Andenken und eine Batterie für die einzige Kamera kaufen und die Abfahrtzeit für meine Weiterfahrt auf dem Fluss „checken".

Und so geht's:

Ich erfrage die Abfahrt meines Schnellbootes nach Peru (12.00 Uhr mittags) und erstehe ein Ticket, den Rucksack lasse ich in einem Ufercafé, gebe einem Barmann dafür ein Trinkgeld.

Auf dem Weg zum Fotoladen vergleiche ich die Tauschkurse für die drei Währungen und mache einen Laden aus, indem ich ein T-Shirt als Andenken aus Kolumbien erstehen will. Auf dem Rückweg mit Batterie wird getauscht und ein Shirt ohne Handeln erworben, in den Rucksack damit (er ist sicher an seinem Platz). Ich lasse ihn da und miete ein Wassertaxi. Der Taxifahrer macht mit mir einen festen Preis aus und weiß, wo man den Einreisebeamten wecken muss! Er geht mit mir zum Zuständigen, der sehr reserviert darauf hinweist, dass er mir nur einen peruanischen Einreisestempel geben könne, wenn mein Name auf der Passagierliste eines bestimmte Bootes auftauche. Mein Taxifahrer donnert mit mir zurück zum Schnellbootbüro. Dort sagt man dem Taxifahrer, dass für meinen Zielort kein reguläres Boot fahre und dass deshalb auch keine Listen erstellt würden. Dies nun teilt der Taxifahrer nach unserer zweiten, äußerst flotten Querung dem Beamten mit. Der zeigt Einsicht, nun auch in seine Diensträume. Er nimmt widerwillig meinen Reisepass in die Hand und fragt nach meinem Beruf. Als ich antworte. „Musikerzieher" ist es, als ginge in dem kargen Amtsraum die Sonne noch einmal auf. Er fragt mich nach den Cello-Suiten von Johann Sebastian Bach. Ich antworte, dass ich die und die schon in einer Transkription für Gitarre gespielt habe. Er strahlt und bedauert, nicht mehr für mich tun zu können!

Ab, Rucksack holen, dem Taxifahrer danken (er hat für Vermittlungsdienste und die zweite Überfahrt keinen Pfennig mehr erhoben!!) und sofort zum Boot, das schon auf mich wartet. Hinein. Mein Rucksackbewacher hat mitgedacht und mir den Rucksack schon im Alu-Boot auf meinen Platz gesetzt, auf die Spitze. Gut, dass mein Brillenetui aus Stahl ist! Trotzdem Dank und ein kleines Trinkgeld. Abfahrt. Verschnaufen. Alles ging gut.

Ich möchte nach Caballo Cocha, einem Örtchen ca. 250 km flussaufwärts. Mein schlaues Büchlein hatte mir geflüstert, dass dort ein Flugplatz sei, von dem aus dreimal die Woche Flüge nach Pucallpa gingen, der Stadt, in der die Straße über die Anden beginnt und nach Lima führt.

Das Schnellboot fährt bis zur Grenze Bolivien-Peru, dann werde ich übergeben. Hatte das erste flache Boot nur 75 PS, bin ich jetzt in einem Zehnsitzer, der 200 PS hat. Das Boot fährt sehr schnell zwischen allem durch, was auf dem Wasser treibt, also auch zwischen Baumstämmen. Eine Pause gibt es, die Leute essen aus drei Tellern, die von einer Frau am Ufer auf einer kleinen Anlegestelle immer wieder nachgefüllt werden. Nach jeder Leerung spült sie Löffel und Teller gewissenhaft im trüben Amazonas. Ich habe keinen Hunger, würde aber gerne ein Geschäft verrichten, geht nicht. Auch gut.

Diesee beängstigende Slalom ist nach ein paar Stunden vorbei, von einer wackligen schwimmenden Plattform gelange ich nach 100 Metern direkt zum zentralen Platz von Caballo Cocha.

Ein Hotel ist schnell gefunden, es ist das einzige, direkt am Platz. Nach allerlei Verrichtungen erfahre ich, dass es einen Flugplatz gibt, aber bis auf einen Flug in der Woche keine Zivilflüge. Bis zum Abflug müsste ich allerdings drei Tage hier warten.

Ich möchte aber bald aus dem Amazonasbecken verschwinden, was ich machen wollte, habe ich gemacht, es sollte ja nur einen Abschlussflug über den Amazonaswald geben.

Bald erfahre ich, dass ich bis zum nächsten Schnellboot zwei Tage warten muss, immerhin einen Tag weniger als beim Flug.

Ich erkunde die kleine Stadt. Ein Schild an der Uferböschung verkündet, dass hier die Front der peruanischen Zivilisation sei; ein bisschen erinnert das an die Transparente der DDR. Allerdings, die Wahrheit ist es schon. Hier wird dem Urwald Fläche zum Leben abgetrotzt, es existiert keinerlei überörtliche Straße, da es ja keine Nachbarorte gibt. Außer langsamen Transportschiffen und den schnellen Personenflitzern sowie gelegentlichen Militärflügen sind die Leute hier auf sich gestellt, eine richtige Pionierstadt ist das hier.

Der Ladenbesitzer kann etwas Englisch und fragt mich, ob der „Fette" Probleme mit dem E-u-ro habe. Ich antworte, Helmut Kohl sei sich der Problematik einer gemeinsamen europäischen Währung durchaus bewusst. Wir schauen uns an und lachen. Wir lehnen übrigens in seinem Laden an der Ecke an einem Stapel Zementsäcke, die in Manaus produziert wurden. Ihr Markenname „Nassau", ein kleiner Gruß aus der fernen Heimat.

Danach will ich mir die Haare schneiden lassen. Die Frisörsfrau ist schnell gefunden, ich muss allerdings noch warten, bis sie mit ihren Freundinnen das Volleyballspiel vor ihrer Tür beendet hat. Das ist kein Hausfrauenspiel, das ist ein athletisches und technisch hochstehendes Spiel, eine Freude ist es zuzuschauen! Ich mache mich (jetzt wieder) auf Spanisch verständlich, eine Schnipp–Schnapp-Geste mit zwei Fingern ist die Einladung dazu. Meine 80 Pfennige für die Frisörin sind gut angelegt.

Die Mittagspause verbringe ich in der Ortsbücherei und lerne Spanisch. Hier ist es kühler, ruhiger und heller als in meinem Hotelzimmer. Wenn es eine Skala der Reinheit gäbe, an deren einem Ende ein Operationssaal sich befände, am anderen Ende wäre mein Zimmer anzuordnen! Die Post, drei schon entwickelte Negative, muss weggeschickt werden. Der Postbeamte, so erfahre ich, angelt am Fluss, es ist ein kleiner Parallelarm des Amazonas, in dem fröhlich etwa 30 Schulkinder planschen.

Bereitwillig geht der Mann mit mir zu einem größeren Schuppen. Der Schrift über dem großen Holztor entnehme ich, dass hier nicht nur der Friseur (mein Mann), sondern auch der Verwalter der Fußballliga (Unteramazonas) von Peru (mein Mann) arbeitet. Jetzt aber wirkt hier der Postbeamte (mein Mann). Höflich fegt er den Staub von einer großen Bank und bittet mich Platz zu nehmen. Ich muss aber noch einmal aufstehen, um mit ihm seine riesige Posttheke herumzuheben, damit er hinter ihr arbeiten kann. Jetzt geht es los: Ein ausreichend großer, gefütterter (!!) Umschlag ist schnell gefunden (in ganz Manaus dagegen nicht!), eilfertig ist eine riesige Tariftabelle schon aufgeschlagen. Kurz recherchiert, Preisnennung, o. k? o. k! und flugs sind die Filme im Umschlag, dieser mit einem lachhaften Betrag frankiert und gestempelt. Der Umschlag bleibt auf dem Tisch liegen und ich bekomme noch eine Quittung über die Entgegennahme dieser Postsendung.

Es soll erwähnt werden, dass dieser Brief ohne einen Kratzer, mit nur einem Eselsohr, in der Heimat angekommen ist. Ich Treuloser dagegen hatte diese Sendung schon beim Verlassen des Schuppens abgeschrieben.

Abends dann eine Botschaft an der Rezeption, der Mann vom (trostlosen) Anlegesteg sei hier gewesen. Ich gehe die paar Meter und erfahre, dass Morgen ganz früh (06.00 Uhr) eine Spezial-Passagierfuhre vorbeikomme, das wäre doch sicher gut für mich?! Natürlich! Wieder einen Tag weniger in glühender Hitze!

Ich vergattere den Hoteljungen, mich unbedingt um 05.30 Uhr zu wecken, denn um 06.00 Uhr soll ich da sein. Ich wache aber von selbst im Stockdunkeln auf. Damit ich das Verpackte noch einmal überprüfen kann, setze ich die batteriebetriebene Stirnlampe auf, da das Licht noch nicht funktioniert, denn die Generatoren werden erst um 06.00 Uhr angeworfen. Endlich kommt der, der mich wecken sollte. Ich rufe „Herein!" und er tritt ein. Ich komme auf ihn zu und er, offensichtlich noch im Halbschlaf, schreit unterdrückt auf. Das war wohl zuviel: eine dunkle sich nähernde Silhouette mit weißer Haut und glühendem Kopf!

Es soll nun erwähnt werden, dass das 08.00 Uhr-Spezial-Schnell-Passagierboot pünktlich um 10.00 Uhr einlief. Eine gute Gelegenheit, mehrfach in das kleine Café zu gehen.

Ein langsames Schiff aus Richtung Grenze legt an, es sieht aus, als habe ein Enthirnter nach einem Orkan hier und da Zwirnsfaden und Leim verwendet, um das Schiff wieder zu richten. Auf dem Schiff: das Paar aus Holland! Ein schönes, kurzes Wiedersehen, bei dem die jungen Leute gern zugeben, dass auf dem Boot der Folklore offensichtlich zuviel sei.

Mein Schnellboot legt nun schnell an und wird offenkundig von einem Wahnsinnigen gefahren, einem von der Sorte, der man nicht böse sein kann, denn er versteht die Steuermannsarbeit auf seinem „rapido".

Wieder das Essen auf dem Fluss, wieder Harnverhalten. Eine Polizeikontrolle bringt uns an Land, wo wir uns endlich erleichtern können. Die Beamten kontrollieren sicherlich nur aus Langeweile, so locker tun sie ihre Arbeit. Der Grenzbeamte sieht meinen Pass und ruft: „Heil Hitler". Mein karges Verziehen des Gesichts bringt ihn zu einem verlegenen Schulterzucken. Ich sage: „Beckenbauer esta mejor" (= Beckenbauer ist besser) und er lacht erleichtert.

Endlich: Iquitos! Von der Grenze bis hierhin unfallfreie 700 km mit Schnellbooten! Dank, an wen auch immer!

Mein Gepäckträger Hector bringt mich nach einigen Fehlanläufen zum Hotel „Baltazar".

Iquitos, auch eine Stadt des Kautschukbooms, ist eine gelungene Mischung aus Zivilisation und Natur: Ein paar Schritte aus dem quirligen Zentrum heraus ist man an der Uferpromenade hoch über dem Amazonas. Weit reicht der Blick über die riesige Wasserfläche, scheinbar will der Stromriese, der hier immerhin 3200 km von der Mündung entfernt ist, nicht kleiner, überschaubarer werden!

Wer genauer hinschaut, sieht am Ufer auch schwimmende Behausungen, Elendshütten sondergleichen, ein schroffer Gegensatz zu den mit blauen Kacheln, den „azulejos", verblendeten Stadthäusern der Gummibarone.

Iquitos, die Stadt mit Straßen, aber keiner Strasse nach außerhalb, schmückt sich stolz mit dem Eiffel–Haus. Es soll wie so manches andere, was ich unterwegs gesehen habe, 1898 nach der Weltausstellung in Paris hierher gebracht worden sein. Wie auch immer, Gustave Eiffel war sehr geschäftstüchtig, denn solch einen hässlichen Stahlschinken kann man nur einem Neureichen in der Wildnis andrehen!

Die Stadtbücherei hat an der Wand ein Verzeichnis ihrer Bürgermeister hängen. Zwei deutsche Amtsträger namens Shuler (= Schuler) gab es auch. Die größte Freude in der Stadt aber bringt mir der Umstand, das man hier Brot und Wurst wie zuhause kaufen kann! Ich fühle mich so wohl, dass ich noch einen Tag länger in der Amazonasmetropole bleibe. Einen Flug nach Pucallpa über die Westausläufer des Amazonasbeckens habe ich schon gebucht.

Von oben schlängelt sich der Ucayali, ein Zufluss zum Hauptstrom, wie Lametta durch den Tropenwald.

Ich komme in Pucallpa an. Das Empfangsgebäude ist eine Hütte. Wir warten in einem großen Raum auf unser Gepäck, das auch schon auf betagten Lastkarren hereingebracht wird. Ein korrekt gekleideter Mann unterhält sich mit mir und empfiehlt mir ein Hotel. Auf einmal bittet er mich um meinen Kontrollabschnitt für den Rucksack und winkt mit einer herrischen Bewegung einen Uniformierten zu sich. Mein Herz rutscht in die Hose. Alle Vorurteile werden wieder wach. Doch bevor ich mich von meinem Schreck erhole, bringt mir der Uniformierte als erstem Passagier meinen Rucksack. Dadurch habe ich Gelegenheit, eines der seltenen Taxis auf dem Vorplatz zu ergattern.

Pech, alle (drei) sind schon reserviert! Unschlüssig stehe ich da und will schon die Busverbindung ins Zentrum erfragen, als mein neuer Freund im Privatauto auftaucht, von einer Frau gelenkt. Ich werde formvollendet der Gattin und Sohn vorgestellt, mein Rucksack landet im Kofferraum, ich steige dazu und werde vor dem empfohlenen Hotel in der Stadtmitte persönlich abgesetzt. Während der Fahrt in die Stadt erfahre ich, dass mein Gönner Polizeichef von Pucallpa ist. Ich nehme deshalb beim Abschied seinen Rat besonders gern an, nicht zuviel auf den Straßen herumzulaufen.

Die Stadt ist dreckig und hässlich, aber hier beginnt die Strasse durch die Anden, mehr brauche ich nicht. Kurzes Besinnen abends im Hotel: Heute vor 18 Monaten bin ich losgefahren.

Nach 17 feuchtheißen Tagen im Amazonasbecken breche ich am anderen Morgen per Bus auf.

Um nach Lima an der Küste zu gelangen, müssen wir den in Peru dreigeteilten Gürtel (= Cordillera) des Andengebirges queren. Der Bus wird sich von knapp 100 Metern über dem Meeresspiegel (NN = Normalnull) aus dem Amazonasgebiet in die Region des regnerischen Tropischen Hochwaldes (bis 2000 m) begeben, um dann weiter in die eigentliche Gebirgsregion zu „klettern". Die Straße erreicht bei Anticona (4843 m über NN) ihren höchsten Punkt.

Je mehr der Bus sich quälen muss („mit reichlich Luft unter den Rädern", so würde eine Wegbeschreibung des Alpenvereins die Gefährlichkeit der Trasse ausmalen), desto besser geht es mir. Die Tage da „unten" waren doch sehr anstrengend gewesen. Zur Erinnerung daran muss ich noch vier Wochen mein Malaria-Medikament einnehmen.

Tingo Maria liegt auf ca. 650 m Höhe, genau da, wo der Wald mehr und mehr dem Gebirge weicht. Aufgrund hoher Niederschläge, bis zu 2,70 m im Jahr, ist die Kleinstadt in der Regenzeit oft tagelang von der Außenwelt abgeschnitten. Dieses sehr fruchtbare Gebiet wird zum Anbau von Kaffee, Tee, Zuckerrohr, Bananen, Gummi, vor allem aber für Coca genutzt. Das Zeug wird legal und illegal in Tingo Maria gehandelt, Schiessereien zwischen Polizei und Drogenhändlern sollen an der Tagesordnung sein. Ich verlasse den Bus nur für dringendste Bedürfnisse. Zum Abschied werfe ich noch einen Blick auf die Attraktion „La Bella Durmiente", die „Schlafende Schönheit", einen Berg.

Weiter, viele Polizeikontrollen. Gut, dass die Rebellen der Freiheitsbewegung „Sentiero Luminoso", des „Leuchtenden Pfades", zerschlagen wurden, sonst wäre hier überhaupt kein halbwegs geordnetes Reisen mehr möglich, ganz zu schweigen von etwaigen Todesgefahren.

Hauptgrund für unser langsames Vorwärtskommen jedoch sind die vielen Erdrutsche, die den Busfahrer zwingen, im Bogen zum Tal hin auszuweichen! Zehn- 15mal geht das gut, manchmal dürfen wir aus Sicherheitsgründen sogar aussteigen; ich würde am liebsten ständig nebenher laufen.

Trotz der ab Tingo asphaltierten Straße ist auf einmal Schluss, in Huanuco hört die Fahrt auf, der Weg weiter vorn ist irreparabel zerstört. Ich suche mir ein Hotel, morgen werde ich an der Busstation Näheres erfahren.

Es wird ein dreitägiger Zwangsaufenthalt in Huanuco, dreimal sage ich morgens im Hotel „Adios", dreimal kehre ich wieder ein.

Der Grund ist, so erfahre ich nach und nach, dass tagsüber die

Straße völlig neu gebaut wird, ab dem zweiten Tag dann die Busse sehr langsam nachts fahren. Da ich aber etwas von den Anden sehen will, möchte ich gern tagsüber fahren und warte auf eine Verbesserung der Verhältnisse.

Der Aufenthalt im 1800 m hoch gelegenen Huanuco ist wie Ferien in einer Sommerfrische. Um den zentralen kleinen Park, in dem sich das quirlige Leben, so scheint es, fast der ganzen Bevölkerung abspielt, sind alle Geschäfte und Banken angeordnet, eine schöne Stadt der kleinen Wege. Markt und Museum sowie der fast schon obligate Aufenthalt in der Bücherei vertreiben mir die Zeit, ich finde sogar einen aufstrebenden jungen Geschäftsmann, der mir seinen privaten Internetzugang zur Verfügung stellt!

Bei zwei jungen Schustern auf dem Markt gebe ich eine Hülle für den Rucksack in Auftrag. Das Material ist, wie oft in Südamerika, ein ausgedienter Düngemittelsack aus irgendeiner starken Kunstfaser. Alles klar, nur, die Schutzhülle soll oben mit einem Rucksackriemen verschlossen werden und wir brauchen Ösen aus Metall. Ich kenne das Wort für Ösen nicht, als wir uns endlich verständigt haben (Ösen = ojales), gibt es auf dem gut sortierten Markt keine zu kaufen. Kein Problem: aus dickem Leder werden breite Ringe geschnitten und beidseits um die Löcher genäht. Bald ist das Prunkstück von Hülle fertig; zum geringen Lohn liefere ich noch Bier an.

Der Wunsch nach einer Querung der Hochanden bei Tag ist nicht zu erfüllen, soviel stellt sich nach drei Tagen heraus.

Nun fahre ich weiter, lasse die Stadt des dreifachen Abschieds hinter mir. Es gelingt mir immerhin noch, die spektakuläre Abfahrt des Busses aus dem westlichen Gürtel der Anden nach Lima herunter bei Tageslicht zu erleben.

Ein dreckiger kleiner Busbahnhof in Lima, sehr unübersichtlich, lässt alle meine Sinne in voller Bereitschaft sein. Mühsam behalte ich den Überblick über meine Sachen (großer Rucksack in den Händen vor dem Bauch, Tagesrucksack (klein) auf dem Rücken und die Gitarre in der Hülle ebenfalls quer auf dem Rücken).

Ein Taxifahrer wird abgewiesen, ein zweiter kräftig heruntergehandelt. Wir halten vor dem ersten Hotel, nichts. Im zweiten Hotel, eher eine Privatpension, schlägt der Pensionsbesitzer die Hände über dem Kopf zusammen, als ich ihm sage, ich habe meinen Rucksack noch im Taxi: „Was, Sie haben Ihr Gepäck im Taxi gelassen! Gehen Sie schnell hinunter, bevor das Taxi ohne Sie wegfährt!"

Ich habe Glück, das Taxi wartet noch.

Wie sich herausstellt, hatte der Taxifahrer den längeren Atem, denn er macht aus dieser einen ausgehandelten Fahrt zwei; ich bin so froh, in diesem heißen Hexenkessel namens Lima eine kleine Pension gefunden zu haben, dass ich kampflos das Taxi des Schlitzohrs räume.

Diverse Sicherheitshinweise in der Pension und eindringliche Schulung durch den Chef machen mir klar, dass Lima kein Pflaster für mich ist: Zu heiß, zu laut, zu gefährlich und zu dreckig. Ich möchte ja sowieso schnell weiter, denn der Sog der Inkametropole Cuzco mit Machu Picchu wird schon stärker.

Im Schlafraum lerne ich die Amerikanerin Theresa kennen. Sie hat dieselben Pläne wie ich, muss allerdings noch ihre Finanzen ordnen, bevor es weitergeht. Wir beschließen, bis Cuzco zusammen zu reisen. Es tut uns beiden gut, einmal von der ewigen Aufpasserei auf die Ausrüstung wenigstens ein bisschen entlastet zu sein.

Theresa ist eine starke Frau, soviel steht fest. Sie hatte in einem Reisebüro in den U.S.A. „gejobbt", als sie den Entschluss fasste, von Alaska nach Feuerland zu reisen. Eine klare Sache, so eine Nord-Süd-Querung eines riesigen Doppelkontinents!

Damit die Sache nicht so einfach ist, hatte Theresa sich entschieden, zu Fuß zu laufen, wobei sie ihre Habe auf einem gummibereiften Wagen hinter sich hergezogen hatte. „Hatte" deshalb, weil sie nun auf den Bus umgestiegen ist. Zwei Jahre nämlich hatte sie dafür veranschlagt, aber nun ist ihr die Zeit knapp geworden. Deshalb hat sie nach 5700 km zu Fuß ihr Gefährt verkauft, in Santa Rosalia in Mexiko, wo ich ebenfalls war, und ist mit einem Fahrrad weiter. Sie hat es bis nach Mittelamerika geschafft und ist dann von Costa Rica nach Lima geflogen.

Nach einem schönen Spaziergang durch einen Vorort von Lima, die Busfahrkarten haben wir schon, geschieht unser Aufbruch aus der Stadt. Vorher hatte ich mir noch in einem Alleingang den neusten James-Bond-Film angeschaut, ein neuartiger Genuss, mit einem Projektionsapparat aus den 50ern und einer Leinwand aus dem I. Weltkrieg!

Bei netten 42° C abends um 19.00 Uhr sind wir am Busbahnhof. Ein Mann spricht uns an. Er ist Hornist an der Staatsoper und möchte einfach nur sein Englisch ausprobieren.

Die Busfirma „Cruz del Sur" wird uns entlang der Küste auf der legendären „Carrera Panamericana" nach Süden bringen.

Um Mitternacht stockt der Bus und hält vor uns an einer Wasserfläche an einem Ortseingang. Die Stadt heißt Ica, wir sind 300 km südlich von Lima. Wir warten drei Stunden und fahren dann durch die Ortschaft, das Wasser hat nur noch halbe Kniehöhe. Die Durchfahrt dauert zwei Stunden. Überall Sandsäcke, an den Straßenecken sehen wir hastig zusammengebrachte Sandhaufen. Am Ende des Ortes wird dann endgültig gehalten und Motor und Licht ausgeschaltet, keiner weiß etwas.

Als die Helligkeit zunimmt, sehe ich rechts, anmutig in seinem Bette, das Flüsschen Ica, gleichwohl gefährlich schnell; wegen einiger Büsche und Bäume kann ich weiter nichts erkennen. Als mein Blick über die Köpfe der Mitreisenden nach links wandert, werde ich sehr schnell hellwach.

Die Häuser sind hier meist eingeschossig mit Flachdach. Ich sehe viele Menschen auf diesen Dächern stehen, ihren spärlichen Hausrat neben sich, Möbel, Kleider, Kühlschränke und Säcke sind zu erkennen. Mein Blick geht nach unten. Mit Stöcken in der Hand geht man seine gewohnten Wege, etwas vorsichtiger, nun im Wasser. Keiner der Betroffenen spricht, (ich bin mittlerweile draußen), jeder hat, hier wird ein Sprichwort schmerzlich wahr, sein Päckchen zu tragen. Schlimm.

Was uns betrifft, stehen wir auf einem Straßendamm in einer Schlange von etwa 80 Bussen und 20 LKW, der vorderste hält vor dem Wasser auf dem Gelände einer Tankstelle, das Wasser steht bis Schauglashöhe der Zapfsäulen. Hier ist Endstation, hier zeigt der Rio Ica sein wahres Gesicht.

Hubschrauber kreisen, in einem soll Fujimori sitzen, Sohn japanischer Einwanderer und Staatspräsident von Peru. Als sich endlich schweres Räumgerät mühsam nach vorn kämpft, fahren wir in die Stadt zurück, um uns „etwas frisch" zu machen. Hier kommen wir durch Viertel, in denen beim Bauen kein Geld für Beton oder Ziegelsteine war. Lehmmauern sind umgestürzt und weggeschwemmt, Sandsäcke liegen nutzlos umher, da das Wasser um sie herum seinen Weg gefunden hat. Ein Mütterchen hält mit versteinerter Miene das hölzerne Fußteil eines Bettgestells fest; als wir drei Stunden später in unseren Stau zurückfahren, steht sie immer noch da.

In einem Land, in dem man mit einer Badezimmerwaage (für das entgeltliche Wiegen von Passanten) schon eine Familie ernähren kann, ist diese Überschwemmungsnacht eine Katastrophe, hier sind Hunderte von Existenzen zerstört worden.

Raus aus dem Bus, nach vorne: Eine Planierraupe hat an zwei Stellen die Begrenzungsmauern der Tankstelle niedergerissen, das Wasser kann nun ablaufen, ist auch schon merklich tiefer, aber für viele Fahrzeuge mit laufendem Motor nicht passierbar. Deshalb nimmt man Busse per Stange in Schlepp (ein anderes Baugerät übernimmt dies), zu langsam für uns.

Wir sind jetzt 24 Stunden unterwegs. Als eine Kolonne mit Militärfahrzeugen durchfahren will, protestieren wir, die Kolonne zieht rechts heran und hält, Leute mit viel Lametta auf den Schultern steigen aus.

Ich gehe neben einem Militär her und versuche, ihm unsere Lage zu schildern, werde aber höflich und bestimmt weggezogen Ich hatte versucht, mit Fujimori persönlich ein Gespräch anzufangen! Das habe ich allerdings erst zwei Stunden später erfahren, selbst die Peruaner hatten ihren „Chef" nicht erkannt.

Als wir endlich mit dem Abschleppen an der Reihe sind, geschieht etwas, was vielleicht bei Franz Kafka normal ist: Unser Busfahrer versteckt sich! Er wird von uns gefunden und zum Bus gebracht. Da kommt heraus, dass er gar nicht abgeschleppt werden will, er hat Angst um seinen tiefliegenden Motor! Er bekommt von „unseren" Frauen allerhand zu hören, „idiota" ist das geringste Schimpfwort. Viele der mitfahrenden Frauen haben mehrere Kinder bei sich, darunter Säuglinge. Diese Frauen sind es auch, die den Busfahrer davon abhalten, sich in den „sala de pilotos", den Aufenthaltsraum der Busfahrer, zu flüchten, als wir wieder in eine Gaststätte zurückgekehrt sind. Die Frauen wollen, dass er nach Lima zurückfährt und einen anderen Bus holt.

Unser Busfahrer will weder nach Lima noch will er zu unserem Zielort Arequipa. Man ruft die Geschäftsführung in Lima an, nichts wird erreicht. Um 22.30 Uhr fahren wir endlich los. Hinter der nun trockenen Tankstelle werden wir noch einmal angehalten. Ein Herr in grünem Polohemd öffnet die Bustür, diesmal erkenne ich ihn: Fujimori! So lauten auch die Rufe aus dem Bus, Blitzlichter zucken. Fujimori erklärt dem völlig verdatterten Fahrer, dass er unentgeltlich soundsoviel der hier seit Stunden wartenden indigenas (Eingeborenenfrauen) mitzunehmen habe, er solle sich beeilen und seine Gepäckluken aufmachen.

Danach nimmt der Staatspräsident einer Frau das schwere Bündel ab und schiebt es ins Gefach, nebenbei noch die Beschwerden unserer Damen sich anhörend.

Mit 27 Stunden Verspätung kommen wir in Arequipa an. In der Stadt erfahren wir, dass wir letzte Nacht noch ein kleines Erdbeben verschlafen haben, wir sind nicht böse drum.

Theresa hat während unseres Zwangsaufenthaltes die Mitfahrerin Martha kennengelernt. Martha lädt uns zu sich in ihre Wohnung ein. Erst einmal wird geduscht und gegessen. Als wir alle erfrischt und wieder guter Dinge sind, werden wir der Familie vorgestellt. Die Wohnung in einem mehrstöckigen Hochhaus ist zu klein für beide Gäste, Theresa bleibt bei Martha, ich werde in einer kleinen

Prozession zu Freunden Marthas gebracht, einem Lehrerehepaar mit vier Töchtern. Ein großes Hallo, eine sehr herzliche Gastfreundschaft!

Arequipa, die koloniale Oase im Gebirge (2800 ü. NN), hat das, was man auf neudeutsch ein grandioses „setting" nennt, liegt es doch an einem Bergabhang mit dem hochaufragenden Hausvulkan Misti (5822 m hoch). 360 Sonnentage im Jahr erhöhen den Reiz für potentielle Neubürger, zumal es nur 15 cm Regen gibt!

Die Altstadt spanischer Prägung gefällt mir, in der Hauptkirche ist eine Schweizer Orgel zu finden, und das Kloster Katalina ist zum Verlieben schön in seiner Blumenpracht. Natürlich fehlen auch hier nicht diverse Geschichtchen, z. B., dass hier höhere Töchter auf Lebenszeit hinter die dicken Mauern verbannt wurden, dass hier durch eine Öffnung im Mauerwerk nicht erwünschte Babies deponiert werden konnten etc. etc., gute katholische Geschichten also.

Ein Arztbesuch steht an, habe ich mir doch vor lauter Aufregung in Ica die Gesichtshaut derartig verbrannt, dass man mich getrost Frankensteins Monster nennen könnte! Es ist kein normaler Sonnenbrand, das ganze Gesicht ist unförmig aufgedunsen. Ich werde von Theresa, Martha und Orfelina, meiner Gastgeberin, begleitet. Wir kommen zu einer Ärztin, sodass die Frauen fast unter sich sind. Die Ärztin erklärt, dass die Halsentzündung nichts mit der Schwellung von Nase, Lippen und Wangen zu tun habe, benennt diese Krankheit „cellulitis" und schickt mich weg, Spritzen zu holen.

Zwei Spritzen heute, zwei weitere morgen, dann werde es noch ein paar Tage dauern, bis ich wieder normal aussehe, erklärt mir die Ärztin. Draußen bei den Wartenden Gekicher, als „man" aus dunklen Kanälen erfährt, dass die Spritzen in den „gluteus maximus" (= Gesäß) gegeben wurden. Ich trage dies mit Würde und lache mit.

Und noch einmal Fujimori: Theresa erzählt uns, dass unsere Busfirma wegen schlechter Behandlung ihrer Passagiere mit einer empfindlich hohen Geldstrafe belegt worden ist!

In der Zeitung ist zu erfahren, dass in Ica bei der schlimmsten

Flut seit 50 Jahren 70 Leute gestorben sind. 5000 Häuser wurden weggewaschen und 22.000 Menschen sind obdachlos geworden. Über 100.000 Betroffene im Notstandsgebiet haben darüber hinaus mit erheblichen Gesundheitsrisiken zu kämpfen, da gebrochene Abwasserleitungen das Trinkwasser verseuchen.

Ab mit dem Bus nach Cuzco, der alten Inka-Hauptstadt. Wir wollten mit dem Zug fahren, aber der Mann vor Theresa hat die letzten zwei Karten für diesen Tag weggeschnappt.

Die Vollmondfahrt nach Cuzco ist unwirklich: Theresa hat einen zweiten Kopfhörer an ihren Kassettenspieler angeschlossen, wir hören die US-Amerikanerin Joni Mitchell, dieweil die Bauern vom Fernsehapparat des Busses eine unwahrscheinliche Story vom Ausbruch aus einem KZ, englisch mit schlechten spanischen Untertiteln, über sich ergehen lassen!

Mitten im kalten Mondlicht, irgendwo am Nordabhang des Vulkans Misti, nahe der Amazonasquelle, dann ein Halt. Aus dem Führer weiß ich, dass hier eine Ortschaft mit ca. 2000 Einwohnern sein muss, sehe aber außer der „Getränkebude" kein weiteres Haus. Ich frage die junge Frau, wo denn all die anderen Leute seien, sie antwortet knapp: „Im Bett!"

Früh um 07.00 Uhr sind wir in Cuzco und finden ein ruhiges Hotel, das „Incanasi", direkt am riesigen Hauptplatz, der „Plaza de Armas".

Cuzco liegt 3300 Meter hoch, ein Grund dafür, die Besichtigung der vielen Inka[1]-Ruinen in Ruhe anzugehen. Ich habe allerdings nur ein Ziel im Sinn, Machu Picchu. Selbstverständlich werde ich des kunstvoll gefügten Mauerwerks der Inka in der Stadt allenthalben gewahr, denn es dient ja als Basis für die Kolonialbauten der Besatzer. Das Wort „gefügt" bekommt hier eine andere Qualität, denn man sieht zwar die Fugen, es ist aber kein Eindringen in sie, selbst mit dünnstem Blatt, zu genau wurden die Steine einander angepasst. Wie ungefüg erscheint dagegen das neuzeitliche Mauerwerk!

Nach einem der vielen Spaziergänge gehe ich in ein Lokal, das gutbürgerlich ist, ohne Touristen, voller Indios, Arbeiter, Bauern und Marktfrauen. Die Vorspeise zum Mittagessen ist eine Suppe

233

mit Fleischeinlage, so reichhaltig, dass ich auf den Hauptgang, Reis und wieder Fleisch, verzichte. Ich bezahle 1 ½ Soles, umgerechnet 1.- DM!

! Jaul! juchhu! steht im Tagebuch unter dem Datum 03.02.98. Früh sind wir auf und ab geht's nach Machu Picchu. Der Zug braucht vier Stunden, zickzackt sich spektakulär aus Cuzco hoch, atmet am Sattel auf, um dann erleichtert ins Urubamba-Tal zu fahren. Dies schnürt sich später dramatisch ein, allein der Ausblick während der Fahrt ist die Folter des Sitzens (Nennt man das „Sitzen"?) wert. Offene Fenster sind gefährlich, da ja Fastnachtszeit ist

und Kinder leidenschaftlich gern wassergefüllte Plastiktüten ins Abteil werfen, oft mit erstaunlicher Präzision.

Dazu bemerke ich im Reisebüchlein: „Das menschliche Gehirn muss dabei in Sekundenbruchteilen zwei homogene Differentialgleichungen lösen. Dieses Artillerieproblem war der entscheidende Schub für den Bau leistungsfähiger Rechenapparate." Das menschliche Gehirn, welches soviel Sachfremdes im Reisebericht unterbringt, muss quietschfidel und sehr ausgeruht gewesen sein!

Ankunft im Tal unterhalb Machu Picchus, der Bahnhof ist zugleich die Hauptstrasse. Umsteigen in den Zubringerbus. Beim Hochfahren erste Anzeichen menschlicher Tätigkeit am sehr steilen grünen Hang, am Parkplatz oben fast schon der Postkartenanblick: Terrassen, Häuser, freie Plätze, dahinter der Berg Hyann Picchu, nun leider nicht mehr zu ersteigen, da sich zwei Touristen dort zu Tode gestürzt haben (ich habe natürlich versucht, hoch zu kommen, aber der einzige Zugang wird bewacht, auch mit Trinkgeld war nichts zu machen!).

Machu Picchu kann man nicht schildern. Ich will dreimal gehen, weil ich einen Riesenhunger habe und man nichts auf das Gelände mitnehmen darf, und dreimal kehre ich um, um noch eine Runde zwischen Hügeln, Gebäuden und Terrassen zu drehen.

Oberhalb von M. P., wo der Inka-Trail ankommt, den viele Jüngere laufen, spreche ich mit Waldarbeitern. Sie haben nichts zu Essen und Trinken dabei, ihnen genügt dann und wann ein Coca-Blatt. Ich schenke ihnen eine Ritter-Sport-Schokolade, eine Imitation, noch in Manaus als eiserne Reserve gekauft; ein Arbeiter macht noch eine Aufnahme von Frankenstein/Faust. Am Abend sind die Schwellungen fast ganz verschwunden, aber mittags, zum Zeitpunkt der Aufnahme, sah ich noch zum Fürchten aus!!

Der Bus zum Tal wartet schon, als ich mich endlich vom Anblick trenne. Ein Junge winkt uns von außen zu und produziert ein Gemisch von Geräuschen, das sehr absonderlich klingt. Als wir nun reichlich zügig die Serpentinen talwärts fahren, begegnet uns bei jedem „Zick", aber auch bei jedem „Zack" der Junge wieder,

der seine akustische Marke los wird. Der rennende Junge bekommt ob seiner sportlichen und schallenden Leistung einen kleinen Lohn.

Die Rückfahrt gestaltet sich noch ein paar mal wässrig, dann wird es dunkel. Nach dem Erreichen des Gebirgssattels kommen wir uns vor wie bei einem Landeanflug: Das beleuchtete Cuzco liegt unter uns wie eine Kollektion von Edelsteinen auf schwarzem Samt.

Via Fax setze ich noch vor der Abreise einen Bericht über die Flutkatastrophe an meine Heimatzeitung ab. Ein Abschlussspazieren führt Theresa und mich zum „Cristo Blanco", einem Denkmal des Erlösers („Salvador") hoch über der Stadt.

Weiter mit dem Bus über Juliaca nach Puno. Theresa ist noch dabei, möchte, wie ich nach La Paz. Theresas kleiner Rucksack verschwindet frühmorgens in Puno. Ich harre mit unserem Gepäck an der neuen Bushaltestelle aus und Theresa macht sich auf die Suche. Tatsächlich hat sie mitten in der Nacht die Bushaltestelle wiedergefunden, an der wir angekommen sind! Erfolgreich kehrt sie zurück! Wir queren nun nahe des Titicaca-Sees die Grenze mit einem Fahrradtaxi, da es keinen grenzüberschreitenden Busverkehr gibt. Copacabana am Titicaca-See ist unser Tagesziel.

Der kleine Wallfahrtsort liegt 3810 m ü. NN, sodass der klitzekleine Spaziergang auf den kleinen Aussichtshügel (knapp unterhalb 4000 Meter!) doch etwas beschwerlich ist. Aber man wird belohnt durch den Blick auf den höchstgelegenen schiffbaren See der Welt, auch ohne die malerischen Schilfboote, die anscheinend Urlaub machen.

Nach der erbaulichen Wanderung eine Rückkehr in die Niederungen der Welt: Die Ansichtskarte kostet in Bolivien umgerechnet 2,20 DM an Porto, ein einsamer Rekord auf der Weltreise.

Hier im Ort finde ich endlich einen Düngemittelsack, der über meinen Rucksack passt (die Spezialanfertigung von Huanuco war ein paar Zentimeter zu kurz geraten und blieb als Geschenk bei den verwunderten Schustern!).

Der Bus nach La Paz quert mit einer Fähre die schmale Tiquina–Passage. Die Decksaufbauten sind aus Balsaholz, für mich damals als jungen Modellbauer der Inbegriff der Exotik ferner Länder. Hier wird das extrem leichte Holz als normaler Baustoff benutzt. Noch lange sehen wir das schöne Städtchen, als wir in der Höhe den Südrand des Sees allmählich hinter uns lassen. Wir bewegen uns nun auf dem „altiplano", einer Hochebene zwischen zwei Gebirgszügen der Anden, der Königskordillere.

Wir sind gerade durch ein Dorf gekommen, das nicht aufhören will, da! plötzlich werden die Blicke förmlich nach rechts gezogen: unter uns, in einem riesigen Talkessel (ein Einbruch der Ebene) liegt La Paz, im Hintergrund der Illimani, ein Vulkan schönster Sorte. Unglaublich, dieser Anblick!

Ein kleines Hotel, eine Viertelstunde zu Fuß vom Zentrum entfernt, nimmt Theresa und mich auf. Das Zentrum liegt ziemlich tief, die Leute mit mehr Geld ebenfalls, denn „tiefer" zu leben heißt, bessere, dickere Luft zu atmen. Es gibt hier übrigens kein Smogen, da La Paz immer guten Luftaustausch hat. Die Armen wohnen im Stadtteil „El Alto" (= hoch), unser „Dorf", durch das wir ankamen. Sie wohnen in der „schlechten" (dünnen) Luft, 4085 Meter hoch. Auch die Piloten wissen, dass hier auf der zweithöchsten Ebene (nach Tibet) der Welt schwierig zu landen ist.

Als erste Tat nach kurzem Spaziergang durchs Zentrum suche ich das Haus von Barbara auf. Sie wohnt noch weiter talwärts am Hang in einer Art Vorort, dennoch nahe des Zentrums. Sie ist nicht da, der Junge, der mir öffnet, weiß aber Bescheid und händigt mir meine Post aus.

Später komme ich mit Barbara zusammen, einer Bekannten eines Klassenkameraden; zwei Jahre zuvor hatte ich sie in Deutschland getroffen und mit ihr verabredet, dass sie meine Post sammelt.

Sie gibt mir Hilfe bei der Bolivienplanung, ist mit ihrem Mann viel im Land unterwegs gewesen. Desweiteren versucht sie, meine Fahrt durch die chilenischen Fjorde zu organisieren, aber es gelingt ihr genauso wenig wie später Veronica in Buenos Aires, zur Firma Navimag durchzudringen.

„Titanic" im Kino, grosse Gefühle auf beiden Seiten. Bevor ich Film und das meist jugendliche Publikum „studieren" kann, brauche ich eine Eintrittskarte. Wie in Caracas: Piratas haben vorher die Tickets erstanden und verkaufen sie weiter, geringfügig im Preis erhöht. Ich bezweifle, dass ein Kinobesucher seine Karte an der Kasse gekauft hat, denn diese waren kurz nach der Kassenöffnung schon weg, normal nicht möglich. Wieder ein paar Arbeitsplätze erhalten.

Arbeit gibt es hier nur wenig und auf dem Land ist die Not noch auch groß.

Nach Schließung vieler Zinnminen sind in den 80ern viele Bergarbeiter nach La Paz gekommen und versuchten, in Textil–und Pharmaindustrie Fuß zu fassen. Das gelang selten. In armseligen Hütten leben sie „oben" und haben am Rande des Lochs, das La Paz heißt, „einen bitteren Logenplatz für die Beobachtung der schmucken reichen Viertel unter ihnen", so die „Frankfurter Allgemeine".

Die Routinearbeiten gehen mühelos von der Hand, die Kondition wird auch besser, die Höhe erweist sich nicht mehr als so sehr hinderlich. Ich gehe jeden Tag von meinem Hotel („La Paz City") aus nach El Alto, das Angebot der Straßenmärkte (von nie gesehenen Pflanzen bis hin zu dubiosen Tierteilen) lenkt von anfänglichen Molesten ab.

Anneliese Lühring hat in ihrem Buch „Bei den Kindern von Concepçion" auf einen Aspekt der Armut hingewiesen, der leicht untergeht bei all dem Besichtigen (und Verschnaufen):

Es sterben in La Paz ca. 120 Kinder in der Woche, 80 % der Kinder zwischen 2–12 sind unter- oder fehlernährt, nur die Hälfte der Schulpflichtigen geht in die Schule. Viele Kinder werden ausgesetzt, als „abandonados" fristen sie ihr Dasein, von Betteln über Diebstahl bis hin zum Verharren in Teilnahmslosigkeit.

Der Abschied von Theresa gerät kurz. Sie möchte noch ein bisschen in Bolivien umherreisen, danach will sie es noch bis zur Ostküste „schaffen", bevor sie ihr selbstgestecktes Zeitlimit erreicht hat und wieder in die U. S. A. in die Normalität zurückgeht. Wir bleiben noch eine ganze Weile in Kontakt, da sie im Internet auf einer eigenen Seite über ihren Reisefortschritt berichtet und auch per E–Mail zu erreichen ist.

Der Inka-Trail, eine Empfehlung meines Schulfreundes Jürgen, der mit seiner Familie zwei Jahre hier gelebt hat, wird in Angriff genommen. Barbara hat zu dieser Wanderung ebenfalls ein paar wichtige Tipps beigesteuert und mich sogar zu einem Fest am Endpunkt meiner Route eingeladen!

Es gibt drei Inka-Wanderwege in der Nähe von La Paz, alle drei sind von den Inkas sehr gut (das bedeutet: fast für die Ewigkeit) gebaut worden. Die Pflasterung hielt größtenteils allen Versuchen stand, anderweitig verwendet zu werden.

Alle drei Wege sind anfangs sehr steil, und fallen dann gemächlich ab in die Yungas, fruchtbare Täler östlich und nordöstlich La Paz. Ich habe den Takesi–Trail ausgewählt.

Mit dem Taxi fahre ich um 06.00 Uhr nach Calacoto, dann bekomme ich eine Mitfahrgelegenheit zum Dorf Ventilla auf einem Lastwagen, um 11.30 Uhr bin ich am Anfang des Takesi-Trails am Rio Palca entlang bis unterhalb der aufgelassenen Mine „San Francisco". Ich setze mich zu einer Jause nieder und beobachte Hirten, die ihre Lamas bewachen, eine müßige Arbeit (das Bewachen und mein Beobachten des Hütens), so scheint mir.

Sorgsam packe ich meinen Kram zusammen und will wie in den Dolomiten mit stetigem Schritt bergauf gehen, jedoch, die Pausen werden immer länger und häufiger, ich will weitergehen, aber der Körper sagt: „Lass` mir meine Ruh`!" Und das, obwohl ich in La Paz Höhentraining gemacht habe!

Der Hirtenjunge steht auf einmal neben mir. Adolpho möchte für einen schnell ausgehandelten Preis (ca. DM 5.-) meinen Rucksack bis zum Pass tragen. Aber ja doch! Gerne! Der 16jährige heuert nun seinerseits Carlos an. Der muss den kleinen Rucksack von Adolpho tragen. So wandern wir gemächlich zum Pass hoch, der Vater bleibt bei der Herde.

Jetzt sind wir „oben" am Pass, dem „Cumbre Apacheta", 4650 m hoch. Zwischendurch habe ich Carlos entlasten müssen, er hatte genauso geschnauft wie ich. Ich erhöhe den ausgehandelten Betrag und ermahne den Älteren, auch Carlos seinen Anteil im Tal auszuzahlen. Er verspricht es feierlich. Ich biete ihnen Schokolade an, gerne wird sie genommen, sie möchten sie aber ihren Geschwistern mitbringen. Ich esse ein Stückchen und packe die restliche Tafel in Plastik ein.

Vor dem Abschied sollen sich die beiden noch in mein Tagebuch eintragen. Adolpho schreibt schwungvoll seinen Namen, der kleine Carlos sagt aber nur ängstlich: „no se! (ich kann es nicht)". Wir helfen ihm ein bisschen, schon druckt er seinen Namen. Es gibt Schulpflicht im armen Bolivien, aber Carlos ist nur zwei Jahre gegangen, weil er zuhause hat helfen müssen.

Ich winke meinen nun stolzen und erleichterten „portadores" noch ein wenig nach, dann geht es weiter.

Barbara hat mich schon bei Primitivo Quispe angemeldet, der irgendwo am Hang des tiefen Tals wohnt. Um 15.50 Uhr bin ich im Dorf Takesi, das 3800 m hoch liegt. Ein Schwein begrüßt mich, immerhin! Nach verspätetem Mittagessen laufe ich weiter, aber welche Art nun, sich fortzubewegen: ich hatte mir kurz vor Takesi in einem Schlammloch die linke Sohle säuberlich vom Oberleder getrennt und das Übel durch einen straff angezogenen Rucksackriemen beseitigt, dachte ich zumindest. Alle hundert Meter hieß es nun: Mit dem Rucksack (der zusätzlich Essen für zwei Tage in sich barg) stehen bleiben, auf einem Fuß balancieren, den anderen hoch, den Riemen neu anlegen, etc...etc...Erst nach vier Stunden, es wurde schon dunkel, habe ich herausgefunden, wie man dies richtig macht.

Das rauhe Klima des Passes ist längst einem wärmeren gewichen, das Tal ist grün, der Weg hoch darüber, nun schon nicht mehr so breit und gut. Es ist schon dunkel, blitzartig ist es dunkel geworden, meine Ansiedlung Kakapi, in der mir sicherlich Primitivo gern mit einem Nachtlager dienen würde, ist nicht zu sehen. Zweige schlagen mir ins Gesicht, ich sehe nichts mehr, es wird nun auch gefährlich, rutschte ich aus, würde ich ca. 300 Höhenmeter ins Bachbett kullern, nichts Schlimmes, aber es sollte doch vermieden werden. Ein angeschlagener Knöchel würde schon reichlich Probleme bringen, denn hier wohnt (außer zwei, drei Leuten) kein Mensch!

Weit davon entfernt, Panik zu bekommen, richte ich mich schon darauf ein, im Freien zu schlafen, notfalls an einen Busch angeschnallt, als ich Rauch rieche. Ich stolpere vorwärts, werde sanft von frischem Kuhdung aufgefangen und sehe den dunklen Umriss eines Hauses. Auf mein „Ola!" antwortet nur ein ferner Hund. Ich stolpere weiter, ein zweites Haus, ebenfalls stumm. Dann eine kleine Wiesenplattform mit zwei Häusern längsseits. Ich sehe ein Schild, aus dem hervorgeht, dass hier die „Fundaçion Pueblo" gearbeitet hat, die Organisation also, in der meine Bekannten in La Paz mitarbeiten. Hier bin ich richtig, mit einer Abweichung von vielleicht 500 Metern!

Wo schlafen? Die Wiese ist arg nass (im Ernstfall kein Problem, da ich Iso-Decke und wasserdichten Schlafsack dabei habe). Im Hintergrund ein Schuppen, unverschlossen. Mit eingeschalteter Stirnlampe, mittlerweile mit letzter Kraft, blicke ich hinein: hier sind alte Schulbänke, die mit dem schrägen Pult, gestapelt. Ich setze vier davon so zusammen, dass die waagrechten Flächen eine kleine Plattform bilden, steige schon halb eingeschlafen in meinen Schlafsack und bin weg, wie Ovid sagen würde, in „Morpheus' Armen".

Um 07.00 Uhr erwache ich, die Sonne kommt über den Grat, ich kann ein kleines Stückchen der Illimani-Ostseite sehen. Rein in die schweißnassen, klammen Socken, das T-Shirt, das Flanellhemd meines Vaters (das ich immer belächelte, wenn er es trug); die noch nasse Hose lasse ich draußen trocknen, die ebenfalls nassen Schuhe, ihr Anblick dauert mich, bleiben ebenfalls noch aus.

Mitten im idyllischen Frühstück erscheint mein verhinderter Gastgeber, Primitivo Quispe,wie sich herausstellt. Kurze, freundliche Begrüßung, ja, er habe auf mich gewartet, nein, er habe kein

Rufen vernommen, dort oben sei sein Haus. Ich lasse alles stehen und gehe ca. 150 m bergauf. Da ist sein Haus, wunderschön, hoch über dem Tal gelegen. An einem beschatteten Tisch im Freien warte ich auf den Kaffee. Das tut gut. Danach zeigt er mir, wo ich hätte übernachten können: es ist die Alte Schule, nun „Refugio Turistico"... auf der anderen Seite der Mauer, an der ich schlief! Daneben, äußerst modern, eine solarbetriebene Dusche, Arbeit der „Fundacion Pueblo". Ein weiteres Schild weist darauf hin, dass hier eine süddeutsche Jugendgruppe des Deutschen Alpenvereins in den Ferien eine Wasserleitung gebaut hat.

Kurz darauf trennen wir uns. Er bleibt zurück, wird aber heute Abend an der gleichen Stelle sein wie ich, in der Ortschaft Yanacachi, denn dort ist eine Versammlung der Stiftung „Pueblo", die den Einheimischen bei der Verbesserung der Infrastruktur hilft.

Der invalide Schuh hält die nächsten Stunden. Ich treffe einen Vermessungstrupp, mit dem ich zusammen „Mittag mache". Jaime Sirpa E. erzählt, dass hier bald Dämme gebaut werden würden, mit Kraftwerk und Zufahrtsstrassen, eine radikale Veränderung dieser äußerst abgeschiedenen Ecke. Ich laufe nun im Takesital, habe außer den Häusern von Senor Quispe, in Kakapi, seit elf Stunden keine menschliche Ansiedlung gesehen. Die Zivilisation kündigt sich an, ich gehe jetzt auf der Abdeckung eines alten Mühlenkanals, den man oberhalb des Takesi gebaut hat.

Bald sehe ich hoch über mir das Bergbaustädtchen Chojlla, ruhe mich aber erst aus, Wasser gibt es genug, deutsche Wurst (aus La Paz) und einigermaßen vernünftiges Brot habe ich auch.

Ein Mann, wie sich herausstellt, ein Zahnarzt, kommt mit einer Gruppe von Kindern zu meiner „Tafel". Vermutlich ist er im Nebenberuf Lehrer oder umgekehrt. Ich komme nicht dazu, ihn zu fragen, denn er und die Kinder möchten allerlei über Deutschland erfahren. Eine Höchstleistung von mir, denn ich schnaufe reichlich, es sind bis zum Ortsrand etliche Höhenmeter zu überwinden und außerdem muss ich noch einen Blumenstrauß halten, den mir die Kinder spontan gepflückt haben! Ich spendiere in der Ortschaft ein

Getränk für die Gruppe, wehre die höflichen Versuche des Zahnarztes ab, mich von meiner Plaque zu befreien, und wanke zu dem Schuster, von drei jungen Pfadfinderinnen begleitet.

Dieser muss erst aktiviert werden, füttert er doch gerade die Kaninchen. Eilfertig wird die Werkstatt geöffnet, eine jener Sorte, die als Hühnerstall postwendend bei uns die Tierschützer auf den Plan gerufen hätte. Ich ziehe die Schuhe aus, bekomme im Lehm auf einer frisch ausgebreiteten Zeitungsseite einen Platz angeboten und schaue dem Manne zu, wie er mir doppelt und dreifach, wirklich gelungen, die Sohle wieder mit der Hand annäht. Ich weiß nicht, was handgenähte Schuhe in Deutschland kosten, hier aber bezahle ich für eine knappe Stunde bester Handwerksarbeit ungefähr 2.- DM.

Obendrein ist der Schuster ein Schelm: während seiner Arbeit wechselt er beiläufig von Spanisch zu einem Aymara-Dialekt[2], wenn es nicht sogar die von drei Millionen gesprochene Quechua-Sprache ist. Er erzählt fließend, ich antworte geistesgegenwärtig auf Deutsch, Rede und Gegenrede entsteht, wir haben einen Riesenspaß, der noch verstärkt wird durch den Umstand, dass die Kinder, die uns durch das Fenster des Schuppens beobachten, immer größere Augen bekommen!

Müde, aber wieder perfekt ausgerüstet, wandere ich jetzt die Hauptstrasse entlang. Tief unten das Tal, aus dem ich gekommen bin. Eine aufgelassene Erzwaschanlage zieht sich von der Straße bis zum Fluss hinunter. Doch jetzt mehren sich die Anzeichen dafür, dass doch noch Bergbau betrieben wird. Vor ärmlichen Hütten sitzen Frauen und Männer und zerschlagen mit Hämmern das Erz. Ich erfahre von den freundlichen Leuten, dass man hier in „cooperativas" das Erz abbaue, es werde hauptsächlich Wolfram und Zink gefunden. Zum Abschied schenkt man mir noch kleine Materialproben, die sofort in eine Filmdose kommen. Zu Hause wird die schon vorhandene Sammlung vergrößert.

Nach fünf Kilometern bergab bin ich am Ziel, in Yanacachi, einem kleinen Dorf in 1500 Metern Höhe.

Eine Versammlung der „Fundaçion Pueblo" findet dort statt, sehe ich, als ich die Hauptstrasse herunterschlürfe. Barbara sitzt mit ihren Mann am Vorstandstisch, mein neuer Bekannter Quispe ist auch unter den Anwesenden, ein weiteres Rätsel: Er ist nach mir losgelaufen, es gab keinen anderen Weg auf der Karte und auch im Gelände, er hat mich nicht überholt und auch in Chojlla hätte er an mir vorbeikommen müssen. Wie geht das?

Das Fest mit Tanz und einem gelungenem Essen, zu dem ich schon in La Paz eingeladen worden bin, bringt meine Neugier auf andere Wege, sodass die Auflösung des Rätsels bei Primitivo Quispe bleibt.

Da, die Musik[3] kommt die abschüssige Hauptstrasse hinunter! Oh, oh, spielen die Männer falsch! Denke ich. Allerlei Theorien über Alkoholgenuss der Eingeborenen und respektlose Gedanken über das Musiktraining der Hinterwäldler formen sich im arroganten Teil meines Gehirns, bis mir klar wird, dass die von mir schon als „Nichtskönner" titulierten Musiker alle denselben Fehler zur selben Zeit machen, es also nach den gängigen Regeln der Logik gar keine Fehler sein können!

Jetzt wird mir klar, dass der raffinierte Rhythmus dieser fünftonigen, so simpel melodischen Musik die Würze gibt, ich diesen aber nicht „packen" kann, mir mithin also nichts klar ist!!!

Verwundert (und – falls es dies gibt - innerlich errötend ob meiner Vorverurteilung von Kollegen) lasse ich mich mitnehmen von der Musik im abgeschiedenen Gebirgsort, beschließe, nichts mehr zu analysieren und nur noch zu genießen.

Nach langer Feier, es werden auf dem Dorfplatz noch Erinnerungsbäume gepflanzt, gehe ich mit zu dem Haus, das Barbara und Werner hier besitzen und schlafe im eigenen Dreck in der Küche ein. Am nächsten Morgen unterziehe ich mich wieder zivilisatorischen Pflichten wie Duschen, neue Kleidung anlegen etc... dann bin ich gerüstet für neue Erkundungen: Barbara führt uns in den Garten bis hinauf zu einem Hügel, von dem man weit ins Tal blicken kann. Man habe hier auch Funde gemacht, die auf eine sehr alte Kultur schließen ließen, erzählt Barbara. Der „Geist" des Platzes ist, so empfinde ich es, ein bisschen wie auf Machu Picchu.

Der Bus nach La Paz soll um 10.00 Uhr fahren. Keiner ist da um diese Zeit, weder Passagiere noch Bus. Die Abfahrt wird auf 11.30 Uhr verschoben; man fährt um 12.30 Uhr, aber noch nicht gleich nach La Paz zurück, sondern an einen Platz im Ort, an dem ein Hinweisschild für den Wanderweg aufgestellt werden soll, den ich gerade abgelaufen bin.

Die Wartezeit wird genutzt. Ich unterhalte mich mit der Reporterin Corey Capozza, die in La Paz für die englischsprachige Ausgabe der "Bolivian Times" arbeitet. Die sprachbegabte junge Frau ist Tochter italienischer Eltern, die nach Vancouver ausgewandert sind. Wir verabschieden uns voneinander und sind beide etwas betrübt, dass wir unser Gespräch nicht früher begonnen haben. Corey ist schon weg, aber der Bus ist noch nicht angekommen.

Ein abermaliger Rundgang durch den Ort bringt mich zu einem Kunsthandwerker, der vor acht Jahren nach Bolivien kam. Er wollte ursprünglich nur zwei Jahre bleiben. Ich darf seine Ramirez-Konzertgitarre spielen, die unbenutzt und verstaubt in einer Ecke stand.

Jetzt aber ab: Gehupe, es wird ernst mit der Rückfahrt. Von knapp 1200 m ü. NN fahren wir innerhalb von 80 km mehr oder weniger guter Straße wieder 3400 Meter hoch zum La Cumbre-Pass, bevor wir wieder nach La Paz „abtauchen" können.

Ich esse zum Abschied noch einmal bei meinen freundlichen Beratern, liefere ihnen noch die Fotos vom Fest ab und bald darauf sitze ich im Bus nach Oruro südlich La Paz. Ich will zur nordargentinischen Grenze, es mir aber nicht nehmen lassen, kurz im „Mainz von Südamerika" zu halten.

Im kühlen Busbahnhof von Oruro empfängt mich Musik von Eric Clapton. Warum auch nicht, wir hören ja in den Fußgängerzonen unserer Großstädte genug Produkte der Andenmusiker!

Die Karnevalsvorbereitungen sind profihaft: An der sehr breiten Hauptstraße werden große Tribünen aufgestellt werden, das bolivianische Fernsehen wird den Festzug übertragen, die Bevölkerung ist schon in Vorfreude auf das Großereignis des Jahres.

Die Kinder werfen Wasser, was das Zeug hält, die Größeren lächeln milde. Ich muss bis weit nach Mitternacht warten, um meinen Bus nach Potosí zu bekommen, Zeit noch für einen Spaziergang durch die Seitenstrassen. In den Hinterhöfen und auf der Straße werden komplizierte Tanzschritte einstudiert, um die „Diablada" zu Ehren der „Pachamama", der Erdmutter, am Fastnachtssamstag zu einem Erfolg werden zu lassen.

Um 22.00 Uhr wirft man mich aus dem Terminal. Ich muss mit vollem Gepäck in tiefer Dunkelheit (pünktlich sind zeitgleich sämtliche Lichter am Busbahnhof gelöscht worden) und eisiger Kälte bei gut gelauntem schneidenden Wind auf meinen Bus warten.

Diese verzagte Stimmung und ein plötzliches Gefühl der Verlassenheit lässt mich zu den nahen Taxifahrern hinüber gehen, so, als wollte ich ihnen sagen: „Hier ist auch noch einer von euch, ein Lebender, auf den ihr auch ein bisschen acht geben könntet!" Ich sage natürlich nichts, aber immerhin bin ich einer Anwandlung nachgegangen!

Heldenhaft wehre ich Attacken von streunenden, nicht unbedingt kleinen Hunden ab, die mir zwar nicht ans Leder wollen, wohl aber der Ansicht sind, dass ein Rucksack ohne Urin kein richtiger Rucksack sei! Auch das geht vorüber, um 23.45 Uhr, mit einer 45minütigen Verspätung, kann ich einsteigen. Es versteht sich, dass meine Sitzplatzbuchung eher den Charakter eines Versprechens hat und keiner der von weither kommenden Mitreisenden gewillt ist, auch nur ein bisschen meinen Platz frei zu machen. Der Chauffeur hat jedoch Autorität, alles wendet sich zum Besten, wenn auch das Gemurre der Geweckten groß ist.

Das ist leicht daher gesagt: „Alles wendet sich zum Besten".

Den Sitzplatz hätte ich getrost jedem auf dieser Welt schenken können, so katastrophal verlief diese Fahrt: Die Strasse war keine, in der Sahara nennt man so etwas „Piste", aber selbst dafür hat es hier nicht gelangt, denn die Querrinnen verliefen nicht gleichmäßig, sondern waren mal vorhanden, mal nicht. Man kann diese Rillen „abreiten", meist mit einer Geschwindigkeit von ca. 70

km/h, aber der Motor unseres Busses war zu schwach, sodass wir jede einzelne Rinne/Rille im wahrsten Sinne des Wortes „erfahren" haben! Selbst zu einem normalen Durchschütteln wollte das Schicksal sich nicht durchringen, mir und anderen, wie ich später gehört habe, wurde jedes einzelne Organ separat geschüttelt. An ein Schlafen war nicht zu denken, die grimmige Kälte tat ein übriges.

Am 18. Februar 1998 endet das 2. Tagebuch, es ist der Beginn der 82. Reisewoche. In Huanuco noch habe ich mir das nächste Diarium geholt, dieses Mal ein Notizbuch für Vermesser im Format DIN A6, richtig zierlich, und kariert, nobel.

Durchgeschüttelt, mürbe und unausgeschlafen komme ich in der höchstgelegenen Großstadt der Welt an. Potosí liegt 4070 m ü. NN und hat ca. 100.000 Einwohner.

Das Hotel „Central" mit schönem Innenhof, der von einstigem Wohlstand kündet, nimmt mich auf.

Die Altstadt der Ende des 18. Jahrhunderts reichsten Stadt von Südamerika ist als UNESCO-Weltkulturerbe eingetragen. Die Häuser der durch Silber reich Gewordenen haben im I. Stock Vorbauten, oft mit wunderschönen Schnitzereien versehen. Ich habe diese Art Häuser auch schon in Lima bewundern können.

Es ist Liebe auf den ersten Blick! Alles, was das müde Touristenherz begehrt, ist vorhanden, Geschäfte, Restaurants, ich finde sogar ein älteres Kino:

Ein von mir erwarteter Führer, der mich zum „Cerro Rico", dem reichen Berg von Potosí, führen soll, erscheint nicht. Ich gehe auf die Suche und bekomme fundierte Hilfe in einem Reisebüro. Mit einem jungen Mann geht es bergwärts. Ursprünglich wurde hier von den Spaniern Silber abgebaut, heute geht es hauptsächlich um Zink. Beim „Cerro" (= Erhebung) handelt es sich um einen Bergkegel, in den man von allen Seiten hineingelangen kann, man „fährt" also nicht unter Tage, sondern man kann seitwärts in die Minen gelangen. Das wollen wir tun. In einem Schuppen ziehen wir uns eine Jacke über, dazu Gummistiefel und an den Helm wird eine Karbidlampe angebracht.

In der „mina cooperativa" arbeiten ca. 100 junge Leute. An den Arbeitsbedingungen hat sich nicht viel gegenüber früher geändert. Man hat keine Maschinen, die Sprenglöcher für Dynamit werden mit schweren Hämmern und Meißeln gemacht, die Zündschnüre allerdings sind modern, die gefährlichen Zündkapseln liegen achtlos auf dem Boden. Ich lasse den Arbeitern meine Wasserflasche da. Später erfahre ich, dass sie 48 Stunden die Woche arbeiten müssen, sonntags frei haben und in eine Rentenkasse einzahlen. Ihre Rente erhalten sie mit dem 65. Lebensjahr, ihre durchschnittliche Lebenserwartung beträgt aber 58 Jahre!

In einer Nische eine Schutzheilige, vermutlich wieder Pachamama, mit Schnaps versehen und mit Luftschlangen behängt.

Es gibt hier keinerlei Hilfsmittel, nur einmal sehe ich einen kleinen elektrischen Aufzug. Wir kommen in einen Bereich, der noch die Originalarbeit der Spanier (seit 1545 begann der Abbau) erkennen lässt. Dumpfes Schlagen ist zu hören, wie weit entfernt, weiß ich nicht, mein Führer lauscht gespannt und gibt dann Entwarnung. Manchmal sind die Klopfsignale Hinweise auf eine bevorstehende Sprengung. Allmählich fühle ich mich nicht mehr wohl, eigentlich schon, seitdem ich die jungen Leute wie in einem Zoo beobachtet hatte. Das Unwohlsein wird nicht gelindert, als nun unsere spärliche Karbidbeleuchtung vollends ausgeht. Ich werde von meinem Führer an die Hand genommen, kein Licht. Kein Geräusch außer unseren Atemzügen und gelegentlichen Hinweisen. „Achtung, Kopf!", „Leiter, vorher umdrehen!", „Auf den Bauch, nur zwei Meter!" Vielleicht ganz gut so, dass ich auf diese Art nichts von den fehlenden Sicherheitsvorrichtungen und vorhandenen tiefen Schächten mitbekomme!

Endlich draußen, erleichtert.

Am Morgen darauf gehe ich zu „meinem" Frühstückscafé an der Plaza. Es ist kurz vor der Öffnung. Auf den Stufen vor dem Café sitzt eine wunderschöne junge Frau und winkt. Ich denke, dass diese einem anderen winkt und komme näher: Es ist Corinna, die Reporterin der „Bolivian Times" aus La Paz, die ich in Yanacachi getroffen habe!

Wir freuen uns und gehen zusammen frühstücken. Danach trennen wir uns, ich will die Busabfahrtszeit nach Uyuni auskundschaften, danach wollen wir weiterreden.

Auf dem Weg zur Haltestelle komme ich an einer Kirche im Kolonialstil vorbei, die mich, wie viele andere, nicht sonderlich interessiert, aber vor dem Portal steht ein Baustellenschild. Daraus geht hervor, dass hier Umbauarbeiten gemacht werden für eine Art Berufsschule für Metall und Holz verarbeitende Berufe. Ich gehe neugierig hinein.

Die Kirche ist innen völlig entkernt, man hat sie in zwei Bereiche eingeteilt, einen für die angehenden Kunsthandwerker im Metallgewerbe, den anderen für die Holzschnitzer. Ich werfe meine Pläne um. Ich habe ja noch kein Schnitzwerk aus Südamerika für meine Gitarre!

Ich gehe einfach in eine Werkstatt, stelle mich vor und frage, ob man mir helfen könne. Claro que si! (aber ja doch!) ist die Antwort. Schnell zur Bushaltestelle, dann zurück ins Hotel, die Gitarre holen. Mit Corey verabrede ich mich zu einem späteren Zeitpunkt und teile ihr mit, dass ich einen Tag später fahren werde.

Zurück in der Schule für „talleros de madera", für Holzschnitzer. Der Professor erlaubt spontan, die anderen Arbeiten ruhen zu lassen und verzieht sich. Eine Schülerin der Klasse macht den Entwurf, ein Symbol für das alte Märchen von Sonne und Mond, die sich lieben, aber nur bei einer Finsternis treffen können. Die Mondsichel ist in der Sonnenscheibe enthalten. Dazu wünsche ich mir als Zeichen für Potosí die Silhouette des „Cerro Rico", davor mit einem kleineren Berg, auf dem eine Kapelle mit Kreuz steht.

Die Ausführung übernimmt dann der beste Bursche der Klasse. Der Schulschluss wird nicht beachtet, der Wachmann wird informiert. Ich bleibe noch ein wenig bei den jungen Leuten, dann aber breche ich auf. Am nächsten Tag werde ich die Gitarre abholen und eine kleine Unterstützung für die Fastnachtsfeier geben.

Abends esse ich mit Corinna, danach schauen wir dem Fastnachtstreiben der „comadres" am Markt zu, die Tänze probieren und sich ihre Kostüme vorführen. Auch hier Wasserbomben, Konfetti aus der Dose und Luftschlangen.

Am nächsten Morgen Abschiedsfrühstück, ab zum Busbahnhof. Vorher holte ich noch die Gitarre ab und gebe noch einem jüngeren Holzschnitzer, der klassische Gitarre spielt, die Noten von Bachs Invention Nr.1 in C-Dur, die er tags zuvor von mir gehört hatte. Diese musste ich natürlich aufschreiben, da ich sie ja auswendig gespielt hatte!

Nach Süden, durch Sand, Berge und Hügel und nochmals Sand nach Uyuni, am Rande einer Salzwüste gelegen. Doch vorher halten wir im Kaff Tica Tica, nicht ganz freiwillig, da unser Schaltgestänge den Geist aufgab. Nach zweieinhalb Stunden ist der Schaden repariert. Wie man so etwas ohne Schweißapparat bewerkstelligen kann, weiß ich nicht, aber der Bus lief wieder!

Die Verspätung genügt. Bei der Ankunft in Uyuni kann ich nur festzustellen, dass einer der seltenen Züge gerade weggefahren ist. Der nächste Bus zur nordargentinischen Grenze fährt erst übermorgen, am Fastnachtsonntag.

Von der Not zur Tugend: Am Karnevalssamstag bin ich begeisterter Zeuge eines Karnevalsumzugs und abends gehe ich in ein Kino.

Das Kinogebäude ist riesig groß, die Eingangshalle weist ein Schild von der Einweihung auf. Darauf lese ich, dass dieses Gebäude von Eisenbahnern für Eisenbahner als Stätte der Freundschaft und Begegnung gebaut wurde. Der Saal mit gigantischen Ausmaßen lässt einen festlicher Abend erwarten. Doch was ist das? Vorn, verloren wirkend, hat man 20 Stühle hingestellt, vom Filmprojektor kann keine Rede sein, vielmehr wird ein Video über eine etwas größere Dialeinwand abgespielt! Na ja, es hat funktioniert.

Da ein Ausflug in die Uyuni-Salzwüste mangels Beteiligung nicht zustande kommt, mache ich noch einen Fußmarsch zum Lokomotivfriedhof, etwa drei km außerhalb des Ortes.

Im Hinterkopf hatte ich die Idee, mir vielleicht ein kleines Schildchen zur Erinnerung abschrauben zu können, aber andere waren schneller gewesen und wohl auch stärker, es fehlten tonnenschwere Metallplatten, kurz: was abzuschrauben war, war schon abgeschraubt worden!

Diese surreale Versammlung alter „Zugtiere" in der Wüste war nach der Außerdienststellung nur noch Metalllager, kahle Gerippe künden es. Einzige Neuerung sind auf die Loks gepinselte Sprüche wie „Ich brauche einen Doktor!" oder „Das Leben ist kurz!"

Ich verzehre die Reste des guten Käses und meiner deutschen Wurst (in Potosi gab es wie in La Paz den „Palaçio de Carne", von Nachfolgern des deutschen Einwanderers Stege betrieben) und mache mich auf zum Bus, um nach Tupiza zu gelangen.

Anstrengend und wunderschön ist die zehnstündige Fahrt bei bestem Sommerwetter. Erst geht es durch heideähnliche Landschaft, gefolgt von einer Steinwüste, dann purem Sand. Eine schwierige Flussquerung folgt, das nächste Flussbett wird für uns auf 30 km zur Straße, dann halten wir in einem kleinen Bergbaudorf. Hier gewinnt man Silber, Blei, Zinn und Zink.

Es schließt sich ein langweiliges Mittelgebirge an. Einzige folkloristische Elemente sind hier

a) die vereinzelt auftauchenden Lamas, mit Luftschlangen, allerliebst hinter den Ohren appliziert

b) die Pinkelpausen. Hier tun sich vor allem die wackeren Andenbewohnerinnen hervor, die stoischen Blickes (unter ihren Hüten), kaum von der Bustreppe weg, ihre zahlreichen Röcke raffen und sich niederhocken. Der Grieche sagt: „Panta rei", alles fließt.

Die Männer, darunter auch ich, schaffen es immerhin noch, eine gewisse „Schamdistanz" einzuhalten. Ein Fastnachtssonntag des Geplätschers.

Jetzt aber verlässt der Bus das Gewusel von Kurven, Bachquerungen und kurzen Anstiegen, der Blick wird auf einmal frei und es beginnt ein atemberaubend schöner Abstieg ins ferne grüne Tal: links ein Monolith, fast eines „El Capitan" des Yosemite würdig, neben ihm roter Sandstein, eine Formation soo rot, dass man denkt, der Fels sei frisch gestrichen!

Kakteenfelder, manche Kakteen erblüht, ganz in der Ferne verwegene Sandsteinformationen in den verschiedenen Stadien der Erosion, eine Gegend, die, wenn das überhaupt geht, die Augen übervoll macht und die dann auch für Filmaufnahmen zu „Butch Cassidy und Sundance Kid" genutzt wurde.

Wie hätte man solch eine Gegend in den U.S.A. genutzt und Schilder aufgestellt mit dem Hinweis „view point" (Punkt zum Schauen und Fotografieren)! Ich bin ganz aus dem Häuschen, meine Busnachbarn jedoch sind völlig ungerührt ob dieser Naturwunder.

Um 03.30 Uhr muss ich von Tupiza aus weiter, um 06.30 Uhr bin ich in Villazon in Argentinien. Schlepper an der bolivianischen Seite der Grenze wollen mir Tickets zum Nachbarland verkaufen, ich gehe einfach zu Fuß weiter.

An der Grenze sehe ich den argentinischen Zöllner an einem seltsamen Gerät nuckeln. Es stellt sich heraus, dass dies eine Art Blechbecher ist, in dem frisch gebrühter Mate-Tee (yerba mate) ist. Dieser wird mit einem einer Pfeife ähnlichen „Trinkhalm" getrunken.

Ein Schild: „5100 km bis Ushuaia", eine innerargentinische Entfernungsangabe, auf die südlichste Stadt der Welt verweisend.

Ein anderes Schild: „Las Malvinas son nuestras" (die Malvinen gehören zu uns), gemeint sind die Falkland-Inseln, die zu Argentinien gehörten (?), dann aber dem Britischen Empire einverleibt wurden [4].

Kulturschock!

Von Quiaca nach Salta bemerke ich, dass ich wieder in europäischen Verhältnissen mich bewege, denn die Strassen sind asphaltiert, es gibt Markierungen und Leitpfosten, die Häuser sind gepfleg, allenthalben sind die Zeichen auf Aufschwung gestellt.

Am meisten fällt gegenüber Bolivien auf, dass hier gebaut wird.

In Bolivien hatte ich außerhalb der Großstadt La Paz (die Hauptstadt Boliviens ist Sucre, was keinen zu interessieren scheint) nicht den Eindruck, als würde ausgebessert oder etwas neu gebaut werden, zu arm war es ja auf dem flachen Land.

Ich genieße wieder den „Luxus". Am nächsten Tag dann wieder eine kleine Enttäuschung, denn der „Zug in den Wolken" geht nicht. Es ist keine Saison, der „tren de los nubos" fährt nicht, nur einmal die Woche schraubt sich ein Frachtzug die berühmte Strecke in die Anden hoch, nach San Antonio de los Cobres.

Waschtag, Pflegen und Putzen, Überprüfung der Ausrüstung. Der Aschermittwoch ist ein Reisetag, an dem alles „klappt"!

Es sollte hier anlässlich dieser Besonderheit einmal die Routine beim Reisen und beim Buswechsel beschrieben werden:

Ist das Fahrtziel erst einmal klar (hier: die Iguaçu-Wasserfälle), informiert man sich vorher im Reiseführer über den besten Wegverlauf der Strecke, man ignoriere die angegebenen Abfahrts- und Anschlusszeiten, da veraltet. Dann finde man den richtigen Busbahnhof heraus, oft gibt es mehrere, oft hat jedes der privaten Busunternehmen einen eigenen Abfahrtspunkt und in den Großstädten hat man für jede Himmelsrichtung ein Terminal.

Vor Ort vergleiche man die verschiedenen Angebote wie Fahrpreis, Fahrtdauer, aber auch Komfort. Vor Ort sollte auch geklärt sein, ob am gleichen Tag (oder in der gleichen Nacht) noch weiterführende Fahrten möglich sind. Desgleichen sollte man durch Fragen an anderer Stelle überprüfen, ob die Angaben des ersten Helfers richtig waren. Oft wird einem Auskunft gegeben, nur um hilfsbereit zu sein und dann werden Fantasieangaben gemacht.

Ist das alles klar, kaufe man sich eine Fahrkarte, wenn möglich mit Sitzbuchung. Dann verfolge man genau, wie der bestens verpackte Rucksack (mein Überzug, der Düngemittelsack!) untergebracht wird. Bei modern ausgestatteten Firmen wird alles unter den Sitzreihen, im Unterflur verstaut; dann gibt es eine Quittung. Bei anderen Unternehmen geht das Großgepäck aufs Dach, da bleibe man dabei, bis alles festgezurrt ist. Oft werfe ich noch einen Befestigungsriemen nach oben, um den Rucksack zu sichern. Ist ein „Verpacker" unfreundlich oder stur, gehe ich mit nach oben und mache meinen Rucksack selbst fest. Beim Zwischenhalt kontrolliere man, ob die Habe nicht „versehentlich" oder wirklich versehentlich vorzeitig abgeladen wird.

Beim Umsteigen: kleiner Rucksack auf den Rücken, die Gitarre vorn quer umhängen, dann den Rucksack von oben oder von unten in Empfang nehmen. Wo ist die Gepäckaufbewahrung? Lungern verdächtige Gestalten herum? Dann den Rucksack in der Aufbewahrung abgeben, man braucht nämlich Bewegungsfreiheit, um alle Buslinien auf den weiteren Transport zu überprüfen. Einen einheitlichen Fahrplan, womöglich noch gedruckt oder gar an zentraler Stelle des Busbahnhofs, gibt es selten. Oft auch geschehen gerade wegen des Umsteigens alle Abfahrtszeiten in einem zeitlichen „Fenster" von nur 20 Minuten, die Anschlussbusse warten meist nicht länger. Woanders, auch das sollte man wissen, warten die Busse ungeachtet irgendeiner Abfahrtszeit, bis sie voll sind.

Man bleibt schlank bei dieser Art des Reisens. Bei dieser Fahrt durch den Chaco[5] geht alles wie von selbst.

Ich bin Dienstag Abend um 17.00 Uhr aus dem Tal von Salta heraus abgefahren, es geht nach Osten im Norden Argentiniens. Die Tiefebene des Chaco ist vorwiegend Grasland, angereichert durch Inseln von fast undurchdringlichen Dornengebüsch, aber sehr fruchtbar. Farmen und Ranches sind hin und wieder zu erkennen.

Um 06.30 Uhr am Aschermittwoch war ich in Resistencia, um 07.00 Uhr ging es weiter nach Posadas, wo ich mittags um 13.15 Uhr ankam. Um 14.00 Uhr pünktlich verlasse ich Posadas und komme abends 19.40 Uhr in Puerto Iguaçu an. Zehn Minuten später bin ich unter der Dusche eines guten Zimmers im nahe der Station gelegenen Hotel!

Für Iguaçu, ein Gesamtkunstwerk aus Kaskaden und Katarakten, sollte man ein Minimum von zwei Tagen veranschlagen, einen Tag für den Überblick von der brasilianischen Seite, einen Tag für den Besuch aus der Nähe, von Argentinien aus.

Tja, was soll man angesichts der Fülle niederstürzender Wassermassen sagen, bei diesem „Kongress von Wasserfällen" versagt die Sprache, wer Bilder sprechen lassen möchte, fahre dorthin, lasse sich nicht von den vielen anderen Besuchern beirren (die sich übrigens auf der argentinischen Seite verlaufen, man ist nahezu ungestört) und genieße. Wer Vergleiche liebt, dem sei gesagt, dass ein Besucher des Iguaçu durchaus leicht auf den venezolanischen Salto Angel (höher), die Niagara–Fälle (bekannter) und die Victoria–Fälle des Sambesi (ursprünglicher) verzichten kann [(den letzten dass - Satz habe ich aus der Reisebeilage einer Zeitung übernommen, ich hoffe, das geht klar!?)].

In der Sprache der Tupi–Guarani–Indianer, der Ureinwohner, heißt Iguaçu übersetzt „Grosses Wasser", ziemlich einfallslos. Dafür schlägt die indianische Entstehungsgeschichte der Wasserfälle die der Geologen (vor 120 Millionen Jahren durch seismische Aktivitäten entstanden) um Längen:

Dem Schlangengott M´Boy sollte die Häuptlingstochter Naipi geopfert werden, was dem Krieger Taropá nicht gefiel und er die Schöne deshalb stromabwärts entführte. Der darob erzürnte allmächtige Gott schlug um sich und riss mit seinem Leib das Flussbett auf.. Der so entstehende Katarakt verschlang die Tochter (sie wurde zu einem Felsen) und den Krieger (der verwandelte sich zu einer Palme am Ufer). In der Grotte unter der Palme wacht M´Boy immer noch über seine Opfer.

Noch ein Spaziergang auf der belebten brasilianischen Seite. Die Nasenbären am Wege stören nicht, sowie die Hubschrauber, die über den Fällen kreisen. Dem Vernehmen nach sollen es eher mehr werden. Verwundert würde sich der Großgrundbesitzer Friedrich Engel (er hatte das Iguaçu–Land 1930 noch im Besitz) die Augen reiben, sähe er die über eine Million Besucher jährlich, die sich nun im Nationalpark tummeln. Dass das nun öffentliche Gelände 1987 von der UNESCO in die Liste des Weltnaturerbes aufgenommen wurde, hält sicherlich nicht viele neue Investoren ab.

Im Bus nach Buenos Aires treffe ich Celine wieder. Ich hatte sie schon mehrfach beim Besuch der Fälle von weitem gesehen, aber wir hatten noch nicht miteinander gesprochen.

Jetzt, im fast leeren Bus setzen wir uns auf dem Oberdeck zusammen und erzählen unser Woher und Wohin bei traumhaftem Sonnenuntergang.

Spät abends müssen wir unsere gebuchten Plätze einnehmen, da der Fahrgastraum sich nun mit jeder Haltestelle mehr füllt. Celine sitzt eine Reihe vor mir. Neben mir hat eine junge Frau Platz genommen. Bei einem Halt stellen wir drei uns vor. Veronica ist eine „Porteña", eine Bewohnerin von Buenos Aires. Während der Fahrt durch Mesopotamia, das Zweistromland zwischen den Flüssen Parana und Uruguay, lernen wir uns besser kennen. Sie studiert an einer Hochschule Textildesign und hat Bekannte besucht.

Sie hilft mir nach der Ankunft, ein preiswertes altes Hotel im Zentrum zu finden, das Hotel „Maipu" . Wir wollen uns wiedertreffen.

Die Betreuung durch Veronica macht natürlich den Aufenthalt in dieser sehr europäisch wirkenden schönen Weltstadt noch unvergesslicher.

Im Stadtteil San Telmo sehen wir Tango unter freiem Himmel und besuchen den Flohmarkt; für Leute mit mehr „Manövriermasse" stehen die Besitzer von noblen Antiquitätengeschäften Spalier.

Später gehe ich auf Notensuche. Vor allem hat es mir die Musik von Astor Piazolla und sein „Tango Nuevo" angetan.

Der Besuch von zwei historischen Cafés, einmal dem „Molino" und später dem „Tortoni", beschließen dann immer unsere ausgedehnten Spaziergänge.

In Recoleta gehen wir in Museen und bestaunen die Schönheiten der und in den Cafés, die um einen Friedhof gruppiert sind. Nichts Makabres, hier sind viele historische Persönlichkeiten begraben, deren Grabstätten unter Denkmalschutz stehen und die oft in Andacht und Verehrung besucht werden. Ob hier auch Politiker begraben sind, wollte ich nicht wissen.

Veronicas Elternhaus ist ein kleines Häuschen in einem ruhigen

Vorort. Ich hole sie ab und wir fahren nach La Boca, bestaunen das Fußballstadion der Boca Juniors mit Hinweistafel für Diego Maradona, der hier seinen Siegeszug begann. Es ist schon interessant, wie man hier für eine zugegebenermaßen schöne Sache skrupellos vier Straßenzüge von Bürgerhäusern im besten Jugendstil weggefegt hat!

Aber es gibt noch welche im leicht heruntergekommenen Viertel, das um die Jahrhundertwende von italienischen Einwanderern gegründet wurde. Durch Zufall entdecken wir das Stammcafe von „Diegito", es hängt sogar ein leicht holperndes Gedicht vom Weltfußballer Maradona an der Wand.

Veronicas Navimag-Recherche (Fahrt durch die Fjordlandschaft in Südchile von Puerto Montt nach Puerto Natales) ist ebenso erfolglos wie vor ein paar Tagen die Bemühungen von Barbara.

Ein Tangoabend allein im weltberühmten „El Viejo Almaçen" bringt mich noch einmal nach San Telmo. Auf dem Rückweg, ich bin schon leidlich müde ob der vielen Eindrücke des Tages, höre ich aus dem Oberstock eines Hauses Flamenco–Klänge. Bis frühmorgens bleibe ich in der Gaststätte, um Tanz, Gesang und Instrumentalmusik zu erleben!

Ab nach Puerto Madryn an der Küste, so schreibt es sich nun in Deutschland. Im Tagebuch aber steht: „langsamer schwerer Abschied von B. A."

Es geht nach Süden, ich möchte das Naturschutzgebiet auf der Valdez-Halbinsel sehen, danach nur noch den „Moreno-Gletscher" im Süden, bevor ich Südamerika verlasse.

Das „nur noch" bedeutet aber, fast „bis zum Anschlag" nach Süden zu reisen, bis zur Magellan-Strasse. Da ich aber nun schon in der „Gegend bin", werde ich auch die südlichste Stadt der Welt auf Feuerland besichtigen!

Die Valdes–Halbinsel ist Naturschutzgebiet. Der Busfahrer des Minibusses kann uns nur das Paradies der Vogelinsel zeigen, aber hinfahren dürfen nur Wissenschaftler. Wir bekommen aber in Ausführlichkeit die Robben (Walrosse, Seelöwen?) zu sehen, die hier faul und nicht ungefährlich am Strand herumliegen. An anderer

Stelle ist aus respektvollem Abstand der „Kindergarten" der Seee-
lefanten (?) zu sehen. Hier werden die Kleinen (die auch schon über
110 kg kommen) betreut. Ich bitte um Nachsicht, dass ich das Ge-
tier nicht exakt benennen kann.

Nach eingehendem Kartenstudium werde ich schwach und nehme ein Flugticket von Trelew nach Ushuaia, die Entfernungen sind
zu riesig, Patagonien, Heimat der Gauchos 6 , zu abwechslungslos!
Ja, wenn es noch den „Patagonien–Express" gegeben hätte! Aber
ein Schild in Puerto Madryn vermeldet, dass die Bahn schon 197?
aufgegeben wurde, der Bahnhof ist jetzt Wartehalle für Busfahrgäste.

Aufregend, die Wasserstrasse zu überfliegen, die nach einem
Weltumsegler benannt worden ist. Die Magellan–Strasse lassen wir
nach kurzer Zwischenlandung in Rio Gallegos hinter uns. Uns erwartet nun die südlichste Stadt der Welt, Ushuaia.

Der Name dieser Stadt bedeutet in der Sprache der Ureinwohner,
der Yamanas, „Bucht, die nach Westen hineingeht".

Die Ureinwohner sind längst ausgestorben. Vor Eintreffen der
Europäer wird ihre Zahl auf ca. 10.000 geschätzt, 1910 zählte man
noch 350. Da waren die europäischen (argentinisch-chile-nischen)
Siedler gerade 50 Jahre auf Feuerland anwesend. Jetzt (1998, ich
entnehme dies einer für Touristen herausgegebenen Broschüre) gibt
es noch 14 (vierzehn!) reinrassige Indianer in Chile (Feuerland ist
zwischen Chile und Argentinien aufgeteilt), und vielleicht noch einen in Argentinien, Gründe dafür:

- Überausbeutung ihrer Hauptnahrung, dadurch Änderung ihrer
Essgewohnheiten bei gleichzeitiger Reduzierung ihrer Körperab-
wehr gegen die Kälte

- Seuchen, von Weißen eingeschleppt

- Eingeführte Schafe brauchten Weideland: einhergehend mit der
Vertreibung der Ureinwohner nach Westen, wo sie verfolgt wurden.
Vertreibung nach Westen.

- der letzte Satz der Broschüre heißt: „man sagt, dass ein Pfund
(Währung) für einen toten Indianer gezahlt wurde"

Der Anflug auf Ushuaia lässt mich das Dösen vergessen: Am

Beagle-Kanal (von Darwin mit seinem Schiff „Beagle" entdeckt) gelegen, in eine grandiose Bergkulisse eingebettet, bietet das Städtchen einen prachtvollen Anblick. Als zusätzliche Zierde hat man im Norden der Gebirgsflanke noch einen kleinen Hausgletscher platziert.

Bei der Ankunft bin ich urplötzlich von Horden junger Israelis umgeben. Bisher war mir diese Nationalität noch nie sonderlich aufgefallen. Sie sind gut drauf, sagen mir, ich solle doch noch mit zu ihnen ins Taxi steigen, eine Jugendherberge habe man auch schon aufgetan. Die gute Laune steckt an, ich fahre mit.

Ein kleiner Spaziergang durchs Städtchen (Der Aufstieg zum Gletscher wurde durch Nieselregen vereitelt) bringt mich zu einigen Häusern aus der Gründerzeit. 1884 wurde im Vorposten Ushuaia die argentinische Nationalflagge gehisst, die ersten Siedler kamen, wohl durch Gerüchte über Gold angelockt. Das war nicht wahr, man baute ernüchtert 1911 ein Militärgefängnis. Mit seinen Werkstätten und Versorgungsbetrieben, die natürlich viele Handwerker anzogen, von denen nicht wenige blieben, wuchs natürlich ein Gemeinwesen heran, das sehr abgeschieden um seine Existenz kämpfte.

Eine deutlich verbesserte Infrastruktur sorgte für relative Unabhängigkeit gegenüber der fernen Hauptstadt. Als dann das Gefängnis 1947 schloss, war die Stadt schon ein „Selbstläufer". Einen letzten Anschub für die Stadt brachte ein Gesetz, das die Ansiedlung von Industriebetrieben steuerlich begünstigte, der Tourismus bringt nun ebenfalls Geld. Das neue Flughafenempfangsgebäude, eine schöne Holz- und Betonkonstruktion, ist sichtbares Zeugnis der Prosperität.

Für den „Nationalpark Tierra del Fuego" (er allein wäre einen zweiwöchigen Aufenthalt wert!) möchte ich keine Zeit aufwenden, sondern gleich weiter zu „meinem" Moreno-Gletscher. Ein günstiger Flug mit einer LADE-Militärmaschine bringt mich nach El Calafate, Ausgangspunkt für einen Tagesausflug zum Moreno-Gletscher. Calafate ist ein kleines Städtchen, in dem man weiß, dass hier die einzige Gelegenheit ist, Proviant und Ausrüstung zu kaufen, man gestaltet die Preise danach.

Am nächsten Morgen dann Aufbruch mit einer kleinen Gruppe zum Gletscher im Nationalpark „Los Glaciares".

Zuerst machen wir Halt, um dieses Naturwunder aus großer Entfernung zu bestaunen, dann geht es weiter zu einem Parkplatz; ein Hügel verdeckt den Ausblick aufs Eis. Die Annäherung an den Gletscher verläuft „blind": Wir mussten uns an den Händen halten, durch mündliche Anweisung geleitet um die Ecke gehen und dann erst die Augen öffnen!

Nun geschieht es mir wie so oft, ich sitze da, dieses Gebilde von Moreno-Gletscher vor Augen und glaube nicht, dass ich hier bin und dass es so etwas Schönes gibt!

Bis zu 70 Meter hoch ragt das Eisfeld und es erstreckt sich ca. vier km in der Front. Ich bleibe an der Stelle sitzen, wo der Gletscher unterirdisch an die Halbinsel stößt, auf der ich sitze. Mit zunehmender Sonnenhöhe knackt es immer stärker und der Gletscher „kalbt", d.h., es brechen riesige Eisbrocken aus der Front.

Das Fotografieren eines solchen Eisabbruchs gestaltet sich schwierig, hört man nämlich das Abbrechen, ist es oft zu spät, da der Schall von der Abbruchstelle länger braucht als das fallende Eis. Ich gehe auf „Nummer sicher" und warte, bis direkt vor meinen Augen das Eis stürzt. Nach 2 ½ Stunden ist es soweit, ich kann eine Viererserie von Bildern schießen, ein Brocken von geschätzten 70 Tonnen donnert vor meinen Augen ins Wasser, ein unvergessliches Erlebnis!

Die Rückfahrt zu meinem letzten Zielpunkt auf dem südamerikanischen Kontinent beginnt. Da es in Südchile auf gleicher Höhe keine Strassen gibt und die Nr. 40 parallel zu den Anden nur schwer zu befahren ist, hatte ich mich entschieden, mit dem Schiff durch die südchilenische Fjordlandschaft zu fahren.

Da aber weder Barbara noch Veronica Kontakt mit der Reederei herstellen konnten, muss ich mit dem Bus die halbe Nord-Süd-Strecke auf dem selben Weg zurück. In Rio Gallegos nahe der Magellan-Straße, ist ein erster technischer Halt, ich muss meinen Anschluss abwarten. Ein Spaziergang durch die Strassen soll die Wartezeit verkürzen. Damit ich mich nicht verirre, wird der Wasserturm als Landmarke „gespeichert", denn sonst ist das rechtwinklige Straßenmuster keine Hilfe. Dennoch verirre ich mich, eine fast vergessene Tatsache ist schuld daran, steht doch die Sonne südlich des Äquators mittags im Norden!

Weiter geht es, die Küste hoch, durch Patagonien, morgens um 04.45 Uhr heißt es umsteigen in Caleta Olivia. Mir dämmert in der Dämmerung, dass mein neuer Bus weiter fährt als ich gedacht habe und frage, ob ich nicht ein weiterführendes Ticket haben könne.

Meine halb im Scherz vorgebrachte Frage (es sind alle Büros zu) bringt unerwartete Aktivitäten in Schwung: Ein Büro wird von einem jungen Mann aufgeschlossen, ein Computer angeworfen, der Drucker gleichfalls, der Zielort wird erfragt, eingetragen und flugs ist ein Ticket mit Sitzplatzreservierung ausgedruckt! Ich mache große Augen. Dann die Nennung des Preises. Soviel Bares kann ich nicht gleich vorweisen, wupp, schon ziehe ich meinen Hosengürtel aus, ziehe am Reißverschluss und gebe meinem „Zauberer" $ 50,-. Jetzt zaubert der wieder, denn auf dem PC erscheint auf einmal der Wechselkurs, und alles kann ordnungsgemäß abgerechnet werden. Ei dickes Lob der Firma „Andesmar"!!

Weiter, nach 26 Stunden sind wir an der Halbinsel Valdes vorbei, nach anstrengender Fahrt kommen wir wieder nach Trelew, dann Puerto Madryn.

In La Adela wenden wir uns endlich nach Westen, zur chilenischen Grenze. In Neuquen haben wir (eine Gruppe von Israelis (andere!) und ich) Umsteigepause und gehen Essen. Der Jugend Israels gelingt das Kunststück, sich in einem südamerikanischen Fastfood-Betrieb koscheres Essen zu bestellen. Ob da nicht etwas gemogelt wurde?

In Bariloche trennen wir uns. Ich nutze einen günstigen Anschluss und fahre durch den Chilenischen Seendistrikt nach Osorno weiter. Der Landstrich ist als Ausflugs- und Ferienziel sehr attraktiv, eine Mittelgebirgslandschaft mit Seen und malerischen Fachwerkhäusern, aber ich kenne das ja vom Schwarzwald her.

Der Kurzaufenthalt in Osorno dient dem Finden einer Duschgelegenheit, was gelingt und mir nach 51 Stunden mehr oder weniger im Bus gerechtfertigt erscheint!

Deutsche Spuren auf dem Friedhof und im Städtchen (die Gaststätte „Deutscher Verein") werden zur Kenntnis genommen, aber nicht sonderlich besucht, da es einfach zu heiß ist und der Schlafmangel sich bemerkbar macht.

In Santiagos Stadtteil Nuñoa werde ich freundlich von Klaus Sievert und dessen Familie empfangen. Klaus ist Bruder einer befreundeten Idsteinerin und als Automechaniker in den frühen 50ern ausgewandert. Ich bekomme ein Extra–Zimmer in diesem ruhigen Haus und schlafe im „Gringo-Bett", in dem noch vor kurzem ein anderer Mann aus meiner Heimatstadt geschlafen hat.

Spaziergänge in Santiago und eine Stadtrundfahrt lassen mich vor allem das Zentrum näher kennen lernen. Die Schachspieler im zentralen kleinen Platz und das in der Nähe gelegene Museum mit der Ausstellung „Chile vor den Chilenen"[6] haben mich mehr als einmal festgehalten.

Gefallen hat mir auch der Komplex der alten Markthallen und ein zum Kulturzentrum umgewidmeter riesiger alter Bahnhof. Ein Ausblick von der Keimzelle der Stadt, einem Berg, war wegen diesiger Sicht, die anscheinend dauernd vorherrscht, nicht gut möglich.

Ein Ausflug mit Vater und Sohn nach Valparaiso, dem Hafen von Chiles Hauptstadt, runden meinen Kurzaufenthalt in Chile ab. In Valparaiso haben es mir besonders die Schrägaufzüge angetan. Diese verbinden den Küstenstreifen mit den an Steilhängen gelegenen oberen Stadtteilen. Hier besichtigen wir auch Pablo Nerudas Sommerhaus.

Der Flug zur Osterinsel wird gebucht, es gibt keinen billigen Flug, da die nationale Fluggesellschaft Chiles, die „LAN", hier das Beförderungsprivileg hat. Ich behelfe mir so, dass ich einen Flug nach Australien buche (gewissermaßen der Beginn meiner Rückreise) und mir zwei Aufenthalte (stopover) eintragen lasse, auf der Osterinsel und auf Tahiti.

In Australien führt eine dreifache Abbuchung des Tickets durch das Reisebüro wieder einmal zur Ebbe bei meinem VISA–Konto!

Doch das liegt noch im Trüben der Zukunft; dankbar verabschiede ich mich bei Klaus und seiner Familie.

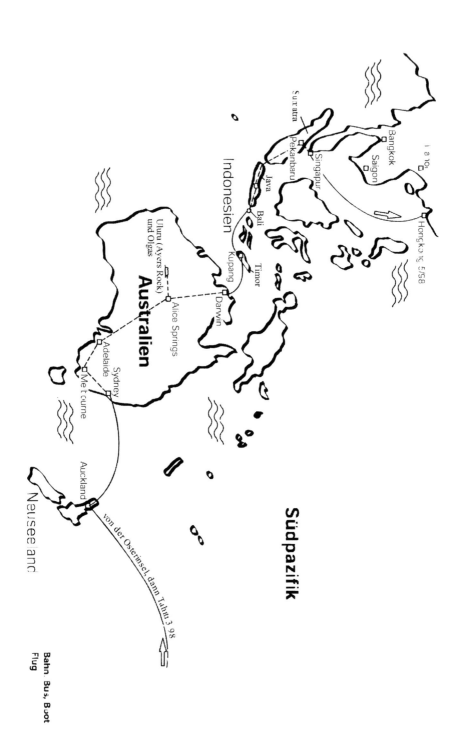

SÜDPAZIFIK

Die Osterinsel

Frühmorgens hatte mich mein Gastgeber Klaus zum Flughafen gebracht. Ich habe die Wahl zwischen dem Flughafen für Inland-Flüge und dem für internationale Beförderung. Ich nehme den für inländische Flüge, weil die Osterinsel zu Chile gehört. Falsch. Aus irgendeinem Grund falsch, warum will ich nicht wissen, ich bin sauer. Wieder einmal bin ich nobel mit dem Auto vorgefahren um dann doch noch fluchend ein paar hundert Meter zurückzulegen.

Endlich, rechtzeitig noch, richtig. Das Einchecken geht zügig, jetzt habe ich wieder Zeit.

Es kommt mir komisch vor, in solch einem Langzeiturlaub hin und wieder Stress zu haben.

Ich mache in der Abflughalle Bekanntschaft mit einer Vorsorge-Betreuung, einer guten Idee:

Eine Frau spricht mich an, ziemlich sicher darüber, dass ich zur Osterinsel will und offeriert mir ein preiswertes Hotel auf der Insel, hat auch ein kleines Blatt mit Informationen dabei. Ich sage höflich Danke und gehe weiter. Nach zehn Minuten ist mein unbegründetes Misstrauen vorbei und ich „schlage zu" , buche bei Ana Rapu, Besitzerin eines kleinen Hotels nahe des Hauptortes der Insel, Hanga Roa. Ich werde dort abgeholt, lege mich im wahrsten Sinne des Wortes ins „gemachte Bett".

Beim Anflug auf die kleine Insel sehe ich die wassergefüllten Krater dieses 2,3 Millionen Jahre alten Eilandes; die kleinen Seen gaben der Insel auch den Namen „Augen, die zum Himmel schauen".

Die Ankunft gerät auf dem Vorplatz des Flughafens zu einem Volksfest, die ganze Insel scheint zum Empfang hierher gekommen zu sein. Einige Ankömmlinge bekommen Kränze umgehängt, andere, darunter ich, bestaunen die Polynesierinnen und Inseljünger, von denen einer sogar Gitarre spielt und (nicht schlecht) dazu singt! Diese ungewöhnliche Art des Empfangs ist unter dem Stichwort „Cargo-Kult" (Verehrung von Transportflugzeugen) schon Gegenstand soziologischer Untersuchungen gewesen.

Das Hotel von Ana Rapu ist sauber und schlicht, genau richtig. Eine kleine Wiese ist dabei, man sieht das 50 Meter entfernte Meer, den Südpazifik, und findet das ganz normal. Später dann erste Gedanken der Art, wie man hier auf so einem Punkt im Pazifik leben kann, wie man hierher kommt und von wo???

Aber dafür gibt es ja „Studierte", darunter Thor Heyerdahl, dessen Bücher ich vor Jahrzehnten schon verschlungen hatte und der mir natürlich die Idee in den Kopf setzte, wenn es irgend geht, zu den Statuen aus Vulkangestein zu fahren, dem „Markenzeichen" der Insel.

Eine Inselrundfahrt mit einem zweisprachigen Führer (spanisch/englisch) bringt Neues und fördert auch Bekanntes wieder zu Tage. Der Gentleman ist Festlandchilene und war hier „hängen" geblieben. Den Grund konnte ich schon beim ersten kleinen Spaziergang erfahren, ein Eintrag bezeugt : „...durch Hanga Roa laufen oder reiten Polynesier, sehr entspannt, mit Kränzen aus Hibiskusblüten auf dem Kopf, zuweilen (gibt es) weibliche Wesen, auf denen der müde Reisende wohlgefällig seinen Blick ruhen lassen kann". Man sieht, mein Schreibstil hat sich auch leicht verändert.

Doch zu den unbelebten Dingen: Die Insel wurde im 12. Jahrhundert besiedelt. Das Volk der „Kurzohren" unter Führung von Hotu Matua verewigte sich durch die Bilderschrift „rongo-rongo", 29 Proben davon sind noch auf Holzbrettern erhalten, Nachbildungen davon werden an Touristen verkauft.

Im 13. Jahrhundert kamen die „Langohren" an; diese waren die Bildhauer der „moais", der Steinköpfe, von denen einst 1000 vorhanden gewesen sein mögen. Diese moais waren keine Götternachbildungen, sondern verkörperten wichtige Persönlichkeiten. Alle Statuen waren mit dem Gesicht zur Inselmitte aufgestellt worden.

Die fertigen Statuen aus Tuff wurden auf Plattformen, die „ahus", gestellt. Die zylindrischen „Hüte" auf den oben flachen Riesenköpfen sind keine, es sind vielmehr Nachbildungen von Haartrachten. Das Material für diese roten „pukoas", Scoria, kam von einem anderen Vulkan, dem Puna Pua.

200 Jahre lang ließen sich die Schriftgelehrten von den Langohren (diese hatten sich durch Gewichte die Ohrläppchen künstlich verlängert) unterdrücken.

Das Ende der Tyrannei begann durch den Verrat einer Frau, die Bildhauer mit Anhang verbrannten bis auf einen ihrer Sippe im Feuer ihres eigenen Verteidigungsgrabens.

Nach diesem Bürgerkrieg wurden alle Statuen gestürzt und verblieben mit dem Kopf nach unten. Was heute wieder aufgerichtet zu sehen ist, ist rekonstruiert.

Im Steinbruch der Bildhauer, an der Flanke des Vulkans Rano Raraku, sehen wir (eine Brasilianerin, eine Frau aus Wyoming, zwei Israelis und ich, alle aus unserem Hotel) die Statuen in allen Stadien der Fertigstellung, vielfach noch mit dem Vulkanfels „verwachsen". Als die Holländer Ostern 1722 die Insel entdeckten, lebten die Ureinwohner noch in der Steinzeit, alle Bildhauerarbeiten waren mit Steinwerkzeugen (Spitzhacken aus Andesit, Speerspitzen aus Obsidian) vorgenommen worden, Metall war nicht bekannt!

267

Obwohl einmal die Woche ein Jumbo-Jet auf der Insel ankommt, sind wir ganz allein beim Spaziergang durch den „Wald" von Statuen. Die Insel ist gerade groß genug, um lästige „Touristenstaus" zu vermeiden.

Konzentriert ist alles Reizvolle der Insel am Ort Anakena vereint: Sandstrand, Meer, Surfgelegenheit, Statuen und Schatten!

Wie verzaubert komme ich abends wieder im Hotel an.

Die rongo-rongo-Schrift gefällt mir so gut, dass ich mich um einen Holzschnitzer bemühe, der die Schrift kopieren kann. Leo Rapu, ein Vetter der Hotelbesitzerin, ist mein Mann, wir werden schnell handelseinig, was man so „handelseinig" nennt. Auf mein beharrliches Fragen nach dem Preis erklärt er nur: „Ich werde einen für einen Freund angemessenen Preis machen". Ich werde nicht enttäuscht, da ich nur ein Bruchteil dessen bezahlen muss, was in den nahen Touristenläden verlangt wird. Sicherlich liegt das auch daran, das Leo erkannt hat, dass er mit meiner kleinen Gitarre ein Meisterstück vor sich hat.

Er liefert seinen Beitrag dazu und „zaubert" mit seinem Schnitzmesser in relativ kurzer Zeit 60 feine Figuren in die Mittelachse meines Gitarrenbodens. Darüber hinaus ist er auch noch bereit, mir nachmittags in einem Interview alles über die Symbole zu erklären, was noch bekannt ist. Die geistige Elite, die diese Schrift noch zusammenhängend lesen konnte, ist 1862 nach Peru verschleppt worden und in Sklaverei umgekommen. So bleiben mir nur die Schriftzeichen mit ihrer Einzelbedeutung.

Ich besitze nun ein Kunstwerk mit Schriftzeichen der Osterinsel und bin damit in guter Gesellschaft: In Chicago hängt ein Gauguin-Bild von 1893, das eine Polynesierin zeigt. Auf der oberen Hälfte der Leinwand sind elf rongo-rongo-Zeichen zu sehen.

Nach dem gegenwärtigen Stand der Forschung allerdings sind die ersten Besiedler der Insel keine Polynesier gewesen, alle Anzeichen deuten auf das Peru der Vor-Inka-Zeit hin, auf die Tiahunaco-Kultur an der Grenze Peru-Bolivien.

Am letzten Tag meines wie immer zu kurzen Aufenthaltes bezwinge ich noch einen der höchsten Berge der Osterinsel, einen echten „500er", den wassergefüllten Krater des Vulkans Rano Kau.

Hier geschah bis 1878 alljährlich etwas besonderes: Am Kraterrand, in der zeitweilig bewohnten Siedlung Orongo, versammelten sich die Männer mit ihren Abgesandten, die „Vogelmenschen" werden wollten. Der Vogelmensch regierte immer für ein Jahr und hatte mitunter Befehlsgewalt über Leben und Tod, das heißt, er konnte unter Umständen sogar ein Menschenopfer befehlen.

Das Auswahlverfahren zum Vogelmenschen: Von Orongo aus stiegen die Abgesandten die Steilküste hinab und schwammen durch das haifischverseuchte Wasser zu einer zwei Kilometer entfernten Insel. Dort warteten sie, bis die ersten Zugvögel zur Brut ankamen. Der, der als Erster von seinem Vertreter ein unbeschädigtes Ei aus dem Gelege erhielt, war der neue Vogelmensch.

Der wundervolle Gipfelblick läst mich einen Abstiegsweg planen, der sich stark vom Aufstieg (über die Fahrstrasse) unterscheidet. Es wird wieder eine Faust'sche „Abkürzung" gelaufen, eine, die in keiner Karte verzeichnet ist. Steil ab über Wiesenland, durch einen kleinen Wald und dann, schon fast wieder in der „Zivilisation", schon um den Flugplatz herum, der an der engsten Stelle der Insel angelegt wurde, gelange ich an ein veritables Dornengestrüpp. Pure Dickschädligkeit lässt mich von einem Rückweg absehen. Ich kann gerade noch rechtzeitig zum Flugplatz gelangen, meine blutenden Unterarme werden durch zerrissene Hemdsärmel verdeckt. Nach dem Einchecken nähe ich unbeholfen meine zerrissene Hose, die „Abkürzung" war zeitlich zwei Stunden länger!

Ich nehme meinen Rucksack und den Rest, blicke noch einmal rund und gehe auf das Vorfeld. Ade!

Tahiti und Moorea

Nach weiteren fünf Stunden Fluges lande ich nachts in Tahiti, finde ein Hotel, eine schwülheiße Absteige, die am nächsten Tag doch noch ein paar positive Dinge hat. Wie doch ein bisschen Schlaf die Perspektive zum Guten hin verändern kann!

Dennoch hält es mich nicht auf der Trauminsel mit hübschen tätowierten Frauen, die mit großer Grazie ihre Blüten im Haar tragen. Ich fahre – nach Geldbeschaffung – mit dem Tragflächenboot zur Nachbarinsel Moorea, mit nichts anderem im Sinn als: Faulenzen, faulenzen und noch mal faulenzen! Die Lustlosigkeit ist auf die Überfülle von Kulturgeschichte der Osterinsel zurückzuführen.

Die Suche nach dem Polynesier Teore Tahiri, dessen Adresse ich im Yachthafen von Antigua erhalten hatte, erweist sich als ergebnislos. Der Familienname ist bekannt, ein Onkel war mal vor Jahren hier, die von Teore angegebene Anschrift stimmt nicht. Merkwürdig.

Darüber verstreicht fast der ganze erste Nachmittag auf Moorea.

Mit letztem Licht finde ich Unterkunft beim Einwanderer Nelson im kleinen Hotel „Chez Nelson".

Das Hotel liegt am Strand unter hohen Palmen. An das niedrige Empfangsgebäude, ortsüblich mit Palmwedeln gedeckt, ist das große Speisehaus, ein Gemeinschaftsraum mit großzügiger Kochgelegenheit, angegliedert. Hier ist immer Schatten und eine Brise weht auch.

Über einen grasigen Freiplatz gelangt man zu einer Reihe von Zweibettzimmern, die an das ferne Griechenland erinnern, an die Stadt Sparta. Die Flachbauten (sie „Reihenbungalows" zu nennen hieße prahlen) sind ideal für Reisende, denen nicht der Sinn nach air-condition steht, für Reisende, die gewohnt sind, aus dem Rucksack zu leben, und das sind hier die meisten. Eine saubere Sanitäranlage mit Waschgelegenheit ergänzt das Angebot.

Viele der vielleicht zehn Gäste aus Nordamerika und Europa sind selten zu sehen, da tagsüber auf Entdeckung gegangen wird oder getaucht wird oder sich an einen Fallschirm gehängt wird oder... oder..

Mich interessiert das nicht, ich schlafe und faulenze; habe ich Hunger, gehe ich in den nahegelegenen Laden und kaufe ein, bereite mir ein kleines Junggesellenmahl. Sind Leute im Gemeinschaftsraum, werden ein paar Worte gewechselt, kaum mehr.

Ein junger Franzose grüßt mich militärisch knapp und setzt sich mir gegenüber. Ein einseitiges Gespräch entwickelt sich, ein Monolog mit mir als Zuhörer. Ich erfahre von dem Bürstenkopf, dass er eine Weltreise macht, nein, nicht nach China, nicht nach Russland und auch nicht nach Indien, die Länder seien „full of shit". Woher er das weiß, ohne dort gewesen zu sein, ist mir ein Rätsel. Als er mir dann noch erklärt, dass das, was ich esse (ich habe ein Buch vor mir liegen und esse nicht) falsch ist, wundere ich mich leicht. Er redet noch 20 Minuten weiter, belehrt mich noch darüber, dass man jeden Tag exakt um die gleiche Zeit essen müsse, dann stehe ich wortlos auf, worauf er sich aufregt.

Mein Gesichtausdruck bringt ihn zum Schweigen. Wie konnte ich nur so lange brauchen, um einen jugendlichen Vollidioten zu erkennen? Vermutlich die Hitze.

Höhepunkt des Tages ist die Diskussion am Strand darüber, welche Farben Mutter Natur nun aus ihrem Füllhorn für den Sonnenuntergang verwenden würde, alizarinblau, indigo, türkis, azur, aquamarin oder noch eine unwahrscheinlichere Mischung? Ich verzichte aufs Foto, das glaubt mir sowieso keiner.

Nach sechs wohltuenden Tagen der Ruhe und Abkapselung muss ich zurück nach Tahiti, der Flieger nach Australien geht. An der Bushaltestelle treffe ich das englische Paar wieder, das auf der Osterinsel zwei Zimmer neben mir gewohnt hatte!

Ich komme mit der scheuen schönen Nordamerikanerin ins Gespräch, sechs Tage hatte sie ihren Mund nur zum Essen und Trinken verwendet. Ihre Taschen machen den Kontakt möglich: Sie kam mit einer Tragetasche an, hat die fehlende Ausrüstung und die Taschen dazu nachgekauft. Jetzt fehlen ihr ein paar Arme. Ich helfe aus, obwohl ich auch nicht gerade viele Freiheiten habe. Nett ist sie, ihre buddhistischen Ansichten gehen soweit, dass sie keinen Moskito erschlägt, er könnte ja früher ein anderes, vielleicht gar höheres, Lebewesen gewesen sein!

Am Flughafen werde ich Zeuge zweier Abschiedsvorstellungen:

1.)   Soldaten werden verlegt und verabschieden sich von ihren Freundinnen und Eltern   durch eine kleine Show mit Volkstänzen und Liedern .

2.)   Meine Hauptkamera, die „Espio", zugleich meine einzige Kamera, gibt abermals ihren Geist auf, zeigt dieselben Mängel wie beim ersten Mal in Chabárowsk, beeindruckend, da jeder Wahrscheinlichkeitsrechnung zuwider laufend.!

Nur, jetzt ist die Garantie abgelaufen, also Neueinkauf in Sydney („Peter, mit dieser Kamera bist Du auf der sicheren Seite", hatte die Chefin des örtlichen Fotogeschäfts gesagt!).

Ich brauche für Australien ein Visum, so stellt es sich am Schalter heraus. Nirgendwo hatte ich davon gelesen. Dieser Umstand scheint aber schon mehrfach im Abfertigungsgebäude vorgefallen zu sein, man hilft mir. Mit meinem Reisepass bewaffnet, geht die junge Dame telefonieren. Nach einer Viertelstunde hat sie mein Visum, so groß wie ein Kassenbon vom Supermarkt. Es kostet mich nichts... und ...ja...man ahnt es schon, in Sydney will keiner das Dokument sehen!

Nach 6 ½ Stunden zum Zwischenstopp in Neuseeland (vorgemerkt schon für die nächste Fernreise, vielleicht, wenn ich 60 bin!) weiter nach Sydney.

Australien

Nach 6 ½ Stunden und ca. 4000 km lande ich auf Neuseeland zwischen (noch zu entdecken für mich!). Erneut war ich über die Datumsgrenze geflogen, ich habe einen Tag „verloren", dafür aber zwei Stunden „gewonnen", da ich mich nach Westen bewege.

Der Anflug über Sydney, das Gewirr von Wasserarmen und Landzungen, der Anblick von „Opera House" und Hafenbrücke, das alles macht mich spontan verliebt in die Stadt!

Gleich an der sachkundigen Auskunft erfahre ich, dass kurz vor Ostern alle Jugendherbergen der Stadt belegt sind, also ab ins „Vulcan"–Hotel. Ein nach allen Regeln des Spätkapitalismus´ eingerichtetes Acht–Bett–Zimmer lässt mich erfahren, wie sich Ölsardinen fühlen! Aber: das Haus ist nur zehn Fußminuten von Zentrum weg und: Wer bin ich, um mehr zu verlangen?

Eine Überschwemmung, die die Kanaldeckel auf der Straße vor dem Hotel hochtreibt, ist die erste Attraktion Sydneys, die aber nicht weiter beachtet wird. Eine Fahrt mit der Einschienenbahn „Monorail" verschafft mir einen ersten Überblick, ein erster Rundgang führt mich (was sonst!) zum Sydney Opera House.

Am Abend dann, wie üblich, Materialerhaltung. Die im guatemaltekischen Chichicastenango gekauften Wollsocken (algodon) sind schon löchrig gelaufen. Sie bleiben aus Pietätsgründen in meinem Besitz und sollen für die Kamera als Verpackung dienen, die ich nach Hause schicken will. Dort wird sich ihr weiteres Schicksal entscheiden.

Die in den Bolivianischen Yungas handgenähten Schuhe sind, obwohl bestens mit Lederfett gepflegt, nicht mehr wasserdicht und werden entsorgt werden müssen. Schade!

In einem Internet-Café gibt es Post zu holen. Eine E-Mail kommt vom Idsteiner Gerd, der schreibt: „Wo bist Du denn? Deine Gastgeber in Sydney warten schon auf Dich!"

Eine echte Überraschung, da ich hier keine Seele kenne!

Ich spreche auf den Anrufbeantworter der „Sydneysider" Lawrence (genannt „LJ" = ell-dschee) und Kaye, genannt „Lou". Bald darauf meldet sich Lawrence Jennings im Hotel!

Ich besuche sie in deren Wohnung nahe der Glebe Point Road. Wir finden uns sympathisch, ich nehme LJs und Lous Einladung an und werde Gast bei ihnen. Eine herrliche Gastfreundschaft, unkompliziert und offenherzig!

Im Chinatown von Sydney lasse ich die Reparaturkosten der Kamera berechnen: no! Immerhin habe ich eine Schadensanalyse in Chinesischen Schriftzeichen vorliegen, eine schöne Erinnerung. Ich erstehe im Hauptpostamt von Sydney eine Ersatzkamera, eine chinesische (!), für DM 5.- (fünf!). Die Kamera ist aus Plastik, hat einen Schnappverschluss, eine feste Linse und eine Schutzblende, was will man mehr!

Auf zu einem Konzert, natürlich im weltberühmten „Sydney Opera House"! Mit der Monorail vom Haymarket zum „City Center", dann zu Fuß über den Circular Quay zum Opernhaus. Die Vorführung bringt mir die Bekanntschaft mit dem nicht schlechten Sydney Symphony Orchestra und einem relativ selten aufgeführten Stück von Mendelssohn-Bartholdy, in dem nicht nur Orchester und Chor, sondern auch die Orgel eingesetzt werden (in den Aufzeichnungen steht: das Mendelssohnsche Ungetüm „Dankgebet").

Obwohl ich dies sehr genieße, noch schöner ist der optische Genuss in der Pause: Das Foyer scheint über dem Hafen zu schweben, man sieht die Fährschiffe, die die Stadtteile miteinander verbinden, die Hafenbrücke („Kleiderbügel") ist angestrahlt, die ebenfalls illuminierten Hochhäuser des restaurierten Darling Harbour grüßen, kurz, die Augen mögen sich nicht satt sehen.

Am nächsten Tag, Ostersonntag, zieht es mich wieder dorthin. Das letzte Stück Weges zu meinem Lieblingsbau nennt sich „Writer´s Walk", an im Boden eingelassenen Tafeln kann man allerlei Zitate über Australien lesen:

„Das ist wirklich eine wundervolle Kolonie; das alte Rom in seiner kaiserlichen Pracht würde sich nicht einer solchen Nachkommenschaft schämen" (Charles Darwin, 1809-1882).

„Australien ist wie eine grosse unbeschriebene Landkarte, und das ganze Volk berät dauernd wie ein Komitee darüber, wie sie am besten zu beschreiben sei" (C.E.W. Bean, 1869-1968).

Vor dem Opernhaus scheint auch ein Konzert statt zu finden, man hat eine kleine Bühne aufgebaut, die Treppen zum Opernhaus sind nun die Sitzplätze. Allmählich treffen die Teilnehmer eines Sternmarsches ein, sie gehören zu allen Glaubensrichtungen der christlichen Kirchen von Sydney. Der Bischof von Sydney (so habe ich es verstanden) spricht – meinetwegen - was mich aber hält, ist die gelungene Big-Band-Musik und eine Sängerin, die eine wundervolle Solo-Version von „Amazing Grace" singt.

Der Frisörladen in der Glebe Point Road ist ziemlich „gestylt". Ich gehe hinein, darauf vertrauend, dass man beim Kürzen der Haare nicht viel falsch machen kann. Ich bin darüber hinaus des Englischen mächtig und die Zeichensprache ist in der Hand des Kundigen ein zusätzliches Kommunikationsmittel. Also spreche ich und mache dazu die „Schnipp-Schnapp-Bewegung", als Zugabe lege ich noch das Maß der gekürzten Haare durch Daumen und Zeigefinger fest. Aufgeregte Beratung, man fragt mich etwas, in dem es von Fachausdrücken nur so wimmelt. Die falsche Frisur (falsch, weil zu lang) kostet 18.- Australische Dollar, preiswert, wenn man bedenkt, dass ich dazu kostenlos einen Frust über das Unvermögen der aufstrebenden Friseuse dazu bekommen habe. Die simple Gabe des Zuhörens war unübersehbar noch nicht im Ausbildungsprogramm.

Eine Sightseeing Tour mit meinen Gastgebern führt mich durch die Stadt (immer gibt es etwas Neues) und endet am Bondi Beach, einem der schönsten Strände in Zentrumsnähe.

Der Sandstrand der sichelförmigen Bucht steigt wie in einem Amphitheater an, oben verläuft die Autostrasse, auf der anderen Seite sind die noblen Geschäfte und Restaurants. Man wird gesehen, weiß es und sieht die anderen, die auch aufs „Besichtigt-Werden" eingestellt sind, ein Jahrmarkt der Schönheit und Eitelkeit.

Am Tag darauf geht's hoch auf einen Pfeiler der Hafenbrücke, ein toller Rundblick bietet sich auf Halbinseln und Buchten. Wieder hinunter, dies und das entdeckt, abends bin ich wieder todmüde zu Hause, spiele nach dem Essen noch ein bisschen Gitarre und habe mir sogar im nahen Musikgeschäft ein paar Noten besorgt; dann unterhalten wir uns lange über Deutschland und die Welt, aber auch über Musik.

LJ richtet mir auf seinem PC ein Internet- (und damit E-mail) Konto ein: Über „hotmail" von Microsoft kann ich von jedem PC mit Internetanschluss nun auf meinen eigenen „Briefkasten" zugreifen, alle Briefe an mich können nun direkt dorthin gespeichert werden und dann von mir abgerufen werden. Später erfahre ich, dass diese Möglichkeit eine Woche nach meiner Abreise aus Deutschland geschaffen wurde, ich sie also noch nicht kennen konnte. Damit hat das mühsame Nachsenden der E-Post für Lars ein Ende.

Eine Wanderung mit LJ zum Darling Harbour bringt es an den Tag, dass Lawrence tatsächlich der Meinung ist, ich bräuchte eine richtige Kamera; ich möchte aber keine neue kaufen, da ich zuhause noch eine gute Nikon FE habe.

Wieder ein Ausflug. LJ und Lou fahren mit mir nach Norden, zu den Brisbane Waters, wir essen in nobler Umgebung (die Strandhotels!) gar nicht so vornehm „fish und chips" aus der Hand und fühlen uns pudelwohl.

Auf dem Rückweg besuchen wir die Tochter an der Central Coast. In einem hübschen Haus am Hang wohnt die Familie Barret mit ihren Zwillingen.

Ich verabrede mich mit Brüsselers, den Freunden meiner Tante, die in Brighton bei Sydney wohnen. Es sind Auswanderer der frühen 50er, jetzt schon in einem eigenen schönen Haus in ruhiger Lage ihren Ruhestand verbringend. Sie haben für mich Post gesammelt (ich hatte sie als Postadresse angegeben) und versorgen mich mit deutschsprachiger Lektüre. Wir unternehmen einen Tagesausflug (es gibt anscheinend kein Ende der schönen Flecken in und um Sydney!) an die Akuna Bay, haben ein von Gretel zusammengestelltes Picknick mit deutschem Filterkaffee. Als Gäste haben wir die „Lachvögel", die Kookaburra[1], die aber von uns nichts annehmen.

Dieweil erzählen die beiden mir allerlei von ihrer Aufbauarbeit im fremden Land, ein faszinierender Einblick in das Leben von Leuten, die tatsächlich bei „Null" angefangen haben!

Erläuterungen aktueller Art zu Landschaft und Leuten runden den Tag ab, ein abermaliges Essen zu Haus lässt mich um meinen Gürtel fürchten, es geht aber gut!

Am Abend „zuhaus" lese ich die Post. Der Bürgermeister meiner Heimatstadt hat mir geschrieben, bedankt sich für die von mir aus Iguaçu geschickten Glückwünsche anlässlich seines Dienstjubiläums. Weiter will er mir einen Kunstdruck heimatgeschichtlicher Art aufbewahren, dessen Auflage limitiert ist.

Meine Kenntnis von Sydney wird immer besser. Ein Ausflug mit Lou allein (LJ muss in der Firma nach dem Rechten schauen) führt uns erst zum Koala Park hinter Epping, in dem ich nicht nur die liebenswerten Faulenzer kennenlerne, sondern auch die Wombats, Kängurus und Wallabies. Der Rückweg bringt uns zu West Point, North Head, South Head und den Ocean Beach von Manly, teilweise mit wunderbaren Fernblicken auf Sydney.

Nach Manly fahre ich noch einmal, dieses Mal aber mit der Fähre von Sydney Harbour aus. Ich möchte den „Manly Scenic Walk" beschreiten, der mich in 2 ½ geruhsamen Stunden den Strand entlang bis zur Spit Bridge bringt.

Die VISA-Card geht nicht. Lars gibt mir aus Deutschland die Notfallnummer von VISA in Deutschland, keine Verbindung (ist wahrscheinlich an Bürozeiten gebunden! Wohl dem, der Geld hat!). VISA von Australien gibt mir zwei Notfallnummern der Deutschen VISA-Abteilung. Jetzt geht es los:

Recherchen der unglaublich hilfsbereiten und schnellen Deutschen bringen an den Tag, dass mir das Reisebüro in Santiago de Chile dreimal (!) den Südpazifikflug abgebucht hat! Die Angelegenheit wird in 40 Minuten nach diesem ersten Telefonat erledigt, das darauffolgende Ferngespräch bestätigt mir, dass ich wieder um US $ 3000.- reicher bin!

Sollte sich Deutschland tatsächlich zu einem Dienstleistungs-Wunderland entwickeln ?

Oft frühstücken wir auf der kleinen Terrasse, das gute Abendessen nehmen wir manchmal mit den Nachbarn vom Stock oberhalb ein. Geoffrey und Pauline sind kinderlos, beide arbeiten, Geoffrey bei der Post, was sich positiv auf meine Versandaktivitäten auswirkt. Er bietet mir an, meine Post mitzunehmen, Geld lehnt er ab! Später in Deutschland merke ich, dass die Briefe und Päckchen lediglich mit dem Stempel „bezahlt" versehen wurden. So geht es natürlich auch! Danke, Geoffrey!

In Paramatta vor den Toren Sydneys befindet sich nicht nur „Videoplus", die Firma von LJ, sondern auch das Olympiagelände. Das Warm-Up-Stadion ist seit 1995 fertig, der Schwimmbadbau ist schon länger in Betrieb und derzeit für die Öffentlichkeit frei gegeben; das Hauptstadion ist dem Bauzeitenplan drei Monate voraus.

Das Kameraproblem wird gelöst, selbst LJ ist zufrieden. Ich gehe mit Lou in ein Chinesisches Pfandhaus im Chinesenviertel und erstehe ein Nikon-Gehäuse sowie ein einfaches Objektiv für Australische $ 200.- Eine Woche Garantie ist genug, um es noch innerhalb Australiens auszuprobieren und es gegebenenfalls über Lou zurück zu geben. Es geht aber alles gut und beide Anschaffungen passen zu meiner Ausrüstung zu Hause.

Abschied ist eine schwere Übung. Es ist Ende April und vor mir liegen noch Indonesien und die Malaiische Halbinsel und China und Nepal und ...

Ein letztes gemeinsames Abendessen findet beim Vietnamesen in der Glebe Point Road statt, mein Geburtstag Mitte Mai wird „vorgefeiert", ein kleiner Kuchen mit drei Kerzen wird dabei verzehrt.

Beim Abschied im Bahnhof von Sydney spiele ich noch einmal das Lieblings-Musikstück der beiden, eine Bagatelle von Marschner, dieselbe, die ich in Manaus im Opernhaus gespielt hatte! Lawrence nimmt es mit einem kleinen Recorder auf. Er nimmt auch auf, dass ich verspreche, im Jahr 2006 wieder hierher zu kommen (In diesem Jahr, so weiß ich, habe ich mit Sicherheit wieder Geld!). Mit Wehmut trennen wir uns.

Meine Fahrkarte lautet auf Sydney-Melbourne-Adelaide-Alice Springs. Die erste Teilstrecke werde ich mit dem berühmten „Indian-Pacific" fahren, dem Zug also, der zwei Ozeane verbindet.

Dreizehn Stunden Aufenthalt in Melbourne geben mir einen kleinen Einblick in das Leben dieser Olympia-Stadt, weiter geht es dann mit dem „Overlander" nach Adelaide, das so überschaubar ist, dass die 3 ½ Stunden Stadtbummel ausreichen.

Ab nach Alice Springs geht es am Nachmittag mit dem legendären „Ghan". Der Ghan führt seinen Namen nach den Afghanen, die im letzten Jahrhundert als Kamelführer nach Australien kamen. Vor Bahn und Auto halfen die genügsamen Importtiere, das Innere der „Terra australis", des „Südlandes", zu erschließen.

Der Ghan ist komfortabel und hat sogar Duschen. Ich kann nicht schlafen und nehme durch das Zugfenster zum ersten Male das „Kreuz des Südens" wahr, ein unscheinbares Drachenviereck aus Sternen, auf der Seite liegend. Warum ich es mir größer vorgestellt habe, weiß ich nicht, so aber kommt es mir mickrig vor. Wahrscheinlich muss man sich frisch verliebt auf einer Kreuzfahrt befinden, um beim Anblick dieser Himmelskonfiguration romantisch angewandelt zu werden.

Pünktlich kommt der „Ghan" in der Kleinstadt Alice Springs an, bei knappen 30° C morgens um 10.00 Uhr!

Zuerst übernachte ich in einem Backpacker-Hotel, das sich auf Massenabfertigung spezialisiert hat, ziehe dann aber um in das Pioneer Hostel, das zu YHA, der Youth Hostel Association, dem Internationalen Jugendherbergswerk (so nannte man es wenigstens früher), gehört.

Es ist ein altes Kino, das durch Bürgersinn im Jubiläumsjahr des Australischen Jugendherbergsverbands erhalten werden konnte und so vor dem Verrotten bewahrt wurde.

Der alte Zuschauerraum ist nun ein offener Hof mit Pool, die Projektionsfläche ist auf dem Dach des kleinen Empfangsgebäudes zu sehen, die alten Projektoren stehen im Aufenthaltsraum. Eine Waschgelegenheit und eine große, saubere Gemeinschaftsküche runden das vorzügliche Angebot ab.

Das Städtchen am Todd River (der fast nie Wasser sieht) entstand, als man 1872 eine Telegraphenstation quer durch Australien legte. Die „singenden Drähte" der Ureinwohner wurden an ca. 36 000 Holzmasten befestigt. Der Oberpostmeister hieß Todd und seine Frau Alice gab dem aufstrebenden Ort den Namen. Die zur Ortsgründung nötige Wasserstelle nahm man den Aborigines mehr oder weniger ungefragt ab.

Im Todd findet auch eine Regatta statt, bei der Boote im Boden mit einer Öffnung versehen werden, dass man sie besser durchs Trockene tragen kann; der Veranstalter hat sich sogar gegen Regen versichern lassen!

Der Busausflug zu den Olgas und zum Ayers Rock ist gelungen. Um 06.10 Uhr ging es los, um Mitternacht waren wir wieder zurück. Zwei Fahrer voller Anekdoten und Wissenswertem nahmen uns unter ihre Fittiche. Unterwegs sahen wir manchmal freilaufende Kamele, auch die überlangen Tanklastwagen, bis zu 55 Meter lang, ließen einen staunen.

Im durchdachten und gut aufgebauten Museum am Fuße des Uluru (= Ayers Rock) lese ich, dass ein Besteigen des glatten Felsens nicht erwünscht ist, da der Monolith[2] den Aborigines heilig ist. Ein Bestaunen von unten ist ja auch ganz schön...und es schont die Kräfte.

Der Sonnenuntergang, am Parkplatz mit Sekt und Häppchen erwartet, findet zwar statt, dessen bin ich mir sicher, aber Wolken verhindern das Schauspiel der sich ständig verändernden Farben des Felsenheiligtums.

Es ist May-Day in Australien, ein nationaler Feiertag. Ein Zimmergenosse hat kein Geld mehr, da die Post samstags geschlossen hatte, als er Geld abheben wollte, eine Kreditkarte hat er nicht, May-Day, am Montag, bekommt er auch kein Geld. Ich habe mich schon gewundert, dass er nicht aus dem Zimmer geht, jetzt ist es klar, dass er durchfasten will bis Dienstag. Ich bremse seinen mönchischen Eifer durch $ 20.-, die ihm einen vollen Magen verschaffen sollten. Das Geld kann ich leichten (und guten) Herzens abschreiben, denn bei Öffnen der Postbank werde ich schon mit dem Bus nach Darwin unterwegs sein, meiner letzten Stadt in Australien.

Doch zuvor habe ich noch Gelegenheit, meinen Zeitungsartikel über die Osterinsel zu schreiben und abzusenden: In der Bücherei kann ich nach Voranmeldung für zwei Stunden kostenlos einen PC mit Internetzugang benutzen!

Die Suche nach einem Holzschnitzer der Aborigines war nicht sehr erfolgreich. Es gibt zwar viele Holzschnitzer hier, diese geben aber ihre Arbeiten in den Geschäften ab und werden dort gleich entlohnt. Adressen und Namen werden nicht geführt. Überhaupt sieht der schnelle Tourist nur Ureinwohner, wenn diese Alkohol einkaufen, zu wenig[3].

Der Busfahrer auf der Fahrt nach Darwin im Norden ist nicht sehr witzig, er scheint preußische Eltern zu haben. Unentwegt erzählt er den wenigen Passagieren, was er in punkto Sauberkeit erwartet und was man machen dürfe und was nicht, sehr interessant... für einen Psychoanalytiker, aber nicht für Erwachsene, die durchaus reinlich sein können. Aber auch diese Fahrt geht herum.

Darwin ist ein sauberes Städtchen. Ein Hurrikan hat es vor ein paar Jahren durchgefegt. Ich gliedere mich nahtlos in ein Massen-Jugend-Hotel ein, konzentriere mich aber darauf, meinen Flug nach Bali zu organisieren.

Auch hier gibt es Unterschiede zwischen den Reisebüros. Ich erstehe einen Flug mit der indonesischen Gesellschaft Garuda, der es mir ermöglicht, vor Erreichen von Bali auf Timor einen Stopp einzulegen.

Bei der Suche nach einem günstigen Ticket habe ich wieder etwas für die Abteilung „Wahnwitz" sammeln können: Ursprünglich wollte ich nach Singapur oder nach Bangkok fliegen mit einem einwöchigen Halt auf Bali. Die „Garuda" fliegt mich aber nur nach Bangkok oder nach Singapur, wenn ich für diese Zielpunkte ein Visum vorlegen kann, so weit, so gut. Nur, weder der Stadtstaat Singapur noch Thailand verlangen ein Visum! Also (s.o.) Planänderung, Flug bis Bali, dann mit Bus und Fähre bzw. Tragflächenboot bis Singapur.

Bei einer medizinischen Beratungsstelle besorge ich mir noch ein Rezept für Malaria-Tabletten, denn ich möchte ja von Singapur aus auf dem Landweg nach China.

Neue Travellerschecks werden ebenso „gebunkert" wie Dollarvorräte, wer weiß, was mich bis zum Ende der Reise noch alles erwartet!

Mit einer Gemütsmischung zwischen Bedenken (wegen der politischen Unsicherheit und hygienischer Verhältnisse in Indonesien) und aufgeregter Neugierde reise ich ab.

Es gibt noch mehr Ungewissheiten, da an der Grenze Kambodscha-Thailand Teile der „Roten Khmer" flüchten. Damit entfällt die Besichtigung der Tunnels, die die Rebellen im Krieg gegen die U.S.-Soldaten angelegt hatten. Die Reiseroute von Singapur sieht im Rohgerüst nun so aus: Singapur–Malaysia–Thailand–Nordlaos-Nordvietnam-Südwestchina.

ASIEN

Indonesien

Vom fast neuen Städtchen Darwin im Nordwesten Australiens nun also nach Asien. Noch einmal Asien, denn der Osten und ferne Osten Russlands mit Kamtschatka gehört ja auch dazu.

Vor Timor's[1] Flugplatz Kupang (nur 500 km von Darwin entfernt!) warten schon die Taxifahrer auf mich, den einzigen Europäer offensichtlich.

Die Stadt ist ca. 10 km entfernt, an den Preisen ist nicht zu rütteln, man zeigt mir Dokumente zweifelhaften Ursprungs, aus denen in Englisch hervorgeht, dass die Taxipreise feste Preise seien.

Trotz der drückenden Hitze bin ich so zornig auf die amtliche Abzockerei, dass ich bis zur nächsten Bushaltestelle laufen will, offensichtlich so angelegt, dass die Busse nicht zum Flugplatz müssen. Ein Mann läuft hinter mir her, will mir ein Hotel, seins, empfehlen. Ich koche, vor Zorn und auch sonst, bin aber still und schleppe mich weiter. Der Mann gibt nicht auf. Mehr um ihn los zu werden, sage ich ihm, dass ich sein preiswertes Hotel nähme, wenn er mir das Taxi bezahle. Zu meiner Überraschung geht er auf den Handel ein, mit einem Taxi fahre ich wie ein Fürst vor dem Hotel vor!

Das Hotel „Eden" besteht aus einem steinernen Haupthaus, ebenso ein Flachbau wie die Hotelzimmer, Hütten mit Palmdächern. Mein „Zimmer" im Palmdachhaus gehört zur Kategorie „schlicht", zwei eiserne Bettgestelle, der Rest ist organischen Ursprungs.

An der Wand die „stillen Begleiter des einsamen Wanderers", zwei Eidechsen oder wie auch immer sie heißen, sie halten die Bude von Insekten sauber. Nachts vernimmt man das reibende krächzende Geräusch der „Saubermänner". Man mache es wie die Indonesier, verhalte sich ruhig und zähle: Sieben Krächzer bedeuten Wohlstand, fünf Glück und mehr als sieben bedeuten, dass der, der zuletzt gesprochen hatte, gelogen hat! Die Allzwecktierchen dienen auch zur Entscheidungsfindung: Bei Beginn des „Konzerts" sage man abwechselnd „ja" und „nein" bis zum Ende. Das letzte Wort entscheidet dann über ein Tun oder Nicht-Tun einer Sache, die man vorher festgelegt hat, etwas wichtiges vielleicht wie den Besuch eines Hahnenkampfs.

Hinter einer weiteren Blätterwand das „Örtchen" mit Schöpfkelle, Wasserbassin und Abtritt. Spätestens hier muss man der sonst in Reiseführern nur verschämt angedeuteten Arbeitsteilung zwischen rechter und linker Hand Tribut zollen:

Die Finger der rechten Hand führen dem Körper die Nahrung zu, links befasst man sich unter Zuhilfenahme geschöpften Wassers mit den Spaltprodukten des Körpers. Alles klar? Im Marco Polo Führer „Java/Sumatra" steht ohne nähere Erklärung lapidar: „Die linke Hand gilt als unrein"(!).

Die Besatzung der übrigen drei Hütten besteht aus einem englischen jungen Pärchen (er führt im Kasten eine Mandoline mit sich, wir spielen abends zusammen), einem Franzosen, der 20 Jahre in Deutschland gearbeitet hat, und einem Italiener mit Schweizer Pass. Für Gesprächsstoff ist gesorgt. Vor dem Hotel, von mächtigen Heiligen Bäumen umstanden, der kristallklare Dorfteich, besser als jede Dusche. Abends folge ich den Briten zu einer kleinen Garküche. Zögernd esse ich Reis mit Eiern und etwas Hühnchenfleisch, merke mir den Namen des Gerichts, im Zweifelsfall könnte ich damit bis China durchhalten. Später keinerlei Beschwerden, vor allem der lästige Durchfall lässt sich nicht blicken.

Erkundungsgänge bis zum Strand vertreiben mir die Zeit. Tatsächlich verschwindet dieses leichte Gefühl der Angst (vor was?) bald gänzlich. Das dumme Urgefühl der übertriebenen Vorsicht vor allem Fremdem weicht, wie schon mehrfach geschehen, der Ansicht, dass die Einwohner hier genauso gefährlich (oder ungefährlich) sind wie zu Hause. Diesen Gedanken hätte man auch schon früher haben können. Erklärlich ist diese Angst vor dem Unbekannten aber schon, es ist ein Schutzmechanismus aus uralten Zeiten, der hier aber dadurch verstärkt wird, dass ich bei den Reisevorbereitungen und auch jetzt, bei der Recherche im Internet, zu viele Gruselstories gelesen hatte.

Im Internet gilt auch die Regel der Regenbogen- und Massenpresse: „Nur eine schlechte Nachricht ist eine gute Nachricht!" In der Tat liest man nichts in den Publikationen über Hilfsbereitschaft, Freundlichkeit, Gastfreundschaft und Offenheit der Gastgeber, obwohl dies tausend Mal einer Erwähnung wert wäre.

Kupang ist eine kleine Hafenstadt mit nichts Nennenswertem, wenn man halt davon absieht, dass man hier in einer Gegend ist, von der man früher nur geträumt hatte. Ein Ort auf einer kleinen Insel, einer von ca. 13000 Indonesiens, darunter klangvolle Namen wie Java, Borneo (Kalimantan), Celebes (Sulawesi), Bali, Lombok, Flores und Sumatra, was hatte ich nicht alles darüber gelesen!

Jetzt schlendere ich durch die Gassen, nehme das kleine Angebot der Läden wahr, begegne den Blicken der Einwohner (beide Seiten lassen sich nicht anmerken, dass sie neugierig sind!) und tue so, als sei das für mich das Normalste der Welt.

Auf dem Rückweg zum Hotel hätte ich ja gern eines der freundlich grüßenden Kinder („slamat tinga hari" = Guten Nachmittag) gefragt, was dies denn für Bäume beidseits der Straße seien, etwa der berühmte Eisenholzbaum, der nicht schwimmt und der sogar von Termiten verschmäht wird? Oder wie der Teakholzbaum denn nun aussähe, welcher der Betelnussbaum wäre? Aber ich spreche ja nicht indonesisch und keiner von den Leuten spricht englisch.

So gehe ich durchs Dorf, verschmähe die „Bemos", die allgegenwärtigen Kleinbusse des öffentlichen Nahverkehrs und werde wohl nie erfahren, wie narkotisch die Betelnuss wirklich ist!

Nach zwei vollen Tagen auf der Insel muss ich schon weiter. Um zum Flughafen zu kommen, hatte ich den „Chef" beauftragt, mir ein Taxi zu besorgen, und gebe ihm das gesetzlich vorgeschriebene Geld im Voraus, normal ein Fehler. Das Taxi kommt und kommt nicht, der Termin zum Einchecken rückt näher und näher, der Abflugtermin ebenfalls. Ich muss solange warten, dass in der Zwischenzeit meine Zornesader wieder auf Normalmaß zurückgeht. Endlich biegt der Hotelbesitzer um die Ecke, freundlich in einem ... Bemo sitzend!!!

Mit dem fürstlichen Taxigeld im Säckel hatte er sich wohl gedacht: „Jetzt kann ich ein Schnäppchen machen, besorge mir ein billiges Bemo und behalte den Differenzbetrag!" Angesichts seines freundlichen Lachens kann ich nicht anders, ich bin voll der Bewunderung über seinen Geschäftssinn, außerdem ist anscheinend noch genug Zeit, da das Einchecken auf diesem Provinzflugplatz leger gehandhabt wird, versichert mir der Glückspilz. Tja, Peter, wieder einmal sinnlos Energie vergeudet bei der Eigenproduktion von Ärger!

Ich verlasse das Inselchen ohne Probleme und schließe mit einem Eintrag aus meinen Aufzeichnungen, einem Beweis nimmermüden Forscherdrangs, einem Beweis aber auch dafür, dass ich den Kulturschock gut weggesteckt habe: „Schöne Landestöchter, freundlich".

Ich komme nach einem kurzen Flug nachmittags auf Bali an.

Lustlos, den spärlichen Busverkehr durch Gesten zu erfragen (die des Englischen mächtigen kommen nur hierher, wenn Touristen aus dem Ausland anreisen), schnappe ich mir einen Taxifahrer, der mich über 40 km ins Landesinnere, von Denpasar nach Ubud, fährt. Ganze 15.- DM kostet das, Herz, was willst du mehr!

Ubud: Man nehme Heidelbergs Altstadt und Rüdesheims „Drosselgasse" mit dem Kölner Dom und dem Münchener Hofbräuhaus zusammen, dann hat man den touristischen Verkehr an Ubuds Hauptwegekreuzung. Dass ich gegen meine sonstigen Gewohnheiten dorthin gefahren bin, hat zwei Gründe: Erstens kann man sich binnen zweier Minuten in der Ruhe eines Reisfeldes bewegen, zweitens sind hier die meisten folkloristischen Aktivitäten konzentriert.

Ich wohne dicht an der Kreuzung, spüre aber nichts von der dortigen Hektik. Das kleine Zimmer hat eine abgetrennte „Nasszelle", ist sauber, soweit ich das sehe und das genügt mir. Abends sitze ich auf der kleinen Terrasse, schreibe oder spiele. Vor der Mauer, die „meinen" Garten vom benachbarten Tempel trennt (dieser wird nicht benutzt, denn Handwerker renovieren dort den ganzen Tag, aber fast geräuschlos, da sie nur mit der Hand werken), kommt bei den ersten Tönen meiner Gitarre ein Frosch hinter der Zisterne hervor, schaut argwöhnisch zu mir herüber, sagt aber nichts, weder positiv noch negativ, und hüpft wieder davon. Ich nenne ihn wegen der Parallelen im Verhalten nach meinem Freund „Kuno".

Später abends zieht es mich dann zu den Tempeltänzen, die mit der Musik des Gamelan[2]-Orchesters begleitet werden. Vier Mal in einer Woche bin ich zu Gast im „Ubud Palace", einem Hindutempel. Im Hof sitzen die Zuschauer und Zuhörer im offenen Rechteck, die Tanzfläche ist in der Mitte, vor den Gästen sitzen fast 50 Musiker, die vierte Seite ist von einer Tempelfassade begrenzt, aus der die Akteure des Abends hervortreten.

Auf Bali, einer Insel auch des Glaubens mit drei Millionen Hindus, umgeben von 160 Millionen Moslems auf den restlichen Inseln Indonesiens, hat man es auf einzigartige Weise verstanden, ungeachtet touristischen Gewusels die Glaubenstradition in voller Hingabe aufrecht zu erhalten. Diese Überlieferung verknüpft seit dem 9. Jahrhundert Religion mit Tanz und Musik.

Das Orchester hat hauptsächlich Instrumente mit Klangstäben in allen Größen, dazu kommen Gongs, eine Flöte und zwei Trommeln. Fremdartige, aus dem chinesisch-indischen Kulturkreis stammende Tonreihen verunsichern das „europäische" Ohr, eine völlig andere Ästhetik ergreift vom Gaste Besitz.

In dem sich entfaltenden perfekten und kunstvollen Nachahmen alter Sagen oder Erzählungen bekommt bald auch der Ungeübte einen Blick für das typisch „balinesische" des Tanzes: Die halbgebeugten Beine, der zur Seite geneigte Oberkörper mit den auf der anderen Seite erhobenen Armen, das Auf und Ab der Ellenbogen, die das Spiel der Finger zur Geltung bringen, und das „Tanzen" der Augen, das alles trägt zu einem unvergesslichen Eindruck bei. Mit

Stirnlampe und Notenskizzenbuch versuche ich, während der Aufführungen etwas von der Musik festzuhalten.

Eines Abends kommt der Junge von der Rezeption zu mir, er bringt seine Gitarre mit, zeigt mir etwas von den „Scorpions", möchte aber unbedingt das Stück lernen, das ich gerade gespielt habe. So gut es geht, lernt er den Anfang von „Asturias". Er muss es mir abschauen und gleich auswendig spielen, denn er hat nie Noten gesehen! Ich schenke ihm einen neuen Satz Saiten, den ich ihm auch aufziehe, eine kleine Reparatur am Griffbrett wird auch noch erledigt. Vielleicht gibt ihm der „neue" Klang seiner Gitarre einen Schub und er übt eifriger als zuvor.

Die indonesische Sprache kennt kein Wort für „Kunst", Bali aber ist voller Künstler, die fast immer Doppelbegabungen sind, derart, dass Arbeit und Feilschen ausgewogen praktiziert werden, das Feilschen gut, ausdauernd und erfindungsreich, bis zur Erschöpfung des Kunden, der sich auf so etwas einlässt.

Mit viel Fragerei hatte ich einen Meister der Holzschnitzkunst südlich Ubud, in Mas, ausfindig gemacht. Anderntags benötige ich zwei Stunden, um den guten Preis, der zuvor für ein Schnitzwerk ausgehandelt wurde, wieder zu erreichen. Der Schnitzer, der die letzte freie Fläche meines Gitarrenbodens behandeln sollte, hat sich offenbar über Nacht beraten lassen und ist nun der Ansicht, alle Touristen seien reich. Dann aber ist die Arbeit getan: Ein drachenähnliches Tier, der Barong, schmiegt sich mit der Linie des Kopfes und des Rückens in die Krümmung der Gitarre, im Schwanzbogen ist sogar noch Platz für einen Affen! Dies alles ist so fein, dass es sogar einer Betrachtung mit der Lupe standhält.

Ich möchte zur Tempelstadt Penjeng in der Nähe Ubuds laufen und weise mannhaft alle Annäherungsversuche der herumlungernden Mofa- und Rollertaxifahrer ab. Ein Ort mit vielleicht 200 Einwohnern hat eine Tempelanlage mit 46 Tempeln mit jeweils ca. zehn, fünfzehn Altären, auf denen es möglich ist, je nach Bedarf zwischen vier bis acht Götter zu verehren.

Dies alles erfahre ich vom Führer. Ich selbst bin in einen Sarong gehüllt, denn im Heiligen Bezirk ist das Tragen von „decent clothes" gewünscht. Den Wickelrock kann man sich vor dem Areal ausleihen. Am Ausgang spende ich 5000.- Rupien für den Tempel und werde gelobt. Dann gebe ich meinem Führer 3000.- Rupien. Er murrt ein wenig, meint, das sei etwas zu wenig. Ich frage ihn, ob ich ihm mehr geben solle als seinen Göttern? Er schweigt verlegen. Tschüss!

Vor der Weiterreise per Bus und Schiff wird in einer Bücherei noch Material über Gamelanmusik herausgeschrieben. Der Lesesaal ist eine überdachte Loggia auf dem Flachdach der Bücherei. Neben mir hängen Käfige voller Singvögel, die, so sagt man mir, für einen Wettbewerb trainieren. Ich bin also von Kollegen umgeben!

Bus und Fähre bringen mich nach Java. Ein Zwangsaufenthalt wegen Demonstrationen, Streiks und Unruhen in Yogjakarta, der zweitgrößten Stadt, wird zum Besuch von Borobodur (Abbildung nächste Seite) genutzt, einer riesigen Tempelanlage, einem steinernen Berg mit drei rechteckigen Plattformen, darüber drei kreisförmigen. Alles ist voller Friese und Buddhastatuen in glockenförmigen Gebilden, den „stupas". Ich bin mit zwei anderen Hotelgästen so früh abgefahren, dass wir die Wärter am Kassenhäuschen wecken mussten, um Einlass zu bekommen! Das Frühaufstehen hat sich gelohnt. So, ganz allein, kann man mit etwas Phantasie allerlei historische Spielchen treiben, etwa, wie hier gebaut wurde oder wie hier der Glaube zelebriert wurde. Eine wunderschöne Kulisse dazu ist der umgebende tropische Wald, mit Nebelbändern geschmückt.

Zurück ins Getriebe! Hier kommt zum Verkehrslärm eine akustische Komponente hinzu, die neu ist, denn auf Java gibt es schon Moscheen, deren „Zinnen" nun aber nicht mehr mit Muezzins, den Ausrufern, besetzt sind, sondern mit Lautsprechern, die zum Dienst an Allah rufen.

Auf der Hauptpost kann ich in einem klimatisierten Büro das Internet benutzen, eine relativ neue Einrichtung. Ich besichtige ein

Wasserschloss ohne Wasser, ein dreirädriges Fahrradtaxi bringt mich dorthin (der Preis für einen Halbtag wurde vorher wort- und gestenreich mit dem Fahrer ausgemacht), dann schleppt mich der Geschäftstüchtige zu einer Batik-Fabrik.

Hier geschieht alles von Hand. Es gelingt mir, einen Stoffdruck zu erwerben, der nicht die traditionelle Thematik aufweist, sondern drei kesse indonesische Mädchen, die freundlich und selbstbewus-

st ihre Fruchtkörbe auf dem Kopf tragen. Den Preis habe ich heruntergehandelt, es wird dennoch Verdienst übrig bleiben, auch für meinen Fahrer!

Abends besuche ich eine Vorführung des Ramayana-Epos; das hatte ich schon zweimal auf Bali gesehen, wurde hier aber überrascht, bestätigte sich hier doch das Wort, dass nichts so schlecht ist, dass es nicht noch als schlechtes Beispiel dienen kann.

Was hier geboten wurde, war das Machwerk eines Regisseurs (oder Choreographen), der reichlich Fred-Astaire-Filme gesehen hatte, wahrscheinlich auch ein paar Hongkong–Action -Streifen. Die Vermengung von westlichen und traditionellen Tanzelementen war offensichtlich gewünscht, zum Nachteil meines nun schon geschulten Auges. Die gute Musik (fast keine Gamelan-Instrumente, ein Jazz-Schlagzeug!) und die verbliebenen Tanzbeiträge milderten allerdings das negative Bild. Wenn doch wenigstens auf dem Ticket „Eine Parodie" gestanden hätte!

Am anderen Tag führt mich die junge Frau Wiwin durch den Sultanspalast; sie spricht sehr gut Deutsch, hat Dolmetscherin studiert. Sie erzählt mir vom guten Sultan, seinem guten Sohn und anderen, auch guten Söhnen, vom Kampf um die Unabhängigkeit von den Holländern und berichtet vom „Dicken" (sie benutzt ein anderes Wort) aus Deutschland, der hier zu Besuch war. Ich danke ihr und verspreche, ihr aus Deutschland zu schreiben (was auch geschehen ist).

Die Straßen sind voller Transparente: „Reformasi jess" oder „Reformasi oké", an Schaufenstern und Mauern angeschlagen. Eine ökonomische Wende wäre allerdings sehr sinnvoll. Ich selbst habe über den sich täglich mehr zu meinen Gunsten veränderten Wechselkurs mitbekommen, wie hier die Inflation in zweistelligen Raten wütet. Selbst die Landbevölkerung hat Schwierigkeiten, genug Essen auf den Tisch zu stellen.

Die englischsprachige „The Jakarta Post" vom 21. Mai 1998 schreibt unter der Überschrift „EID":

„...Wir, das Volk von Indonesien, erklären, dass es nur ein Mutterland gibt, das Mutterland ohne Unterdrückung. Wir erklären, dass wir eine Nation sind, eine Nation, die Gerechtigkeit liebt. Wir erklären, dass wir nur eine Sprache haben, die Sprache der Wahrheit."

Der nationale Feiertag „Awakening Day" bringt Entspannung in der Hauptstadt Jakarta: Dort hatten Studenten das Parlamentsgebäude besetzt gehalten und angekündigt, nicht eher zu weichen, bis Präsident Suharto[3] zurücktrete. Dies geschieht am Tag darauf, Habibie, der in Aachen studiert hatte, übernimmt die Regierungsgeschäfte; für mich heißt das, dass die Busse wieder fahren.

Am Tag der Abreise aus Yogja muss sich mein „Taxi" noch durch ein Riesengemenge von freudig feiernden Motorrollerfahrern, sämtlich Studenten, durchmogeln, bis ich am Büro der Busgesellschaft ankomme.

Was die Beschwerlichkeit und Reisedauer betrifft, werden die Fahrten in Südamerika spielerisch übertroffen! Ich habe schon lange aufgegeben, die Pannen zu zählen, es sei nur gesagt, dass bis Sumatra auf 48 Reisestunden (netto) drei große Reparaturen gemacht wurden, in Erinnerung die faszinierendste bei Fackelschein: Die Hinterachse wurde vom Chauffeur und seinem Gehilfen, der auch mitfuhr, mitten auf der Strasse ausgebaut und das Differentialgetriebe mit neuen Dichtungen versehen. Die Dichtungen wurden passgenau aus alten Autoreifen zugeschnitten! Dass diese Reparatur auf der Strasse ohne gesonderte Absicherung geschah und dass der übliche rücksichtslose Verkehr auch weit nach Mitternacht unvermindert weiterging, sei nur der Ordnung halber erwähnt. Ich habe diese Stunden am stinkenden Straßengraben verbracht, es war so dreckig, dass ich mich wie die Mitreisenden in der Hocke ausgeruht habe!

Nach 14 ½ Stunden sind wir in Merak. Nach zwei Stunden mit der Fähre über die Meerenge Selat Sunda gelangen wir nach Bakauheni, wir sind auf Sumatra[4]!

Für den Aufenthalt auf Fähren gilt folgendes für mich: falls diese sinkt, ist der große Rucksack zurückzulassen, je nach Entfernung zum Ufer kann der kleine Rucksack mitgenommen werden. Auf alle Fälle bleibt die Gitarre „am Mann", das Unentbehrliche (Ausweis, Geld, Kreditkarte, Hinweis zur Benachrichtigung im Unglücksfall (dreisprachig)) ist wasserdicht am Körper verpackt. Es geht alles gut. Nachts fahren wir an der Hafenstadt Surabaya vorbei, kurze Gedanken an Bertold Brecht.

In Pekanbaru auf Sumatra ist erst einmal Rast angesagt. Meine Hochachtung vor dem Chauffeur und seinem Gehilfen, die während der Fahrt ausnahmslos alles mit Bordmitteln reparierten, ist fast schon der Verehrung gewichen!

Aus Angst vor Durchfall hatte ich während dieser knapp drei Tage nur in Kunststoff versiegelte, unsäglich schmeckende, süße Kekse gegessen und diese mit Coca-Cola aus Büchsen (Flaschen können manipuliert werden!) heruntergespült. Die Küchen auf den Überlandhaltestellen boten zwar Essen an, es war diesem aber nie anzusehen, wann es in die offen dastehenden Schalen abgefüllt worden war.

Nach dem Bezug meines kleinen freundlichen Hotels abseits der Hauptstraßen orientiere ich mich: Ich bin erstmals seit Wochen wieder nördlich des Äquators! Aber der Kitzel wie im brasilianischen Urwald bleibt aus.

Naheliegender: den Bargeldbestand aufzufrischen. Es ist aber Wochenende und die Wechselstuben sind geschlossen, Travellerschecks möchte keiner und die VISA-Card funktioniert nicht, da die Telefonleitungen zusammengebrochen sind. Ohne Bargeld aber kann ich nicht nach Singapur gelangen.

Es gibt einen Platz in dieser Stadt, an dem erträgliche Temperaturen herrschen, an dem kein Gestank der offenen Kanalisation die Nase beleidigt und an dem auch keine Plastiktüten verbrannt werden: ein modernes Einkaufszentrum.

Dort frage ich die jungen Frauen an der Auskunft. Sie wissen keinen Rat.

Wieder hinaus in das gleißende Tageslicht; ein Mann spricht mich an, will mich zu einem Geldwechselbüro führen. Ich folge ihm vorsichtig, achte darauf, dass die Gegend nicht zu dunkel wird. Leider kann mein Helfer (der sich als freundlich und ungefährlich entpuppt) mir auch nicht helfen. Auf dem Rückweg zum Hotel (dort spricht man Englisch, aber das Wort „Dusche" ist nicht bekannt, es gibt aber sauberes Schöpfwasser) komme ich am Eingang des Einkaufszentrums vorbei. Auf einmal steht eins der Info-Mädchen vor mir, hat mich wohl durch die Glastür gesehen. Sie sagt, dass sie und ihre Kollegin vielleicht doch noch eine Geldquelle aufgetan hätten: In der Nähe des Zentrums sei eine Bank, die gäbe am Automaten „fast cash"! Ich bedanke mich, finde die Bank, tatsächlich funktioniert alles!

Diese „fast cash" scheint extra für den Fall nicht funktionierender Telefonleitungen entwickelt worden zu sein. Normal wird über eine Fernabfrage die „Gesundheit" des VISA-Kontos geprüft. Da dies aber nun nicht gemacht werden kann, prüft man nur bankintern, ob die VISA-Card an sich gültig ist. Missbrauch wird vermutlich über Versicherungen abgedeckt.

Wie auch immer, nun kann ich weiter, erst zum Ufer, dann in das Tragflächenboot nach Singapur.

Auf dem Boot nach Batam, einer Insel südlich Singapurs (der Inselstaat darf nicht direkt angefahren werden) hat man sich über die Sicherheit an Bord Gedanken gemacht. Man lese:

PERHATIAN!!
KEPADA PARA PENUMPANG
AGA MENJAGA KESELAMATAN
BARANG/UTANG MASINGs
JIKATERJADI KEHILANGAN
KAMITIDAK BERTANGGUNG JAWAB.

Ich rätsele geraume Zeit, wer denn nur dieser „keselamatan" ist, vielleicht ein Kesselmaat, der aus dem Bauch des Bootes hervorstürmt und sich für die Passagiere aufopfert, aber auch nur, wenn er nicht „jikaterjadi" ist? Über diesem selbstfabrizierten Blödsinn schlafe ich ein, aber nur kurz, da mein Rucksack lose unter einer Plane am Oberdeck liegt. Ich möchte ihn im Auge behalten. Oben auf dem kleinen Deck sind nur wenige Leute, da der Fahrtwind heftig und das Tragflächenboot nicht sehr ruhig ist. Der Rucksack ist da, d. h., er ist nicht zu sehen, aber die Abdeckung unverändert. Mein Argwohn legt sich, es sitzt aber schon tief drin, dieses Kontrollieren.

Kleinere Inseln werden passiert, ein- oder zweimal wird angelegt. Auf den letzten Drücker, die Verspätungen hatten sich summiert, erreichen wir Batam; die Fähre nach Singapur legt in einer halben Stunde ab und Formalitäten sind noch zu erledigen. Das letzte indonesische Geld reicht gerade noch, dann bringt mich ein ortskundiger junger Mann durch einen trockenen Abzugsgraben unter einem Stacheldraht hindurch zur Anlegestelle des Schiffs. Ich gelange rechtzeitig dorthin, die Alternative wäre ein teures Hotel auf Batam gewesen, ab $ 100.- aufwärts!

Die Großstadt am Horizont hat schon die ersten Lichter entzündet, als ich müd´ meinen Rucksack hinter mir her ziehe, zum Aufsetzen habe ich keinen Kraft mehr. Ein Bus bringt mich zum Colonial-District. Dort steige ich im „Lee´s Traveller Club & Willy´s Guest House" ab. Hinter dem langen Namen verbirgt sich ein drückend heißes Etablissement im VI. Stock eines Hochhauses an der Beach Road. Mir gelingt es, den einzigen Raum mit air-condition zu bekommen... mit fünf schon Anwesenden.

Der Inselstaat hatte sich 1965 vom nördlich gelegenen Malaysia abgetrennt. Grund war eine Bewegung „Malaysia für die Malaien", was zu Konflikten mit dem hauptsächlich von Chinesen bevölkerten Singapur führte. Demzufolge ist der Begriff „Chinatown" als Stadtteil einer Chinesenstadt irreführend.

Die Besichtigung dieses Stadtteils zu Fuß bringt an den Tag, dass hier alle Weltreligionen vertreten sind, denn es sind nicht nur chinesische Tempel zu sehen, sondern auch eine Moschee (Al-Abrar) und zwei Heiligtümer, den Nagore Durgha-Schrein und den Sri

Marriaman-Tempel der Hindus. Eine gelungene Mischung aus Alt und Neu, Konserviertem, Renoviertem, „Durchgestyltem" und Belassenem. Interessant die kleinen Spiegel über manchen Eingängen, die böse Geister abschrecken sollen. Wer denkt, dieser „Aberglaube" sei auf Chinatown beschränkt, möge bedenken, dass bis heute, auch in beiden Chinas, kein größerer Neubau geplant und ausgeführt wird ohne die Hilfe eines „feng shui"-Kundigen.

Dieser Experte der „geomantischen" Wissenschaft hat sicherzustellen, dass Menschenwerk in Einklang mit den unsichtbaren Linien der Naturkräfte „feng" (Wind) und „shui" (Wasser) ist und so Glück gewährleistet. Einfluss kann haben die Anordnung von Fenstern und Türen, vor allem aber auch die Lage der Gräber der Vorfahren.

Ein lebenslanger Aufenthalt in China würde vielleicht eine schwache Annäherung und etwas Verständnis für all das bringen, was das Verhalten des modernen Chinesen prägt. Mit Aberglauben hat die Mischung aus Glauben an die Belebtheit von Dingen und sagenhaften Vorfahren, sowie die Hinwendung zu Taoismus, Konfuzianismus und Buddhismus jedenfalls nichts zu tun!

Zeuge der kolonialen englischen Vergangenheit ist das Raffles-Hotel, benannt nach Sir Stamford Raffles. Der wollte hier in der „Löwenstadt" einen Hafen und verwandelte 1819 das Antlitz des Fischerdorfs.

Ich besuche das kleine Museum im Obergeschoss, das viele Stücke aus der großen Zeit des Hotels zeigt, als hier jeder von Rang und Namen abstieg. Berühmtester Reisender für mich war James Bond, der sich hier sehr wohl fühlte. Sicher gibt es hier im vornehmen Riesenhaus auch eine Bar, in der „geschüttelt, nicht gerührt" wird, aber die ist jenseits meiner Preisklasse, also weiter, in drückender Hitze. Es gilt, den Landweg nach China, mein Fortkommen, zu organisieren.

Am Bahnhof finde ich heraus, dass ich über Malaysia (Butterworth und Kuala Lumpur) nach Thailand reisen kann, von Bangkok aus ist die Weiterreise nach Vientiane in Laos möglich. Ob ich über Hanoi (Vietnam) oder direkt von Nord-Laos aus nach China gelange, will ich erst später klären.

Es stellt sich aber nun heraus, dass ich die Malaria-Tabletten, die ich mir in Australien besorgt hatte, nicht vertrage. Ich verwerfe deshalb den Plan und suche mir ein günstiges Flugticket nach Hongkong. Die dadurch gewonnene Zeit werde ich länger in China verbringen.

Innerhalb einer Stunde Fußmarsches kann ich bei fünf verschiedenen Reisebüros Preisdifferenzen von über $ 100.- ausmachen, und das, obwohl jeder erklärt hatte, er habe ein Computerprogramm, das die billigsten Flüge anzeige!

Am Rande sei vermerkt, dass ich auch herausfand, dass einfache Flüge teurer waren als der halbe Fahrpreis eines Hin- und Rücktickets!

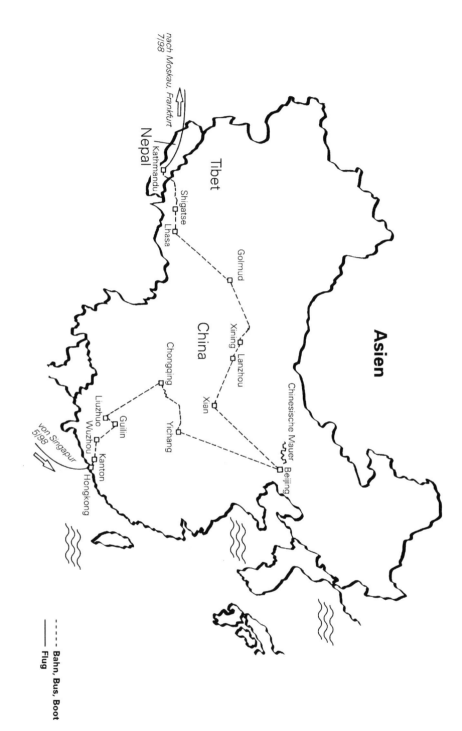

nach Moskau, Frankfurt
7/98

Nepal

Kathmandu

Tibet

Shigatse

Lhasa

Golmud

China

Xining

Lanzhou

Chongqing

Xian

Liuzhou

Guilin

Wuzhou

Yichang

Kanton

Chinesische Mauer

Beijing

von Singapur
5/98

Hongkong

Asien

- - - - - **Bahn, Bus, Boot**
———— **Flug**

China

Über Hongkong komme ich noch in den „Genuss" eines Anflugs auf den alten Flughafen.

Die Maschine kommt vom Meer her, dreht sich irgendwie, berührt scheinbar die Dächer der Hochhäuser, um dann zu landen, nichts für Gemüter mit Vorstellungskraft. Der Taxifahrer bekommt von der effektiven Dame der Auskunft die Adresse meines Hotels schon in chinesischen Schriftzeichen in die Hand gedrückt. Hongkong ist zwar sehr westlich, die Briten hatten die Kronkolonie ja gerade zurückgegeben an „Mutter" China, aber nichtsdestoweniger ist es China. Mein Hotel liegt im nördlichen Kowloon, in Yaumatai.

Ein Paradoxon: Gerade weil Hongkong britische Kronkolonie war, ging der Wahnsinn der Kulturrevolution an dem urchinesischen Yaumatai vorbei, dieser Teil von Kowloon ist also noch eher den alten chinesischen Traditionen verhaftet, noch „echter" als mancher Ort Rotchinas!

Ein Minimum von 16 Quadratmetern für fünf Menschen wird hier gefordert, kaum zu kontrollieren. Das führt dazu, dass hier das Pittoreske der Chinatowns von Sydney oder San Francisco nicht vorhanden ist, hier ist man mitten im Kampf ums tägliche Überleben drin, hier fühlt man sich nur fremd.

Ab jetzt werde ich nur noch "Chinatowns" um mich herum haben! Mein Hotel ist abseits touristischer Brennpunkte gelegen, wohl aber noch eine kleine Insel westlicher Gepflogenheiten.

Es wird sich herausstellen, dass ich mich nur schwer von dort lösen kann; wie so oft habe ich eine Scheu, eine vertraute Umgebung mit einer neuen zu tauschen, blöd, aber wahr!

Ein erster Spaziergang führt mich zur Nathan Road, der Einkaufsmeile für Touristen. Auffallend ist, dass es keine Preisschilder an den Luxusgütern gibt. Vielleicht will man das Gefühl der westlichen Touristen stärken, man spare beim Kaufen Geld, indem man bei hohen Ausgangspreisen mit sich handeln lässt!?

Früh geht es mit der berühmten grünweißen „Star Ferry" hinüber nach Hongkong Island. Ich möchte selbst das Visum für China beantragen. Für Hongkong wird kein Visum benötigt, es ist nach chinesischem Verständnis noch Sonderterritorium.

Hongkong Island ist vom Big Business geprägt. Hier scheinen sich der Berge im Hintergrund wegen die Wolkenkratzer noch mehr zu drängen als auf dem Festland, die Fußgänger werden auf eigene Brücken geleitet, die zwischen den Hochhäusern oberhalb der Straßen verlaufen.

Ein strammer Fußmarsch bringt mich in das Handelszentrum mit vielen repräsentativen Geschäften, die chinesisches Porzellan und anderes Kunsthandwerk zeigen.

Prunkstück des mehrstöckigen Gebäudes ist jedoch die Behörde, die sich „Reisedokumentationsabteilung für Chinesen und Visumsabteilung für Ausländer des konsularischen Büros für auswärtige Angelegenheiten der Volksrepublik China in der speziellen Verwaltungsregion Hongkong" nennt.

Ein prachtvolles Beispiel dafür, dass auch Beamte kreativ denken können, Sinn haben für den Reichtum einer Sprache! Nur ein nichtswürdiger Büromensch würde solch ein Amt „Visastelle" oder gar „Ausländerbehörde" nennen, Schmach über ihn, seine Vorfahren und Kinder! Auf die Sekunde genau öffnet sich der Vorhang hinter der Glastür, wir Visumsbedürftige betreten ohne zu drängen den Schalterraum, holen unser Exemplar des Visaantrags ab, füllen diesen säuberlich mit Personalien und den zu besuchenden Orten aus und geben ihn mit Passfoto ab und bezahlen dann die Gebühr.

Mein englischsprechendes Fräulein bekommt einen leichten Anfall, als sie sieht, dass ich Lhasa eingetragen habe. Wundersam: Die Volksrepublik China wird nicht müde zu betonen, dass Tibet schon immer Chinesisch war, aber normal wird ein Besuch der Provinz im „Goldenen Westen" des Landes immer noch nicht gehandhabt. Ich muss das Wort „Lhasa" selbst ausstreichen, daneben unterschreiben, dass ich diese Veränderung gemacht habe, dann wird mein Antrag angenommen.

Meine schlimmen Befürchtungen nach diesem Start werden nicht wahr, am nächsten Tag ist mein Visum da und ich habe ca. $ 40.- gespart, da ich diese Arbeit nicht über ein Reisebüro habe laufen lassen!

Mit der Standseilbahn fahre ich auf Hongkong Island hoch zum Victoria Peak. Theoretisch kann man von hier viel überblicken, der Dunst von Autos und Industrie, der wegen der Bebauung nie verschwinden kann, erschwert allerdings den Blick (Hongkong hat denselben Grad der Luftverschmutzung durch Stickstoffdioxid wie Mexiko-Stadt, das 17-fache eines sogenannten Reingebietes).

Ungeachtet dessen ist einiges auszumachen: Links die Insel Lantau. Dort hätte ich bei den Mönchen übernachten können, was mir aber zu weit „vom Schuss" ist. Daran rechts anschließend ohne Übergang die Landmasse der New Territories, immer noch südlich vom „eigentlichen" China, direkt vor mir die Südspitze der Territories, Kowloon, mit dem Stadtteil Tsim-shatsui. Hier sind die Geschäfte, Kinos, Restaurants und Hotels, hier trifft sich die touristische Welt auf der Jagd nach Andenken. Weiter rechts dann sieht man die Passagierflugzeuge im verwegenen Anflug auf das Handtuch Kai Tak, das sich Flugplatz nennt. Es steht ein neuer Flughafen vor der Vollendung. Dieser wird wohl einen Großteil der Schweißausbrüche der Flugkapitäne verschwinden lassen.

Der neue Flugplatz ist wie der alte durch Landaufschüttung gewonnen worden, hauptsächlich ungetrennter Müll wurde ins Meer versenkt, ein Grund dafür, dass der „Duftende Hafen" (so die Übersetzung von „Hongkong"), eine der größten Städte am Meer, kaum Frischfisch im Angebot hat!

Auf dem Rückweg zur Star Ferry werden meine Blicke von einem der vielen Wolkenkratzer angezogen, nicht etwa, weil er so hoch oder so schön ist, nein, weil an seiner Außenhaut ein Baugerüst angebracht ist... aus Bambus! Ein Baugerüst aus diesem Pflanzenhalm hatte ich schon auf Timor gesehen, aber nicht 40 Stockwerke hoch!! Die Verbindung zweier sich kreuzender Rohre geschieht mit etwas Plastikschnur, so wie wir sie zum Verpacken eines Geschenkkartons verwenden. Staunen, das sich noch vergrößert, als ich feststelle, dass über die gesamte Höhe des Gerüsts keinerlei Druckentlastung geschieht, das Gesamtgewicht dieses Gestänges also bis zum Erdboden durchgeht! Ein Beamter des deutschen TÜVs dürfte hier nicht herzkrank sein, sähe er dies.

Zurück zu „meinen" Chinesen. Rund um mein Hotel (nichts anderes als ein hergerichtetes größeres Appartement im 6. Stock eines verblichenen Hochhauses nahe der Nathan Street) findet man viele kleine Restaurants, bessere Garküchen. Anders als in Indonesien sieht man hier, was wie zubereitet wird und vor allem: dass es frisch ist!

Ich probiere hier noch nicht mein Englisch-Chinesisches Wörterbuch aus, sondern gehe (nach reichlicher Überwindung!!) in ein kleines Restaurant, deute auf das, was ich haben möchte, setze mich hin und warte, bis das Essen gebracht wird. Das kommt schnell...mit Stäbchen. Ich versuche erst, mir mit Gesten einen Löffel bringen zu lassen (die gibt es schon, aus Porzellan), aber ich lasse es dann, denn irgendwann hätte ich das Essen mit „chop sticks" ja doch lernen müssen, warum also nicht hier. Tatsächlich finde ich auch einen jungen „Lehrer", einen Kaufmann, der so freundlich ist, mir die Handhabung zu zeigen und versessen darauf, seinen Landsleuten zu beweisen, dass er Englisch spricht. Unter viel Gelächter, freundlichem, nicht schadenfrohem, werde ich satt. Mein erstes selbstbestelltes Essen, mit Essstäbchen einverleibt! Nicht nur das Hähnchen und der Reis, auch Stolz füllt mich an.

Die Suche nach einem billigen Buch, es sollte schon ein „Lonely Planet"-Buch sein, gestaltet sich schwierig. Bisher konnte ich mich auf einen Reiseführer verlassen, den ich in Sydney gekauft hatte. Im Südostasienführer ist Hongkong noch beschrieben, für das Landesinnere von China brauche ich aber etwas mehr Detailliertes, denn bei meiner Reiseroute werde ich nicht viele Englisch sprechende Chinesen treffen.

Bisher konnte ich immer auf Buchläden mit Büchern aus zweiter Hand zurückgreifen oder aber in Globetrotterherbergen tauschen. Ich werde hier aber nicht fündig, weiß auch nicht, wo sich die Einzelreisenden treffen oder absteigen. Ich bin sowieso seit der Abreise aus Bali ziemlich isoliert, da dieser Reiseweg anscheinend nicht „in" ist.

Ich lasse die Angelegenheit erst einmal auf sich beruhen (ich kann ja immer noch ein neues teureres Buch kaufen, English Book Shops gibt es durchaus) und gehe einem „Geheimtipp" nach.

Irgendwo auf der Insel Hongkong soll es Rolltreppen geben, die am Steilhang des Victoria Peak die Wohnviertel miteinander verbinden. Ich suche mit einem Plan in der Hand, in dem die Aufstiegshilfen eingezeichnet sind. Nach 1 ½ Stunden habe ich ihn gefunden, den „travelator", 800 m lang, ein System von Rolltreppen, das untere Ende an der Connaught Road Central, am Markt vorbei zur Hollywood Road, dann, mit einer Versetzung, entlang der Shelley Street zur Conduit Road.

Jetzt, da ich dies schreibe, kommt mir das sehr übersichtlich vor. Dahinter steckt eine endlose Fragerei auf Englisch mit Antworten auf Chinesisch, der Suche nach Leuten, die Englisch können und eine Karte lesen können u.s.w...Man versetze sich in die Lage der Gefragten: Was würde man in Deutschland zu einem Chinesen sagen, der auf eine Haustürtreppe deutet, dann eine Rollbewegung aufwärts macht, die Schultern zuckt und mit dem Zeigefinger dann in alle Himmelsrichtungen deutet?

Man kann auf dieser vergnüglichen Fahrt in alle Wohnzimmer schauen, was man nicht tun sollte, aber macht, bekommt einen Überblick über das Alltagsleben und... entdeckt einen Buchladen für gebrauchte Bücher! Leider werde ich nicht fündig.

In fast allen Bereichen fühle ich mich sicherer, fast schon wie ein Chinese, und grüße freundlich auf meinem Rückweg ins Hotel den Restaurantbesitzer und dessen Frau, und esse dort noch einmal, souverän die Gerätschaften handhabend!

Eher aus Langeweile gehe ich noch einmal an die Rezeption und benutze den einzigen Sessel, um einen Schundroman fertig zu lesen. Es gilt nun, den Rucksack wieder einmal von allem Überflüssigen, also auch minderer Literatur, zu befreien, denn in den nächsten zwei Tagen werde ich ins Hinterland in die Volksrepublik aufbrechen.

Ich stelle den Action-Schinken in das Regal im Vorraum, mögen andere, die nach englisch Gedrucktem hungern, damit glücklich werden. Ich schiebe das Buch neben ein paar Telefonbücher, die ich aus Routine noch etwas zurechtrücke. An der Wand entdecke ich noch ein Taschenbuch, einen schon älteren „Lonely Planet", betitelt „Nordostasien"! Ich nehme das verwaiste Druckerzeugnis an mich, nenne diese Aktion „Tausch" und bin äußerst zufrieden.

Der Südostasienführer wird per Post nach Hause geschickt, er hat sich gut gemacht, der „neue" alte Führer, in dem auch China abgehandelt ist, erweist sich als reichlich alt, ist aber noch für grobe Planungen brauchbar.

Zum Bahnhof! Ein Taxi bringt mich hin. Wieder leichtes Fieber, vor Aufregung, wie immer bei entscheidend neuen Abschnitten der Reise.

Der moderne Vorortzug bringt mich aus der (nach Tokio) zweitteuersten Stadt der Welt komfortabel nach Shenzhen an der Grenze.

Hier muss ich in einen innerchinesischen Zug umsteigen, das letzte Wort in lateinischen Buchstaben heißt „Exchange". Fürwahr, ein „Wechsel"!

Das Umsteigen ist normalerweise eine klare Sache: Man geht von dem einen Bahnsteig auf den anderen, die arabischen Zahlen gibt es ja noch. Nur muss ich hier ein paar Meter zu einem anderen Bahnhof gehen. Auf dem Vorplatz dann die Suche nach dem nahen Bahnhof, nichts. Dann die Suche im Wörterbuch nach dem englischen Wort für Bahnhof, hier! Rechts davon steht das chinesische Schriftzeichen. Dieses zeige ich einem jungen Mann, der mich, wie viele andere, ungeniert anstarrt. An diese Neugier werde ich mich gewöhnen, sie ist nicht aufdringlich. Auch die Hilfsbereitschaft ist groß, wie ich von nun an immer öfter bemerken werde. Der Junge zeigt mir das andere Bahnhofsgebäude, leicht irritiert, dass ich dies nicht selbst gefunden habe, denn es steht ja dick am Portal, leider auf Chinesisch, und das Wörterbuch geht nur in eine Richtung!

Ich kaufe mir meine erste Zugfahrkarte. Dafür habe ich mit Hilfe meines Wörterbuches eine Spalte mit Einzelworten aufgeschrieben: „ich, möchte bitte, eine, (Zahlwort für ein Ding), Fahrkarte, Hartbett, nach, Guangzhou, Abfahrt, Uhrzeit". In die rechte Spalte habe ich die entsprechenden chinesischen Schriftzeichen für die Worte mit Kugelschreiber „gemalt". Die Beamtin am Schalter nimmt meinen Zettel entgegen, staunt, lächelt und tippt etwas in ihren Computer. Auf dem Bildschirm zeigt sie mir den Fahrpreis für die Nahverkehrsverbindung.

Jetzt lächle ich auch, zahle und fühle mich wieder einmal unbezwingbar, bin stolz wie ein Spanier als Deutscher in China.

Die Fahrkarte zeigt in der oberen Reihe Ausgangsort, Pfeil und Zielort, gefolgt von der Zugnummer. In der zweiten Reihe steht das Datum, Abfahrtszeit, Waggonnummer und die Sitznummer, in der dritten Reihe schließlich der Fahrpreis, angenehm niedrig. Seit dem „Anschluss" Hongkongs an das Mutterland gibt es eine Angleichung der Fahrpreise, Ausländer bezahlen dasselbe wie Inländer.

Nach ungefähr einer Stunde erreiche ich Guangzhou, das ehemalige Kanton.

Ich frage nach Shamian und werde in einen Bus gesetzt. Irgendwann – ich werde vom Gewusel der Radfahrer, Busse, Passanten, Autos und Lastwagen ganz benommen - kann ich gerade noch eine Kopfbewegung des Busfahrers als „Aussteigen!" deuten. Shamian ist eine Insel im Pearl River, was man aber nicht erkennen kann, da der trennende Kanal sehr schmal ist. Endlich bin ich in meinem „Youth Hostel" in der Shamian 4-Jie (= die 4. Straße), einem der wenigen billigen Hotels in der wuchernden Küstenmetropole.

Ich bekomme am Empfang ein Kärtchen, das ich nicht verlieren soll, denn so können mir die Einheimischen besser helfen, falls ich mich bei eventuellen Spaziergängen verirre. Genüsslich lese ich im klimatisierten Zimmer, einer hohen Zelle mit Bett, Waschgelegenheit und TV-Apparatur, dass der Bahnhof die gefährlichste Stelle der Stadt ist...blabla... und schlafe mit dem Führer in der Hand ein.

Die „Jugendherberge" wird auch von sparsamen Chinesen benutzt, aber man ist auch den Umgang mit Fremden gewohnt und, wie immer, sehr hilfsbereit.

Auf Shamian ist an Bauten unterschiedlichen Alters noch der europäische Einfluss gut zu erkennen. Hier sind wohl auch die Fäden gesponnen worden, die Mitte des 19. Jahrhunderts einen schwunghaften Opiumhandel ermöglichten.

Mao hatte 1979 erstmals Märkte als radikales kapitalistisches Experiment erlaubt. Ein Rundgang über den privaten Qingping-Markt zeigt mir, warum über die Südchinesen von ihren Landsleuten gesagt wird, dass diese alles äßen, was Beine habe, vielleicht sogar Tische und Stühle! Woher ich das weiß? Wieder einmal probiert ein hilfsbereiter junger Mann sein Englisch an mir aus. Er wird später mit einer Mahlzeit entlohnt. Ich sage ihm das im vornherein, um Missverständnissen vorzubeugen.

Was sich nicht kauen lässt, Hörner, Geweihe und Hufe, wird zu Pulver zerrieben als Heilmittel verkauft. Schlangen, Eidechsen, Skorpione, diverse Häute von Raubkatzen, Baumrinde und halbgiftige Pilze ergänzen das Angebot. In der Abteilung „Belebtes" finden wir Affen, Schildkröten, Eulen, Tauben und Fische, Ameisenbären und Hunde ergänzen das Angebot.

Nichts für Vegetarier. Auch nicht für Nicht-Vegetarier!

Nach diesen herzerfrischenden Sehenswürdigkeiten - das Auge isst mit! - gebe ich mir noch ein westliches Abschiedsessen aus (ich hatte in Hongkong schon eins!) und gehe mutig auf einen freien Platz ins MacDonald, zwischen kichernde Schulmädchen. Ungerührt genieße ich den Hamburger, will nicht wissen, ob der Koch auch auf den Markt gegangen ist.

Derart gesättigt, lasse ich sämtliche Denkmäler aus der Zeit des Bürgerkriegs, egal ob im Zusammenhang mit Dr. Sun–Yat-Sen oder Marschall Tschang–Kai-Tschek, links liegen und verkrieche mich wieder ins Hotel, planen.

So sieht die Streckenführung aus: Kunming ist entfallen, da ich nicht über den Norden von Laos oder Vietnam gekommen bin, also direkt von Kanton aus nach Yangshuo südlich von Guilin mit seinen berühmten Kalkstein-Zuckerhüten, am Li-Fluss gelegen, dann weiter an den Yang-tse-Fluss. Ausgangspunkt für eine Kreuzfahrt durch die „Drei Schluchten" ist die Stadt Chongqing. Weiter Peking mit einem Besuch der Grossen Mauer, dann zur Küste: Suzhou, Shanghai und Hangzhou. Nach einer langen Zugfahrt möchte ich in Xian, der Stadt am Beginn der Seidenstraße, die Terrakotta-Krieger bewundern und dann nach Tibet.

Zeit habe ich noch sieben Wochen, dann ist die selbstgesetzte Zweijahresfrist abgelaufen.

Ob ich in Nepal noch das Annapurna-Massiv umrunden kann? Ob ich noch auf dem Landweg Deutschland erreichen werde? Eine Reise für sich: Tibet–Nepal–Nordindien–Westpakistan–Iran-Türkei, und das alles, ohne irgendwelche Visafragen geklärt zu haben. Wie sagt der Kartenspieler: Wir spielen es, wie es kommt! Genau.

Im Hotel buche ich eine kombinierte Fahrt Fluss-Land nach Yangshuo.

Man schreibt mir den Namen der Anlegestelle auf Chinesisch genau auf, damit der Taxifahrer mich präzise absetzt. Der, so stellt es sich heraus, kann nicht Chinesisch lesen, oder: weiss es nicht besser, oder will mich veräppeln, oder: hat es eilig. Wie auch immer, ich bin am Fluss, aus der klimatisierten Taxiwelt in das feuchte schwüle Klima ausgesetzt worden und schwitze im Stand.

Ich zeige mein Ticket einigen Frauen, die mich freundlich weiter winken, nein, es sei nicht weit! Das geschieht noch zweimal im 600-Meter-Abstand, ich werde immer freundlich weiter gewunken. Endlich da, man hat schon zwei Taue gelöst. Der Peter ist nicht mehr so cool wie am Anfang der Taxifahrt, egal, ich mache es mir bequem.

Bequem heisst hier, sich auf einer etwas mehr als handtuchbreiten Pritsche von ca. 1,70 Meter Länge einzurichten. Das Bett ist Teil einer doppelstöckigen Reihe von 30 Betten, gegenüber die gleiche Anordnung. Einzige Nichtchinesen sind ein gestrandeter Mathelehrer, ein israelisches Paar und der Brite Nick, der direkt neben mir zu liegen kommt. Für Unterhaltung sorgt ein ständig laufender, angeketteter Fernsehapparat, der in größter Lautstärke unsägliche Kungfu-Filme zeigt. Ein kurzer Rundgang, der mich auch an der Küche vorbeiführt, sagt mir, dass es richtig war, ein paar Konserven einzukaufen. Selbstverständlich Konserven, auf denen das Etikett ein Bild des Inhalts oder etwas Englisches zu erkennen gibt!

Nach 22 Stunden unterhaltsamer Flussfahrt (auf dem Wasser oder am Ufer gab es immer etwas zu sehen, außerdem habe ich mit der jungen Israelin Schach gespielt) gelangen wir nach Wuzhou.

Wir gehen am steilen Ufer hoch zum Bahnhof. Im Gewirr von Ausländern (wir) und Ausländern (die Chinesen), von denen keiner weiß, was wann wo abfährt, tut sich ein Engländer hervor, der alles weiß und uns erzählen will, was zu machen ist. Ich verzichte auf dessen Weisheiten, will meine Fehler selbst machen.

Es gelingt Nick und mir, aus den Widersprüchen und Empfehlungen die für uns wichtigen Informationen herauszufiltern, nämlich, dass wir noch Zeit haben, da der Bus nach Yangshuo erst abends abfährt.

Bei einem Rundgang mit Nick treffen wir auf die „Frau Frisör", so nenne ich sie. Sie winkt mir zu und lädt mich in ihr Etablissement ein, 2 x 2 x 6 Meter, ohne Wasseranschluss. Ich zeige auf Nicks Bürstenhaarschnitt, mache die typische Schnipp-Schnipp-Bewegung, deute auf meinen Kopf und lasse mir den Preis aufschreiben. Ich setze mich auf den einzigen antik-schmutzigen Wackelstuhl und für umgerechnet 30 Pfennige habe ich nach fünf Minuten eine gute, übersichtlich angeordnete Haarpracht. Bewerkstelligt wurde das alles mit einem Kamm (den ich mir nicht näher betrachtet habe) und einer mit dem Daumen daran gepressten rostigen Rasierklinge. Ich bin zufrieden. Für viele Worte und viel mehr Geld in viel mehr Zeit ist es der Coiffeuse in Sydney nicht gelungen, mich zufrieden zu stellen!

Früh um 03.00 Uhr kommen wir im Städtchen Yangshuo an.

Ich nehme mit Manchester-Nick zusammen ein Zimmer. Vorher muss noch das Personal geweckt werden, das sich naturgemäß schläfrig gebärdet, bald aber wach ist, denn wir ziehen dreimal in ein anderes Zimmer, bis wir eine funktionierende Dusche gefunden haben. Die Zimmer sind alle sauber, da wir an den Wänden Leguane sehen.

Gleich beim ersten Rundgang (nach kleinem Schlaf) faszinieren mich die Kalksteingipfel („Kegelkarstberge"), die zwischen 100

und 300 Meter hoch sind. Die Zuckerhüte scheinen fast in der Stadt zu sein, so nah sind sie. Diese Landschaft, die sich besonders reizvoll als „Film" während einer Bootsfahrt auf dem Li darbietet, ist schon seit Jahrhunderten Ausflugsziel der Chinesen und oft besungen oder in Zeichnungen und durch Lyrik verewigt worden, die Berge sind z. B. „feine Jadehaarnadeln", der Fluss „ein blaues Band aus Seide".

Yong Xu Yu, eine junge Chinesin, bietet uns einen Fahrradausflug an, hat sogar eine Mappe zusammengestellt, in der sie Kommentare und Empfehlungen anderer Touristen gesammelt hat. Nick und ich nehmen dankbar das günstige Angebot an, das noch ein Privatessen im Haus unserer Führerin einschließt.

Es nieselt leicht auf unserem Weg, das macht die traditionelle chinesische Urlaubslandschaft den Pinselzeichnungen chinesischer Maler noch ähnlicher; da der leichte Nebel Geräusche weitgehend schluckt, bekommt unser gemütliches Strampeln fast surrealistische Dimensionen. Tatsächlich scheinen die Bambusflöße der Fischer zu „schweben", die Bambushaine und Dörfer Bestandteile eines aufwendigen Bühnenbildes zu sein.

Als der Regen doch heftig wird, fragt Xu Yu eine Bäuerin, ob wir in ihrer Hütte Schutz nehmen dürften, was bejaht wird. Nach der Begrüßung („ni hao") kauern wir unter dem Vordach aus Blättern; auch in dem einzigen Zimmer ihrer Hütte ist kein Stuhl zu erkennen. Als der Regen nachlässt, bedanken wir uns („xie-xie", sprich „chi-e-chi-e") und fahren weiter zum Fuß des Moon Hill. Über Pfad und Treppe gelangen wir nach oben, eine Auswaschung im Lauf der Jahrhunderte hat zu einem „Brückenbogen", dem Kennzeichen des „Moon Hill", geführt. Leider ist die Aussicht auf die anderen Berge nur vereinzelt möglich, das Wetter ist nicht kamerafreundlich. Wir unterliegen jedoch keinem Abbildungszwang und fotografieren mit den Augen.

Auf dem Rückweg kehren wir noch bei einem Mönch ein, der hier einen kleinen Schrein hütet. Der Raum, äußerlich nicht als Andachtsstätte zu erkennen, birgt einige Statuen, die uns aber nicht sonderlich interessieren; interessanter ist der Umstand, dass der Mönch mit feinem Pinsel und Tusche auf Seide ein altes Dokument kopiert. Fasziniert beobachten wir, wie Zeichen um Zeichen entsteht.

Das Häuschen von Xu Yu liegt am Rande eines Dorfes, ein Raum, die Küche etwas abgetrennt im Hintergrund, mehr an Funktionen ist nicht zu erkennen. Während unsere Gastgeberin unser Mahl zubereitet, Reis und Gemüse gibt es, schaue ich mich um. Neben dem Haus der Abort, dessen Grube regelmäßig geleert wird, um den Ertrag des kleinen Gartengrundstücks zu erhöhen. Dass dem so sein muss, lehrt mich meine Nase.

Das Essen ist gut und bekömmlich, wie fast alles Kurzgekochte der traditionellen chinesischen Küche, das ich zu mir genommen habe. Am Hotel verabschieden wir uns von der Chinesin, die uns kleine Blicke in den Alltag auf dem Lande ermöglicht hat.

Abends dann die Aufnahme von Routinearbeiten. Yangshuo ist schon lange der fernreisenden Jugend kein unbekanntes Ziel mehr. Frühzeitig hat diese eine Alternative zum kommerziell betriebenen Erschließen dieser Gegend gesucht (das Zentrum liegt in der nördlich gelegenen Großstadt Guilin) und schließlich diese Kleinstadt auserkoren.

Demzufolge gibt es hier englischsprechende Leute en masse, die Speisekarte mancher Restaurants ist auch in Englisch und vor allem gibt es die Möglichkeit, zu telefonieren, zu faxen und ins Internet zu gehen. Nachdem alle kommunikativen Aufgaben erledigt sind, folgt die weitere Erkundung. Diese bringt zu Tage, dass es hier gebrauchte Reiseführer gibt. Mein angejahrtes „Nordostasien" wird durch das Standardwerk „China" des Lonely Planet Verlags ergänzt, nur zwei Jahre alt. Jetzt kann mich nichts mehr erschüttern, ich kann mit aktuellen Daten die Weiterreise zum Yangtse, nach Chongqing, planen.

Des weiteren wird beim Gang durch die Gassen Gerd Ruge bestätigt, der gesagt hat, dass der Traum „Fahrrad-Armbanduhr-Nähmaschine" allmählich durch den Traum "Motorrad-Farbfernseher mit Karaoke-Anlage - große Schrankwand" ersetzt wird.

Ich erstehe ein handbemaltes T-Shirt, auf dem vorn und hinten, auf Englisch und Chinesisch, dasselbe steht:

Die Chinesischen Zehn Gebote

1. Du sollst Fremde nicht anstarren.
2. Du sollst die Fremden denselben Preis zahlen lassen wie die Chinesen.
3. Du sollst nicht „Hello oder o.k." rufen (Lao Wai) (= ehrwürdiger Ausländer).
4. Du sollst nicht „Mei you" (= geht nicht) sagen oder Geld wechseln.
5. Du sollst Fremde auch in billigen Hotels erlauben.
6. Du sollst nicht spucken.

7. Du sollst keinen Zapfenstreich verhängen.
8. Du sollst an Fremden nicht dein Englisch ausprobieren.
9. Du sollst dich ordentlich in die Schlange stellen.
10. Du sollst die Person nicht schlagen, die dieses T-Shirt trägt.

Punkt 7 ist veraltet, über Punkt 8 bin ich anderer Meinung, Punkt 10 ist ein kleiner Scherz, aber alles in allem wirft die Aufschrift ein schönes Schlaglicht auf Sitten, Bräuche und Verhalten in China, zumal „echt", da es von einem Chinesen gemalt wurde.

Mein Geldgürtel hat sich, nach fast zwei Jahren fast ununterbrochenen Tragens auf der Haut, in der Naht aufgelöst, das Leder ist bröckelig geworden. Ich wusste gar nicht, dass Schweiß so gefährlich sein kann.

Die Gürtelreparatur ist natürlich eine schöne Gelegenheit, mit einem ortsansässigen Handwerker ins „Gespräch" zu kommen. Gesagt, getan: In einem Hauseingang sitzt der freundlich lächelnde Jungunternehmer, seine Pfaff-Nähmaschine ist für die Aufnahme von dicken Nadeln geeignet. Seine Familie, Frau und sechsmonatige (das Zeichen für sechs: Daumen und kleiner Finger der rechten Hand abgespreizt) Tochter, sitzen dabei.

Ich versäume, den Preis vorher auszuhandeln, war wohl zu erschöpft nach der Beschreibung und Schilderung des Problems mit der Lösung. Es ging ja nicht nur darum, den Gürtel zu flicken, sondern dieser musste so genäht werden, dass der Hohlraum für die Aufnahme der Geldscheine erhalten blieb. Außerdem musste am Rand noch das hinfällige Leder ersetzt werden. Mein Schuster aber hatte nur Autoreifen, aus denen er Ersatzsohlen für chinesische Schuhe herausschnitt. Abbruch der Unterredung. Ich eile ins Hotel zurück. Im Rucksack ist ein großer Flicken stabilen Kunststofftuches, ursprünglich zur Abtrennung des Hauptstaufachs gedacht, aber nie benutzt. Diesen entnehme ich und bringe ihn zum Handwerker, der ihn bewundernd zwischen den Fingern reibt.

Das Werk gelingt, der Flicken wird neuer Saum des Gürtels, die neue Naht wird hoch genug angesetzt, um innen Raum für die gefalteten Scheine zu lassen.

Lächelnd nennt mir dann der Familienvater seinen Preis, der angemessen ist, ihn und seine Familie, Neffen und Onkel, Ahnen und Urahnen über Jahre hinaus zu versorgen. Er deutet auf sein Baby, seine Frau, zeigt mir, wie viel Faden er verbraucht hat und dass er geschwitzt hat. Ich zeige ihm meinen leeren Taschen (nur die leeren) und weise ihn darauf hin, dass ich ja das Flickmaterial beigebracht hätte. Das sieht er ein. Der Preis rutscht nach unten, in einen Bereich, der, akzeptierte ich ihn, mich nicht mehr als völligen Trottel dastehen ließe. Ich möchte aber einen besseren Eindruck hinterlassen, zeige ihm etwas Geld, er akzeptiert das nicht, wohl aber mehr aus sportlichen Gründen. Ich lasse den Gürtel bei ihm und verlasse ihn. Zurück komme ich mit einer Flasche Tsingtau-Bier für ihn, einer Limo für seine Frau und einer Coca für mich. Jetzt trinken wir zusammen, mein Geld wird auch akzeptiert. Zufrieden sitzen wir noch eine Weile zusammen. Ich kann ihm noch mein Alter in den Staub schreiben und ihm sagen, dass ich aus Deutschland (Deguo) bin.

Nick verlässt mich Richtung Vietnam, unsere Adressen haben wir vorher noch ausgetauscht.

Ein Geschäft in der Strasse Xi Jie bietet einen Chinesischkurs an, sieben Stunden, ein Einführungskurs, was sonst! Ich schlage zu.

Ein „Abfallprodukt" dieses Schnellkurses ist mein chinesischer Name: Das deutsche Peter wird englisch ausgesprochen, Pie-ter. Diese Aussprache wird durch zwei chinesische Silben angenähert. Wie so oft, kommt dann hier eine Humor-Komponente hinein, denn der angenäherte Name, „Pin De", bedeutet „Gegenstand der Moral", na ja. Besser, so erfahre ich später, wäre „Peng De" gewesen, was „Freund der Moral" gehiessen hätte. Man kann nicht alles haben! Der Humor zeigt sich auch im Wort für „Coca Cola" : „ke ku kwo le" heißt „süß und wohlschmeckend"!

Mein Chinesenname aber sollte mir im weiteren Verlauf der Reise noch von Nutzen sein [5].

Ein Soloausflug mit einem Mietfahrrad soll mich zu einer Brücke aus der Ming-Dynastie bringen. Eine kleine Karte besitze ich, in die die Brücke eingezeichnet ist, also los. Im Daypack habe ich zu Essen und zu Trinken dabei, der Fotoapparat fehlt auch nicht.

In brütender Hitze ziehe ich erst fünf Kilometer nordwärts, dann geht es in der nächsten kleinen Ortschaft links ab, so weit, so gut. Auf dieser Neben-Neben-Nebenstrasse bin ich bald mit meinem Latein am Ende und mit meinem Chinesisch kann ich nichts anfangen. Ich nehme mich eines Knaben an, der, vor Neugier fast gelähmt, mich mit großen Augen fast verschlingt.

„Ni hao, wo shi Deguo (Hallo, ich bin aus Deutschland)" sage ich zur Begrüßung. „Wo yao (ich möchte)" fahre ich fort. Nun habe ich 100 % meines Wortschatzes erschöpft und zeige ihm das Bild der historischen Brücke. Er versteht und spricht auf einmal lebhaft und viel. Ich nicke (so wie ein Grundschüler nickt, wenn Albert Einstein an der Tafel ist) und merke mir nur, wohin seine Hand weist, das genügt. „Xie-Xie" und ab.

Ich fahre auf Sicht, denn ich habe ja schon auf einer Brücke gestanden, brauche also nur dem Fluss zu folgen. Dann bin ich da, mitten in einem Dorf ist die hochgewölbte Brücke. Ich suche mir ein Plätzchen am Fluss aus und mache Picknick. In einem Tümpel am Ufer erblicke ich zwei Augen und zwei Hörner und vermute einen Ochsen. Allerdings habe ich noch nie von Schwimm- oder Tauchochsen gehört. Erst als sich das mächtige Tier einmal regt, geht mir auf, das dies ein Wasserbüffel ist.

Nachdem ich gegessen habe und gehörig das anmutige Bauwerk abgelichtet habe (ein paar Menschen sind auch auf meinen Fotografien, vor allem ein Bauer, der auf einem armseligen, aber funktionierenden Bambusfloß das ca. 15 Meter breite Gewässer quert), verstaue ich die Reste meiner Mahlzeit im Rucksack und suche mir ein Plätzchen näher an der Brücke.

Bald nehme ich Kontakt auf, Kinder geben die Nachricht weiter, dass ein Fremder hier sei und nur schaue, aber freundlich lächle. Ich helfe einem Bauern bei seinem Fuhrwerk. Seine überlange

Bambusfracht bohrte sich immer wieder in die steil ansteigende Fahrbahn der Brücke. Ich halte das vordere Ende des Bündels hoch, bis der wacklige Karren wieder auf dem Flachen ist.

Eine Schulklasse (Uniformen) wird auf mich aufmerksam, kommt zu mir, fragt mich aus, der Tapferste probiert sein Englisch und ist erfolgreich. Ich finde heraus, das dies eine 10. Klasse aus Beijing ist, die einen Ausflug unternimmt. Gut, dass ich eine eingeschweißte Weltkarte bei mir habe. Denn, so wird mir erst jetzt klar, man versteht mich zwar, was „Deguo" heißt (= Deutschland), aber man weiß nicht, wo dieses Deutschland liegt. Europa (E-U-ROPA) hilft nichts, davon existiert keine Vorstellung; später erfahre ich, dass Europa „ou-zhou" heisst.

Auf der Karte kann ich aber deutlich machen, dass E-U-ROPA nichts mit Amerika (Meiguo und Jianada) zu tun hat, auch nichts mit Australien (Ao-da-li-ya), ich zeige China und deute mit den Armen an, wie weit meine Heimat weg ist. Murmeln, Nicken. Mittlerweile weiß ich durch meine mittlerweile sechs Doppelstunden Mandarin (die chinesische Amtssprache), dass die Ländernamen der alten europäischen Länder nicht nur ein Land bedeuten, sondern auch noch etwas Anderes. Wenn ich also einem Chinesen erkläre, ich käme aus Deguo und dieser weiß nicht, dass dies ein geografischer Begriff ist, klingt das für ihn ziemlich wunderlich, wenn ich erzähle, aus dem „Land der Sittlichkeit, Ethik" zu kommen!

Dann soll ich die Schüler fotografieren, ich tue es. Zwecklos, zu erklären (wie auch?), dass keiner die Fotos je sehen wird, man freut sich einfach, dass man dem Fremden zu einer solch seltenen Erinnerung verhelfen kann. Tatsächlich ist es mir jetzt noch eine Freude, an solch eine Begegnung zurückzudenken. Hier war nicht das Ergebnis, sondern einfach das Tun selbst das Wesentliche (was ich ja schon wusste: Der Weg ist das Ziel!).

Zurück zur Kreuzung an der Hauptstraße. An der Ecke ist ein Geschäftchen, dessen Besitzerin stolz ist, mir ihre Getränkebestände im Kasten zu zeigen. Ein Flaschencola wird mit großem Ernst an der Schürze abgewischt und mir dann freundlich überreicht. Ich danke und nehme erfreut an, auf dem einzigen Hocker Platz zu nehmen.

Am letzten Abend in Yangshuo treffe ich Jack am Fluss, einen jungen chinesischen Urlauber. Er hat den traditionellen Bootsausflug von Guilin aus unternommen, um seinem Freund aus Beijing die Landschaft zu zeigen. Wir kommen auf englisch ins Gespräch. Als er hört, dass ich morgen nach Guilin komme, um von da aus mit der Bahn nach Chongqing weiter zu reisen, bietet er mir spontan an, zu helfen. Ich sage ihm, zu welcher Uhrzeit ich am Bahnhof der Großstadt sei. Er verspricht, dort in der Vorhalle auf mich zu warten.

In Guilin bin ich mit dem Bus viel zu spät angekommen, der Busbahnhof ist an einer ganz anderen Stelle als der Eisenbahnterminal, ich gerate auch in einen Streit mit dem Fahrer einer Fahrradrikscha (er bleibt bei seinem unverschämten Preis, ich lasse ihn stehen und laufe voller Zorn weiter, jetzt wird er emsig und verhandlungsbereit, zu spät!), kurz und schlecht, ich erwarte nicht mehr, Jack im Bahnhof zu treffen, doch er ist noch (oder: schon wieder) da. Ich entschuldige und freue mich. Zuerst holen wir Jacks Freund ab, der in einem winzigen Raum in einer Reihe von kleinen Hütten in der Nähe des Bahnhofs wohnt. Dann geht es zurück, es gibt Komplikationen, da kein direkter Zug nach Chongqing fährt. Jack tüftelt aus, dass ich erst mit einem Bus nach Liuzhou fahren muss und mir dann eine Fahrkarte nach Norden lösen soll. Alles gelingt, wir haben noch Zeit für einen Stadtbummel.

Meine Helfer zeigen mir das Ufer des Li, weisen mich auf den „Elefantenrüsselhügel" hin und erzählen mir so allerlei. Ich bin froh um die Fürsorge, denn im Reiseführer steht:

„In Guilin ist immer Jagdzeit und deine Brieftasche ist der Steinbruch. Ob es der vierfache Preis einer Mahlzeit ist oder ein wild zirkulierendes Taxi oder ein Fantasieeintrittspreis, fast jeder kann über eine Überhöhung irgendeiner Dienstleistung berichten. Sei allzeit einer Beutelschneiderei gewärtig und verhandele vorher kühlen Blutes."

Solcher Sorgen ledig kehren wir zum Bahnhof zurück. Jack hat Interesse an meinem „Lonely Planet" Buch gefunden, versteht aber, dass ich es noch benutzen muss. Seine Augen leuchten, als ich ihm verspreche, es ihm vor dem Verlassen von China zuzuschicken (Ich habe das Buch in Lhasa in den Briefumschlag gesteckt, sodass es sicher angekommen sein wird.).

Wir kaufen auf dem Bahnhofsvorplatz einen großen Briefumschlag, damit Jack seine Adresse auf Chinesisch draufschreiben kann. Wir sind sofort von einer neugierigen Menge umringt.

Dann das Ade: Jack behält mich und mein Gepäck im Auge, bis alles sicher im altgedienten Bus verstaut ist.

Das Gefährt hat Liegesitze, zu unbequem, um darin zu liegen, zu unbequem, um darin aus dem Fenster zu schauen. Die Liegen wären bestimmt anders designed worden, hätte der hoffnungsfrohe Konstrukteur wenigstens einmal fünf Stunden seines maoistisch ausgerichteten Lebens darin verbracht (vom Maoismus zum Masochismus)!

In stockdunkler Nacht gelangen wir in Liuzhou an. Der Bus fährt in einen Hof, hinter uns, kaum dass wir ausgestiegen sind, wird ein schweres Eisengittertor geschlossen, man setzt sich zum Mahle.

Ich gehe zum Busfahrer und zeige ihm in meinem Wörterbuch das Zeichen für Bahnhof, er nickt. Er sagt etwas zu einem jungen Mann, der begleitet mich durch das Tor, das mühsam wieder geöffnet wird. Ich hoffe, dass es mir gelungen ist, alle meine Sachen zusammengerafft zu haben und warte, so auch der junge Mann. Endlich gelingt es ihm, einen Rikschafahrer anzuhalten. Der hat Feierabend, erklärt sich aber doch bereit, mich zu einem Taxistand zu bringen. Auf der Hauptstrasse weiter. Da, ein Taxi. Feierabend auch hier, die Müdigkeit wird durch ein nicht zu hohes Entgeld zusätzlich zum verhandelten Fahrpreis vertrieben.

Endlich der Bahnhof, von Gittern umgeben und bewacht. Man lässt mich durch. In der Hitze und Schwüle der tropischen Nacht finde ich (Wörterbuch, zeigen!) die Gepäckaufbewahrung. In der Schalterhalle gibt es keinen Extraschalter für Ausländer, was soll's:

Ich habe mir wieder einen „Ticketzettel" vorbereitet, der wird jetzt ergänzt. An der riesig hohen Wand der Halle ist das Streckennetz der Bahnfernverbindungen in eine Landkarte eingezeichnet. Mit Hilfe der Zeichen für den Ort Liuzhou und Chongqing (Ziel) finde ich die Zugnummer heraus und vervollständige den Zettel. Die zeitlich nächste Abfahrt entnehme ich einer Tafel, in der ich noch einmal Start, Ziel, Zugnummer und Bahnsteig überprüfe.

Zum Schalter, an dem sich herausstellt, dass ich dieses Mal zuviel vorbereitet habe. Hier hat man sich nämlich auch über die seltenen Ausländer Gedanken gemacht und einen kleinen Ordner vorbereitet.

Obwohl ja alles klar ist (man hat meine „Kauforder" interessiert gelesen), mache ich das Spiel mit: Die Schalterbeamtin deutet in einer bestimmten Reihenfolge auf englische Worte in ihrem Ringordner, von denen ich immer nur eins aussuche. Sie blättert weiter, ich suche wieder ein englisches Wort aus etc.. So entsteht genau dasselbe wie auf meinem Zettel. Zum Schluss zeigt sie mir auf dem Bildschirm ihres PC den Preis.

Der Zug fährt um Mitternacht ab. Ich will zum Bahnsteig, aber eine ältere Frau zetert, also zeige ich ihr an der Zugangstür meine Fahrkarte, sie nickt. Als ich daraufhin durchgehen will, fängt sie wieder an zu lamentieren, solange, bis ich eine zusätzliche Karte erstanden habe, für einen verschwindend geringen Obolus. Ich habe bis Beijing geglaubt, das sei eine Bahnsteigkarte gewesen, dort aber erfahren, dass dies ein Ticket ist, das mir gestattet, den Bahnhof mit einer Bahn zu verlassen. Ich musste also eine „Bahnhofs-Verlass-Gebühr" entrichten (und habe dadurch mindestens einen Arbeitsplatz gesichert)!

Im Zug: Die „hardsleepers" sind Pritschen, zwei mal drei Etagenbetten, gegenüber angeordnet, das saubere Bettzeug liegt am Fußende bereit. Die Sechserabteile sind offen, das heißt, es gibt weder eine Trennwand zum Nachbarabteil noch zum Gang an der Seite des Waggons. Ich kann also unmittelbar am Leben der Mitfahrenden Anteil nehmen. Jeder richtet sich so bequem wie möglich ein, muss man doch zwischen 30 und 40 Stunden Fahrt, je nach Entfernung, durchstehen. Das Regime der Zugfrauen ist hart, aber effizient. Die Schaffnerin hat schon an der Waggontür mein Ticket vereinnahmt und mir dafür eine Blechmarke mit Bettnummer ausgehändigt. Mein Fahrschein wandert in eine kunstvoll gearbeitete Ledermappe, in die für jedes Bett ein Täschchen genäht ist. Sind alle Reisenden so versorgt, klappt sie ihre Bürotasche zu und verschwindet in ihrem kleinen Extraabteil. Für Sauberkeit sorgen, fast rund um die Uhr, zwei andere Frauen. Die Toiletten bleiben auf diese Art fast ständig rein, ebenso ist immer heißes Wasser in Thermoskannen vorhanden, mit dem sich jeder, auch ich, Tee macht oder ein Nudelfertigessen aufbrüht.

Der Tee der Landeskinder wird nicht etwa in tassenähnlichen Gebilden genossen, sondern in dem, was wir in Deutschland üblicherweise „Einmachgläser" nennen. Exotische Beimengungen, Kräuter oder Wurzeln mit absonderlichen Formen geben den Trinkgefäßen oft das Aussehen von Ausstellungsobjekten einer Anatomie!

Der Flur wird im Vierstundenturnus nass gewischt, und das ist gut so.

Es lässt sich nicht länger verheimlichen: Alle Chinesen spucken! Es sondern nicht etwa vereinzelte Chinesen ihr Mundsekret ab, sie entledigen sich auch nicht ihres Sputums, kurzum, Spucken ist ein zu vornehmes Wort für das, was sich hier unentwegt geräuschvoll, in höchster Intensität und mit der Selbstverständlichkeit des Atmens, abspielt. Hier ist die klassenlose Gesellschaft verwirklicht worden, lediglich die Säuglinge halten sich heraus, sie saugen oder schlafen. Es wird auch nicht in ein Taschentuch oder aus dem Fenster gespuckt, nein, der Fußboden ist näher.

Sollte man mich hier der Verallgemeinerung, Übertreibung oder gar der Dünkelhaftigkeit bezichtigen, bin ich gern bereit, meine Aussage in der Quantität zu korrigieren. Nähmen wir an, nur ein Promille der Chinesischen Bevölkerung spucke, blieben noch eine Million Menschen. Wem das zuviel ist, bitte, auch davon soll sich nur ein Tausendstel „falsch" benehmen, bleiben immer noch 1000.

Diese aber scheinen dann während meiner ganzen sieben „Chinesischen Wochen" um mich herum gewesen zu sein, in wechselnder Kleidung, denn die Gesichter kann ich nicht unterscheiden.

Ungeachtet dieser Begleiterscheinung ergeben sich auf Grund meines Aussehens (ich bin wieder einmal der einzige Fremde im Zug) Kontakte. Mit Hilfe des kleinen Wörterbuches, das interessiert „gelesen" wird, obwohl es nur von Englisch nach Chinesisch funktioniert, kommt ein bescheidener Gedankenaustausch zu Stande. Für die Chinesen ist es da natürlich eine Hilfe, dass das Büchlein thematisch geordnet ist, z. B. nach Themen wie „Auf dem Bahnhof", „Ortsnamen" oder „Berufe". Für weitere Abwechslung sorgt der Blick aus dem Fenster. Der direkte Weg nach Chongqing, von Guilin aus nördlich, war der Bahn wohl nicht möglich. Ich bin zuerst mit dem Bus nach Süden, nach Liuzhou, gefahren, habe dann die Ausläufer eines Gebirges umrundet und fahre nun an seiner Westflanke nach Norden. Die Mittelgebirgsgegend ist von den Terrassen der Landwirtschaft geprägt, man kann vom Bahndamm aus in die kleinen Dörfer schauen.

Eine Besonderheit habe ich im Tagebuch als Skizze festgehalten: Über einen kleinen Bach ragte ein riesiger hölzerner Dreibock, an dem an Seilen ein überdimensionaler hölzerner Löffel wie an einer Schaukel hing. Am Ufer stand ein Bauer, der den Löffel mit beiden Armen am Griff ins Wasser tauchte, um ihn dann gefüllt in derselben Bewegung am anderen Ufer in einen höher gelegenen Bewässerungsgraben zu entleeren. Ich war noch lange hinterher fasziniert von einer solch einfachen und sinnreichen Konstruktion!

Im Hintergrund ist während der 25 Stunden im Zug immer chinesische Popmusik zu hören, eine eigenartige Verknüpfung der traditionellen Fünftonmusik (Pentatonik) mit europäischen Akkorden. Manchmal wird sogar kess ein zusätzlicher Halbtonschritt benutzt, den es in der Pentatonik gar nicht geben dürfte, wohl ein Zugeständnis an die zunehmend westliche Orientierung der Jugend. Ein Lied kommt mir bekannt vor: Es ist das schottische „Auld Long Syne" („Nehmt Abschied, Brüder, ungewiss..."), das mir zu mei-

nem Abschied in Idstein auf dem Bahnsteig von der Drehorgel gespielt wurde. Ich frage nach und bekomme nach langem Hin und
Her die Auskunft, das sei ein chinesisches Volkslied. Ich glaube,
mich nicht richtig verständlich gemacht zu haben und lasse die Sache auf sich beruhen.

Nachts um 01.30 Uhr fahren wir in Chongqing ein. Zwei junge
Geschäftsleute nehmen sich meiner an, lassen mich nicht für das
gemeinsam genommene Taxi bezahlen und wollen mich in ihrem
Hotel unterbringen, was aber nicht geht (Später erfahre ich, dass
man eine Lizenz zum Beherbergen von Ausländern braucht). Sie
verfrachten mich in ein Taxi, unterweisen den Taxifahrer genau und
sagen mir, das Fahrzeug sei schon bezahlt. Sie behalten mich im
Auge, bis ich in stockdunkler Nacht in einem dunklen Viertel im
Auto untergekommen bin. Mein „Danke schön!" wehren sie verlegen ab.

Das Taxi setzt mich in der Fußgängerzone des Zentrums vor einem noblen Bau ab. Der Taxifahrer wartet im Foyer ab, ob ich sicher untergebracht werde, was gelingt. Ich habe einen Schlafplatz
im höchsten Stock des Gebäudes, in einem Schlafsaal mit sechs
Betten. Ich bin der einzige, der diesen Raum benutzt, der Preis ist
auch o.k. und ich genieße den Luxus einer Dusche, der Ruhe und
des Alleinseins.

Hier am Zusammenfluss von Jialing und Yangtse gibt es viel zu
sehen. Die Altstadt ist fast unberührt von Hochhäusern und anderen Neubauten, man kann sich in Treppenschluchten wagen oder
aber vom Steilufer aus dem Treiben am Hafen zusehen. Die Sonne
scheint mir recht penetrant zu sein, obwohl ich doch schon einiges
erlebt habe. Tatsächlich erzählt man, wenn die Sonne richtig scheine, kämen die Hunde hervor, um sie anzubellen.

Bei meinen Streifzügen höre ich ständig ein feines „pling-pling",
als spielten in der Ferne Glöcklein. Das hört nicht auf. Ich lausche
weiter und komme zu der Folgerung, dass das Geräusch aus dem
Boden kommt, gehe vorwärts, folge dem lauter werdenden Gebim-
mel und stehe endlich am Rand einer ca. 35 Meter tiefen Baugru-

be, mäßig mit Maschendraht abgesichert, in der ameisengleich ein halbes Hundert Bauarbeiter auf nacktem Fels sich betätigt. Das Geräusch wird durch primitive Meissel (einfache Rundeisen, die vorn spitz zulaufen) hervorgerufen, die die Arbeiter mit Fäusteln in das Gestein treiben und so den Baugrund vertiefen. Nach ein paar Schlägen gehen sie zu einem Feuer, erhitzen die Meisel bis zur Glut und bringen sie durch ihren Hammer wieder in Spitzform. Da dies ja kein richtiges Härten des Metalls ist, gehen die Arbeiter mehr zum Feuer als dass sie Steine brechen.

Auf zum Fahrkartenkauf. Ein junger Mann spricht mich an, als ich zum Hafen heruntergehe. Er will mir helfen, weist mir einen Sitzplatz in einer Verkaufskabine zu, nimmt mein Geld und lässt mich über eine Stunde warten. Ich bin sauer, als er zurückkommt (ich hatte keinen Moment daran gezweifelt, dass er zurückkehren würde) und immer noch kein Ticket hat. Er sagt, dass sich ab Morgen die Fahrpreise änderten und will mehr Geld. Ich erkläre ihm, dass heute die Preise von heute gälten, er ist sauer, ich bin sauer, mir ist es völlig egal, wer hier sein „Gesicht" verliert, ich fordere hitzig mein Geld zurück. Er beschimpft mich, ich erhebe meine Stimme. Andere werden aufmerksam und bremsen uns. Beiderseitige Entschuldigungen, er wieder weg, ohne mehr Geld bekommen zu haben. Nach einer weiteren halben Stunde ist er mit dem Ticket wieder da. Ich danke ihm und Tschüss!

Am nächsten Tag bei Reiseantritt gab es keinerlei Probleme mit dem Ticket zum alten Preis.

Zur Frage des „Gesicht-Verlierens": Man liest immer wieder in den einschlägigen Reiseführern, man solle sich geduldig verhalten, nie aufbrausen und immer so handeln, dass der Gesprächspartner nicht schlecht da stehe. Wohl richtig. Es fragt sich nur, wie oft der Tourist, der den Geschäftspartner nicht sein Gesicht verlieren ließ, zum Schluss als Volltrottel dagestanden ist, weil er ruhig alles hinnahm!?

Auf zum Fluss! In der Schwüle (feuchtheiß, über 40 °C) über eine steile Rampe zum Warte-saal. Über uns, auf treppenförmigen

Podesten am Steilufer zur Stadt, probt wohl ein Firmenchor für eine Fernsehaufnahme. Weiter, Ticket zeigen, eine Handbewegung weist mich zu meiner Kabine, zehn Betten, Stahlrohr, drei Doppelbetten auf der einen, zwei auf der anderen Seite, das Waschbecken, das nie funktioniert, füllt den Rest der Wand aus.

Nachdem die „Ofenstadt" hinter uns verschwunden ist, ein erster Rundgang. Küche: nein (Konserven essen), die Toiletten: offen, mit niedrigen Schamwänden (schon daran gewöhnt), heißes Wasser: gibt es immer, gut; die Duschen: sind o.k.

Wer schreibt eigentlich die Phänomenologie der Duschen des auf Sparen bedachten Fernreisenden? Wer kündet vom Elend, die Diskrepanz zwischen Sauberkeitsbedürfnis und Schmutz der Dusche durch die Tat der Reinigung zu überwinden? Gibt es eine Ode vom verkalkten Duschkopf, vom verbrühenden Wasser, vom sich festgefressen habenden Regelknopfe? Wer schreibt den Blues vom fehlenden Kleiderhaken, der nicht verfügbaren Ablage, des nicht vorhandenen Seifenschälchens, der Unmöglichkeit, die frischen Kleider trocken hinzulegen? Ist jemals die Gedankendüsternis des Duschenden erfasst worden, die Fülle der Imagination, die Gedanken über das Schicksal der Ausrüstung, die ja nicht mit unter die Dusche genommen werden konnte? Hat jemand den Jubel beschrieben, der den Gesäuberten erfasst, der, zurückkehrend zum Gemache, gewahr wird der Tatsache, dass alles noch am Platze ist, vollständig und unangetastet? Ist ein Dichter je in der Lage gewesen, die tiefe Zufriedenheit des äußerlich und seelisch Gereinigten zu umreißen, der nun, da das Elementare vollbracht wurde, sich beruhigt hinstreckt und nur noch einen Gedanken verfolgt, nämlich, dass alle Menschen gut sind!?

Bei meiner Rückkehr werde ich durch meine Stubenkameraden (camera = das Zimmer) darauf hingewiesen, dass ich noch mein Bettzeug zu holen hätte. Der Ausgabeschalter ist schon geschlossen, ich gehe zurück, ein Kollege hilft mir dann, ich bekomme alles problemlos. Es sieht so aus, als bekäme ich die chinesischen Lautsprecher-durchsagen nicht richtig mit, aber ich habe ja jetzt alles.

Die erste Attraktion auf dem Weg zu den „Drei Schluchten" des Yangtse verpasse ich, kein Wunder, wer wird schon wegen eines Europäers unter geschätzten 600 Chinesen sein Englisch, so es da ist, bemühen?

Die vom Landausflug Zurückkehrenden erzählen in der Kabine. Endlich erfahre ich, wo sie waren, da ich eine kleine englisch-chinesische Broschüre mein eigen nenne: Man hatte die „Geisterstadt" besichtigt, Fengdu. Seit dem 7. Jahrhundert zieht der Ort mit seinen Gedenkstätten und buddhistisch-taoistischen Tempeln Pilger an. Der Legende nach wird hier sortiert, wer wo hin kommt, in die Hölle oder in den Himmel, je nach Charakter.

Ich bekomme Gesellschaft, eine junge schöne Frau fragt mich, ob ich englisch spräche, so kommen wir ins Gespräch. Sie hat Englisch privat gelernt, aber noch nie mit einem Fremden gesprochen. Sie ist so unsicher, dass sie nach jedem Wort die englische Buchstabierung hinzusetzt, um klar zu gehen, dass ich verstanden habe: „Peter, pie-i-tie-i-ar?"

Sie arbeitet im Sekretariat eines Yangtse-Kraftwerks und macht diesen Ausflug mit ihrem Mann.

Den zweiten Halt des Schiffes bekomme ich dank meiner Gesprächspartnerin mit.

Wir legen in Shi Bao Zhai an, unübersehbar das zwölfstöckige Gebäude, das am Felsen klebt. Die imposante Felsnadel, die einen ausgezeichneten Blick auf das Tal des Yangtse bietet, wurde schon vor 400 Jahren als Standort für eine Festung genutzt. Imposant ganz oben die „Kaiserhalle" aus der Ming Dynastie. Die pagodenhaften zwölf Stockwerke wurden erst 1662 an die Südseite des Berges angebaut, eine märchenhafte Konstruktion, die in ihren vollen 56 Metern erstiegen werden kann. Ob, wie es im Prospekt heißt, dieses Bauwerk eines der „acht wundervollen Konstruktionen der Welt" ist, sollen die Werbeleute unter sich ausmachen.

Abends legen wir in Wanxian an. Eine riesige Treppe führt hoch zur City, die am endlosen Uferhang zu kleben scheint. Wir steigen hinauf, das Schiff setzt um, wohin, weiß ich nicht. Ich tue gut daran, mich nicht von der kleinen Gruppe gut gelaunter Chinesen zu trennen. Wir gehen in eine der parallel zum Hang verlaufenden Gassen leicht nach oben und setzen uns zum Essen hin. Ich gebe vor, satt zu sein und trinke nur ein Mineralwasser.

Zwei junge Frauen betreten das zur Straße offene Lokal mit einer Gitarre und singen herz- und schauderhaft vor sich hin, alles applaudiert. Da mittlerweile bekannt ist, dass ich auch Gitarre spiele, werde ich gebeten, ein Lied zum Besten zu geben. Ich benötige zehn Minuten, um die Gitarre zu stimmen (glücklicherweise ist dabei keine Saite gerissen!) und singe dann „Yesterday" von den Beatles. Die Hälfte der Anwesenden kann es mitsummen, auch die Chinesen, die nicht zu unserer Gruppe gehören!

Zurück zum Schiff, drei Kilometer entfernt, auf einem unbeleuchteten Schlammweg in fast völliger Dunkelheit!

Zhang Xiao Chuen, meine „englische" Chinesin, schreibt mir auf dem Schiff den Text des chinesischen (!!!) Volksliedes auf, das bei uns „Nehmt Abschied, Brüder" heißt! Das Lied ist in Südchina durch die Engländer verbreitet worden, die europäische Melodie hat tatsächlich nur fünf Melodietöne und wurde von einem Dudelsackregiment hier verbreitet. Keine Chance, dies einem Sohn oder einer Tochter des „Reiches der Mitte" zu erzählen, es würde sowieso keiner glauben. Im Gegenzug notiere ich für meine Dolmetscherin das Lied „El Condor Pasa", das sie sich schon leidlich auf der Gitarre angeeignet hat.

Das Kuimen–Tor ist der Eingang zu der ersten der drei Yangtse-Schluchten, Qutang Xia. Diese Schlucht ist nur acht km lang und sehr schmal, was bedeutet, dass hier das Wasser sehr schnell fließt. In früheren Zeiten ein Alptraum für die Treidler, die Schiffe gegen die Stromschnellen bergwärts ziehen mussten. Diese Treidelpfade, oft wegen des sich extrem verändernden Wasserstandes hoch angelegt, waren kaum mehr als in den senkrechten Fels geschlagene Gebirgspfade, die barfuss begangen wurden. Trittsicherheit und Schwindelfreiheit waren Voraussetzungen für die Arbeit der schlecht bezahlten Tagelöhner.

Wir sind schnell „durch" im Frühnebel, können kaum einen Blick auf die Kämme der Ufergebirge werfen.

Wu Xia, die grüne und windungsreiche zweite Schlucht, ist von zwölf Zauber- und Märchengipfeln umstanden. Die Chinesen ordnen mit der Begeisterung von Loreleyfahrern fleißig zu: „Felsen des hängenden Mönches", „Das Nashorn, das den Mond betrachtet", „Die Göttin der Barmherzigkeit auf der Lotusterrasse". Besondere „Oohs" und „Aahs" beim Spitzfels „Tochter der Guten Fee". Die jüngste Tochter der Himmlischen Mutter kam hierher, um die durch Überschwemmung verursachte Unordnung zu beseitigen.

Ein Abstecher führt uns zu den drei „Kleinen Schluchten", wo sich der zweite englischsprachige Chinese um mich kümmert, ein Doktor der Dermatologie aus Wuhan. Hier ist alles kleiner, lieblicher. Man sieht im Fels die Öffnungen für die Tragbalken, über die Bretter der Treidler lagen, der Doktor weist mich hoch oben auf einige Gräber hin und einen Fußmarsch wegen des niedrigen Wasserstandes müssen wir auch unternehmen. Ob das stimmt, erfahren wir nicht. Eher scheint es so, als wolle man uns an Touristenfallen vorbeiführen. Das ficht uns nicht an, wir genießen die Szenerie.

Zurück. Die dritte der großen Schluchten, die 120 km lange Xiling Xia mit ihrem gefürchteten „Tor zur Hölle", wird passiert. Wir merken nichts davon, dass hier die schifffahrtstechnisch schwierigste Passage zu meistern ist. Hier sind die Veränderungen von Wasserhöhe, Strömung und Gegenströmung am stärksten.

Diese Reise durch eine unvergleichliche Flusslandschaft hat den Charakter eines Abschieds, denn flussabwärts, noch vor meinem Ziel Yishang, wird der „Drei-Schluchten-Damm" gebaut. Dieses Monumentalprojekt ist heftig umstritten.

Die Kritiker meinen, man solle wegen 17.700 Megawatt nicht solch einen Eingriff wagen, die Nutzbarkeit durch 10.000-Tonnen-Schiffe mache das ganze auch nicht akzeptabler, und ob man den Wasserstand des unberechenbaren und unbarmherzigen Yangtse kontrollieren könne, sei dahingestellt.

Im chinesischen Prospekt ist zu lesen: „Das Dreischluchten-Projekt steht im Blickpunkt der Weltöffentlichkeit und ist eine neue Touristenattraktion geworden. Es ist „die zweite Große Mauer Chinas" genannt worden. Der Yangtse ist der Geist Chinas, die Drei Schluchten sind der Geist des Yangtse und die Essenz der Drei Schluchten ist der Dammbau. Würden Sie zufrieden gestellt sein, eine Schiffsfahrt auf dem Yangtse unternommen zu haben, ohne das Bauwerk besichtigt zu haben?

„Steinmauern stehen westlich von Yishang flussaufwärts, um Wolken und Regen zurückzuhalten, während ein stiller See in den engen Schluchten steigt. Obwohl zu unserem Bedauern der Große Mao verstorben ist, seinen Traum vom Damm an den drei Schluchten können Sie hier nahe sein, wir erwarten Sie."

Fest steht: Am Yangtse lebt ein Drittel aller Chinesen, ca. 400 Millionen Menschen. In der zentralen Tiefebene, die er mit Wasser versorgt, wachsen 40 % aller landwirtschaftlichen Produkte Chinas. Seit Jahrtausenden ist der Yangtse aber auch tödliche Bedrohung. 1998 hatten z. B. Flutwellen 18 Millionen Häuser zerstört, es sind mindestens 2000 Menschen ertrunken, insgesamt waren 240 Millionen Menschen von der Flut betroffen, Malaria, Cholera und Hepatitis waren vor dem Ausbruch. Es stand eine Ackerfläche unter Wasser, die die Gesamtfläche Bayerns und Schleswig-Holsteins übertraf! Die jahrzehntelange Beseitigung von Wald und natürlichen Regenrückhaltebecken verschärfte die Situation.

Wenn (meiner Meinung nach) das Großprojekt die Probleme verringern hilft, soll es verwirklicht werden! Im übrigen sollte das Prinzip der Nicht-Einmischung eingehalten werden, es bestehen genug Missstände in der Heimat eines jeden Experten.

In Yishang befinde ich mich wieder unter „schützenden Händen". Im Tagebuch ist zu lesen:

„Welch ein Nachmittag! Ein Doktor der Dermatologie aus Wuhan hatte mich schon beim Ausflug in die „Drei kleinen Schluchten" begleitet. Jetzt - nach der Rückkehr- wälzt er meinen chinesischen Generalfahrplan, um die Zugverbindung Yishang–Beijing zu finden, er findet auch: keinen Anschluss an diesem Ankunftsabend.

Er organisiert mir ein Hotel, fragt in meinem Zimmer 'rum. Es stellt sich heraus, einer hat fünf Jahre dort gewohnt, zwei Hotelvorschläge kommen von ihm. Noch besser: Vier andere Zimmergenossen wollen auch nach Peking und müssen demzufolge auch übernachten, ich soll mich an sie anhängen. So geschehen. ...Ich habe ein Doppelzimmer allein, sauber, Badewanne, Zahnpasta, alles funktioniert, ... Bahnhof 50 Meter entfernt. Glücklich schlafe ich vor laufendem Fernseher ein."

Frühmorgens im Halbschlaf höre ich erstmals Dampfloks, die direkt unter meinem Fenster rangieren. In der Rezeption soll ich mich eintragen; bezahlt hatte ich schon in der Nacht. Als ich nun einen lateinischen Buchstaben in das dicke Gästebuch setzten will, zieht die junge Dame mir entsetzt das Buch weg. Ich beruhige sie und male meinen chinesischen „Namen", Pi De, ins Buch, worauf sie erst ungläubig schaut, dann zufrieden lächelt. Für diese Prozedur brauche ich keinen Pass, ist wohl auch eher ein Ritual für den Gott der Bürokraten.

Auf dem Vorplatz drücke ich bestimmt und souverän einen Jungen weg, der für mich eine Fahrkarte kaufen möchte. Damit ich mir keine Blöße gebe, suche ich selbst den Schalter für Ausländer und finde ihn nicht. Am normalen Verkaufsfenster bin ich dann genau richtig, mein „Zettel" funktioniert auch hier. Nach ungefähr 22 Stunden Fahrt erreiche ich Beijing.

Mit einem Taxi fahre ich zuerst zu einem Hotel, das ich mir im „lonely planet" rausgesucht hatte. Dort aber gibt es keine Gemeinschaftsschlafsäle mehr und so war es zu teuer. Im zweiten Anlauf bin ich richtig. Für den halben Preis des Hotels der vorherigen Nacht nehme ich Quartier im Vierbettzimmer eines neu erbauten Hotels im Süden der Stadt, bei mir noch gar nicht verzeichnet.

Die Räume (klein, sauber, sicher, ebenerdig) sind über einen kleinen Garten hinter dem Haupthaus zu erreichen. Ich kann wieder Englisch sprechen, denn eine solche Adresse bleibt auch anderen Rucksacktouristen nicht verborgen.

Eine erste Begegnung im Hotel führt zu einem Wiedersehen mit dem Pärchen aus Israel (von der Fahrt auf dem Perlen-Fluss). Wir tauschen Infos aus, ich spiele mit ihr noch einmal Schach. Sie geben mir noch einmal Tipps für Peking und lassen mir den Stadtplan da, da sie am nächsten Tag nach Hause fliegen.

Früh bin ich aufgestanden, die Wäsche ist schnell abgegeben. Neben dem Hotel ist ein kleines Restaurant, der Familienbetrieb wäscht auch. Ich bekomme schnell die Wäsche zurück. Damit man beim Waschen nichts verwechselt, hat man die Wäsche eines jeden Kunden mit einem Farbfaden gekennzeichnet. Der wurde einfach angenäht. Ist praktisch und sieht hübsch aus.

Ich gehe zur Ecke vor. Dort ist neben kleineren Geschäften ein großes Kaufhaus, in dem fast alles zu erhalten ist, wohltuend zu wissen.

Der Bus Nr. 66 bringt mich zum Zentrum, soviel ist gewiss. Ich steige irgendwo aus, wo, weiß ich nicht, denn irgendwelche „Landmarken" (wie etwa „Eiffelturm") sind nicht zu sehen. Egal, ich laufe erst einmal ein bisschen, frage dann Soldaten oder Wächter, jedenfalls Uniformierte. Schnell ist mit Hilfe der Stadtkarte ein Anfang gemacht: Ich war in der Nähe des Qianmen-Tores. Alles klar: Nördlich von hier ist der Tiananmen-Platz, auf dem 1989 demokratisch gesinnte Studenten ermordet wurden. In der Nähe das Mausoleum von Mao, kein Interesse, das gleiche gilt für die „Halle des Volkes" und irgendein Museum. Für einen Fußgänger sind das alles große Entfernungen, obwohl in der Stadt keine Höhenunterschiede zu bemerken sind. Aber es ist Juni und es ist heiß. Dennoch gelange ich zur „Verbotenen Stadt". Ein Muss für Touristen, In- und Ausländer. Plötzlich heimische Laute. Ich bin so ausgehungert danach, dass ich frage (Übersetzung der unterstrichenen Worte in Klammern):

„Entschuldigen sie, wo kommese da her?" (kommen Sie, denn)

„Ei, aus Frankford, unn Sie?" (Frankfurt, und)

„Aus Idstaa". (Idstein)

„Ochjo. Da simmerjo gaarnitt soweit ausenanner. Sinnse alaans?"

(Ach ja, sind wir ja gar nicht) (auseinander, sind Sie alleine?)
„Ja"
„Dess iss aach besser so, dann wernse aach nitt err! Macheses guud, mer misse!"
(Das ist auch) (werde Sie nicht irre, machen Sie es gut, wir müssen)
„Bleibese sauber! (Bleiben Sie)
(sie kichert) „Jo, jo" (Ja, ja)
Die Medizin dieser „Heimatspritze" hält noch lang an.

Die Verbotene Stadt, Sitz der Kaiser, ist etwas steril. Schilder mit „Erbaut...wiedererrichtet... renoviert...Hier wurde dies und das gemacht..." bringen auch nicht den Kick, den ich mir wie auch immer, erhofft hatte. Ich werde allerdings später reich belohnt, als ich die Autobiographie des letzten Chinesischen Kaisers lese. Da bekommt die Verbotene Stadt Leben!

Immerhin bekamen von hieraus die Engländer erstmals ihre eigene Kost vorgesetzt: Die Haltung des Eigendünkels und der Überlegenheit gegenüber scheinbar minderwertigen Völkern.

Der Kaiser von China war Herr der Welt und die China umgebenden Völker waren nie Feinde, allenfalls Rebellen. Daran änderte auch die Tatsache nichts, dass Hunnen oder Holländer, kurz: „Barbaren", beunruhigende militärische Fähigkeiten hatten.

1793 fuhr ein Herr Macartney (mit mehr Titeln versehen als andere Leute Haare hatten) mit einem persönlichen Handschreiben von König George III. zum Kaiserlichen Hof. Als er in Peking ankam, hatte man schon auf seinem Fahrzeug ein Banner angebracht, auf dem stand: „Tribut entrichtende Mission der roten Barbaren". Nichtsdestotrotz empfing der Kaiser den edlen Iren bei einem offiziellen Frühstück in Audienz und gab sich umgänglich und leutselig. Drei Wochen später bekam der Abgesandte des englischen Hofes dann die offizielle Antwort der Chinesen auf sein Ansinnen, das Verständnis und den Handel zwischen beiden Völkern auszubauen.

„Wir, von Himmels Gnaden Kaiser, weisen den König von England an, von Unserer Belehrung Kenntnis zu nehmen..... Ihr habt, o König, dem Thron verschiedene Gegenstände zum Geschenk gemacht....Nichtsdestoweniger haben Wir scharfsinnig erdachte Dinge nie geschätzt und haben keinerlei Bedarf an den Produkten Eures Landes.....Ihr, o König, solltet Euch darauf beschränken, Unseren Wünschen zu entsprechen, Uns Treue bewahren und ewigen Gehorsam zu schwören......

Jahre später, bekam dann Lord Amherst die Abfuhr aller Abfuhren: „Wir anerkennen den Geist ehrfurchtsvoller Unterwerfung, der Euch beseelte. Wir nehmen Euren Tribut entgegen und haben Euch, als Lohn eurer Ergebenheit, Geschenke anweisen lassen. Eure Gaben hingegen interessieren Uns nicht, und Wir benötigen sie nicht. Bemüht Euch in Zukunft nicht.....es wäre nur eine Zeitverschwendung. Wenn Ihr Unsere Oberhoheit getreulich anerkennt, bedarf es dieser offiziellen Besuche nicht, um zu bestätigen, dass Ihr Unser Vasall seid."

1841 hieß es über Lord Napier: "Besagter Barbar verfügt über einen angemessene Intelligenz. Es heißt, seine Sprache wäre mild und langsam. Wenn er sich ernstlich bemüht, mag er noch recht von Unrecht unterscheiden lernen." Genug der Köstlichkeiten!

(entnommen aus: „Chinesenspiegel", von Dennis Bloodworth, 1. Auflage, Wien – München – Zürich 1967)

Interessant, den Fotoapparatreparierern (schönes Wort) zuzuschauen, die auf dem Gelände ihre Tische hingestellt haben. Hier wird fast alles sofort repariert, sogar elektronische Kameras, die man in Deutschland normalerweise einschickt. Ich bin ja versorgt, habe aber die geschickten Arbeiter schmerzlich in Chabárowsk und auf Tahiti vermisst.

Am nächsten Tag wird eine Fahrrad-Tour unternommen. Sie führt mich vom Verleih am Beijing-Hotel am Tiananmen-Platz vorbei zum Drum Tower (550 Jahre alt, die Trommel schlug die Stunden), dem Bell Tower (gleich alt, aber abgebrannt, wieder aufgebaut, seine riesige Glocke hängt nun im Drum Tower), weiter dann zum Behai-Park. Auf dem Hügel, entstanden aus der ausgehobenen

Erde des künstlich angelegten Sees, der diesen umgibt, picknicke ich. Ich kümmere mich nicht um den Kublai Khan, der anscheinend hier war, auch nicht, was wer wann und wozu gebaut hat, ich erhole mich wie alle anderen auch und denke an meinen Wahlschriftsteller Tucholsky, der den Begriff „mit der Seele baumeln" erfunden hat.

Der Rückweg führt mich zu dem etwas verborgenen „Bamboo Garden Hotel". Dies ist ein exklusives Hotel, neu, aber sehenswert durch seinen Bambusgarten. Ich fahre flott an der Wache an der Tordurchfahrt vorbei, nicht ohne freundlich gegrüßt zu haben, parke mein Klapperfahrrad (extra ein Altes geliehen, damit kein Anreiz für Diebe besteht) neben einem Mercedes und frage den Majordomo, ob ich den Garten besichtigen könne und, wenn ja, wo dieser denn sei. Er, zu vornehm, um gar eine Augenbraue zu heben, erklärt mir freundlich den Weg. Ich bin verdattert, aber auch nur, weil ich mir solch eine Situation in Deutschland vorgestellt habe. Es hat sich gelohnt. Das Gärtlein ist ein Kleinod. Man kommt zur Ruhe, nur weil man dort ist. Ab und zu ein Gästepavillon, ein Restaurant. Diese klitzekleine Gartenanlage lässt vergessen, dass ringsum das Leben schier explodiert.

Fast hätte ich das aufregende „opening" des Tages vergessen, ein selbstverfertigtes Theaterstück, komplettiert durch einen chinesischen Geschäftsmann.

Wie üblich war ich mit meiner Ringlinie Nr. 67 „in die Stadt" gefahren. In der Nähe des Tian-anmen-Platzes suche ich den Stand mit Fahrrad-Taxis auf, um mich die paar Kilometer zum Fahrradverleih fahren zu lassen. Der Preis wird ausgehandelt, ich sehe zwei Finger, also zwei Yuan, preiswert. Während der Fahrt zähle ich schon das Geld ab und erhöhe um einen halben Yuan.

Am Ziel gebe ich dem Fahrer das Geld und steige aus. Dessen Miene umwölkt sich augenblicklich, er sagt etwas, was mich aber kalt lässt. Ich gehe weiter, er hinter mir her. Offensichtlich ist er nicht einverstanden, große Aufregung. Ich lege das Geld auf den Sitz, gehe, er nimmt das Geld und gibt es mir zurück, lässt mich nicht fort. Zu diesem Zeitpunkt haben wir ungefähr 20 Zuschauer. Wir sind beide recht hitzig, was den Unterhaltungswert erhöht. Der Fahrrad-Taxist folgt mir, als ich mich wieder entferne, mir ist etwas eingefallen: An der Hauptstrasse stand ein Verkehrspolizist. Dem erzähle ich in einer Pantomime meine Geschichte, nicht ohne schriftlich das wundersame Anwachsen der Beförderungsgebühr von zwei auf 20 Yuan (so meine ich es nun verstanden zu haben) zu dokumentieren. Da ich auch die Gestik und die Fingerzahlen meines Fahrers vor und nach der Fahrt mitspiele, ist der junge Beamte recht erheitert, fasst sich dann aber, um uns mitzuteilen, dass er weiter den Verkehr, und sonst nichts, zu beobachten habe. Er bekommt noch als Zugabe die Geschichte der anderen Seite zu hören, ist aber nicht von seiner Politik der Nichteinmischung abzubringen. Wir gehen zur Rikscha zurück, wo uns mittlerweile interessiert 30 Augenpaare entgegensehen. Bevor die Angelegenheit zu erstarren droht, läuft der Retter in Gestalt eines gut gekleideten Geschäftsmannes vorbei. Dieser hört sich beide Stories an (in zwei Sprachen) und klärt auf.

Mein Fahrer hatte bei den Verhandlungen vor der Fahrt nicht nur das Fingerzeichen für „zwei" gemacht (zwei ausgestreckte Finger), sondern noch hinterher das Zeichen für „zehn" (zwei gekreuzte Zeigefinger). Das hatte ich übersehen. Ich entschuldige mich, bezahle zwölf Yuan, jeder ist zufrieden, die Kontrahenten geben sich die Hand und danken dem Geschäftsmann, der eilig weiter geht.

Ich habe abends das Fahrrad gerade zurückgegeben und bin auf dem Weg zum Bus, als ich plötzlich eine Hand auf der Schulter spüre: es ist „mein" Chinese, der Rikschafahrer vom Vormittag. Er lädt mich ein, eine Fahrt zu machen, was ich vorsichtshalber ablehne. Da ich Zeit habe, hole ich uns zwei Cola, die wir unter Lächeln austrinken.

In der Hotelhalle komme ich mit einem jungen Deutschen ins Gespräch. Er ist per Anhalter von Deutschland gekommen, hat wenig Geld, wenig Ausrüstung und hat sich wenig um Einreisebestimmungen gekümmert, ist auch oft zurückgeschickt worden. Seine anstrengende Methode „Versuch und Irrtum" hat ihm folgenden Reiseweg beschert:

Deutschland, Polen, Weißrussland, Russland, Kasachstan (Alma Ata), Nordwestchina (Urumchi)!! Bisher hatte ich geglaubt, ich reiste anstrengend.

Das Hotel bietet einen Ausflug an die Große Mauer an, preiswert, und vor allem, man braucht nichts zu organisieren, was ich sehr begrüße, denn es ist doch sehr beschwerlich, sich allein zurechtzufinden. Der Busausflug nach Simatai (nördlich Beijing) ist der Hit, denn an diesem Ort kann man die Chinesische Mauer in allen Stadien der Erhaltung kennen lernen. Die Mauer hier ist relativ jung, nur ca. 500 Jahre alt.

Das Wetter ist etwas diesig, wenige Ausflügler hat es an diesem Tag hierher gezogen, gut für uns. Wir nähern uns langsam dem Bauwerk; die Seilbahn, die man an anderer Stelle als Zugang errichtet hat (!), ist außer Betrieb. Aus einem kleinen Tal steigen wir in die Mauer ein, eine Treppe führt uns auf die Krone, zinnenbewehrt der Gang dort, in unregelmäßigen Abständen unterbrochen von Wachttürmen, von wo aus man in früheren Zeiten Signale weitergab.

Das Bollwerk ist immer auf der höchsten Stelle des Gebirgszugs errichtet worden, ohne Rücksicht auf Steilheit. Das bekommen wir zu spüren, wir, das sind die wenigen aus dem Bus, alles junge Leute, Hotelgäste. Wir denken nämlich, der nächste Wachtturm bietet noch einen schöneren, besseren Überblick über Täler, Höhen und Weltwunder und entfernen uns immer weiter vom Einstieg. An manchen Stellen ist nun der Mauerkranz abgefallen, der Gang dazwischen ist ohne Gehplatten, es wird alpin, wir müssen sogar warten, bis der Vordermann hochgestiegen ist, wegen der Gefahr eines Steinschlages!

Im Gespräch untereinander stellt sich heraus, dass alle dieses Weltwunder beeindruckend finden und diese bautechnische Meisterleistung loben. Wir sprechen aber auch über die Namenlosen, die hier für die Kaiser arbeiten mussten, fern von Familie und Acker.

Der Bus gibt seinen Geist am Stadtrand der Hauptstadt auf, Gelegenheit, sich wieder dem Alltag zu widmen.

Einige Sinologiestudenten versuchen, einen Taxifahrer zu ergattern, das gelingt. Der Taxifahrer aber will nicht, kann nicht oder hat keine Lust oder weiß nichts, wie auch immer, die Verhandlungen zerschlagen sich rechtzeitig, sodass wir in den Ersatzbus umsteigen können, ein Hoch auf den Fahrer und die Girls von unserer Rezeption, die dies organisiert haben!

Ich überprüfe den Kontostand der VISA-Card, möchte noch die Negative nach Hause schicken und bräuchte noch etwas Lesestoff (im Hotel leider nichts zu ergattern oder zu tauschen). Im International Bookshop kaufe ich mir einen Sherlock–Holmes-Roman (vermutlich ohne Lizenz nachgedruckt) und habe die Idee, mir ein Grundschul-Lehrbuch Chinesisch zu kaufen (so wie die Fünfjährigen Schreiben lernen, könnte ich es ja auch, oder?), dringe aber mit meinem Englisch nicht ganz durch, da sich dort anscheinend keiner vorstellen kann, dass ein Ausländer freiwillig ihre Sprache lernen will.

Bevor ich auf die Post gehe, Vorbereitungen: Stefan, mein „Photo-Manager", braucht eine Kennzeichnung des Inhalts und der Reihenfolge der Filme, der Verpackungsservice auf der Hauptpost benötigt Material (das es aber im Gebäude der Post gleichfalls gibt); da ich nicht weiß, ob man auf der Hauptpost Englisch spricht, bereite ich noch die Schriftzeichen für „Drucksache" (printed matter) und „Per Schiff" (Oberfläche, Surface) vor. Ich vergesse auch nicht, das Zielland auf Chinesisch aufzumalen.

Alles geht reibungslos über die Bühne, der Zoll (auch mit einem Schalter im Postamt vertreten) ist freundlich, stempelt das Päckchen, die Verpackerinnen sind flink und kompetent und ich werde die Sendung am eigentlichen Postschalter schnell los.

Der Fahrkartenkauf ist für mich schon zur Routine geworden, ein Schlepper möchte mir noch die Fahrkarte holen, wird fünf Meter vor dem Ziel in der „Beijing Railway Station" abgewimmelt, nur mein vorgefertigter Zettel muss noch erweitert werden um den Begriff „welcher Bahnhof?", denn die Riesenstadt hat mehr als einen Hauptbahnhof.

Erste „Endzeit"-Gedanken: Der Aufbruch in die Heimat geschieht, grob gesagt, nur noch in Richtung Westen, mit einem kleinen Schlenker nach Süden (Lhasa), dann wieder nach Westen, durch den Himalaja nach Süden (Nepal) und dann... was wird die verbliebene Zeit bringen.

Doch bevor ich das Zentrum des Taunusgebirges wiedersehe, werde ich noch andere Eindrücke verarbeiten müssen.

Im Westbahnhof von Peking ist Gelegenheit dazu. Es ist ein wunderschöner Neubau (ich war schon einmal bei meiner Ankunft hier, bin aber gleich vom Untergeschoss aus mit dem Taxi weitergefahren, habe nichts vom Äußeren mitbekommen), der an der Fassade Tradition und Neuzeit geschickt verknüpft. Am Eingang zur riesigen Halle die erste Röntgenkontrolle des Gepäcks, gleich die Treppe hoch, zu den Wartesälen. Es gibt mehrere, nach Abfahrten und Zügen geordnet, eine gute Sache, angesichts der Massen, die hier täglich ankommen oder weg wollen.

Da ich noch Zeit bis zur Abfahrt habe, möchte ich meinen Rucksack bei der Gepäckaufbe-wahrung abgeben, um erleichtert umherstreifen zu können. Die Gepäckaufbewahrung gibt es, die Beschriftung ist sogar zusätzlich auf englisch. Im Lauf meiner Odyssee stellt sich dann dreierlei heraus: Erstens gibt es nur ein Depot, welches sich im Ankunftsbereich des Gebäudes befindet. Zweitens, ich bin im Abfahrtsbereich und drittens: beide Bereiche sind streng voneinander getrennt. Die Trennung geht soweit, dass Fahrstühle von oben (Abfahrt) nach unten (Ankunft) außer Betrieb gesetzt wurden, dasselbe geschah mit den Rolltreppen... Außer der Haupttreppe finde ich keine andere, auch nicht im Nebengebäude, das ich (mit vollem Gepäck!) absuche. Wieder zurück, Röntgenkontrolle, Hauptgebäude.

Weitere Verwirrung schafft die Tatsache, dass die stillgelegten Rolltreppen mit transportablen Böcken blockiert wurden. Diese Dreibeine tragen Hinweisschilder, die aber jetzt in die Irre führen, da sie ja ursprünglich an einem anderen Ort standen! Ich verfluche den Architekten, der sicherlich noch nie in seinem Leben einen Bahnhof von innen gesehen hat, und steige über eine Absperrung und komme endlich in den Ankunftsbereich mit der Gepäckaufbewahrung. Ein freundlicher Mann zeigt auf einen Rahmen von der Größe eines tragbaren Fernsehgerätes und bedeutet mir, meinen Rucksack dort hindurchzuschieben, was schlechterdings unmöglich ist. Erst als ich die angeschnallten Seitentaschen mühsam abmache, kann ich das Gepäckstück hindurchquälen. Ich bin mittlerweile so wütend (stille Wut), dass ich jetzt auch noch meine Gitarre röntgen lassen will. Er will nun nicht mehr, lässt sich aber breitschlagen, als ich ihm erzähle, das sei ein Gewehr!

Die Zeit ist soweit fortgeschritten, dass ich keinen Genuss mehr von der Gepäckerleichterung habe. Ich kann gerade noch etwas trinken und meine Betriebstemperatur normalisieren.

Nach 1000 km gelangen wir in Xian an. „Wir" heißt, Tal und ich. Tal hatte ich schon im Bus nach Simatai getroffen, jetzt war der junge 25jährige Israeli genauso erstaunt wie ich, im Zug einem Europäer zu begegnen. Wir tun uns zusammen und nehmen etwas außerhalb des Stadtkerns das Hotel „Renmin". Es gibt viel zu erzählen, da wir uns im Hotel Beijing kaum gesehen hatten.

Ein erster Stadtrundgang zeigt uns den einstigen Reichtum der Metropole des Seidenhandels. Die mächtige, komplett erhaltene Stadtmauer weist auf die Bedeutung der Stadt am Anfang der Seidenstraße hin. Wir schlagen uns zur „Großen Gans"-Pagode durch, einem imposanten, 64 Meter hohen Bau, der leider schon geschlossen war.

In der Nähe des Bahnhofs schlendern wir noch ein Teilstück auf der Krone der Stadtmauer entlang, müssen dazu eine fast senkrechte Metallleiter 15 Meter hochklettern. Oben angelangt, sind wir überrascht über die Breite, bestimmt zwölf Meter!

Am Einstieg sind Lampions aufgehängt, man lädt mit einem kleinen Plattenspieler zum Tanze. Wir gehen etwas von der Beleuchtung weg nach hinten. Erstaunt nehmen wir zu Kenntnis, dass hier oben sogar Leute in Baracken wohnen, man hat es sich im Freien gemütlich gemacht, der Fernsehapparat läuft, die Bierflaschen sind parat, man schaut die Fußball-Weltmeisterschaft und ... es läuft gerade Deutschlands erstes Spiel!!

Eine Weltmeisterschaft auf der Stadtmauer, das hatte ich noch nicht und bleibe stehen. Ich deute auf mich und sage „De Guo", worauf mir ein Sessel frei gemacht wird. Das Bier lehne ich höflich ab. Ein mäßiges Spiel der Deutschen und ein 0:2 Rückstand machen mir den Abschied von meinen Gastgebern leicht.

Wir gehen noch einmal durch die Strassen, die jetzt, gegen 22.00 Uhr, noch voller zu sein scheinen als vorhin, die Händler preisen ihre Waren an, die weniger Emsigen sitzen auf dem Gehsteig vor ihrem Fernseher (Deutschland hat aufgeholt, 1:2). Tal schaut sich nach einem Schwert um; was an einem Schwert von hier das besondere sein soll, weiß er nicht zu präzisieren, er möchte halt eins. Allmählich sind wir müde (Deutschland hat ausgeglichen, 2:2), denn am nächsten Morgen wollen wir früh aufstehen; hier ist ja nicht nur ein Zentrum des Seidenhandels, sondern in der Nähe befindet sich auch der Fundort der Terrakotta-Krieger.

Mein junger Freund geht genauso vor wie ich: das Buchen einer Tour vom Hotel aus ist ihm zu einfach, wir fahren mit dem Linienbus zu den „pits", den Gruben, in dem die Terrakotta-Armee, sorgsam durch Dächer geschützt, auf uns wartet. Der Eintrittspreis ist etwas happig, dafür erwartet uns aber etwas Einmaliges.

Am Eingang eine gelungene Verbindung von Tradition und Hochtechnologie: Wir erhalten eine mit einem Magnetstreifen versehene Eintrittskarte, die uns durch ein Drehkreuz einlässt. Hinter dem Drehkreuz wartet geduldig ein Uniformierter mit Lochzange, der die hochmoderne Karte dann noch einmal locht. Man staunt.

In den Hallen ist Fotoverbot, im Halbdunkel zu unseren Füssen stehen sie dann da, die Tonkrieger, die stillen tönernen Wächter von Ying Zheng, der den Beinamen „Erster Kaiser" bekam.

13jährig kam er 246 vor Christus an die Macht, besiegte nach und nach alle seine Feinde und scheint ein rechtes Ekel gewesen zu sein. Er einte zwar das Land und standardisierte die Währung und die Schrift, arbeitete aber hauptsächlich an seinem schlechten Ruf durch Beseitigung Andersdenkender, Bücherverbrennungen und Fronarbeiten bei kolossalen Bauprojekten. Er starb mit 49 Jahren, sein Sohn wurde nach vier Jahren von einer Revolte weggefegt, die die Han-Dynastie begründete. Sein Grab im Tal des Gelben Flusses war aber eine monumentale „Angelegenheit" und liegt nur 1500 Meter westlich der Tonarmee. Jetzt, im Juni 2000, hat eine deutsch-chinesische Arbeitsgruppe das Areal mit einem Cäsium-Magnetometer erforscht und herausgefunden, dass die (unter der Erde verborgenen) architektonische Struktur die Fläche von ungefähr 70 Fußballfeldern bedeckt!

Die Krieger aus Ton wurden 1974 von Bauern beim Brunnenbohren entdeckt. Jetzt stehen wir in der „Pit 1", gehen, stehen wieder und staunen, halten die Stimme flach wie die anderen auch. 6000 Figuren von Kriegern und Pferden schauen in rechtwinkliger Schlachtordnung nach Westen. Armbrustschützen, Bogenkrieger, andere Soldaten mit Streitäxten und Speeren und nicht zuletzt die Streitwagen vermitteln anschaulich ein Bild des damaligen Kriegswesens, aber auch eine leise Ahnung, welche Macht hinter der Ausführung einer solchen Grabbeigabe stand.

Im Taxi, wir haben uns mit anderen „Westlern" zusammen getan, wollen wir zurück.

Das Geld hat er schon, der Fahrer, als er auf halbem Wege in ein Dorf fährt und uns kommentarlos sitzen lässt. Nach 20 Minuten begehren wir auf und stören ihn in seiner Idylle, er macht offensichtlich Mittagspause. Eine sprachkundige Amerikanerin macht ihm Beine. Ungerührt beauftragt er einen „Subunternehmer", der uns dann, vermutlich zu einem Bruchteil des von uns Bezahlten, in einem noch schlechteren Fahrzeug als vorher in die Stadt zurückbringt.

Die Anhänger der „Nur–nicht–den–Chinesen–das–Gesicht–verlieren–lassen-Theorie" wären wahrscheinlich voller völkerfreundlicher Gedanken in der Mittagshitze verdampft!

Wieder eine Trennung: Wir wollen beide nach Lhasa, der Hauptstadt Tibets, Tal mit dem Flugzeug ab Chengdu, ich mit Bahn und Bus über Xining und Golmud.

Wieder gelingt mir der Fahrkartenkauf, auch für Tal. Wir suchen die Gepäckaufbewahrung, deren es viele zu geben scheint. Wir finden heraus, dass die Gepäckschalter am Bahnhof, die auch auf Englisch beschildert sind, nur für Chinesen gedacht sind. Der Aufbewahrungsort für Gepäck von Ausländern ist 150 Meter vom Bahnhof entfernt, ein Pavillon auf dem Bahnhofsvorplatz, gut und ausreichend auf chinesisch, und nur so, beschildert!

Ich schildere die kleinen negativen Vorkommnisse so, wie ich sie erlebt habe, weiß aber: die Intensität bürokratischer Auswüchse ist im Land der deutschen Denker dichter!

Ein zweiter Stadtrundgang, nun allein, führt mich zur Großen Moschee. Es ist eine der größten Moscheen in China, in der jetzigen Form allerdings erst seit der Mitte des 18. Jahrhunderts bestehend, eine Oase der Ruhe. Das rechtwinklige Straßengitter „weicht" hier etwas auf, sodass ich mich über „Bell Tower" zu „Drum Tower" am Eingang des Moslem-Viertels durchkämpfen muss. Auch diese langsame Annäherung hat ihr Gutes, so lerne ich auf meinem Weg zur Moschee allerlei Handwerker kennen. Hier wird noch repariert, nicht ausgetauscht. Gern folge ich einer Einladung in eine Kunsthandlung, bitte aber den Verkäufer um Verständnis dafür, dass ich in meinem Rucksack weder Teppich noch gerahmtes Bild mitnehmen kann.

Im Zug stelle ich dann Fieber fest, offenbar ist eine leichte Grippe zu Gast. Aspirin, viel Wasser und etwas mehr Ruhe werden es schon richten. An meinem Zwischenziel in Xining werde ich einen Ruhetag einlegen.

In Xining muss ich dieses Mal eine Gebühr dafür entrichten, dass ich aus dem Bahnhof zu Fuß heraus kann! Ich laufe zu einem Hotel in der Nähe des Bahnhofs. Gerade als ich mich an der Rezeption verständlich machen will (man spricht Englisch, es scheint auch etwas zu teuer für mich zu sein, aber ich möchte mich ja ausruhen), mischt sich ein junger Nordamerikaner (sein Name ist Dong, er ist ein Chinese aus den U.S.A.!) ein, wendet sich an mich und sagt, er könne dieses Hotel nicht empfehlen, er werde mir, wenn ich einen Moment warten würde, ein anderes zeigen!

Ich warte, wir nehmen ein Taxi zurück in Richtung Bahnhof, dann rechts und da sind wir, ein rein chinesisches Hotel, erklärt er. Jetzt kann ich zum zweiten Mal meinen chinesischen Namen ins Gästebuch malen. Ich bedanke mich bei meinem Vermittler und werde in den 6. Stock des Rundbaus geschickt, wo mich schon zwei kichernde Etagenchefinnen begrüßen. Mein Zimmer ist großzügig, mit Blick auf die Hauptstraße zum Bahnhof, aber der Lärm ist hier oben gemildert.

Ich mache mir einen Tee, bastele mir noch eine Nudelsuppe (ein wirklich guter Service mit dem immer in der riesigen Thermoskanne vorrätigen heißen Wasser!) und schlafe 14 Stunden am Stück!

Viel zu entdecken scheint es in der Hauptstadt der Provinz Qinghai nicht zu geben, ich habe auch keine Lust dazu. Ich begnüge mich damit, schon einmal meine Zugverbindung nach Golmud zu „checken", o. k., mir bleibt noch Zeit für einen zweiten Tag hier, besser für meine Gesundheit.

Ich bin seit drei Wochen in China, das Visum gilt für vier, und da ich noch nach Lhasa möchte, das sind mindestens vier Reisetage, ergibt sich die Notwendigkeit, das Visum zu verlängern. Laut „lonely planet" ist dies in Xining möglich. Meine Leute an der Rezeption sind hilfsbereit, mangels Englisch komme ich jedoch nicht voran. Da dies ein Hotel nur für Chinesen ist, hat hier noch nie die Situation bestanden, einen Gast zur Ausländerbehörde zu schicken. Man signalisiert mir, Platz zu nehmen und zu warten. Zwei Soldaten, die ständig in der Vorhalle für Sicherheit sorgen, werden losgeschickt. Nach ca. einer Dreiviertelstunde kommen sie stolz zurück. Ich erfahre über mühsames Hantieren mit meinem kleinen Wörterbuch, dass am Nachmittag Hilfe komme. Da bin ich gespannt.

Es erscheint ein junger Chinese, Brad Lee, dessen freundliche Hilfe in allen Belangen ein „highlight" chinesischer Gastfreundschaft ist. Wir fahren mit dem Taxi zur Ausländerbehörde. Ich darf das Taxi nicht bezahlen. Der Chef der Behörde ist nicht da. Brad bewirkt, dass ein Untergebener die Stempel für die Visumsverlängerung benutzt, der Subalterne sagt bei der Präsentation des erweiterten Dokuments sogar auf deutsch „Bitte, Herr!"

Da die Verlängerung des Visums so gut klappte, bitte ich Brad, doch herauszufinden, ob es hier einen Zugang zum Internet gibt. Gibt es, oder doch nicht? Brad sucht, fragt, sucht. Nach langem Hin und Her zu Fuß findet er ... eine Internet-Zentrale in einem Neubau der Hauptpost, in einem noch nicht für den Publikumsverkehr freigegebenen Stockwerk! Mit Erlaubnis der Chefin im Parterre dürfen wir hochsteigen, das Personal, das noch geschult wird, schaut erstaunt, der junge Chef führt mich zu einem PC-Arbeitsplatz und schaltet den Computer mit einladender Gebärde ein!

Hier darf ich ebenfalls nichts bezahlen. Schmunzelnd fragt mich Brad, ob noch etwas anliege. Damit kann ich dienen, bitte ihn, mich noch auf eine Bank zu bringen, die auf die VISA-Card Geld auszahle. Auch dies gelingt ohne Wartezeiten!

Brad ist nach Slawa aus Chabárowsk der zweite „Zauberer", den ich getroffen habe. Ich möchte ihm an dieser Stelle noch einmal danken, denn seine E-Mail-Adresse ist ebenso ungültig wie die Adresse seines Büros.

Wieder gesund, reich beschenkt durch einen jungen Mann in der Fremde (der ganz nebenbei auch noch einen halben Tag seines Urlaubs geopfert hat) und mit allem Notwendigen versehen, fahre ich nach Golmud. Vor der Abfahrt erstehe ich an einem kleinen Verkaufsschalterschalter noch drei Büchsencola und frage die alte Frau nach dem Preis. Sie schaut mich prüfend an, entscheidet, dass hier ihr Chinesisch die Mühe nicht wert ist und schreibt auf einen Zettel: „3 x 3 = 9". Eine klare Angelegenheit.

Der Zug fährt nördlich um den Koko Nor-See in das Quaidam-Becken[6]. Nach meiner Ansicht bin ich seit Xian dem Verlauf der Seidenstraße gefolgt. Von Golmud aus geht dieser Handelsweg weiter in Richtung Nordwesten, am Südrand der Takla Makan–Wüste entlang zum Pamir-Gebirge.

Je nachdem, wie lange man dem Weg durch das Becken folgt (die Bahntrasse endet in Golmud, die erbärmliche Trasse führt weiter nach Westen (Seidenstrasse) und nach Dunhuang im Norden), kann man Salzfelder sehen oder Sand oder Hügel oder spärliches Weideland, weitere Sensationen sind nicht zu erwarten. Verfallene Häuser und einmal die Andeutung einer Ortschaft lassen den Weitgereisten nicht etwa philosophisch werden ob der Nichtigkeit des äußeren Scheins, nein, der Deutsche, der sich in dieser Trostlosigkeit ausnahmsweise allein und einsam fühlt, denkt ganz nüchtern an die Annehmlichkeiten der Heimat. Sogar die Hunde bleiben hier im klassischen chinesischen Verbannungsland verschont, äße man sie, sänke ihr Unterhaltungswert.

Golmud ist Wüstenetappe, von mir nur angesteuert, um auf dem einzigen legalen Landweg (für Einzelreisende) nach Lhasa zu gelangen. Am außerhalb gelegenen Bahnhof nehme ich ein Taxi, die Fahrerin zeigt mit den Fingern den Preis. Ich schaue genau hin, möchte keine weitere Pekingoper aufführen. Unten in der Stadt gebe ich ihr abgezählt das Geld. Sie fängt an zu zetern, will offensichtlich mehr haben, aber warum? Sie lüftet das Geheimnis, holt aus dem Handschuhfach das Taxameter, schaltet es ein, das zeigt einen Grundpreis von 10.- Yuan, ungefähr 1, 50 DM.

Wie in aller Welt soll ein wirklich Wildfremder, der 1000 km von anderswo herkommt, einen unsichtbaren Grundpreis in unbekannter Höhe in einer fremden Stadt zu einem angezeigten Preis addieren? Wahrlich, auch für einen hellseherisch begabten Zauberer am Hof des Kublai Khan eine unlösbare Aufgabe.

Ich gebe der Frau, die „schwarz" fahren wollte, zusätzlich die Hälfte des Grundpreises und lasse sie knatschig zurück. Auch gut.

Im Schlafsaal des Hotels kommt es zu einer Begegnung mit einer deutschen Lehrerin, die seit fünf Jahren mit dem Fahrrad unterwegs ist. Ihr Rad sieht erstaunlich gut erhalten aus. Ja, sagt sie, ihr altes sei ihr in Guilin gestohlen worden, eine ortsansässige Fahrradfirma habe ihr aber pressewirksam ein neues geschenkt! Zum Beweis zeigt sie mir einen Ausriss aus einer chinesischen Tageszeitung mit Foto.

Das Ticket, das wusste ich vorher, hat einen unverschämt hohen Preis, der von der Chinesischen Fremdenverkehrsbehörde frei schwebend festgelegt wurde: $ 175.- für eine Strecke, die noch nicht einmal landschaftlich schön ist, dafür sehr anstrengend, sozusagen das „Abitur" für Busfernreisende.

In der Hotelvorhalle mache ich die Bekanntschaft eines Schweizer Paares, das ebenfalls die Tour machen will. Ein kleiner Bus bringt uns zur Haltestelle. Wir müssen noch ein Visum für den Transit nach Lhasa abholen, eine Erfindung des hiesigen Büros des Staatlich-Chinesischen Fremdenbüros, dann soll das Gepäck verstaut werden, oben auf dem Dach ist aber schon die Abdeckplane festgezurrt, was aber keinen zu stören scheint. Gut, dass ich meine Rucksackriemen dabei habe! Ich lächle dem faulen Busfahrer fernöstlich und unergründlich zu, und besteige meinen Platz, einen jener unsäglichen Liegeplätze, in denen man selbst als Fakir kein Auskommen findet.

Los geht es. Die Schweizerin hat Durchfall, wird mit der Situation genauso souverän fertig wie dereinst meine bolivianischen

Bäuerinnen am Fastnachtssamstag. Nachts bei schlimmer Kälte (der Schlafsack war verrutscht) mit stechenden Kopfschmerzen aufgewacht, wir fahren über einen Pass, 5100 Meter hoch. Irgendwann muss der Busfahrer auch schlafen, er hält an, das bekomme ich im unruhigen Halbschlaf mit.

Am Morgen sind wir von Wasser umgeben, stehen in einem Fluss, der beim Halten noch nicht da war. Andere hat es auch erwischt. Wir stehen mit einem Bus und fünf Lastwagen und sehen die anderen LKWs vorbeiziehen. Der Chauffeur, den ich nicht leiden kann, ist unschuldig an der Situation: Die Brücke, die vor uns liegt, ist nicht passierbar, da an den Fundamenten unterspült. Die Furt daneben, der alte Weg, ist wegen Regens unzugänglich.

Nach und nach aber erbarmt man sich und wir werden von anderen LKWs herausgezogen. Die Lage normalisiert sich, etwas Sonne erheitert das Gemüt. Vereinzelt Yaks, unentbehrlich in dieser Höhe als Arbeitstier, aber auch als Fleischlieferant. Die japanischen Girls legen ihre Sprühdosen mit Sauerstoff weg, ich esse von den mitgebrachten Vorräten, die Schweizerin Susi fühlt sich etwas besser und erzählt mir von sich und ihrem Mann Thomi.

Sie haben zwei Jahre in China gearbeitet, finden aber, dass die Arbeit keine Energie mehr lässt, um am Abend auch noch Chinesisch zu lernen.

Wieder Yaksichtungen, wir sind noch 170 km vor Lhasa, als uns ein Taxi überholt und sich vor uns quer stellt! Vier Uniformierte steigen aus, steigen ein und fordern den Fahrer auf (so muss es gewesen sein), umzudrehen. Nach zehn Minuten steigen sie aus, ohne irgendetwas kontrolliert zu haben!!!

Tibet

Wir kommen mürbe kurz vor Mitternacht in Lhasa an, es nieselt. Mit Susi und Thomi fahre ich in das ehemalige „Holiday Inn", das mir aber zu teuer ist. Wieder raus, ein anderes Taxi anhalten. Zwei Taxifahrer können nicht hin oder wollen nicht hin oder können nicht lesen oder wollen nicht lesen oder haben noch andere Gründe...der Dritte bringt mich ins bei „budget travellers" allseits beliebte „Yak Hotel". Mit letzter Kraft krieche ich im Schlafsaal ins Bett.

Am nächsten Morgen sieht alles schon anders aus, denn ich bin erholt und könnte die ganze Welt umarmen. Vom Schlafsaal gelange ich direkt in den großen Innenhof. Auf einer kleinen Rasenfläche stehen zwei ausgestopfte Yaks, mit bunten Tüchern geschmückt.

Bevor ich an etwas anderes denke, gibt es nur eins: Potala! Seit frühester Jugend, seit ich Heinrich Harrers „Sieben Jahre in Tibet" gelesen hatte, wollte ich den Potala-Palast in „freier Wildbahn" sehen. Ich steige mühsam (Lhasa liegt 3000 Meter ü. NN) auf das Dach des Haupthauses. Da liegt der Sitz des Dalai Lama, des höchsten kirchlichen Oberhauptes der Tibeter, leider schon über 40 Jahre verwaist.

Wieder habe ich mir einen langgehegten Wunsch erfüllt!

Ich ziehe innerhalb des Hotels um, bekomme ein Doppelzimmer, das ich als Einzelzimmer nutzen will. Das habe ich mir nach dem Masochismus dieser Busfahrt verdient. Jedes Stockwerk hat ein Zimmermädchen, eher junge zierliche Frauen, die ein wenig Englisch sprechen und daher eine große Hilfe für die Gäste sind. Meine Zimmerfrau heißt Bäme Dögaa (nach Gehör aufgeschrieben).

Durchweg sind hier junge Leute im Alter von 20 bis 30 Jahren untergebracht. Sie sind mit dem Flugzeug angekommen, einige wenige mit dem Bus von Nepal, was aber nur in der Gruppe möglich ist. Die Leute mit mehr Geld wohnen im Haupthaus, einem mehrstöckigen Neubau.

Auch Extremreisende haben wir in unserem Altbau: Einen Holländer, der sich gerade ein Liege-Fahrrad (man radelt in Rückenlage) zusammenbaut und einen jungen Mann aus Frankenthal in der Pfalz, der vor ein paar Wochen zuhaus´ los ist, und, mit nur einem kurzen Flug zwischen Teheran und Neu-Delhi, hier „hoch" geradelt ist!

348

Im Gegensatz zu Beijing bin ich in Lhasa sofort „zu Hause". Das Zimmermädchen Bäme, gerade Mutter geworden, hilft mir, mich einzurichten und kann mir auch sonst Tipps geben, wie ich meine Ausrüstung wieder zum „Glänzen" bringe, alles andere erschließt sich zu Fuß: Das Internetcafé in Sichtweite des 1300 Jahre alten Jokhang–Tempels, die effiziente Post (nahe dem Potala aus dem 17. Jahrhundert auf den Überresten eines 1000 Jahre älteren Gebäudes errichtet), die Restaurants mit westlichem Einschlag, alles in der historischen Altstadt, Anlaufstelle für Pilger und Touristen. Die Chinesen halten sich hier zurück, wohnen im eigenen Stadtteil, lauter Neubauten.

Ich lege fest, dass ich keine Ansichtskarten mehr verschicke, ich bereite lediglich ein paar Ausrüstungsgegenstände und Souvenirs für den Versand nach Deutschland vor.

Der Potala in Weiß und Ocker beherrscht ganz Lhasa. Er ist mein erstes Ziel, an das ich mich langsam annähere. Die Festung des Glaubens mit mehr als 1000 Zimmern kann natürlich niemals ganz besichtigt werden, auch hält sich mein fotografischer Ehrgeiz in Grenzen, hätte man doch für fast jeden Raum eine Extragebühr zu zahlen! Man ist als Tourist ziemlich allein, da die eigentlichen Pilgeraktivitäten in der Altstadt am Jokhang–Tempel stattfinden. Der Potala, die Sommerresidenz und letzte Ruhestätte mancher Dalai Lamas, ist heute eher Symbol für das Streben der Tibeter nach Unabhängigkeit von China und Selbstverwaltung.

Vom Dach aus eröffnet sich ein grandioser Blick auf die Berge, die das Kyi Chu-Tal rahmen, direkt zu den Füßen aber wird man eines städtebaulichen Barbarismus gewahr: der riesige freie Platz war einst ein lebendiges tibetanisches Viertel, das die Besatzer rigoros beseitigten, wohl nicht nur der äußeren Hygiene wegen.

Im und um den Jokhang herum allerdings meint man, durch eine Zeitmaschine befördert worden zu sein, denn an Wandel oder an Neuzeit zu denken kommt einem hier nicht in den Sinn.

Am Rundkurs der Pilger (rechts herum), dem Barkhor, begegnen sich Glaube und Kommerz, keinesfalls ist hier auf Touristen geschaut worden. Was hier angeboten wird, deckt den geistigen und körperlichen Bedarf der Einheimischen und der Pilger, wie es aussieht, unverändert seit Jahrhunderten: Von Nahrung über Essgeschirr, Kleidung, Hausrat bis hin zu Gebetsfahnen und -büchern

(Papierstapel, in Tücher gehüllt), Handgebetsmühlen und Glöckchen, hier geht kein Kunde enttäuscht nach Hause.

Das Innere des Jokhang–Tempels bringt auch für den Fremden viele Eindrücke, man sieht die Pilger im Halbdunkel, in Andacht versunken, andere die Reihen von Gebetstrommeln abschreiten, dabei diese drehend. Eine praktische Einrichtung: Im Innern finden sich auf Papier gedruckte Gebetstexte, die durch die Drehung per Hand „aktiviert" werden. Das gilt auch für die kleineren Gebetsmühlen, die unablässig in der Hand geschwenkt werden.

Das „Om mani padme hum" (frei übersetzt: „Nur die letzte Wahrheit hat Bestand") hört man ständig, dazu kommt der Geruch von Weihrauch. Die heitere Gelassenheit, die Freude am Pilgerziel zu sein, das würdevolle Auftreten der Menschen, die oft monatelang unter letztem körperlichem und finanziellem Einsatz unterwegs waren, das alles überträgt sich, man ist nicht mehr nur Zuschauer, man denkt, beinah die Kraft, die der Glaube vermittelt, greifen zu können.

Auf dem Weg zum Dach begegnet mir ein Mönch, wird von mir mit „Tashi deleg" begrüßt, kommt auf mich zu und fragt fast flehend: „Haben Sie den Dalai Lama gesehen?" Eine gar nicht so abwegige Frage, denn viele westliche Touristen haben schon das geistliche Oberhaupt der Tibeter in seinem Exil in Nordindien besucht. Leider muss ich dem Mann negativ antworten.

Wie schön wäre es für ihn gewesen, vom Dalai Lama zu hören, dem, der nach wie vor die Tibeter eint, der ihnen aus der Ferne ein Gefühl der Einigkeit gibt, eine Hoffnung, dass man irgendwann wieder sich von Fremdeinfluss befreien könne. Die Chinesen in Tibet haben die Gefahr ganz klar erkannt und unternehmen alles, um die wie auch immer geartete Präsenz von Symbolen zu unterbinden: Der Besitz von Bildnissen (Zeichnungen, Photos) des Dalai Lama ist streng verboten, hat man gar ein Photo vom höchsten Herrscher zusammen mit der tibetischen Landesfahne, wird man sofort unter Arrest gestellt, was einige junge Touristen schon erfahren konnten[7]!

Ich habe keinen Tee mehr und bitte Bäme, mir auf Tibetisch das Wort für Teebeutel aufzuschreiben. So ausgerüstet, geht es um die Ecke, einkaufen... Der Kauf von Teebeuteln fängt mit einem Fußmarsch an, da ich von Händler zu Händler weitergereicht werde (wortwörtlich, denn man nimmt mich zweimal sogar an die Hand!) bis ich vor einem Verkaufsstand stehe, an dem ballenweise Tee verkauft wird (auf dem Zettel stand, so stellt es sich später heraus: „Loser tibetanischer Tee"). Ich sage danke und lasse mich zurückführen. Ich hole einen alten Teebeutel aus dem Hotel und beginne einen zweiten Anlauf bei meinem letzten Führer, der gleich begreift, lächelt und mich zu einem anderen führt, der Englisch kann. Der bietet mir einen Sitzplatz auf seinem Verkaufstisch an und sagt. „Wait!" Ich warte also. Er kommt zurück und sagt wieder „Wait!" Die Wartezeit wird verkürzt dadurch, dass ich ihm auf Englisch erkläre, dass ich aus Deutschland komme; er versteht es und erzählt mir: „Germany (Daumen nach oben), Tibet (er macht eine Faust)", dann. „China (mit der anderen Hand umschließt er die Faust und drückt so fest zu wie er kann), not good, never good!", und, nach einer Pause: „Dalai Lama", mehr nicht. Dabei kommen ihm die Tränen.

Auf einmal kommt eine gutmütig blickende Bauersfrau auf mich zu, kramt in ihren riesigen Lagen von Kleidung und bringt nach und nach so an die 20 Teebeutel zum Vorschein. Jeder ist erfreut, man kann schließlich nicht alle Tage so etwas Komisches für einen Gast von weither besorgen! Bezahlen ist nicht möglich. Ich bedanke mich (Hände flach zusammen vor der Brust, Verbeugung). Mit Müh und Not kann ich ein Bier und eine Limo loswerden. Wo die Teebeutel herkamen, habe ich besser nicht gefragt.

Abends gehe ich anhand meines Wörterbuchs mit den Girls von der Rezeption einige Fachausdrücke für den Hoteldienst durch.

Das Gebiet um den Jokhang ist mein bevorzugtes Ziel bei meinen Spaziergängen. Besonders haben es mir die Handwerker angetan. Ich freunde mich mit Feinblechnern an, die vor allem Reparaturen an Tempeldächern ausführen. Ein komisches Gefühl, in der schmutzigen kleinen Werkstatt unbeachtet herumliegendes Blattgold zu sehen!

Ein Mann hat es mir besonders angetan. Er kauert am Eingang mit einem Hammer, mit dem er auf einem Block Eisen herumschlägt. Als Unterlage dient ihm ein Stück abgeschnittene Eisenbahnschiene. Ich kann nicht sehen, was er macht, da ich keinerlei Veränderung wahrnehme. Nach Stunden komme ich wieder vorbei, sein Werkstück ist etwas größer geworden, der Block etwas länglicher. Er zeigt mir sein Endprodukt: Normales Blech, gehämmertes Blech.

In den Staub der Werkstatt zeichne ich zwei zylindrische Walzen auf, und deute an, dass man dazwischen auch Blech herstellen könne. Anscheinend weiß er das auch und zeigt mir, dass gehämmertes Blech besser ist (Daumen oben) als gewalztes Blech (Daumen gesenkt)!

Dadurch, dass im Innenhof meines Hotels immer Betrieb ist und dadurch, dass ich wegen des Meinungsaustauschs (und des Essens!) immer die gleichen Restaurants besuche, werden Kontakte geknüpft:

Da ist die junge Frau, die nur nach Lhasa gekommen zu sein scheint, um ihr Laptop zu benutzen, den ganzen Tag verbringt sie davor, da ist Roman aus Buenos Aires, der mit seiner fröhlichen Art seinen Sarkasmus gut verpackt (in seiner E-Mail-Adresse gibt es die Worte „el barbaro" = der Barbar), da ist die Gruppe von Japanern, nur planend, tagelang. Ihre Tipps an Landsleute schreiben sie auf Japanisch und heften sie an das Schwarze Brett des Lokals, wahrscheinlich eine Schutzmassnahme, damit keiner eine auf Englisch abgefasste Nachricht entfernt (es sind Meldungen über betrügerische Reisefirmen, auch die gibt es hier, einfach abgerissen worden!). Nähere Bekanntschaft mache ich mit Mayte und Simon und natürlich dem Paar aus der Schweiz, der wackeren Susi, die sich gut erholt hat, und Thomi. Mayte hat gerade ihr Abitur hinter sich und hat sich mit Simon zusammen getan. Simon ist Englischlehrer in Japan und macht hier Urlaub.

Ich komme im „Tashi´s", einem beliebten Restaurant, mit einem Gitarristen ins Gespräch. Wir verabreden uns für abends und haben eine gelungene Session, hauptsächlich mit Blues.

Ich gehe in eine Apotheke, um mir ein Mittel gegen Grippe zu holen. Der Apotheker kann Englisch, fragt mich dies und das und macht sogar eine Irisdiagnose. Jetzt, denke ich, jetzt werde ich Teil einer jahrtausende alten Heilkunst, jetzt holt er Pflanzen unter der Theke hervor und sagt mir, wie ich den Tee trinken soll! Er greift ins Fach und gibt mir ein mir fremdes Medikament. Bei näherem Betrachten enthält es genau denselben Wirkstoff (Paracetamol) wie das Medikament, das ich verbraucht hatte. Soviel zu Heilslehren aus dem tibetischen Kulturraum!

Keine Botschaft von Tal im Internet. Er sollte schon längst in Lhasa per Flugzeug eingetroffen sein! Wir wollten einen Treff in Lhasa per Internet ausmachen, da wir nicht wussten, was uns hier erwartet. Ich gehe aus dem Internetcafé ... und stolpere über ihn. Er erklärt, das er in Chengdu aufgehalten worden sei und er jetzt im

„Snowlands" wohne, gerade 100 Meter entfernt.

Susi und Thomi sind nicht nur als Touristen hier. Sie erzählen mir, dass sie schon seit längerem für ein in einem Vorort von Lhasa gelegenen Waisenhaus spenden und es jetzt besuchen wollen. Sie kommen nicht mit leeren Händen, sie möchten während ihrer Anwesenheit einen großen Obstgarten anlegen. Die Hauptarbeit ist dabei, mit großen Steinen eine Umfassung zu errichten. Mayte, Simon und ich beschließen, mitzuhelfen.

Wir werden freundlich von Tendol, der Gründerin, und „ihren" Kindern empfangen.

Nach harter Arbeit, mit sechs Helfern haben wir die großen Steine zur Abgrenzung gesetzt, gibt es Tee. Die Kinder führen uns Tänze, Gedichte und Spiele ihrer Heimat vor. Wir ziehen nach: Simon, alter Oxfordianer, bringt „Old Mac Donald Had A Farm" zu Gehör (meine Gitarre hilft), Mayte (entstanden aus Maria y Teresia, großmütterliches Blut) singt eine verwegene Fassung von „Auf der Mauer, auf der Lauer" und die Schweizer steuern einen Sitz- und Aufstehtanz bei, der mit schwyzerdütschem Liedgut begleitet wird. Das Ganze ist ein Heidenspaß.

Mich hat tief beeindruckt, welche Freude die Kinder an ihren Darbietungen hatten, aber auch, wie ernsthaft sie zugleich bei der Sache waren!

Peinlich, peinlich! Am darauffolgenden Tag waren wir alle am Waisenhaus verabredet, um an einer gemeinsamen Busfahrt zum Kloster Tsuruph teilzunehmen. Ich bin zu spät dran, die anderen warten in Lhasa auf mich und dadurch sind wir alle zu spät, der Bus ist schon weggefahren! Allmählich weicht die Röte aus meinem Gesicht. Nach 70 Minuten sind wir wieder dabei (der Bus ist umgekehrt), nach weiteren dreieinhalb Stunden kommen wir an.

Manchmal mussten wir mit den Waisenhauskindern aussteigen, so steil ging es hoch, so schwach war das Büslein.

Das Picknick bringt Bekanntschaft mit Yakbutter im Tee, schmeckt. Schmeckt anders, aber schmeckt (wirklich!). Das Lagerfeuer wird mit getrocknetem Yakdung unterhalten. Noch bemerkenswert: Sichtung eines freilaufenden Wolfes, weit weg. Beschwingt nach Hause.

Mit Tal fahre ich zum Kloster Ganden. Sechs km in Serpentinen quält sich der Bus nach oben, man genießt die immer besser werdende phänomenale Aussicht, es sei denn, man bringt seine Gedanken auf Abwege, wenn man an mögliche Abwege des Busses denkt

Das Kloster war als eines der ersten von chinesischer Artillerie zerstört worden, jetzt aber, so können wir leicht schnaufend in 4400 Metern Höhe feststellen, wird es wieder aufgebaut.

Wir laufen gegen den Uhrzeigersinn um einen Heiligen Berg oberhalb des Klosters, werden aber nach ein paar Metern von einem freundlichen Mönch wie verirrte Schäfchen auf die rechte Rotation gebracht.

Die zwei, drei Stunden zeigen, dass der Aufenthalt in Bolivien schon eine kleine Akklimatisierung gebracht hat, außerdem bin ich nun schon eine Woche in Lhasa auf 3000 Metern Höhe gewesen. Nur unterschätze ich die Strahlkraft der Sonne und bin leicht angebrannt.

Das dient ein bisschen der Vorbereitung auf eine Wanderung, die Tal geplant hat und die uns über die Tibetische Hochebene zum Namtso führen soll, einem salzhaltigen See.

Doch vorher will ich noch beim Geburtstag des Dalai Lama mitfeiern!

Am 6. Juli versuchen Mayte, Simon und ich nach Thung Lha Yarsol zu kommen, denn an diesem Ort wird man des Dalai Lama gedenken; kein Taxi ist bereit, uns dorthin zu fahren, auch hatte das örtliche chinesische Fernsehen davor gewarnt, an diesen Feierlichkeiten teilzunehmen.

Wir kommen mit dem Bus hin, nur ca. 3 km westlich der Stadt steigen wir aus. Es ist noch nicht einmal ein Dorf, sondern eine Ansammlung verstreut liegender Gehöfte. An verschiedenen Stätten (vermutlich aus Sicherheitsgründen) wird „gefeiert", das heißt, gebetet und /oder Reis, Korn und Mehl geopfert. Das Opfern kann ein einfaches Niederlegen an der Andachtsstätte sein, oft aber wird, auch uns, mit einem freundlichen „Tashi Delek"(= hallo) das Mehl über den Köpfen verstreut! Damit wir aber nicht nur passive Teilnehmer sind, wird uns von den fröhlichen „Festgästen" auch Mehl geschenkt, sodass eine Art Partystimmung (bei allem Respekt) beim Nehmen und Geben aufkommt. Wir kaufen kleine Papierbilder, die wir wie die anderen an den Altären zurücklassen, eine Gebetsfahne hängen wir auch auf.

Obwohl wir nicht dem Glauben der hier Anwesenden angehören, denken wir, einen Geburtstag einer solchen Symbolfigur dürfen wir schon mitfeiern. Tatsächlich gehören wir irgendwie dazu, sind zwar die einzigen Nicht-Tibeter, werden aber wie Festgäste behandelt, besonders dann, als wir nach unserer kleinen Wanderung über die Gehöfte und zu den „Altären" im Verköstigungsbereich auftauchen. Hier ist man Mensch, hier kann man´s sein! Musik, Getränke (auch der besagte Tee), Kuchen, Würfelspiel und Gesang erfreuen Auge, Herz und Gemüt. Die Szenerie könnte auch bei uns, auf einem Bauernmarkt unter freiem Himmel, sein.

Froh und verschmutzt kehren wir nach Lhasa zurück. Die Leute vom Barkhor lachen, sind aber auch voller Anerkennung, als wir uns auf dem Weg zum Hotel hier hindurchwinden.

Mit Tal spreche ich abends die Ausrüstung für die Wanderung durch. Außer dem „normalen Kram" für eine Woche brauchen wir noch ein Zelt, Nahrung (auch Wasser!!) und einen Kocher.

Am anderen Tag kommt mein „Expeditionsleiter" mit einem Kocher an, der sicherlich gut ist, allerdings auch die Mitnahme eines Lasttieres erfordert hätte. Das eiserne Ungetüm wird zurückgebracht. Ich erwäge schon, nur Nahrungskonzentrate kalt zu essen, als dem israelischen Freund der technologische Durchbruch gelingt:

Er hat sich auf dem Markt eine große emaillierte Teetasse besorgt. In einer Schlosserei hat er den Griff abschneiden lassen, des weiteren hat er mit einer Blechschere senkrecht von oben bis zur halben Höhe der Tasse parallele Schnitte machen lassen. Die so entstandenen Streifen hat er nach innen gerollt, sodass ein umlaufender Wulst entstanden ist, auf dem wir unser Kochgefäß aufsetzen können. Bravo! Geheizt wird mit Feuerzeugbenzin, als Dochte dienen hölzerne Essstäbchen, ein Ausprobieren der Apparatur gelang.

Susi und Thomi aus der Schweiz verabschieden sich, Tendol mit dem Hausvater des Waisenhauses sind beim Abschiedsessen ebenso dabei wie Mayte, Simon, Tal und ich.

Der Ausflug beginnt nicht erfolgversprechend. Heute wollten wir los, haben an verschiedenen Haltestellen gewartet, von denen nach Tals Recherchen unser Bus hätte abfahren müssen (kein Bus ist gekommen), bis wir erfahren haben, dass der Bus pünktlich da abgefahren ist, wo wir nicht gewartet haben, vom Busterminal aus. Ich murre nicht und lege mich ins Bett, da nur ein Bus am Tag fährt. Am Morgen danach klappt es, um 14.00 Uhr sind wir in Damxung, einer Ortschaft, die wir auf der Fahrt von Golmud schon einmal passiert haben.

In der Ferne sehen wir die Gebirgskette, die wir überqueren müssen, damit wir in die Tibetische Hochebene gelangen. Nach zwei Stunden sind wir an den Ausläufern, pausieren.

Drei junge Frauen kommen zu uns, sie haben uns von ihrem Gehöft aus schon von weitem gesehen. Leider können wir außer der Begrüßung nur noch sagen, wie wir heißen und wie alt wir sind, das Wörterbuch Englisch-Tibetisch versagt, da die freundlichen Damen, 22, 24 und 27 Jahre alt, nicht lesen können.

Weiter, doch der Elan ist weg, nach einer halben Stunde beschließen wir, zu übernachten.

Beim ersten Tee vor dem aufgebauten Zelt, wir haben es nahe dem Weg zum Pass aufgebaut, erhalten wir Besuch von drei weiteren Nomadengirls, die sich nach der Begrüßung freundlich hinsetzen, die angebotenen Plätzchen essen und dann weg gehen, gruß-los. Bevor wir uns wundern können, sind sie wieder da, zeigen uns, wie wir mit frisch geschnittenen Dornenzweigen das Feuer unterhalten können. Da es kaum Holz gibt, haben sie immer Sicheln dabei, um etwas Gesträuch zu sammeln. Als das Wasser ein zweites

Mal kocht (es kocht, bevor es richtig heiß ist, die Höhe!), gehen sie, diesmal mit herzlichen Grußworten.

Um 21.00 Uhr gehen wir ins Bett, es friert, dennoch guter Schlaf. Früh am Morgen wache ich auf, gegenüber dem Vollmond ist noch ein Stern am Himmel. Bevor wir um 11.00 Uhr weiterziehen, erhalten wir noch einmal Besuch, wie gehabt. Ich spiele den Mädchen noch ein deutsches Kinderlied vor („Da oben auf dem Berge, da ist der Teufel los, da prügeln sich drei Zwerge um ein´ Kartoffelkloß"), sie begleiten uns noch einen Weile bergauf, sichtlich erstaunt, welche Schwierigkeiten wir haben.

Bis 17.00 Uhr – wir sind schon lange wieder allein - halte ich durch, die letzten 50 Höhenmeter mogele ich und lasse mich vom ersten Auto seit Beginn des Aufstiegs mitnehmen. Ein junges europäisches Paar ist auf dem Weg zum Pass, will die „location" für die Hochzeit festlegen. Oben, unter den Steinmännchen und Gebetsfahnen, warte ich auf Tal, der eine halbe Stunde später ankommt. Hier, am Lhachen La, auf 5150 Meter Höhe, können wir weit nach Nordwesten in die Ebene hineinblicken, links ist sogar schon, überwältigend schön, der Namtso zu sehen. Mein „Höhenbetrug" hat mich nicht daran gehindert, aus eigener Kraft über die 5000er-Grenze zu kommen!

Um 18.45 Uhr sind wir „unten", das heißt auf ungefähr 4700 Metern über NN, der Höhe des Plateaus. Sofort haben wir neue Neugierige „am Hals", Jung- und Altschäfer gesellen sich zu uns, wir sind in einem Meer von Schafen und Yaks!!! Der Besuch verlässt uns, wir haben das Übliche an Kommunikation versucht, die Sonne geht unter und blitzschnell sind wir in der Thermounterwäsche, obwohl die Schlafsäcke ja genug wären (man gönnt sich ja sonst nichts).

Das Wasser aus dem Fluss (das erste frische seit unserer letzten Übernachtung) wird entkeimt. Zum Essen gibt es Tee, Frühstücksfleisch (wie kann man etwas Schlechtes überhaupt noch verschlechtern?) und Brot. Plötzlicher Schlaf.

Am Morgen werden wir von Schafen geweckt, die über unsere

Zeltleinen stolpern. Jetzt sitzen wir in der Sonne und lassen den Tag langsam angehen, da der härteste Teil des Trecks ja hinter uns liegt! Das Kloster am Namtso (-See) ist hinter einem Berg, der ca. fünf Fußstunden entfernt ist. Los, erbarmungslose Hitze, der Pass hinter uns wird nicht kleiner, der Berg wird nicht größer. Alle Stunde lasse ich wortlos den Rucksack fallen und schlafe augenblicklich ein (später hat mir Tal gesagt, er sei heilfroh über meine Pausen gewesen!). Nach zehn Minuten rege ich mich wieder und komme langsam hoch. Gegen Mittag müssen wir das Zelt aufbauen, um Schatten zu erlangen. Wasser, Wasser, dann weiter. Gegen Abend, es wäre noch eine Stunde zu gehen gewesen, nehmen wir einen Lift war und fahren in einem schon vollbesetzten Jeep mit. Der Fahrer war stocksauer, fürchtete wohl nicht zu Unrecht um seine Achsen.

Das Kloster, das sind einige Öffnungen im Fels, ein paar Leute wohnen dort auch. Wir zelten etwas oberhalb des Seeufers, mit einem Blick auf das Wasser und die dahinterliegende Bergkette, darunter ein paar Siebentausender.

Wir nehmen zum Kochen Seewasser, das leicht salzig ist; dieses reichern wir mit dazu gekauftem gekochtem Regenwasser an, beides wird entkeimt. Ich schlafe schlecht, obwohl ich sehr erschöpft bin.

Wir würden gern per Auto zurückfahren (Ja, ja, auf Stolz muss man auch verzichten können), aber hier gibt es keinen Durchgangsverkehr. Die Autos, die aber ab und zu hierher kommen, sind proppevoll (wie das, das uns mitgenommen hat).

Also tanken wir noch einmal Energie, unternehmen kleinere Spaziergänge (ohne Gepäck) und bereiten uns auf einen sehr frühen Abmarsch für den Rückweg vor.

In einer Regenpause bauen wir das Zelt im Dunkeln ab, um 05.40 Uhr sind wir auf dem Weg. Wir folgen den Richtungsangaben eines Tibeters und laufen falsch. Ob wir uns verlaufen haben, den Tibeter falsch verstanden haben oder ob der Tibeter nur freundlichen Mist erzählt hat, ist nicht von Belang, fest steht, dass wir nach drei Stunden so weit sind wie zuvor, wir müssen zurück, stehen an einem Seitenarm des Sees, der nicht zu queren ist. Wir benötigen zwei Stunden, um Korrektur zu laufen, davon eindreiviertel Stunden in einem Sumpf. Es ist ein sympathischer Sumpf, denn man versinkt nicht in ihm, sondern es sind nur Grasbüschel, die im kniehohen Wasser stehen. Da wir jetzt wissen, dass wir richtig sind, hüpfen wir begeistert von Grasinsel zu Grasinsel; erst als wir ein paar Mal ins Wasser abgerutscht sind, legt sich die Begeisterung, die erste Müdigkeit meldet sich auch schon.

Ein undefinierbarer Hund kommt uns durchs Wasser entgegen, er lädt uns, vorauslaufend, zu einem Nomaden ein, der lächelnd vor seinem Wohnzelt steht, ein modernes Fernglas in der Hand. Er hat uns schon lange gesehen, deutet er an, wir müssten müde sein und bräuchten etwas Tee. Gern folgen wir der Einladung ins Zelt. Seine Frau gibt uns zwei gefüllte Tassen, nachdem wir uns gesetzt haben. Nie hat ein Getränk besser geschmeckt als in diesem rauchgeschwängerten Zelt, auf schmutzigen Tierfellen, inmitten getrockneten Yakdungs! Und wir haben uns geborgen und wohl gefühlt!

Zum Abschied gebe ich der kleinen Familie ein paar Bilder, die ich aus meinem Taschenbuch heraus reiße. Es zeigt den letzten Kaiser von China, dessen Biographie ich mitgenommen hatte. Alle anderen Versuche der Kommunikation sind recht erfolglos. Ich habe versucht, aufzuzeichnen, warum wir so erschöpft sind, habe eine Schlucht aufgemalt, die 5000 Meter tief ist, habe oben hingedeutet und auf die Landschaft gezeigt, dabei gehechelt, habe unten hingezeigt, ein Haus dazu gemalt und gezeigt, dass ich auch ruhig atmen kann. Ob ich erfolgreich war, weiß ich nicht.

Weiter, weiter, weiter. Ein Gewitter überholt uns, erkennt unseren Zustand und belässt es bei einem mitleidigen Gepolter. Gegen 14.00 Uhr kann ich nicht mehr, tue aber so, als hätte ich es nicht bemerkt, behalte meine stündlichen Auszeiten bei. Tal ist genauso schnell hingestreckt wie ich. Erstaunlicherweise bleibt es immer bei zehn Minuten Rast. Gegen 19.00 Uhr sind wir auf der Höhe unseres alten Rastplatzes, am Fuß der Passstraße, schlagen unser Zelt auf.

Tal holt Momos (fleischgefüllte Klöße) bei den benachbarten

Nomaden. Ich schlafe über einer halb ausgetrunkenen Tasse Tee ein, werde erst wieder wach, als ein Sturzregen über uns hereinbricht.

Nachts halte ich mich wach, habe Angst, dass die Atmung nicht weiter geht. Ich habe das Gefühl, als wolle sie nicht von selbst funktionieren. Später erfahre ich, dass dies ein Symptom von Höhenkrankheit gewesen sei. Egal, zu diesem Zeitpunkt hätten wir sowieso nichts machen können, Medikamente gibt es auch nicht dafür.

Irgendwann hat sich dann mein Körper doch noch den dringend benötigten Schlaf geholt. Leidlich erfrischt wache ich auf, die Sonne hebt das Gemüt, die Atmung ist bester Laune, war da was?

Ein nagelneuer Lastwagen bei den Nomaden weckt Begehrlichkeiten. Ich gehe durch den Bach, hüfthoch im Wasser, es fehlen Steine (irgendwann bekommt man heraus, dass man schnell wieder trocknet) und gehe ins Zelt. Ein Tee, zögerndes Aufs–Thema-Kommen. Der Chef hat gleich begriffen, woher der Wind weht und zeigt mir einen Preis für die Beförderung zur Passhöhe, die seinem Geschäftssinn alle Ehre macht, seinen Realitätssinn allerdings vermissen lässt. Nach zwei Stunden, ich bin wieder trocken, habe ich einen Preis ausgehandelt, den zu unterbieten ich nicht mehr gewillt bin. Ich bin zornig, grüße höflich und verlasse den Unnachgiebigen, der gleichwohl in seinem Gebaren noch Platz für ein kleines Hoffen ließ.

Ich sage zu Tal: „Geh du noch einmal zu ihm und zeige ihm in bar den von mir zuletzt genannten Preis. Akzeptiert er, ist es gut, wenn nein, ich packe schon die Sachen, gehen wir zu Fuß hoch.“

Gutgelaunt kehrt Tal zurück, alles klar! Im wieder einsetzenden scharfen Regen kommen wir in einer ständigen Rutschpartie über den Pass bis zur Ortschaft, in der wir vor ein paar Tagen aus dem Bus gestiegen sind. Wir haben sofort Anschluss an einen Linienbus nach Lhasa!!

Aber ach, die Hochstimmung legt sich schnell: Wir müssen den Bus verlassen, weil kein Ersatzreifen aufzutreiben ist, bekommen aber Platz im nachfolgenden Transport. Dieser Bus hält auch an, alles steigt aus. Der Busfahrer baut einen Stoßdämpfer aus und wartet. Na, denken wir, das sieht nach Routine aus, da kommt wohl einer, der Ersatz dabei hat. Wir gehen in den Bus zurück und strecken uns im Gang aus. Ich wache auf, als neben mir die obere Hälfte des Motorblocks abgesetzt wird. Sogar ich als Musiker verstehe, dass hier nicht mehr viele Kilometer auf der Tagessordnung stehen. Die Passagiere sehen sich nach Ersatztransportern um, allmählich wird die Menge kleiner, da es ja nur eine Strasse gibt. Wir kommen auf einem Lastwagen unter, der noch blutige Yakköpfe geladen hat. Ungerührt setzten sich die Tibeter darauf. Ich bleibe am hinteren Ende der Ladefläche, muss aber in Kauf nehmen, dass hier jede Unebenheit der Straße, soweit überhaupt von einer Straße zu sprechen ist, doppelt und dreifach auf mein Skelett durchschlägt. Auch das geht vorüber. Beim Aussteigen in Lhasa bezahlen wir die Fahrt noch einmal.

Die letzte Reisewoche beginnt. Ich ziehe noch einmal ins „Yak-Hotel" und führe letzte Aufräumarbeiten bei der Ausrüstung durch. Einen entbehrlichen Teil der Bekleidung bekommt mein „altes" hilfsbereites Zimmermädchen Bäme, die Apotheke bekommt Tendol für ihr Waisenhaus.

Ein Rucksack-Reißverschluss muss ersetzt werden. Da sitzen sie und strahlen, die Singer-Girls! Sie harren der Dinge, die auf sie zukommen. Am Barkhor, gegenüber dem Treppenaufgang zum Internetcafé haben sie ihren Arbeitsplatz, ihr Kapital sind vier betagte Nähmaschinen der Firma Singer. Schnell habe ich den Fall erklärt (ohne Worte), der Preis wird auch ausgehandelt. Während die Chefin noch mit mir spricht, ist der alte Reißverschluss schon von einer Kollegin herausgetrennt worden, ein neuer wird ausgemessen. Nach einer Stunde komme ich zurück. Der neue Verschluss ist haargenau eingepasst worden, ebenso wie sein Vorgänger durch den dicken Stoff mit verdeckter Doppelnaht verbunden. Eine gute schnelle und preiswerte Arbeit!

Tal bekommt die Chinesenkamera aus Sydney, dazu einen frisch komponierten Bossa Nova „The Smell of Your Socks" (Der Gestank deiner Socken). Wandern macht Menschen miteinander vertraut. Ein Paket mit Büchern geht mit der Post nach Deutschland; mein Rucksack ist auf einmal sehr leicht geworden! Ein kleines Abschiedsessen am Samstag, nur Tal sowie Mayte mit neuem Freund sind dabei.

Am Sonntag, dem 19. Juli, dem Beginn der letzten Reisewoche, fahren wir um 09.05 Uhr los. Wir: zwei Kanadier, zwei Franzosen aus Grenoble, zwei junge Frauen aus Litauen, drei Japaner, ein dicker Fahrer, ein „Führer" und ein „student driver", ein Fahrschüler also.

Bis 100 km westlich Lhasa ist die Straße mit einer Asphaltdecke versehen, Sandverwehungen und durch Regenfälle ausgelöste Erdrutsche erschweren das Vorwärtskommen. Der Fahrer ist sehr gut. Einmal kämpft er sich durch einen Erdrutsch, der die Strasse auf ca. 600 Meter hatte verschwinden lassen!

Während unser Fahrer zu Fuß nach einer Alternativstrasse am Hang sucht, helfe ich mit 60 anderen mit, an einem dicken Seil einen riesigen Lastwagen aus dem Schlamm zu ziehen. Ein ganz komisches Gefühl, dass man mit der Hände purer Kraft mehrere Tonnen Gewicht ziehen kann!

Woanders, am gleichen Hang, ist man weniger erfolgreich. Ein Bus voller Soldaten kommt von der anderen Seite, der Fahrer hält an, hat sich zuletzt mühsam durch den immer höher werdenden Schlamm gewühlt. Er bekommt befohlen, weiter zu fahren, was auch geschieht. Als der Bus dann folgerichtig stecken bleibt und weder vor noch zurück kann, befiehlt der Ranghöchste, auszusteigen und den Bus zu schieben. Der Bus wird solange geschoben, bis alle außer dem Offizier völlig verschmutzt sind und der Bus gegen einen Fels gekippt ist. Der bleiche Fahrer steigt nervös aus und wird auch gleich vom Chef der Truppe beschimpft, was sonst?! Ob es wohl eine Kollektivintelligenz der hohen Militärs gibt, überall von gleicher Güte?

Unser Bus nach Kathmandu fährt den „Friendship Highway" im

Bramaputra-Tal über Gyantse nach Shigatse. Die zweitgrößte Stadt Tibets ist Sitz des Pantschen Lama gewesen, eine Reïnkarnation des „Buddhas des Unendlichen Lichts". Der Pantschen Lama ist ziemlich hoch beim Dalai Lama angesiedelt, seit Jahren aber von den Chinesen als Marionette missbraucht worden und nach Beijing verbracht worden. Wir essen hier nur. Sonntag Nachmittag entdeckt man die defekte Bremsdruckleitung und braucht 2 ½ Stunden, um herauszufinden, dass diese nicht repariert werden kann!

Bis Lhatse fahren wir nur mit der leidlich funktionierenden Handbremse weiter! Nie werde ich das asthmatische Keuchen der immer wieder probierten Fußbremse vergessen, als wir über den 5200 m hohen La Lungla Pass fahren!

Nachts um 01.00 Uhr beziehen wir bei bitterer Kälte einen Schlafsaal in Lhatse, wecken die anderen auf, die gerade eingeschlafen waren. Ein freudiges Wiedersehen, denn es sind drei Radfahrer darunter, die ich schon im „Yak" gesprochen hatte. Sie wollen zum Everest-Basislager. In Tingri ist die Bremse, notdürftig in Lhatse repariert, wieder kaputt. Der Fahrer muss drehen, fährt auf einen freien Platz vor einem Haus, zieht sanft die Handbremse an, die nun aber auch den Geist aufgegeben hat, und rollt langsam in den Lehmbau, nicht ohne das Eingangstor mit hineinzudrücken. Das alles in äußerster Zeitlupe. Wir lachen, der Fahrer ist stocksauer. Wir fahren ins „Everest Veo Hotel", das natürlich „Everest View Hotel" heißen sollte, aber die Aussprache ist gleich. Der Mt. Everest ist nicht zu sehen, dichte Wolken, dafür aber die erboste Hausbesitzerin, die vom Fahrer Entschädigung verlangt.

Es wird uns übersetzt: Der Fahrer habe keine Schuld am Unfall, die Passagiere seien Schuld, denn die hätten verlangt, dass er, der Fahrer, umdrehen müsse! Außerdem habe der Fahrer kein Geld dabei. Ich stehe langsam auf, blicke den Fahrer an und sage der Dolmetscherin, dass der Fahrer das gesamte Fahrgeld dabeihabe, das wir ihm gegeben hätten und dass unsere Geduld zu Ende sei. Die Hausbesitzerin wird entschädigt. Wir gehen essen, warten auf ein Ersatzteil, so sagt es jedenfalls der Fahrer, dem keiner mehr glaubt.

Montag 18.00 Uhr fahren wir weiter, ohne Ersatz. Wir sind nun im Chomolunga (= Everest) Nationalpark, haben beim letzten Pass (5200 Meter) einen atemberaubenden Blick über die wolkenverhangene Himalaja-Kette, leider ist links der höchste Berg der Welt nicht zu erspähen. Aber es ist auch so abenteuerlich und sensationell: Wir sind höher als der höchste Berg Europas und sehen die Spitzen von Bergen, die im Schnitt noch einmal 3500 Meter höher sind!

Der letzte spektakuläre Abschnitt der Reise beginnt. Vor uns sehen wir bergab über einer Art Hochalm eine Erdspalte in der Gebirgskette, die in Nord–Süd–Richtung verläuft. Hier müssen wir hinunter, um zur chinesischen Grenze zu gelangen, das sind ungefähr 3000 Höhenmeter in 2 ½ Stunden.!

Angesichts unserer Bremssituation gilt für mich folgendes: Ich fahre bei offenem Fenster. Sollte der Fahrer die Beherrschung über das Fahrzeug verlieren, werfe ich meine kleine Gitarre hinaus und springe hinterher, dasselbe Szenario also wie bei den indonesischen Fähren. Es geht aber alles gut.

Die Hotels im dreckigen Nyalam sind alle besetzt, sagt der Fahrer. Wir nehmen es hin. Nach weiteren zwei Stunden durch Wasserfälle, bei ständigem schwerstem Regen, manchmal an Abgründen vorbei (vieles bleibt gnädig verborgen), kommen wir im Grenzort Zhangmu an der chinesischen Grenze an. Die Übernachtung in einem Dreckloch von Hotel wird nur noch übertroffen durch die Mitteilung des Fahrers, dass er am nächsten Morgen die restlichen elf km bis Kodari in Nepal wegen eines Erdrutsches nicht mehr fahren könne. Wir schlafen schnell ein, wenigstens kann das Zimmer nicht unkontrolliert zu Tal fahren.

Am nächsten Morgen zu Fuß, mit vollem Gepäck zur Grenze, ein paar hundert Meter nur bis zur chinesischen Seite. Alles geht klar, ich bin so zornig, dass ich nichts von den Trägern wissen will und das restliche Stück China angehe. Soweit es zu erkennen ist, kürze ich die weitläufigen Haarnadelkurven der Fahrstraße (keinen Spur eines Erdrutsches!) ab, auch kleinere Sturzbäche werden gequert, das Wichtigste ist wasserdicht am Körper, wie gehabt.

Die letzten zwei Kilometer, jetzt wieder auf normalem Weg. Ich werde von einem Fahrzeug in Richtung Grenze überholt, es ist unser Kleinbus, der neue Passagiere geladen hat!!! Ich koche.

Nepal

An der Grenze sehe ich schon von weitem unseren Reiseführer, tue aber so, als ob ich ihn nicht erkannt hätte. Er sieht mich auch und geht gemütlich und betont unauffällig um einen großen Bus herum, trifft dann aber auf mich, denn ich bin um denselben Bus, nur anders herum, gelaufen. Ich stelle ihn und brülle ihn an, bis die Leute stehen bleiben. Ich deute auf ihn und erkläre den Leuten, dass dies ein Betrüger sei („This man is cheating his passengers!"). Er weicht ständig zurück, tut so, als sei er nicht gemeint. Zum Abschluss bewerfe ich ihn noch mit Schlamm, bis bei mir die Luft draußen ist.

Im Grenzbüro bekomme ich problemlos ein Visum für Nepal; in einer engen Schlucht geht es nun talwärts bis 800 m ü. NN, dann steigt die nun wieder „zivile" Straße nach Kathmandu an bis auf 1500 Meter Höhe an, Endstation der Weltreise!

In Kathmandu bin ich erschöpft und „satt", das heißt, ich will nichts mehr erfahren und wissen, nur noch schlafen und, sehr intensiv: nach Hause!

Immerhin besichtige ich noch den Durbar Square mit seinen Bauwerken, wimmele noch einen „Studenten" ab, der mich um Geld für ein Buch bittet, auf Befragen aber nicht weiß, wie das Buch heißt, mehr aber zieht es mich in die Seitengassen, zu den kleinen Märkten und den Handwerkern. In einer Bank erhebe ich noch einmal meine Stimme, als meine Unterschrift nicht anerkannt wird, weil sie nicht exakt der Unterschrift auf der VISA-Card entspricht. Ich muss also so schreiben wie vor zwei Jahren. Die „Fälschung" erst wird als richtig anerkannt.

Meine Flugkarte ist nach einigem Preisvergleich erstanden: Die

„Aeroflot" ist um US $ 210.- billiger als die Lufthansa. Allerdings muss ich noch einmal im „Zick–Zack" fliegen: Kathmandu, Vereinigte Arabische Emirate, Moskau, dann Frankfurt.

Zwei Tage vor dem Abflug ereignet sich dann noch die gefährlichste Situation der Reise, als ich an einem Stück Schinken fast ersticke. Auf einem Dachgarten hatte ich mir ein Omelett bestellt, beim Essen verschlucke ich mich, huste. Das Scheibchen geht nicht weg, klebt. Ich huste und huste, bis ich auf einmal keine Luft mehr zum Husten habe, Panik. Kein Mensch mehr auf der Terrasse! Ich laufe einen Stock tiefer, setzte mich ungefragt neben ein schmusendes Pärchen, zeige auf meinen Rücken, mache Klopfbewegungen. Der Mann reagiert sofort und ... schlägt derart zu, dass ich a) sofort wieder Luft bekomme und b) noch Stunden später im Spiegel die rechte Hand des Chinesen erkennen kann.

Ich lasse mir noch zwei T-Shirts mit Stickereien versehen, auch meine Rucksackklappe bekommt die „Augen der Weisheit" appliziert.

Vom Flughafen aus führe ich ein Gespräch mit Stefan Gärth über meine Ankunft und sage nur, dass ich samstags am Nachmittag von Moskau ankäme.

Der Flug der Aeroflot führt über Sharjah in den Vereinigten Arabischen Staaten (um 22.00 Uhr 37° C !) nach Moskau. Dort übernachte ich in einem stillen Winkel des Flughafens auf dem Boden; natürlich nicht zu allein, in Sichtweite einer Überwachungskamera schlafe ich ein, den Riemen meiner Reisegitarre halte ich dabei umschlungen. Die guten Plätze waren schon besetzt, auf den Tischen des geschlossenen Flughafenrestaurants hatte man sich häuslich eingerichtet, manche hatten sogar ihre Oberbekleidung säuberlich über die Stühle gehängt, Ordnung muss sein!

Endlich in Frankfurt am Main. Gemütlich wollte ich in die S–Bahn steigen und so langsam wieder der Heimat gewahr werden. Daraus wurde nichts, hatte sich doch im Ankunftsbereich ein Empfangskomitee eingefunden! Die schlaue Tante, die natürlich nicht wissen konnte, mit welcher Gesellschaft ich ankommen würde, hatte alle möglichen Fluglinien mit Flügen aus Moskau angerufen und etwas von einem verschwundenen Enkel erzählt. Jede der Gesellschaften sagte, man könne keine Auskunft über die Namen in einer Passagierliste geben, aber der Enkel sei nicht darauf. Eine Fluglinie sagte nicht, dass der Enkel nicht verzeichnet sei, das war meine Aeroflot. So sind nun lang vermisste vertraute Gesichter wieder zu sehen, eine große unerwartete Freude für mich. Der Drehorgelmann Rolf hatte es sich ebenfalls nicht nehmen lassen, aufzuspielen, sodass sich nach zwei Jahren und zwei Tagen auch formal–musikalisch der Kreis schloss. Die Annäherung an die neue Normalität beginnt, ob sie so vertraut sein wird wie vor der Weltreise, wird sich herausstellen.

Vorgeschichte, Planungen

1 **Gesundheit**
Impfungen
im Impfpass (international) eingetragen:
Typhus, Cholera, Diphtherie
Wundstarrkrampf (Tetanus), Poliomyelitis
Gelbfieber
Medikamente gegen
Durchfall (Rehydration, Darm-Ruhigstellung)
Erbrechen, Brechreiz, Verstopfung
Erkältung (allgemein, Fieber, Halsweh, Hustenreiz, verschleimter Husten, Nase, Ohren)
Schlaflosigkeit, innere Unruhe
Hautverletzungen (Sonnenbrand, Fußblasen)
Unfälle (Desinfektion, Prellungen, Verstauchungen)
Verbrennungen

Antibiotika, antibiotische Augensalbe
Fungizide, antibakterielle Salbe

Sonstiges
Mullbinden, elastische Binden, Pflaster, Verbandpäckchen, Dreiecks-tuch, Augenklappe, Einmalspritzen, Nadeln, Schere, Pinzette, kleines Skalpell
Schlangenbissset, Rettungsdecke,
Tabletten (Mineralien, Vitamine, Salz)
Chemikalie zum Entkeimen von Wasser
mechanischer Filter zum Reinigen von Wasser

Kostenloser Rückflug wegen Krankheit ermöglicht durch Mitgliedschaft in der „Deutschen Flugrettung"

Ausrüstung

2   *Kleidung*

Unterwäsche, Thermounterwäsche (lang)

Trekking-Sandalen, Trekkingschuhe, knöchelhoch

dicke Socken, Jeans, Leinenhose, Geldgürtel, kurze Hose, Badehose,

Turnhose, T-Shirts, 1 Hemd, Pullover, Windbrecher, Regenjacke (Ölzeug)

Hut mit Moskitonetz

Geldtasche (unter der Kleidung), Schlafsack, dünner Baumwollschlafsack

Dokumente

Reisepass mit US-Visum, GUS-Visum,

Impfpass, Internationaler Führerschein

Notfallnummern für Fax-Notruf, Flugrettung, Internationale Reisekran-
kenversicherung, vorbereiteter Versicherungsschein für in den U. S. A.
noch zu kaufendes Fahrzeug, Adressbuch, Adresse meines Freundes in
Deutschland mit Verweis (spanisch, englisch, französisch): „Im Notfall zu
verständigen"

VISA-Card, American Express Reiseschecks, Notizbuch (= Tagebuch)

Der jeweilige Landesführer, manchmal ein Buch

zusätzlich

kleiner Rucksack (daypack), großer Rucksack, Reisegitarre (Eigenbau)

Dauerkerze, imprägnierte Streichhölzer, Sicherheitsnadeln

Kompass, Landkarten

Wasserflasche, Messer, Besteck, Teller, Tasse

aufziehbare Armbanduhr

Taschenlampe, Fernglas, Lesebrille

Trillerpfeife

Astronautennahrung

Medikamente (siehe gesonderte Liste)

Sonnencreme, Insektenschutz, Lippenschutz

Handtuch, Toilettenpapier, Feuchttücher, Plastiktüten (klein)

Kameras

Pentax „Espio", 35 – 110 mm

Minox EG 30 (Ersatzkamera)

Russland

1   Den Anlaß zur offiziellen Verschwisterung der Städte, die 1995 statt-gefunden hat, war der Besuch der ersten russischen Kosmonautin in Idstein. Die Künstler Uglitschs habe ich bei dieser Verschwisterung kennengelernt.

2   Eine E-mail (sprich: Imehl, electronic mail) ist eine elektronische Bot-schaft, die durch über Telephonleitungen vernetzte Computer versen-det wird.

3   Die BAM (Baikal-Amur-Magistrale) wurde als Parallelbahn zu Trans-sibirischen Bahn konzipiert. 1931, als die japanische Invasion in die Mandschurei begann, zeigte es sich, dass die Transsib, nahe der chi-nesischen Grenze verlaufend, zu exponiert gegenüber feindlichen Bombenangriffen war. Die heutige Trasse, 1984 fertiggestellt, zweigt in Taishet östlich des Baikal von der Transsibirischen Bahn ab und ver-läuft über Ust-Kut nach Sewerobaikalsk im Norden des Baikalsees nach Tynda, dann nach Komsomolsk am Amur, um schließlich an den Pazifik zu gelangen. Die Schwierigkeiten beim Bau dieser Strecke wa-ren noch größer als die, die bei der Transsib auftraten: Prioritäten wechselten, die zentrale Planung von Moskau aus hatte nichts mit den geologischen Gegebenheiten zu tun (Erdbeben- und Dauerfrostgebiete waren zu queren, Tunnels mussten durch schwierige Gesteinsforma-tionen getrieben werden), Nachschubprobleme und das Fehlen von Stützpunkten (lediglich ein paar Siedlungen von Fischern, Bauern oder Jägern gab es) rundeten das Chaos ab. Heute streift die Bahn Lager-stätten von Uran, Kohle, Kupfer, Gold, seltenen Erden und Eisen, so-viel ist bekannt, aber abgebaut wird nichts, die Geologen sind abgezo-gen, es fehlt das Geld für Investitionen. Das Ausland zögert, da die po-litische Situation noch unsicher ist.

4   Der Wandervorschlag wurde dem BAM-Reiseführer entnommen: „...von der Bahnstation (gab es nicht, Anmerkung pf) musst du ca. 1 ½ km einen asphaltierte Strasse Richtung Kitschera gehen. Das bringt dich über den Fluss Cholodnoje, einen langen Hügel hoch, bis du den höchsten Punkt erreicht hast, auf dem der 42er – Kilometerstein steht (den gab es auch nicht mehr, pf). Nach weiteren 200 Metern entlang

stählerner Leitplanken findest du links, schon überwachsen, einen Feldweg der Holzarbeiter, der von der Straße wegführt. Nach einer Stunde Gehens auf diesem Waldweg geht der Weg in einen Pfad über, der sich zum Akikan-Tal hochwindet. Diesem Pfad ist leicht zu folgen, er führt direkt zum Lager." Mal etwas anderes als die farbigen Markierungen in den Alpen.

5   GULAG war ursprünglich die Bezeichnung für die zentrale Verwaltung der Konzentrationslager, wurde dann im Westen auf die Lager selbst übertragen.

6   Das Bahnhofsdach imitiert die Decksaufbauten der „Aurora", des Schiffes aus St. Petersburg, von dem aus die Russische Revolution ihren Anfang nahm. Beim Bau der BAM hatten für den Bau des neuen Stützpunktes Sewerobaikalsk die St. Petersburger die Patenschaft übernommen. Mit der Erinnerung an die „Aurora" haben die Petersburger Architekten eine Verbindung von Sibirien zu ihrer Heimatstadt geschaffen.

U. S. A. - Mayaland

1   Anstatt den „American Way of Life" zu gehen, versetzte einen kleine Gruppe junger Menschen nach dem II. Weltkrieg vor allem in San Francisco das Bürgertum in Aufruhr. Ordentlicher Arbeit abhold, strolchten sie in fremden Ländern umher. Nach ihrer Rückkehr hingen sie offensichtlich mit langen Haaren ungewaschen in ihrer dreckigen Kleidung in Bars herum. Allen Ginsberg, Jack Kerouac und William S. Burroughs waren die populärsten Vertreter der sogenannten „Beat Generation". Die Beatniks, wie sie sich in Anlehnung an „Sputnik" nannten, wollten nicht „schaffe, spare, Häusle baue", sondern sie lehnten die normale „Tretmühle" ab. In Folge dieser kleinen Bewegung kamen dann die „Hippies" (Blumenkinder) mit der Macht der Liebe und „flower power", der Kraft der Blumen. Alles lieb, gewaltlos und ohne Konzept (oder vielleicht einem mythischen), aber leider nur in den Nischen von Demokratien möglich. Die Freiheit der Blumenkinder führte zur Ziellosigkeit, die konservativen Spießer überlebten alle Strömungen der Jugend.

2   Political Correctness: Zum Beispiel heißt der nordamerikanische Neger nicht mehr „negroe" („nigger" ist schon lange ein schlimmes Schimpfwort), er zählt auch nicht mehr zu den „coloured (farbigen) oder black (schwarzen) people (Leuten)", sondern ist ein „African American". Folgerichtig (?) wurde deshalb in einigen Staaten der U. S. A. Mark Twains „Huckleberry Finn" verboten, weil in diesem Buch das Wort „nigger" benutzt wird. Heftige Auseinandersetzungen gab es, wie der nordamerikanische Indianer zu nennen sei: Da „Indian" im Englischen sowohl indisch als auch indianisch bedeuten kann, hat man die Wahl zwischen „American Indian", „Native (hier geborener) American", „Native indigenous people" (hier geborene einheimische Leute) und „Amerindian". Im Bestreben, die Sprache nicht verletzend zu benutzen, werden aus dicken oder fetten Personen „generously cut people" (großzügig bemessene Leute), auch „non sizist" (ohne Größe, Umfang oder Ausmaß) ist möglich. Leute, für die es keine Konfektionsgröße mehr gibt, sind „plus sized". Ein „girl" (Mädchen) ist kein girl mehr, weil das Wort irgendwann einmal negativ benutzt wurde: Jetzt ist ein girl, politisch korrekt: eine „pre-woman" eine „Vor-Frau"! Alles klar?

3   Von Tula aus bereicherte Quetzalcoatl, die „Gefiederte Schlange", Gott und Held zugleich, Mythologie und Geschichte der Tolteken, Azteken und Mayas. Der Gott schuf die Menschheit aus eigenem Blut und gab den Menschen das Mais und damit die Zivilisation. Durch Intrigen von Priestern wurde Quetzalcoatl vertrieben und entschwand nach Osten, nicht ohne seine Rückkehr und abermalige Herrschaft anzukündigen. Um die Zeit seines Verschwindens taucht in den Mayaschriften der Gott Kukulkan auf; dieser Gottesname bedeutet ebenfalls „Gefiederte Schlange". Diese Gott-Mensch-Mischung findet sich immer wieder in allerlei Schriften, in einer Weissagung der Azteken wird sogar das Jahr der Rückkehr von Quetzalcoatl genannt, es ist das Jahr, in dem Cortez an der Küste von Mexiko landet. Cortez landete an einem Karfreitag und war als Katholik schwarz gekleidet. Darüber hinaus war er Bartträger; beides, Kleidung und Bart, war geweissagt worden, sodass Cortez als wiederkehrender Gott empfangen wurde. Die

Azteken sind also Opfer ihrer eigenen Folklore geworden!

4 Der Schriftsteller Homero Aridjis sieht die Wurzeln eines derartigen Handelns in den Blutopfern der Azteken und in dem katholischen Glauben.

5 Als die Spanier auf der Halbinsel landeten, fragten sie die Eingeborenen: "Wo sind wir hier?" Einer antwortete: "Ma cu´bah tham (= wir verstehen Euch nicht)." Daraus ist dann „Yukatan" entstanden. Wenn nicht wahr, so doch gut erfunden.

6 Dieses Gebiet, durch die Orte Nebaj, Chajul und Cotzal bestimmt, ist Schauplatz schrecklicher und leidvoller Kämpfe gewesen. Die Ixilbevölkerung hatte schon unter den Spaniern zu leiden, da sie sich nicht unterwerfen ließ. Nach der Unabhängigkeit Guatemalas wurden viele Bewohner auf große Farmen geschickt, zur Arbeit unter sklavereiähnlichen Bedingungen. 1975 machten die Guerilleros der „Armee der Armen", eine von vielen Freiheitsbewegungen, auf sich aufmerksam, als sie einen Großgrundbesitzer ermordeten. Das rücksichtslose Vorgehen des Militärs veranlasste viele aus der Bevölkerung, dieser Armee beizutreten. Leute verschwanden, wurden wiedergefunden, ermordet, vorher gefoltert, mit Spuren entsetzlicher Verstümmelungen. In den 80ern verschärfte sich die Situation noch mehr, Tausende Ixilbewohner aus den Dörfern kamen um, Ernten wurden zerstört, Dörfer verbrannt, die Überlebenden flüchteten in die Berge. Erst Entwicklungsprogramme wie „fusiles y frijoles" (Geschosse und Bohnen) oder „techo, trabajo y tortillas (Dach, Arbeit und Tortillas (Essen)) brachten die indigenas, die Einwohner zurück. Sie hatten sowieso keine Wahl, hatte doch das Militär schon begonnen, auch die entlegensten Gebiete von Guerilleros zu „säubern".

U. S. A.

1 Die „Historical Markers" sind Hinweisschilder auf Ereignisse der Erd- oder Landesgeschichte, aber auch auf Personen. Je weiter man nach Westen kommt, desto kürzer ist natürlich die Geschichte der Weißen in der von Osten nach Westen besiedelten U. S. A. Trotzdem nimmt nach

Westen hin die Beschilderung zu, allerdings nicht die Qualität. So ist auf einer Tafel des Oregon-Trail zu lesen: „Hier war eine Quelle. Sie diente zur Versorgung von Mensch und Tier durch Wasser." Offensichtlich traut man dem eigenen Schulsystem nicht. Unweit dieser Stelle sieht man auf einer Felswand einen Namenszug mit Datumsangabe. Auf dem Historical Marker steht: „Dies hat (Namenszug) im Jahr (Datumsangabe auf dem Fels) geschrieben. Er konnte nicht wissen, dass man dies heute noch lesen würde."

2   Die Komantschen haben hier nie gewohnt, sondern sind hier nur auf ihren Raubzügen von Nordtexas bis zu 500 km südlich nach Mexiko hinein durchgezogen. Da man ihnen ihre Lebensgrundlage, die Bisone, weggeschossen hatte, waren sie gezwungen, mobiler zu werden. Dafür brauchten sie Pferde (die sie erst durch die Spanier kennengelernt hatten). Die Pferde holten sie sich ebenso wie Nahrung, ohne lang die Besitzer zu fragen. Über 100 Jahre kamen die „Lords der Ebenen", wie die Komantschen auch genannt wurden, mit ihren Verbündeten, den Kiowas, nach Mexiko bis in die Provinz Zacatecas, plünderten, skalpierten (das hatten sie von den Weißen gelernt!) und nahmen manchmal sogar Sklaven. 1870 war der Höllenspuk zu Ende. Die Armee tötete ausnahmsweise nicht die Indianer, sondern deren Pferde. Die Nomaden waren unbeweglich geworden und gaben ihre Beutezüge auf.

3   Nicht nur die schönen Höhlen gibt es hier: An anderer Stelle Carlsbads, ebenfalls im Unterirdischen, lagern in einem Salzstock Atomabfälle mit einer Halbwertszeit von 10 000 Jahren, das heißt, solange geht Gefahr vom Lagermaterial aus. Der Kongress hat 1,8 Milliarden $ US dafür bereitgestellt, herauszufinden, wie man den Ort mit Warnungen versehen kann, die über den gesamten Zeitraum verstanden werden. Dieser Schutz für 10 000 Jahre scheint recht schwierig zu verwirklichen sein, schon das Symbol für Radioaktivität wird kaum verstanden („Schiffsschraube"?). Sind die Warnhinweise zu attraktiv, werden „Grabräuber" angelockt. Ein Totenkopf kann abschreckend wirken, hat aber bei den Alchemisten die Bedeutung von „Wiedergeburt" gehabt. Auf einer Flasche bedeutet der Totenkopf mit gekreuzten

Knochen „Gift", an der Wand denkt ein Kind, dieses sei ein Piraten-zeichen. Auch können die Markierungen für Kunst gehalten werden, tja, es ist schwierig! Wetten, dass dieses Problem nicht eher gelöst wird, als bis der letzte Cent ausgegeben worden ist?

4   Es werden an deutschsprachigen Wissenschaftlern genannt (auszugs-weise): Kepler, Kopernikus, Valier (testete für Opel Raketenautos), von Braun (V2 und Saturnrakete), Oberth (seine Publikationen waren Grundlage für spätere Reiseideen in den Weltraum), Sänger (Physiker, Plasmaantrieb), Ganswindt (beschrieb zuerst einen Raketenantrieb für die Raumfahrt), Hohmann (Arbeiten über Bahnen von Raketen und Satelliten), Ley (Mitbegründer der „Deutschen Raketengesellschaft"), Riedel (Peenemünde, beschrieb Handhabung von Großraketen am Grund), Thiel (entwickelte den Motor für die V2) und Winkler (erste Beschreibung eines Flüssigkeits - Raketenantriebs in Europa)

5   Den Namen haben die gigantischen Bäume nach einem Giganten an-derer Sorte erhalten, dem Indianerhäuptling Sequoia. Er fand einen Weg, die Sprache der Cherokees aufzuschreiben und einte so sein Volk. Das Werk war 1821 beendet. Der Botaniker Endlicher verewig-te den Namen des Erfinders.

6   Texas befand sich 1835 im Kampf um seine Unabhängigkeit von Me-xiko. Wohl wissend, dass sie gegen die Übermacht des mexikanischen Generals Santa Anna auf Dauer nichts ausrichten könnten, hielten den-noch die Kämpfer den Alamo (eine alte spanische Mission), bis keiner von ihnen mehr lebte. Dies alles nur, um im Osten dem texanischen Oberbefehlshaber Sam Houston Zeit zu verschaffen, eine Armee auf-zustellen.

Die Kämpfer kamen von überall her, zwei Deutsche (Henry Courtman und Henry Thomas) waren ebenso dabei wie ein Mexikaner, der wus-ste, dass er gegen seinen Bruder kämpfen würde, ein „negroe" und, nicht zuletzt, zwei Männer, über die Grenzen von Texas hinaus be-kannt: Bowie und Crockett. Zwölf Tage hielten die Verteidiger man gegen eine fast 20-fache Übermacht stand, am 13. Tag wurden sie überrannt. Santa Anna wurde seines Sieges nicht mehr froh, er wurde 44 Tage später von Sam Houston besiegt, nahe der Stadt, die nun den

Namen des Siegers trägt. Texas war frei. Dieses Blutvergießen scheint mir deshalb so bemerkenswert, weil es nicht gegen die Ureinwohner ging, nicht um irgendwelche Bodenschätze, nicht um Sold oder Geld, nein, es ging „nur" um den abstrakten Begriff der Freiheit, der Unabhängigkeit.

7 Auch hier verdanken wir dem Autor von „Blue Highways" ein Kriterium für Gaststätten, das von mir so genannte „Kalendergesetz", das besagt, dass die Anzahl von Kalendern in einer Gaststätte Aufschluss über die Qualität des Essens gibt. Kein Kalender – wie Autobahnraststätte, ein Kalender – vorgefertigtes Essen von irgendwoher, zwei Kalender – dort nur dann essen, wenn Fischtrophäen an der Wand hängen, drei Kalender – nicht weggehen, vier Kalender – auch den hausgemachten Kuchen versuchen, fünf Kalender – nicht verraten, dass es hier gut war, sonst schließen sich die Besitzer einer fast-food-Kette an (they'll franchise).

8 Mounds waren, zumindest im Mississippi-Gebiet, Erd- und/oder Steinhügel, die die Natchez-Indianer zwischen 700 und 1700 n. Chr. errichtet hatten. Weit davon entfernt, in den Indianern, die sie hier angetroffen hatten, die Erbauer dieser Kolossalwerke zu sehen, vermuteten die Weißen eine „Superrasse", die vor den Indianern hier gelebt hatte. Die größte Struktur dieser Art wurde in St. Louis gefunden, hat einen Grundfläche von 16 acres (= 647 ar , ca. 6,5 Hektar) und ist als Stumpf einer rechtwinkligen Pyramide 30 Meter hoch.

9 Allerdings war Sir Walter Raleigh nie hier gewesen. Als Geliebtem der Königin Elisabeth war ihm dies verboten. Und da wir gerade dabei sind: Er hat auch nie einen Mantel vor seiner Königin im Schmutz ausgebreitet (einen Erfindung von Thomas Fuller), und er hat auch nicht den Tabak in England eingeführt (Sir Francis Drake tat dies 1586).

10 1965 wurde dieser Bau in einem weltweiten Wettbewerb aus 100 anderen Großvorhaben als eines der sieben Wunder der modernen Welt ausgewählt. Die Konstruktion ist ca. 30 Kilometer lang.

11 Lincoln hat keinen einzigen Sklaven befreit! Die Proklamation der Gleichberechtigung vom 1. Januar 1863 galt nur für Staaten unter Kontrolle der Konföderierten (Südstaaten). Staaten unter U.S.-Kon-

trolle waren davon nicht betroffen. Lincoln hatte bis 1854 keine Stellungnahme zur Sklaverei abgegeben, im Gegenteil, er brachte Mechanismen auf den Weg, noch freie Schwarze aus Lateinamerika zu kolonisieren. Der Bürgerkrieg wurde nach den Worten Lincolns nur geführt, damit die Einheit der Union gewahrt werden konnte.

12   Bei allen Kanälen der Ostküste ging es um eine Ost-West-Verbindung durch die Appalachians. Vielerorts hatten Flüsse einen Durchbruch geschaffen, lediglich im Alleghenny-Gebirge nicht. Durch eine außerordentliche Anstrengung wurde dem aber auch hier abgeholfen: Die über 50 Kilometer lange Gebirgsstrecke wurde durch Geleise auf verschiedenen Ebenen erschlossen. Die unterschiedlichen Niveaus wurden durch schiefe Ebenen verbunden. Die Züge kamen auf Schiffen die Kanäle entlang bis sie auf die ersten Schienen gesetzt wurden. Auf den schiefen Ebenen wurden die Züge durch stationäre Motoren an Hanftauen hochgezogen. Später verfeinerte man die Angelegenheit, indem man auf genormten Booten sich der Gleiskonstruktion näherte. Die Boote wurden dann in Speziallastwagen aufs Gleis gesetzt. Hinter den Alleghennies ging es dann wieder auf die Kanäle. Der deutschstämmige Ingenieur Roebling (der mit der Brooklyn Bridge) führte hier später das Stahlseil ein. Die sogenannte „Alleghenny Portage Railroad" verkürzte ab 1834 die Reisezeit von Philadelphia nach Pittsburgh im Hinterland von drei Wochen auf vier Tage!

13   Gemeint sind nicht etwa Holländer, sondern die Nachfahren der deutschen Einwanderer. Diese nannten sich seit ihrer ersten Ankunft, 1683, "deutsch", was dann zu „Dutch" abgeschliffen wurde. Auch das Wort „Yan-kee" haben wir den Niederländern zu verdanken. „Jan Kaas" war der Spitzname der aus den Niederlanden kommenden Einwanderer in Neuengland. Dieser Name, ursprünglich ein Schimpfwort, übertrug sich auf alle Bewohner der Ostküste und wurde dann im Bürgerkrieg gleichbedeutend mit „Nordstaatler".

14   „Hessian" war der Sammelbegriff für alle deutschen „Mietsoldaten" auf englischer Seite. 1755, als es zwischen Frankreich und England um die Vorherrschaft in Nordamerika ging, waren erstmals Hessen unter den Soldaten. 1776 hatte England wieder 30 000 Soldaten in Übersee,

20 000 davon waren aus Hessen, nämlich: 17000 aus Hessen-Kassel, 2500 aus Hanau und 1200 aus Waldeck. Beim Friedensschluss 1783 zählte man 8000 Gefallene. Selbst im fernen Australien fand ich Spuren der Söldner: Im Botanischen Garten von Sydney stolperte ich über Ballen von Luftwurzeln, sorgsam geschützt durch Sackleinen; die Schutzmassnahme wurde erklärt auf einer Schautafel. Daraus ging hervor, dass Sackleinen (Jute) ebenfalls „Hessian" hieß! Die Soldaten hatten es aus ihrer Heimat mit nach Übersee gebracht, der Englischen Armee gefiel das Material.

15   Architekturkritiker Paul Goldberger schrieb 1986 in der „New York Times": „Fallingwater ist Wrights bedeutendster Versuch in der Horizontalen; es ist sein stärkste Werk struktureller Gestaltung, es ist die größte Verfeinerung in der Integration von Mensch und Natur".

16   Deutsche in Nordamerika (Auswahl)

William Rittenhouse, Mühlheim:	erste Papiermühle
John Bausch, Württemberg:	Brillen
Otto Mergenthaler:	erfand die „Linotype" (Satz und gleichzeitiger Guss von Drucktypen per Tastatur).
Henrich Millers:	druckte 1776 im deutschsprachigen „Pennsylvanischen Staatsboten" als Erster die Amerikanische Unabhängigkeitserklärung ab.
Thomas Nast:	entwarf den Elefanten als Symbol der Republikanischen Partei und „Santa Claus", den nordamerikanischen Weihnachtsmann.
Karl Ludwig Neßler, Todtnau:	erfand die Dauerwelle.
Carl Schurz, Liblar bei Köln:	Politiker
Margarete Schurz:	führte das Wort „Kindergarten" in die amerikanische Sprache ein.
Friedrich Wilhelm von Steuben:	Generalinspekteur der Armee Washingtons.
Levi Strauss aus Bayern:	erfand robuste Hosen aus Segel-

	tuch, die „blue jeans"; der Stoff kam ursprünglich aus Nîmes in Frankreich (= de Nîmes, denim-jeans).
Leopold Damrosch:	gründete das erste Symphonieorchester in New York.
Albert Bierstadt, Düsseldorf:	Kunstmaler; durch pathetische Bilder aus dem Wilden Westen bekannt geworden.
Henry Kissinger, Fürth:	Politiker
Deutsche Bauern:	führten die Erdbeere und Himbeere ein.
Einwanderer:	gründeten Turnvereine und Männerchöre.

Die meisten deutschen Immigranten kamen von „unten". Sie arbeiteten ihren Kredit für die Überfahrt im neuen Land ab.

Die deutschen Soldaten, von England und dem verfeindeten Frankreich im zerstückelten Deutschland gekauft, wurden in Nordamerika auf beiden Seiten (Pfälzer und Trierer gegen Hessen und Braunschweiger) eingesetzt. „Hessian" gilt noch heute als Schimpfwort für Söldnertum und Landsknechtsmentalität.

In Süd-Pennsylvanien siedelten sich vornehmlich Schweizer, Rheinländer und Friesen an. Sie hiessen „Quäker" (to quake= zittern), weil man ihnen nachsagte, beim Beten vor Ergriffenheit und Erregung zu zittern. Die „Wiedertäufer" (Mennoniten nach Menno Simmons, Ammoniten nach Jacob Ammon) gründeten sich anfangs des 16. Jahrhunderts in der Schweiz und wurden ab 1683 religiös verfolgt. Aus den Ammoniten wurden die „Amish"; die Mennoniten sind der Technik etwas mehr aufgeschlossen.

Die Flüchtlinge der Gegenreformation, darunter auch Moravianer, Schwenkfelder, Dunker, Salzburger, Rosenkreuzler und Heilige des 7. Tages wurden unter „Pennsylvania Dutch" zusammengefasst. Die Deutschen in Texas (Einwanderungshafen war Galvestone) haben keinen besonderen Namen. Sie lebten vor allem in New Braunfels und in Fredericksburg.

Eine Kuriosität waren die „Latin Farmers", die Bauern mit Latein-
kenntnissen, also humanistischer Bildung. Diese frühen Aussteiger
nannten ihren Versuch „tusculum", jedoch sagten ihre Kollegen von
ihnen: „Sie sind nur imstande, Rauhreif zu ernten".

Um 1900 hatte New York mehr deutschsprachige Einwohner als München, Chicago mehr als Frankfurt am Main. 52 Millionen Nordamerikaner führen ihre Ahnen auf Deutschland zurück (ca. 20 % der Bevölkerung).

Im 20. Jahrhundert wurden die U. S. A. noch einmal Zuflucht für
Deutschsprachige: Albert Einstein, Bruno Walter, Hannah Arendt,
Walter Gropius, Arnold Schönberg, Otto Klemperer, Thomas Mann,
Fritz Lang, Georg Grosz, Kurt Weill und Marlene Dietrich kehrten
Deutschland den Rücken.

17   Das Jai Alai: Die strategischen und taktischen Möglichkeiten eines
Spieles ziehen Zuschauer gleichermaßen wie Wettfreunde in seinen
Bann. Die Sprache des Spieles ist baskisch/spanisch. „Cesta" ist der
Fangkorb, „Pelota", der Ball, ist der härteste Ball aller Sportarten. Er
besteht aus einem besonders harten Gummi, ist mit Nylon beschichtet
und schließlich mit einer handvernähten Schicht Ziegenleder umman-
telt ist; er ist etwa kleiner als ein Tennisball. Die unglaubliche Wucht
der Würfe lassen einem Pelota eine ungefähre Lebenszeit von 20 Minuten. „Cancha", das eigentliche Spielfeld besteht aus drei Wänden.
(im Ursprungsland sind es Granitmauern). Das Feld ist meist 56 Meter lang, 13 Meter breit und 13 Meter hoch. Eine einheitlich genormte
Spielfeldgröße gibt es jedoch nicht. An der vierten Seite befindet sich
ein Netz, hinter dem die Zuschauer sicher das Spiel verfolgen können.
Aus Sicht der Zuschauer wird immer gegen die rechte Wand gespielt.
Beim Jai-Alai beginnt ein Spiel mit dem Aufschlag, der Ball muss in
einem bestimmten Bereich des Feldes aufkommen. Nach dem Aufschlag muss der Gegenspieler versuchen den Ball in einer flüssigen
Bewegung wieder gegen die Wand zu schleudern (einmal Aufprallen
ist erlaubt). Dies geschieht so lange, bis ein Spieler den Ball verfehlt
oder der Ball außerhalb des Spielfeldes ist. Drei Schiedsrichter sorgen

dabei für einen reibungslosen Spielverlauf.

Jai-Alai ist die schnellste Ballsportart der Welt, die Bälle können Geschwindigkeiten bis zu 300 km/h erreichen (Squashball circa 190 km/h, Tennis-Aufschlag ungefähr 240 km/h.). Seit Einführung der Helmpflicht im Jahr 1967 ist die Zahl der schweren Kopfverletzungen deutlich gesunken, bis zu diesem Zeitpunkt gab es vier Todesfälle.

Kanada

1   Über die „Akadier" ist schon bei meinem Besuch von Louisiana geschrieben worden.

2   Mrs. Leary's Kuh ist unter die Rubrik „Mythos" einzuordnen: Wohl nahm das Feuer in der Nähe des Hauses von O'Leary seinen Ausgang, es war aber zu spät, um Kühe zu melken und als das Feuer entdeckt wurde, schliefen die O'Leary schon. Es wurden durch den Brand 17 000 (!) Gebäude zerstört, das Haus der O'Leary blieb unversehrt.

3   Die Anasazi haben ihren Namen von den Anthropologen bekommen, die einen Navajo-Begriff verwendeten. Dieser bedeutet „feindliche Vorfahren". Die Navajos selbst nennen ihre Vorbewohner „Anosazi", was „begrabene Vorfahren" bedeutet. Diese könnten die Vorfahren von Pueblo - (= Lehm) Indianern wie den Hopi gewesen sein und durch Trockenheit und Bodenabtrag aus dieser Gegend vertrieben worden sein.

4   Die „Navajo Code Talkers" erfuhren erst spät, im Jahre 1969, durch Präsident Ronald Reagan Anerkennung: „...obwohl häufig aus den Annalen der Geschichte der U. S. A. verbannt, haben diese Leute nichtsdestoweniger das Land verteidigt, das einzige Land, das sie je gekannt haben, und haben dafür um nichts gebeten außer, eine gute Zeit zu haben."

Die Verschlüsselung selbst wurde nie „geknackt". Einige Beispiele: Der Buchstabe „e" konnte der Anfangsbuchstabe der Wörter „elk" (Elch), „eye" (Auge) oder „ear" (Ohr) sein. Je nach Bedarf nahm man dann dafür das Navajo-Wort dafür. Die Länderbezeichnungen wurden durch die „indianische Brille" gesehen, U. S. A. hieß „Unsere Mutter",

Deutschland „Eiserner Hut", Afrika „Blackies", Großbritannien „Zwischen den Wassern", Japan „Schrägauge", und die Philippinen „Schwimmende Inseln"; diese Bezeichnungen wurden dann nach Navajo übersetzt und noch einmal normal verschlüsselt. Weiter Verfeinerungen waren, ein Wort im Ausgangszustand erst einmal zu verballhornen. Zum Beispiel wurde aus „Spain" „Sheep Pain", aus „when" wurde „wheasel hen" und aus „thereafter" wurde „Turkey here after". Letzteres hieß auf Navajo „TA-ZI-KWA-I-BE-KA-DI", ein Alptraum für japanische Dechiffrierer. 1982 wurde der 14. August als der „National Navajo Code Talkers Day" proklamiert.

5   1864 hatte hier Kit Carson den größten Teil des Navajo-Stammes ausfindig gemacht und nahezu in den Hungertod getrieben. Eine Zwangsansiedlung in Fort Sumner hatte sich zuvor als falsch erwiesen, daraufhin wurde dem Stamm wieder Platz auf dem Gebiet seiner Väter überlassen. Heute verfügen die Indianer über beträchtliche Einnahmen aus Pachtverträgen (Öl, Gas), betreiben ganzjährig einen Sägemühle, man findet Kohle und Uran auf ihrem Gebiet, Holzertrag und Weideland vervollständigen die Liste der stammeseigenen Schätze.

Karibik
keine Endnoten

Südamerika
1   Staunenswert die Errungenschaften der Inka:
Die Hochbeete waren zum Temperaturausgleich mit Wassergräben umgeben, zur Düngung wurden Stickstoff sammelnde Lupinen zwischen die Nutzpflanzen gesetzt. Oberhalb der Pflanzgrenze wurde Viehzucht betrieben (die Inka waren die einzigen Altamerikaner, die dies taten). Die Kartoffeln wurden über 4000 Meter gefriergetrocknet und so haltbar gemacht. Das fast vergessene Kinicha-Getreide der Inka feierte Wiedergeburt als ungewöhnlich proteinhaltige Astronautennahrung.
An dieser Stelle sei auch ein (unvollständiger) Überblick gegeben, welche Pflanzen wir den Indianern verdanken: Ananas, Avocado, Boh-

nen, Erdnuss, Kakao (Schokolade allerdings ohne Milch, da die Kühe erst mit den Spaniern kamen), Kartoffel, Cashew-Nuss, Chicle (Kaugummi), Kautschuk (Naturgummi), Kürbis (auch Baumkürbis und Flaschenkürbis), Mais, Peca-Nuss, Spanischer Pfeffer, Süßkartoffel, Tabak, Tomate, Guave und zum Schluss Vanille, die einzige essbare Orchideenart unter 30 000 anderen!

2 Die Aymara - Indianer haben eine eigene Sprache, die auch Aymara heißt.

Im Jahre 1984 gelang dem bolivianischen Mathematiker Ivan Guzman de Rojas eine erstaunliche Leistung. Er arbeitete an einem Übersetzungsprogramm, das die englische Sprache gleichzeitig in mehrere andere Sprachen übertragen sollte. Fachleute von elf europäischen Universitäten hatten sich an diesem Problem die Zähne ausgebissen, Guzman hingegen benutzte nur einen kleinen PC und die Sprache der Aymara, die er als Zwischenstufe für die gleichzeitige Übersetzung nutzte! Er setzte die starre, logische und eindeutige Struktur von Aymara mit immer geltenden syntaktischen Regeln in einen Computeralgorithmus um.

Die Sprache des Bolivianischen Hochlandes ist eine so reine Sprache, dass manche Historiker gar meinen, sie sei nicht, wie die meisten anderen Sprachen, durch eine langsame Entwicklung und einen kontinuierlichen Wachstumsprozess entstanden – sondern von Grund auf konstruiert worden! Konstruiert von wem? Die Aymara verstanden sich auf Feldbau und Landwirtschaft, aber hatten sie in ihrer kargen Freizeit die Muße, eine auf mathematischen Grundprinzipien basierende Sprache zu entwerfen? Manche Wissenschaftler setzten auf Außerirdische!

3 Die Musikinstrumente in Bolivien: Verschiedene Flöten (Zampoña, Bajones, Kena, Anata) aus Schilfrohr (Panflöten), eine tiefe Basstrommel (Bombo), Stierhörner (Pututu), das Saiteninstrument Charrango (früher wurde der Klangkörper aus dem Panzer eines Gürteltieres hergestellt), Maracas (Rasseln), Guïro und die Gitarre. Das Lied „El Con-

dor Pasa" (der Kondor zieht vorbei), bei uns schon tot gedudelt, ist eine Yaravi-Ballade. Sie handelt vom Kampf der Tupac - Amaru - Indianer gegen die Spanier. Darin muss der Kondor, Symbol der Freiheit, weichen, genau so wie die Indianer.

4   Um der Wahrheit die Ehre zu geben, die Briten haben sie ebenfalls von den Ureinwohnern gestohlen (hier waren noch Franzosen und Spanier zugange), aber das war ja üblich.
Ursprünglich wurde ja vor der Kolonisation Südamerikas der noch nicht als Erdteil erkannte Kontinent unter portugiesischem und spanischem Diebsvolk aufgeteilt. Da keiner wusste, wie groß die Beute sein würde, hatte man sich 1494 im Vertrag von Tordesillas abgesprochen und eine Linie (den 46. Grad westlicher Länge) gezogen, die die Herrschaftsgebiete voneinander trennte.
Und damit alles seine Richtigkeit hatte, hatte man einen Mann Schiedsrichter spielen lassen, der wirklich keine Ahnung vom „Tagesgeschäft" hatte, den Papst. In schlechtem Einvernehmen wurden daraufhin die Ureinwohner entweder als Arbeitskraft missbraucht oder als Seelen, die zum christlichen Glauben es zu bekehren galt. Folgerichtig wurden die Jesuiten die einzigen, die die „indigenos", die Ureinwohner, als Menschen mit Kultur betrachteten, dann auch vom Kontinent verbannt (siehe auch folgende Endnote).

5   Hier im Gran Chaco hatten die Indios eines der wenigen schönen kolonialen Experimente mitgestalten dürfen, das der „Jesuitenreduktionen" in Lateinamerika. Die Jesuiten erhielten die Erlaubnis, ein neues Konzept der Missionierung ohne Gewalt durchzuführen. Alle nicht sesshaften Indios sollten in größeren Siedlungen (Reduktionen, auch „Missiones" oder „Pueblos") zusammengeführt (spanisch: reducir) werden, um sie vor den Kolonisten zu schützen.
In den Siedlungen lebten jeweils 1000 bis 4000 Bewohner, die eine Art landwirtschaftlicher Großkommune bildeten. Diese war ein autonomer Selbstverwaltungskörper innerhalb des spanischen Kolonialreiches, bildete also keinen Staat im Staate, sodass Bezeichnungen wie „Jesui-

tenstaat" irreführend sind. Die Missionare, zugleich Vertreter des spanischen Königs, waren Ratsherren und Richter, aber auch Handwerker und Musiker.

Den Mittelpunkt der ganz regelmäßigen Niederlassungen bildete stets die Kirche. Die religiöse Unterweisung erfolgte von Anfang an in der Sprache der Indios. Schon bald verfassten die Jesuiten Grammatiken und Wörterbücher und machten aus vielen Dialekten eine einheitliche Schriftsprache.

Die größte Rolle bei der Vermittlung des Glaubens spielte allerdings die Musik. Die Indios lernten meisterhaft, mit der europäischen Musik umzugehen, ihre Chöre und Orchester haben oft auch in den Städten der Spanier musiziert. Jede Siedlung hatte ihren Chor und ein großes Orchester. Alle im Barock üblichen Instrumente, sogar Orgeln, wurden an Ort und Stelle hergestellt. Musik gab es bei jeder Gelegenheit, nicht nur bei den Gottesdiensten, auch auf dem Weg zur Arbeit und während der Arbeit. Sogar bei der Bestellung der Felder und bei der Ernte waren den Arbeitstrupps Musiker zugeteilt. Der Jahresablauf war mit Festen übersät, die in möglichst großartiger Weise gefeiert wurden. Dazu kamen feierliche Prozessionen.

70 Indio-Siedlungen, in denen schließlich an die 200 000 Indianer friedlich und in einem beachtlichen Wohlstand lebten, bestanden über 150 Jahre von den ersten Anfängen im Jahre 1609 bis 1767, als die Jesuiten schlagartig verhaftet und nach Europa abtransportiert wurden. Die Reduktionen wurden teilweise ausgeraubt und zerstört und die Bewohner in die Sklaverei geführt. Dies führte zu einem allmählichen Niedergang, der sich über Jahrzehnte hinzog.

6   Hier habe ich auch das erste Mal die geheimnisvollen „Quipus" gesehen. Als Aufzeichnungssystem benutzten die Inkas die Quipu - Schnüre. Diese quipus (Quechua-Sprache, etwa: „Rechnung", „Zahl", aber auch „Knoten") haben für die Inka eine große Rolle gespielt, sie waren Träger schlechthin für statistische und wahrscheinlich auch historische Daten.

Gemäß der Dicke und Flechtart der Schnüre und dem Format, der

Größe und der Anzahl der Knoten führte man Berechnungen aus oder hielt Zahlen fest. Verschiedenfarbige Wollarten, an den Hauptsträngen festgebunden, bezeichneten eine Art des Gegenstandes, über den in dem Quipu Buch geführt wurde. Quipus waren grauweiße Bänder. Manche waren nur einige Zentimeter lang, andere bis zu einem Meter. An diesem Hauptband waren 48 Schnüre befestigt, die in fünf Gruppen gegliedert und an denen weitere Fäden befestigt waren. In diese Schnüre wurden von unten nach oben Knoten geknüpft. Die erste Reihe zeigte die Einer an, die zweite die Zehner, die dritte die Hunderter. Außerdem konnten die Schnüre verschiedene Farben haben. Schwarz bedeutete dabei „Zeit", gelb war „Gold" und weiß „Silber".

Speziell ausgebildete Beamte, die sogenannten quipucamayoc, waren als einzige in der Lage, die Schnüre sinnvoll zu knüpfen und die in ihnen enthaltenen Informationen zu lesen und zu deuten.

Südpazifik

1   Der Emu musste sein Verlangen, unter den Menschen zu leben, mit dem Beschneiden seiner Flügel bezahlen. Über einen solche Dummheit lachte der Kookaburra laut; das Gelächter dieses Vogels ist heute noch zu hören.

2   Der Uluru scheint nicht kontinuierlich besiedelt worden zu sein. Eine erste Besiedlung vor 20 000 Jahren ist nachgewiesen. Die Urbewohner (Jagkundjara) wurden durch die nomadisierenden Ritjandara vertrieben, 1930 wurden Uluru und die nahe gelegenen Olgas verlassen. Seit Beginn der 80er sind wieder Ureinwohner da, von der Multijulu – Community, deren kulturelle Verbundenheit mit dem Felsen allerdings bezweifelt wird. Wie auch immer, Ureinwohner und neue Bürger des Kontinents teilen sich die Verwaltungsaufgaben des Nationalparks. Auch hier werden um des Tourismus willen „Grätschen" gemacht: Eigentlich ist der Monolith ein „Heiliges Wesen", das unantastbar ist. Dennoch steigen Besucher hoch; denen wurde allerdings im hervorragenden Museum am Fuß des Felsens empfohlen, unten zu bleiben. Die Faktenlage (neudeutsch) um die Ureinwohner ist reichlich verworren,

Mythen durchdringen das Leben und Handeln der Ureinwohner. Erst T. G. H. Strehlow brachte 1969 eine Ordnung in die Legenden. Um durchzublicken, empfehle ich Bruce Chatwins Buch „Traumpfade", ein Genuss!

3   Die meisten Aborigines leben am Rand großer Städte. Das gilt auch für Alice Springs, wo man für die Nomaden (!) Häuser gebaut hat. Die Aborigines haben sich daraufhin vor die Häuser schlafen gelegt. Man sieht sie Alkoholisches kaufen, aber nicht trinken. Eine weise Stadtverwaltung hat das im Umkreis von einer Meile des Einkaufsortes verboten, damit die Touristen keinen negativen Eindruck bekommen. Sehr fürsorglich. Man hätte sich gewünscht, die Fürsorge hätte mehr den Aborigines gegolten, sterben diese doch immer noch 20 Jahre früher als die weißen Landsleute und die Kindersterblichkeit ist dreimal so hoch. Die Behandlung des Eingeborenenproblems fing vor der Besiedlung an: Ein englisches Gesetz erklärte Australien (Terra Australis = das südliche Land) zum Territorium ohne Besitzer und Besitzansprüche, ebnete also den Boden dafür, das Ureinwohner als vernachlässigbare Größe gesehen wurden. Amalie Dietrich hatte dies begriffen, als sie 1860 für einen deutschen Reeder Flora und Fauna des Kontinents zusammentrug und bei dieser Gelegenheit einen schwarzen Kerl schießen ließ, damit er an der Elbe besichtigt werden konnte! Erst 1994 wurde durch einen Gerichtsbeschluss geklärt, dass die Aborigines ein Anrecht auf den von ihnen benutzten Boden haben. Allmählich weicht das lange Verdrängen dieser historische Schuld einem versöhnenden Handeln, das vermeiden muss, die Ureinwohner zu verwestlichen, ohne diese dabei in einem ethnischen Ghetto zu verwahren.

Asien

1   Ein Teil der Insel Timor hätte fast schon einmal zu Deutschland gehört. Das Kaiserreich hatte mit dem Britischen Empire 1898 ausgehandelt, dass es die Anwartschaft auf ein Gebiet von der doppelten Größe des Reichsgebiets erhält, dazu zählte Ost - Timor, damals noch

portugiesisch. Bei diesem Geheimvertrag wurden weder die Eingeborenen noch die Portugiesen gefragt. Grundlage für diesen Vertrag war die Annahme der Briten, dass Portugal früher oder später seine Besitzungen aufgeben oder verpfänden müsse. Ironie bei diesem Besatzer - Wahnsinn: Lisabonn hielt seine Besitzungen bis in die 70er Jahre des 20. Jahrhunderts, länger als der Glanz von Empire und Kaiserreich andauerte!

2   Die Gamelan-Musik ist im Gegensatz zur europäischen Klassischen Musik zyklisch, sie führt immer wieder zum Ausgangspunkt zurück, der durch den großen Gong markiert wird. Wo die europäische Musik sich entwickelt, um nach allerlei Kunstgriffen der Modulation und Instrumentation wieder auf den Boden der Grundtonart zurückzukommen, ist der erste Eindruck bei der Musik des Gamelan der des Flächigen, Wiederkehrenden. Die Musik ist durchkomponiert, nicht notiert, wird durch das Gehör überliefert und von den Amateurmusikern bis zur Erschöpfung geübt. Für Individuen ist kein Platz, auch ist das Orchester nicht teilbar. Jeweils zwei Metallophone gleicher Größe werden geringfügig gegeneinander verstimmt, indem man an den Klangstäben etwas Masse abschabt. Dadurch entsteht beim Zusammenspiel ein schwebender Klang. Diese Schwebungen sind das Markenzeichen der Instrumentebauerfamilien und das klangliche Merkmal der Musik. Ich vermute, dass Debussy, der diese Musik auf der Pariser Weltausstellung hörte, von diesen irisierenden Klangfarben begeistert war.

3   Der Suharto-Clan hat seit 1966 regiert und dadurch ein geschätztes Vermögen von 30 Milliarden Mark angehäuft. Die Mehrheit der Indonesier tolerierte die Cliquenwirtschaft, weil der Inselstaat seit Suhartos Machtübernahme ein Wirtschaftswunder erlebt hat. Die Lebenserwartung stieg, das Analphabetentum sank von 61 auf 17 Prozent. Die Wirtschafts- und Währungskrise Asiens hat jetzt den bescheidenen Wohlstand zerstört, Arbeitslosigkeit und die Erhöhung der Preise für Grundnahrungsmittel sind die Folge. Eine standesübergreifende Protestbewegung ist die Folge, denn die Studenten (sie führten auch schon den Sturz Sukarnos herbei) haben grosse Teile der Bevölkerung auf ihre Seite gebracht. Die entscheidende Rolle wird aber das Militär spie-

len, denn einen zivile Opposition hat sich nie entwickeln können.

4 Links im Hintergrund der Passage hatte im vorigen Jahrhundert der explodierende Vulkan Krakatau bis nach Europa hinein von sich Hören gemacht.

5 Die Chinesische Schriftsprache ist ungenau. Hat man endlich das Zeichen für Frau gelernt, sind neue Hindernisse bei Kombinationen da, bedeuten doch die Zeichen Frau und Dach „Frieden", Frau und Sohn „gut", Frau und Mund „folgen". Das Erlernen von Zeichen scheint das geringste Problem zu sein. Bloodworth gibt in seinem „Chinesenspiegel" ein Beispiel aus einer Tageszeitung an:

Man liest „Eminent Außen Wie Land Schützen Wie Gestern Fliegen Schön Handel Ferner Osten Schützen Notwendig" und sollte verstehen: „Der Außenminister und der Verteidigungsminister Großbritanniens flogen gestern in die Vereinigten Staaten, um Gespräche über die Verteidigung des Fernen Ostens zu führen". Der Sinn erschließt sich hier wie überall aus dem dazu gehörigen Text, dem Kontext. Da fällt es kaum noch ins Gewicht, dass der deutsche Fußballer Klinsmann „Ki-lin-si-man" heißt.

Die Normal-Schreibmaschine der Chinesen hat 2950 „Tasten" und leere Fassungen für über 3400 weitere seltenere Typen, die nach Bedarf eingeschoben werden können. Ein Student sollte ca. 8000 Zeichen lernen; die Kommunisten haben in ihrem Feldzug gegen das Analphabetentum die Zeichenzahl auf 3000 reduziert.

Die Vieldeutigkeit der Zeichen scheint ein Hauptproblem zu sein. Die amtliche Sprache, das Mandarin, hat nur 470 Silbenlaute, die jedoch für Zehntausende von Schriftzeichen oder Worte gelten. In einem Wörterbuch mittlerer Größe gibt es 110 Zeichen, alle verschieden geschrieben und mit verschiedener Bedeutung, aber die Aussprache für alle ist „li"!

Ich glaube, genauso viel wie ein chinesischer Volksschüler lernen zu können. Ein Vorteil der Sprache ist auch, dass es keine Mehrzahl, weder Aktiv noch Passiv, keinen bestimmten Artikel, keine Zeiten und kaum eine erkennbare Grammatik gibt. Die Probleme des geschriebenen Chinesisch sind überschaubar.

Das Gesprochene aber zeigt mir auf, dass eine Unterhaltung mit dem Mann auf der Strasse in weiter Ferne liegt, selbst über Dinge des Alltags. Schwierigkeiten bereiten mir die in der Umschrift durch „sh", „ch" und „zh" gekennzeichneten Zischlaute, oder sind es Gaumenlaute...oder beides? Dass jede Silbe auf maximal vier verschiedene „Töne" (hoch und gleichbleibend, hoch und gegen Ende steigend, tief und gegen Ende ansteigend sowie halb hoch beginnend und dann stark sinkend) gesprochen werden kann, rückt das Erlernen des Chinesischen für mich, einen Durchreisenden, in weite Ferne. Vielleicht, wenn ich mehr Zeit habe, ein paar Jahrzehnte vielleicht?

6   Die Straße fährt südlich um den See, der „Blaues Meer" bedeutet, auf chinesisch „Quinghai", was der Provinz den Namen gab. Sie führt über den „Sonne-Mond-Pass", der verknüpft ist mit einer wahren (?) Geschichte, die ein Schlaglicht auf die chinesisch-tibetische Historie wirft:
Tibetische Heere plünderten Nepal und drangen 753 sogar bis Xian, an den Beginn der Seidenstrasse, vor. Der Pass wurde neue Grenze zu China und der Kaiser von China musste seine Lieblingstochter Weng - Tschang in den Harem des Militärmonarchen schicken. Auf der Passhöhe schaute die Prinzessin noch einmal in einen Spiegel, um die Schönheiten ihrer Heimat im Osten in sich aufzunehmen. Dann ließ sie den Spiegel fallen, aus dem sich über dem Pass Sonne und Mond formten. In völliger Umkehrung der Geschichte leiteten die Chinesen daraus ihre Gebietsansprüche über Tibet her!

7   Die aufgezeichnete Geschichte Tibets beginnt im 7. Jahrhundert. Damals waren die Tibeter so gefürchtet wie die Hunnen und drangen unter König Songsten Ganpo bis zur Seidenstrasse (Xian) vor. Nachdem man den König 842 ermordet hatte, schwächte man sich selbst bei dem Kampf um die Nachfolge, Tibet war einen Ansammlung von Fürstentümern und erlangte nie mehr die vorherige Ausdehnung und Bedeutung.
Zu Autorität gelangte in der Folge der Buddhismus, der dabei geschickt eine vorherrschende tibetische Glaubensform, den animistischen „bon" , integrierte. Klöster übernahmen politische Aufgaben.

1641 setzten sich die „Gelbhüte" mit Hilfe der Buddhisten aus der Mongolei gegenüber den „Rothüten" durch. Der Führer der Gelbhüte nannte sich „Dalai Lama" (= Ozean der Weisheit) und war geistlicher und weltlicher Herrscher. Nahte der Tod des Dalai Lama, machte man sich auf die Suche nach einem Baby, das Zeichen der Wiederverkörperung des Ewigen Geistes aufweisen musste. Eines Tages fanden die Rothüte dieses Zeichen der (4.) Reinkarnation bei einem Kind in einer mongolischen Familie, gewannen dadurch wieder Einfluss in Tibet, brachten aber die Mongolen in ihr Land.

Bald betrachteten die Mongolen Tibet als ihren Besitz, 1705 wurde der Dalai Lama von Sungar – Mongolen vertrieben. Diese aber waren die gefährlichsten Feinde Chinas, sodass Kaiser Kang-Xi eine Armee nach Tibet sandte, um die Mongolen aus ihrem neuen Stützpunkt zu vertreiben.

1750 zwangen die Tibeter durch einen Aufruhr die Chinesen aus ihrem Land, Verwaltungsbeamte aber blieben zurück, im vollen Besitz der Macht. 1950, das Ende der Qing-Dynastie war da, proklamierten die Tibeter wieder ihre Unabhängigkeit, die Chinesische Nationalarmee sorgte für die heutigen Verhältnisse.

Heute lebt der geflüchtete Dalai Lama in Nordindien, nach wie vor Oberhaupt der Tibeter. Was ihm an weltlicher Macht genommen wurde, ist ihm verstärkt an geistlichem Einfluss zugewachsen, ungeachtet körperlicher Ferne zur Heimat. Deshalb haben ihn die chinesischen Besatzungsmächte nie unterschätzt und verbieten aufs Strengste jegliche Betätigung mit Symbolen des alten Tibet, seien es Bilder oder Zeichnungen des Dalai Lama oder aber Abbildungen der Nationalflagge!